欧洲
·乌·克·兰·2000·年·史·
THE GATES of EUROPE
之 门

a History of Ukraine

Serhii Plokhy [美]浦洛基——著 曾 毅——译

中信出版集团 | 北京

图书在版编目（CIP）数据

欧洲之门：乌克兰2000年史/（美）浦洛基著；曾毅译.--北京：中信出版社，2019.3（2022.4重印）
书名原文：The Gates of Europe: A History of Ukraine
ISBN 978-7-5086-7118-5

Ⅰ.①欧… Ⅱ.①浦…②曾… Ⅲ.①乌克兰—历史—通俗读物 Ⅳ.①K511.309

中国版本图书馆CIP数据核字（2016）第304318号

THE GATES OF EUROPE By Serhii Plokhy
Copyright © 2015 by Serhii Plokhy
Simplified Chinese translation copyright © 2019 by CITIC Press Corporation
This edition published by arrangement with Basic Books, an imprint of Perseus Books, LLC,
a subsidiary of Hachette Book Group, Inc., New York, New York, USA. through Bardon-Chinese Media Agency
ALL RIGHTS RESERVED
本书仅限中国大陆地区发行销售

欧洲之门：乌克兰2000年史

著　　者：[美]浦洛基
译　　者：曾毅
出版发行：中信出版集团股份有限公司
　　　　　（北京市朝阳区惠新东街甲4号富盛大厦2座　邮编　100029）
承 印 者：北京诚信伟业印刷有限公司

开　　本：880mm×1230mm　1/32　　印　　张：17
插　　页：8　　　　　　　　　　　　字　　数：363千字
版　　次：2019年3月第1版　　　　　印　　次：2022年4月第8次印刷
京权图字：01-2015-7757
审 图 号：GS（2019）119号
书　　号：ISBN 978-7-5086-7118-5
定　　价：88.00元

版权所有·侵权必究
如有印刷、装订问题，本公司负责调换。
服务热线：400-600-8099
投稿邮箱：author@citicpub.com

献 给

乌克兰人民

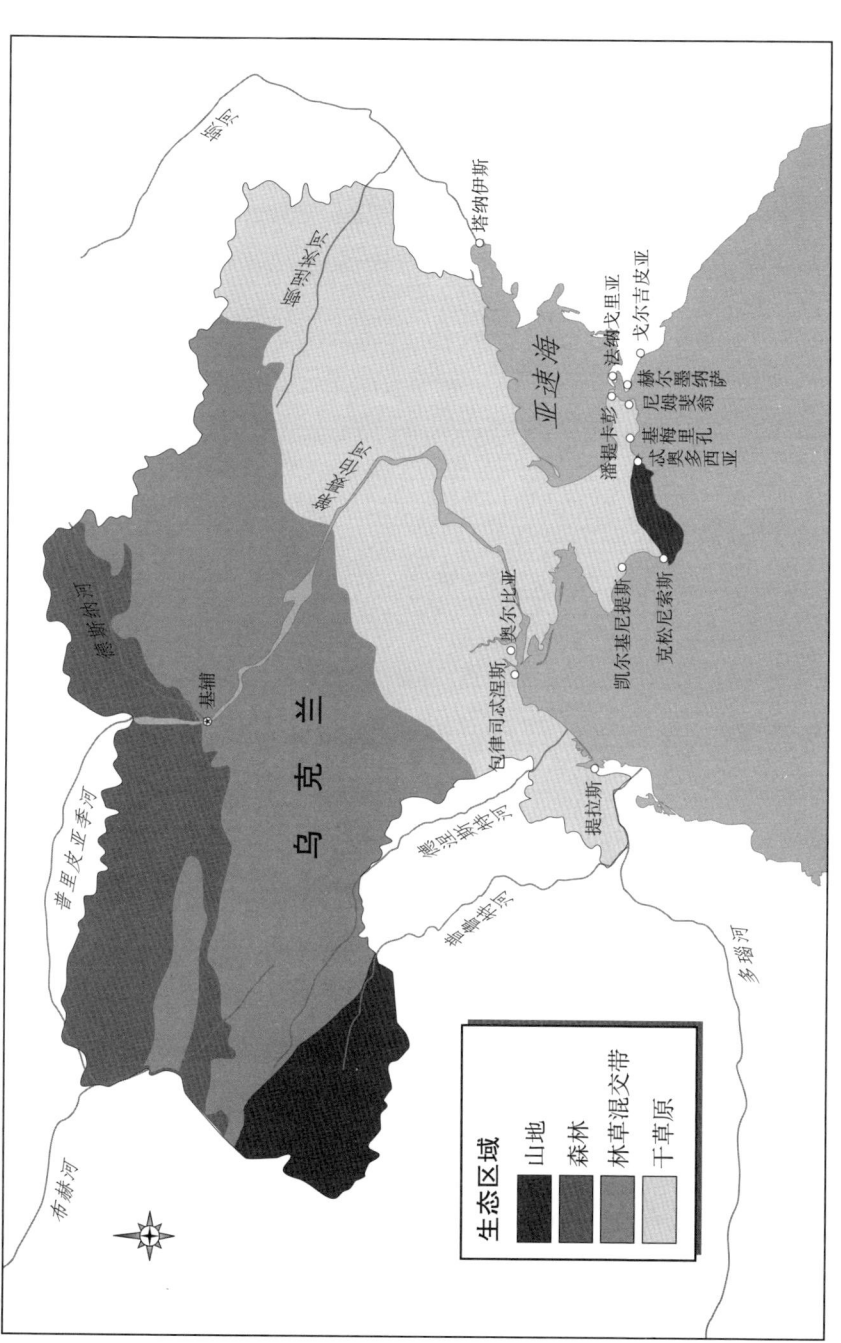

图1 公元前770—前100年的希腊人定居点（本书插图系书原书插图）

图2 公元980—1054年的基辅罗斯

资料来源：Zenon E. Kohut, Bohdan Y. Nebesio, and Myroslav Yurkevich, *Historica Dictionary of Ukraine* (Lanham, Maryland; Toronto; Oxford: Scarecrow Press, 2005).

图3 公元1100年左右的罗斯诸公国

资料来源：*The Cambridge Encyclopedia of Russia and the Former Soviet Union* (Cambridge: Cambridge University Press, 1994).

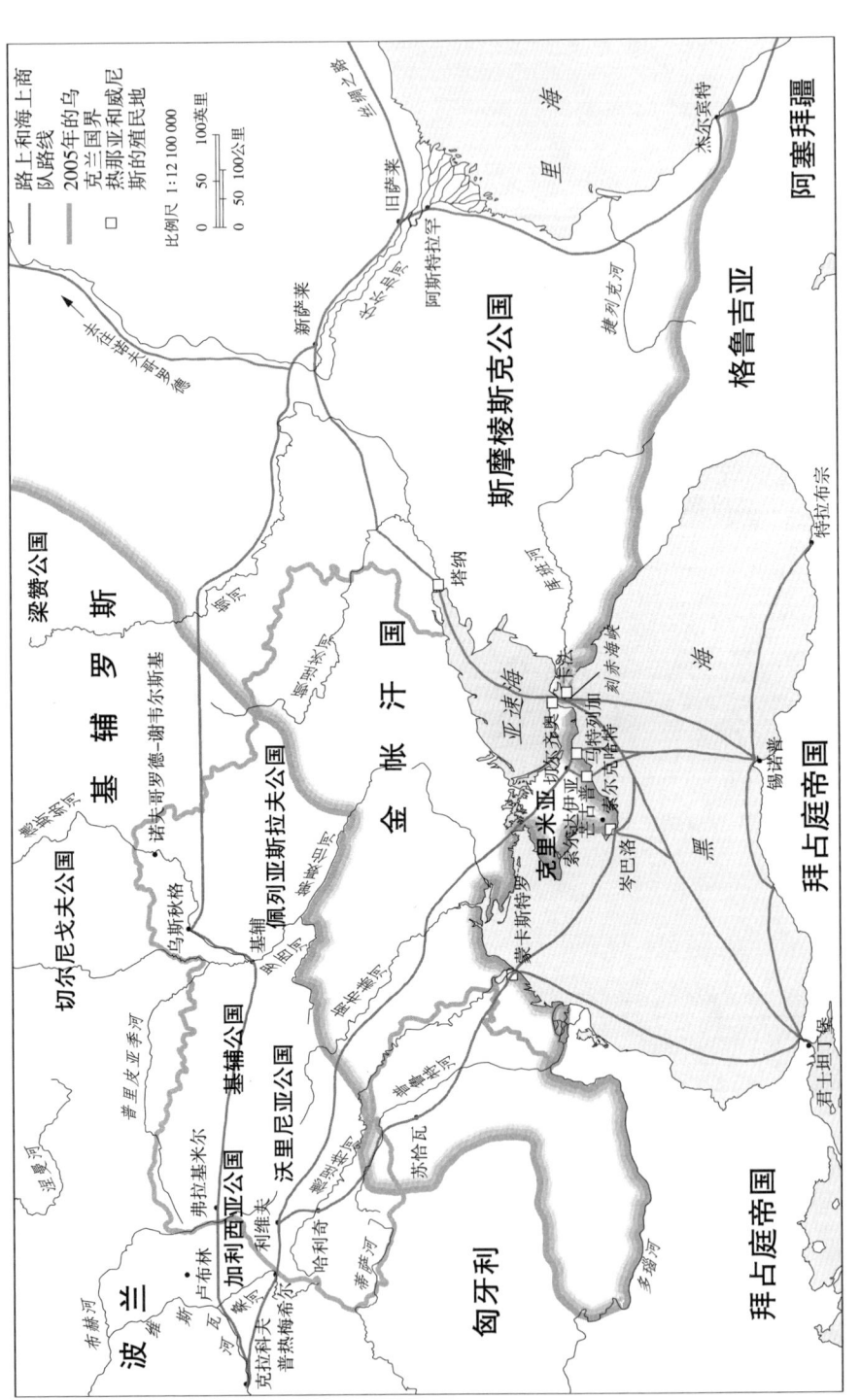

图4　公元1300年左右的金帐汗国

资料来源：Paul Robert Magocsi, *A History of Ukraine: The Land and Its People* (Toronto: University of Toronto Press, 2010), p. 117, map 10.

图 5　16—18世纪间波兰-立陶宛联邦的疆界

资料来源：*Encyclopedia of Ukraine*, ed. Volodymyr Kubijovych and Danylo Husar Struk, vol. IV (Toronto: University of Toronto Press, 1993).

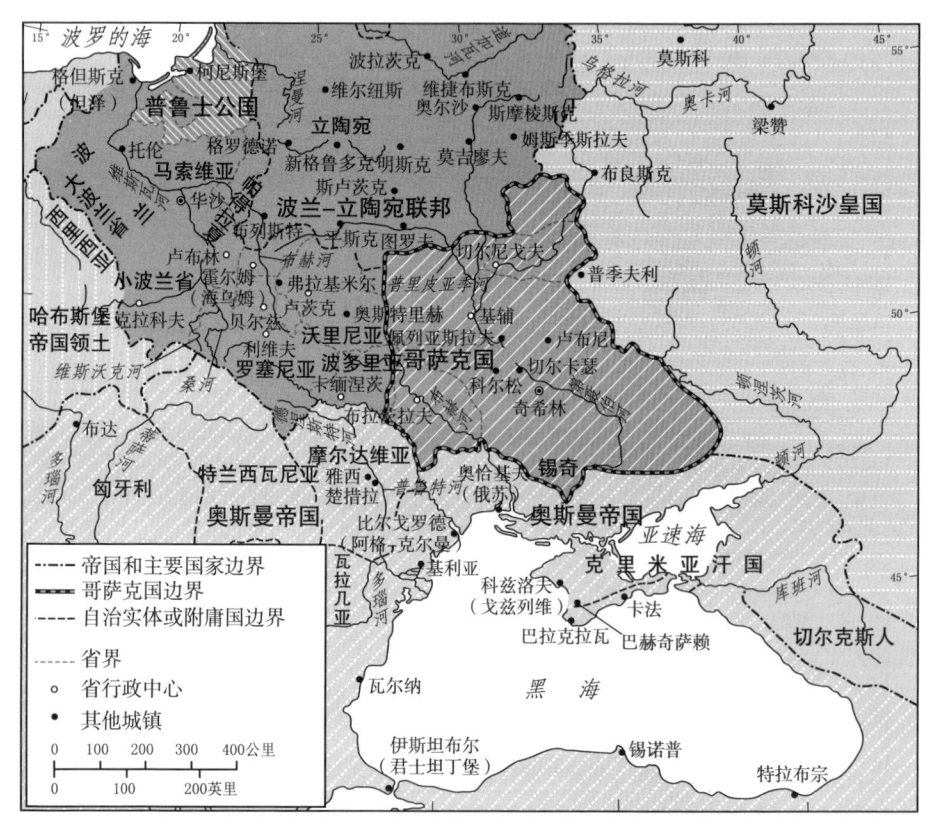

图6　1650年左右的哥萨克乌克兰

资料来源：Mykhailo Hrushevsky, *History of Ukraine-Rus'*, ed. Frank E. Sysyn et al., vol. IX, bk. 1 (Edmonton and Toronto: Institute of Ukrainian Studies Press, 2005).

图7　18世纪50年代的哥萨克国及其周边地区

资料来源：Zenon E. Kohut, *Russian Centralism and Ukrainian Autonomy: Imperial Absorption of the Hetmanate, 1760s—1830s* (Cambridge, MA: Harvard University Press, 1988), p. xiv.

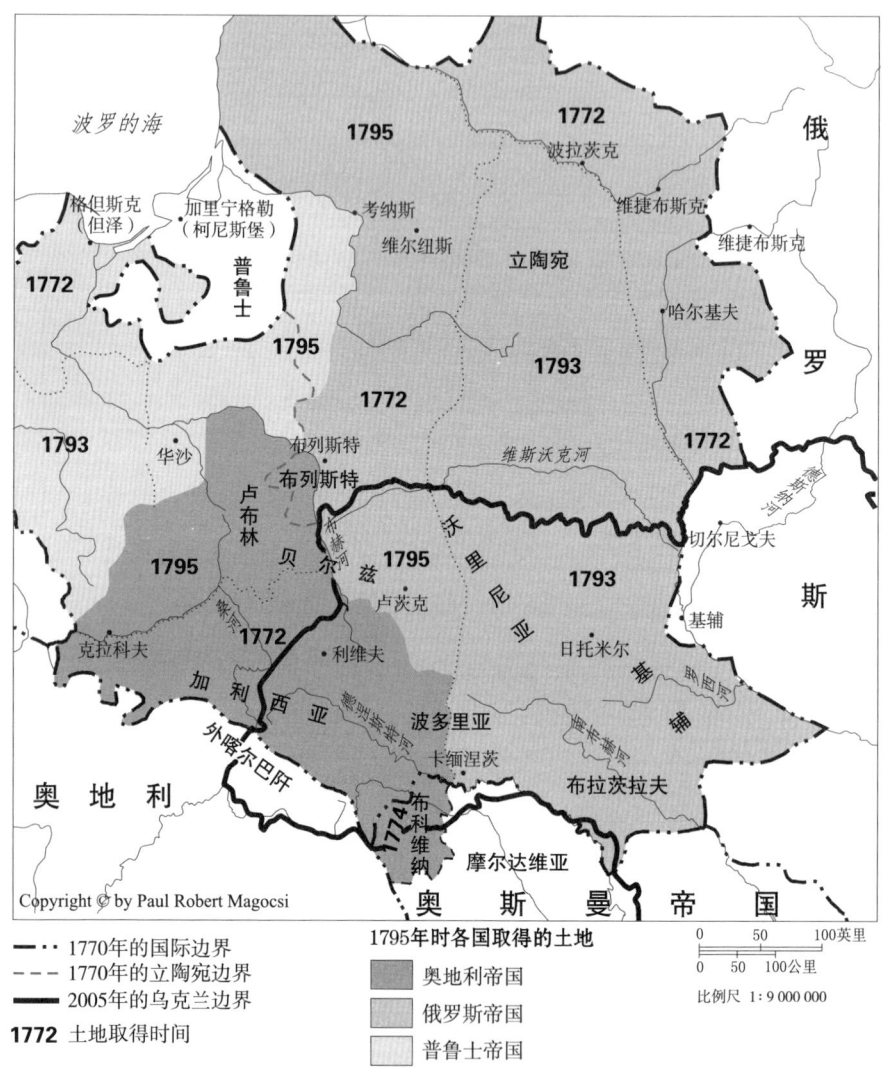

图8 瓜分波兰

资料来源:Paul Robert Magocsi, *A History of Ukraine: The Land and Its People* (Toronto: University of Toronto Press, 2010), no. 25, p. 319.

目 录

导　言　关于乌克兰历史的综述　　　　　　　　　　i

第一卷　黑海边境

第 1 章　世界的边缘　　　　　　　　003
第 2 章　斯拉夫人的到来　　　　　　018
第 3 章　第聂伯河上的维京人　　　　032
第 4 章　北方拜占庭　　　　　　　　045
第 5 章　基辅的钥匙　　　　　　　　058
第 6 章　蒙古治下的和平　　　　　　071

第二卷　东方与西方的相遇

第 7 章　乌克兰的诞生　　　　　　　091
第 8 章　哥萨克人　　　　　　　　　105
第 9 章　东方的变革　　　　　　　　123
第 10 章　大叛乱　　　　　　　　　 139
第 11 章　分　裂　　　　　　　　　 155
第 12 章　波尔塔瓦的裁决　　　　　 169

第三卷　帝国之间

第 13 章　新的边界　　　　　　　　　　189
第 14 章　起源之书　　　　　　　　　　210
第 15 章　多孔的国界　　　　　　　　　231
第 16 章　前　进　　　　　　　　　　　249
第 17 章　未完成的革命　　　　　　　　266

第四卷　世界大战

第 18 章　一个国家的诞生　　　　　　　287
第 19 章　破灭的梦想　　　　　　　　　306
第 20 章　共产主义与民族主义　　　　　325
第 21 章　斯大林的堡垒　　　　　　　　348
第 22 章　希特勒的"生存空间"　　　　 365
第 23 章　胜利者　　　　　　　　　　　389

第五卷　独立之路

第 24 章　第二个苏维埃共和国　　　　　409

第25章　再见，列宁	431
第26章　独立广场	453
第27章　自由的代价	471
结　语　历史的意义	482
致　谢	492
附录A　大事年表	493
附录B　乌克兰主要历史人物表	505
术语表	513
延伸阅读	514

导　言
关于乌克兰历史的综述

苏格兰人和其他一些民族常常夸耀哪些书籍肯定了他们对塑造人类历史做出的贡献，乌克兰人也许同样有理由为自己在改造世界中的作用而自豪。1991年12月，乌克兰公民纷纷涌向投票站，选择了独立。那时在乌克兰发生的事件在世界上造成了巨大的反响，也确实改变了历史的走向：乌克兰公投之后一个星期，强大的苏联就解体了，美国总统乔治·H. W. 布什随之宣布西方在漫长而艰难的冷战中取得了最后胜利。

乌克兰下一次出现在全世界的电视屏幕上是2004年。这一年，身着橙色衣衫、情绪高昂的群众挤满了基辅的广场与街道，要求举行公平的选举。他们最终达到了目的。由于这次"橙色革命"[1]，从塞尔维亚到黎巴嫩，从格鲁吉亚到吉尔吉斯斯坦，诸多国家发生的撼动威权统治的革命都被称为"颜色革命"。颜色革命并未改变后苏联时代的世

---

[1] Orange Revolution，指2004年乌克兰总统大选引发的一系列抗议和政治事件。"橙色革命"从2004年11月持续到2005年1月，以反对派的胜利告终。（本书中的脚注若非特别注明，均为中译者注。）

界,但它们留下了遗产,也留下了终将改变的希望。接下来,乌克兰人又在2013年的11月到12月间成为世界关注的焦点——人们再次走上基辅的大街,支持国家与欧盟建立更紧密的联系。此时正值欧盟各成员国对联盟的热情降至低点,乌克兰人却不顾零摄氏度以下的气温,日复一日、月复一月地在街上游行、坚守,令西欧和中欧国家的公民们感到震惊和鼓舞。

2014年年初,乌克兰国内形势出现了意外而悲剧性的转折。抗议者与政府部队之间发生了暴力对抗,将先前抗议中那种热烈得近乎街头狂欢的气氛一扫而空。2014年2月,就在电视台摄像机镜头的全程记录下,防暴警察和当局的狙击手向抗议者开枪,导致数十名亲欧盟抗议者死伤。这样的画面震惊了世界。同样令人目瞪口呆的还有2014年3月俄罗斯对克里米亚的吞并企图,以及同年春末莫斯科在乌克兰东部顿巴斯[1]地区策动的混合战。这一年7月,亲俄的分离主义者更是将这场俄乌冲突变成了一场真正的国际冲突。乌克兰局势的发展对欧洲和国际事务产生了巨大的冲击,以致政客们开始谈论"为欧洲的未来而战"和回到冷战的话题,而在1991年,这里正是冷战宣告落幕之地。

乌克兰危机的起因是什么?历史在这一系列事件中扮演了何种角色?是什么让乌克兰人不同于俄罗斯人?克里米亚和乌克兰东部到底应该属于谁?为何乌克兰采取的行动会造成巨大的国际震动?近年来,这些问题被一再提出,理应得到全面的解答。要理解当今乌克兰局势

---

[1] Donbas,亦作Donbass,即乌克兰东部的顿涅茨盆地,包括顿涅茨克州中部、北部和卢甘斯克州南部。

及其对世界的冲击背后的各种趋势,我们需要对这些问题的根源进行考察。粗略地说,这就是这本书的主要任务。我写作这本书,正是希望历史能为我们提供对当下的洞见,进而影响未来。无论是预测当今乌克兰危机的结局及其长远影响,还是预测作为一个国家的乌克兰的将来,即便不是完全不可能,也将是十分困难的。然而在历史中漫游仍有助于我们从每日新闻的密集轰炸中找到意义所在,并能让我们在面对事件时深思熟虑,从而改变事件的后果。

本书在"长时段"[1]尺度上呈现乌克兰历史,内容起自希罗多德[2]时代,终于苏联的解体和当下的俄乌冲突。乌克兰和法国国土面积差不多大小,现拥有接近 4 600 万人口,其历史上的过客更是数以亿计。如何才能将它超过千年的历史浓缩到短短数百页的篇幅之内?要做到这一点,我们必须有所取舍,这也是历史学家的一贯做法。然而历史学家们采用的方法各不相同。现代乌克兰史学的奠基者米哈伊洛·赫鲁舍夫斯基[3]是本书中将会出现的一个人物。哈佛大学的乌克兰历史教席也以他的名字命名。赫鲁舍夫斯基将他的研究主题视为一个起自渺茫远古并历经繁荣、衰落和复兴的民族的历史,其复兴的顶点则是乌克兰国家在第一次世界大战期间及之后的创生。

乌克兰历史在赫鲁舍夫斯基的手中成为一个独特的研究领域,然

---

[1] *longue durée*,法国年鉴学派历史学家费尔南·布罗代尔(Fernand Braudel)提出的历史研究层次。布罗代尔认为对长时段历史的研究对历史学家更为重要。

[2] Herodotus,公元前 5 世纪的古希腊作家,著有《历史》一书。他打破了荷马史诗的传统,采用系统性和批判性的方法来搜集历史材料,并用史学叙事的方法来组织它们,被誉为"历史之父"。

[3] Mykhailo Hrushevsky(1866—1934),乌克兰政治家、历史学家。他是 20 世纪初乌克兰民族主义复兴中的重要人物,曾在 1917 年至 1918 年间任乌克兰革命议会"中央拉达"主席。

而他的许多批评者和继承者对他的方法提出了疑问。赫鲁舍夫斯基的学生们侧重乌克兰国家的历史;苏联历史学家将乌克兰历史描述为一部阶级斗争史;一些西方作者强调乌克兰的多族群特征;而到了今天,越来越多的学者则转向了跨民族研究。这些后起写作潮流对乌克兰和其他民族历史的处理方式对我的历史叙事有所影响。晚近史学中的文化转向以及身份认同史研究也为我提供了养分。我所提出的问题都是当代主义的,对此我并不避讳,但我也力争不用现代的身份认同、归属、观念、动机和情感等概念来曲解过去的历史。

本书书名中的"欧洲之门"当然是一个隐喻,但这样的命名并非无关紧要,也不应被视为一种营销的手段。欧洲在乌克兰历史中有着重要的地位,而乌克兰在欧洲历史上同样如此。乌克兰地处欧亚大草原的西缘,许多个世纪以来都是通往欧洲的门户。在某些时代,战争和冲突会导致"门户"的关闭,此时乌克兰就是阻挡东来或西来侵略者的一道屏障。而在乌克兰历史上的大部分时间里,门户是开放的,此时的乌克兰就成为欧洲和亚洲之间的桥梁,促进着民族、商品和思想的交流。在漫长的岁月中,乌克兰也充当了各大帝国——从罗马帝国到奥斯曼帝国,从哈布斯堡王朝到罗曼诺夫王朝——的谈判地点(以及战场)。在18世纪,乌克兰被圣彼得堡、维也纳、华沙和伊斯坦布尔轮流统治。到了19世纪,乌克兰的统治者就只剩下了前两个。20世纪上半叶,莫斯科成为大部分乌克兰土地上唯一的最高统治者。每个帝国都对乌克兰的土地和财富提出要求,在这片土地和这里的人群特征上都留下了自己的印记,同时也帮助塑造了乌克兰独特的边境身份和民族气质。

民族概念是本书的重要分析范畴和叙事要素，却并非全部。它与变动不居的欧洲概念一起界定了这一叙事的性质。本书讲述的乌克兰历史的地理边界是由19世纪晚期和20世纪早期的民族志学者和地图绘制者确定的，常与当今乌克兰国家的边界重合，但并非一直如此。从中世纪基辅人国家（在史学界被称为"基辅罗斯"[1]）直到现代民族主义兴起，各种观念和身份概念将这些土地联系在一起。本书追随这些观念和概念的发展脉络，解释现代乌克兰国家及其政治民族的起源。在这一过程中，本书将乌克兰族视为乌克兰人口构成中最大的民族，也将之视为现代乌克兰民族和国家创生的主要驱动力，但也没有忽视乌克兰的少数族群，尤其是波兰人、犹太人和俄罗斯人，并认为多族群、多文化的现代乌克兰民族尚在形成之中。乌克兰文化向来都与其他文化共享生存空间，在其早期更是在"他者"的夹缝中生存。乌克兰社会拥有跨越内部及外部边界并获取这些边界所创造的身份的能力，这种能力构成了本书所呈现的乌克兰历史的主要特征。

外部和内部的政治过程可以为历史叙述提供一个很方便的框架，然而在本书的写作中，我发现地理、生态和文化是更为持久的元素，因此就长期而言有更大的影响。从"长时段"文化趋势的角度来看，当代乌克兰是两条移动中的边界相互作用的产物。一条边界由欧亚大草原和东欧稀树草原的分界线确定，另一条则由东方基督教和西方基督教的分界线确定。第一条边界还是定居人口与游牧人口之间的分界

---

[1] Kyivan Rus'，由维京人奥列赫建立、以东斯拉夫人为主体的国家，存在于882年至1240年间，以基辅为首都，正式名称为罗斯，被认为是俄罗斯、白俄罗斯和乌克兰这三个东斯拉夫民族国家的前身。后文中有时使用"基辅"来代指基辅罗斯。

线,并最终将基督教世界与伊斯兰教世界分隔开来。第二条则要回溯到罗马和君士坦丁堡对罗马帝国的分裂,是存续至今的欧洲东部和西部政治文化差异的标志。许多个世纪以来,一系列独特的文化特征在这两条边界的移动中产生,并成为当代乌克兰身份的基础。

不讲述乌克兰各地区的故事,就无法讲述整个乌克兰的历史。边界移动造成的文化与社会空间从来不是同质化的。作为国家与帝国的疆界在由乌克兰族群边界所确定的土地上移动。各不相同的文化空间在这样的移动中被创造出来,成为乌克兰各地区的基础。这些地区包括被匈牙利人统治过的外喀尔巴阡[1]、历史上曾属于奥地利的加利西亚[2]、曾被波兰占领的波多里亚[3]和沃里尼亚[4]、第聂伯河的哥萨克左岸[5]及下游、斯洛博达乌克兰[6],以及俄罗斯帝国开拓的殖民地——黑海沿岸地区和顿涅茨盆地[7]。与之前的大部分学者不同,我不会尝试将乌克兰各个地区——如曾经的俄罗斯统治区和奥地利统治区——的历史在不同的章节各自讲述,而是会将它们视为一体,为它们在特定时期的变化提供一个比较视角。

最后,我要就术语的使用说上几句。现代乌克兰人的先辈曾在

---

[1] Transcarpathia,乌克兰最西部的一个州,曾属奥匈帝国,1945 年被纳入苏联,苏联解体后归属乌克兰。
[2] Galicia,历史地名,在第一次世界大战前曾属于奥匈帝国,今分属乌克兰和波兰。
[3] Podolia,历史地名,今主要位于乌克兰中西部与西南部,还包括摩尔多瓦北部的部分地区。
[4] Volhynia,历史地名,今分属波兰、乌克兰和白俄罗斯。
[5] Cossack Left Bank,历史地名,位于乌克兰北部的第聂伯河东岸,在 17 世纪至 18 世纪间曾为沙皇俄国境内的哥萨克国。
[6] Sloboda Ukraine,历史地名,今分属俄罗斯和乌克兰。"斯洛博达"(俄语 слобода)一词意为"自治地区"。
[7] Donets basin,亦作顿涅茨盆地,即顿巴斯。

数十个前现代的或现代的公国、王国和帝国治下生活。在时间的长河中他们获得了各种各样的名称和身份。他们用以界定自己这片土地的两个关键词是"罗斯"和"乌克兰"。("罗斯"的西里尔字母拼写是 Русь，其中最后一个符号是软音符号，表示对其之前的辅音进行腭音化。)在 9 世纪至 10 世纪间，基辅罗斯人将维京王公和战士们招揽来，并将他们斯拉夫化。"罗斯"一词即由维京人传播到这片地区，并被基辅罗斯人吸收。今天的乌克兰人、俄罗斯人和白俄罗斯人的祖先使用的"罗斯"包括斯堪的纳维亚/斯拉夫化的"Rus'"和希腊化的"Rossiia"等不同形式。到了 18 世纪，莫斯科沙皇国[1]采用了后者，将其作为国家和帝国的官方名称。

根据他们所处的地区和时代的不同，乌克兰人有过各种不同的称呼。他们在波兰被称为卢森人（Rusyns），在哈布斯堡王朝被称为罗塞尼亚人（Ruthenians），在俄罗斯帝国则被称为小俄罗斯人（Little Russians）。到了 19 世纪，乌克兰民族的缔造者们决定放弃"罗斯"这个名字，以终结这种混乱，并将他们与其他东斯拉夫世界居民，尤其是俄罗斯人，区别开来。在俄罗斯帝国和奥匈帝国，他们都选择采用"乌克兰"和"乌克兰人"这两个词来定义他们的土地和族群。"乌克兰"一词起源于中世纪，在近现代被用来表示第聂伯乌克兰[2]地区的哥萨克

---

[1] Muscovy，即 The Grand Duchy of Moscow，多译作莫斯科公国或莫斯科大公国。莫斯科大公伊凡四世在 1547 年后自称沙皇，并将国号改为俄罗斯沙皇国（Tsardom of Russia，亦译作沙俄、莫斯科沙皇国），直至 1721 年彼得一世改国号为俄罗斯帝国，但本书作者仍将这段时期的俄罗斯称之为 Muscovy。考虑到与原文的一致性，本书中凡出现于 1547 年至 1721 年之间的 Muscovy 一词均译作"莫斯科沙皇国"。

[2] Dnieper Ukraine，历史地名，范围包括第聂伯河中游地区。

国。在这些 19 世纪社会活动家的集体心理中,大部分哥萨克人都起源于本地,是最纯粹的乌克兰人。为了将"罗斯的"过去与"乌克兰的"将来连接起来,米哈伊洛·赫鲁舍夫斯基把自己的十卷本巨著命名为"乌克兰-罗斯史"(*History of Ukraine-Rus'*)。事实上,今天任何讲述乌克兰历史的作者都必须使用两个或更多的名词来定义现代乌克兰人的祖先。

在本书中,我在涉及中世纪时期时,大部分时候会使用"罗斯人"一词(但并非全部如此);在涉及近现代时,我会使用"罗塞尼亚人";在涉及现代时,我则会使用"乌克兰人"。从 1991 年独立乌克兰国家的建立开始,这个国家的公民,不管其族群背景,都被称为"乌克兰人"。这一用法反映了当下历史学界的惯例。虽然这会造成一些麻烦,但我希望它还不至于让人误解。

"来吧,你会看见。"现代乌克兰史学奠基之一《罗斯史》[1] 的佚名作者在其作品前言的结尾写道。我无法想出比这句话更好的邀请来作为本书前言的结语。

---

1 *History of the Rus'*,18 世纪末或 19 世纪初一部由佚名作者创作的历史,以俄语出版于 1846 年,主要讲述从古代到 1769 年间罗塞尼亚人及其国家小俄罗斯的历史。

I

第一卷

黑海边境

ON
THE PONTIC
FRONTIER

第 1 章

世界的边缘

第一位记录乌克兰的历史学家正是"历史之父"希罗多德。通常，只有地中海世界的国家和民族才有资格得到这位"历史之父"的书写。乌克兰是一片由草原、山地和森林组成的地区，位于被古希腊人称为 *Pontos euxeinos*（意为"好客之海"，罗马人用拉丁文写作 *Pontus euxinus*）的黑海之北，正是当时地中海世界的重要组成部分，然而它的重要性又与众不同。希罗多德的世界以古希腊各城邦为中心，向南延伸到埃及，向北延伸到克里米亚和黑海大草原[1]。如果说埃及是上古文化和哲学的王国，值得研究和模仿的话，那么今日乌克兰所在的这片土地则是典型的边境地带，是希腊文明与其野蛮对立面的碰撞之地。这里是后来被称为"西方世界"的政治文化圈的第一道边界，是西方借以定义自身和他者的起始界线。

希罗多德在希腊语中被称为 Herodotos。他来自位于今日土耳其境

---

[1] Pontic steppes，位于黑海与里海之间的干草原，属于欧亚大草原的西部，也称钦察草原。Pontic 一词来自希腊语 Πόντος（拉丁字母转写为 *pontos*），意为海。

内的希腊城市哈利卡纳索斯[1]。在公元前5世纪——希罗多德生活、写作和朗诵他的《历史》的年代——他的出生地还是波斯帝国的一部分。他生命中很长一段时间在雅典度过，曾经在意大利南部居住，也曾在地中海世界和中东世界穿梭往来，到访过的地方包括古代埃及和巴比伦。他是希腊式民主的崇拜者，用希腊语的爱奥尼亚方言写作。然而就他身处的年代而言，他的关注已经包罗了当时已知的世界。他的《历史》被后人分为九卷，讨论了希波战争的起源问题。希波战争开始于公元前499年，延续到公元前5世纪中叶。希罗多德生活的年代有很长一段与这段时期重合。战争于公元前449年结束后，他又花了30年时间对这个主题进行研究。他将这一系列冲突描述为自由与奴役之间史诗般的斗争——希腊代表自由，而波斯代表奴役。虽然他的写作不免掺入了他自己的政治和思想立场，但他仍然希望从双方的角度来呈现这段历史。用他自己的话说，他的目的在于"将希腊人和野蛮人双方的伟大成就都记录下来，以保存过去的记忆"。

正是由于对"野蛮人"一方的兴趣，希罗多德把目光投向了黑海大草原。公元前512年，即希波战争开始前13年，波斯帝国最强大的统治者大流士大帝[2]为了报复曾经捉弄过他的斯基泰人[3]，入侵了这片地区。斯基泰王统治着黑海以北的广大地区。这些游牧民族首领的军队十分机动灵活，曾经让大流士从多瑙河追击到顿河，却找不到任何交战的机会。这对这位十多年后将成为希腊世界最大威胁的君主而言，

1　Halicarnassus，古希腊城市，位于今土耳其西南部的博德鲁姆。
2　Darius the Great，波斯第一帝国（阿契美尼德王朝）君主大流士一世（？—前485）。
3　Scythians，希腊古典时期活动于欧洲东北部至中亚一带的游牧民族，古波斯人称之为塞克人。

无疑是可耻的失败。在《历史》中，希罗多德不遗余力讲述了他所知道和听说过的关于斯基泰人的土地、风俗和社会等的一切。他虽然周游列国，却从未亲自踏上这片土地，因此似乎不得不依赖别人讲述的故事。然而他对斯基泰人统治下的土地和人民的描述备极详尽，让他不仅成为第一位关注乌克兰的历史学家，也成为第一位关注乌克兰的地理学家和民族志学者。

公元前 45000 年左右，捕猎猛犸的尼安德特人（Neanderthal）成为黑海以北地区最早的人类定居者。对他们的住所遗迹进行的考古发掘证明了这一点。更多的考古证据表明，大约 3 000 年以后，迁入黑海大草原的人类驯化了马。在公元前 5000 年左右，库库特尼 - 特里波里文化[1]的先民们在多瑙河和第聂伯河之间的林草混交带定居，饲养家畜，耕种农田，修建了大规模的定居点，用黏土制造塑像，并烧制彩陶。

大多数希腊人对黑海以北地区一无所知，直到希罗多德开始在雅典的公共节日上朗诵他的作品段落。在这之前，他们把那片土地想象成蛮族的领地和诸神的游戏场。一些人相信，特洛伊战争的英雄、荷马的《伊利亚特》的主角阿喀琉斯（Achilles）就长眠在多瑙河或第聂伯河河口的某个岛屿上；而亚马逊人[2]——希腊神话中那些为了让

---

1 Cucuteni-Trypilian culture，公元前 6000 至前 3500 年左右活动在东欧地区的新石器—铜石时期古文化。
2 Amazons，亦译作阿玛宗人，意为"无乳"。古希腊神话中一个全部由尚武善战的女战士构成的民族。

张弓更稳而切掉了右乳的女战士——也生活在那片地区,就在顿河附近。他们还相信那里的克里米亚半岛[Crimea,即希腊人称之为陶里卡(Taurica)的半岛]上生活着凶残的陶里安人(Taurians);如果有不幸的旅人为躲避黑海的风浪来到群山林立的克里米亚海岸,便会遭到陶里安女王伊菲革涅亚[1]的毒手,被她献祭给女神阿耳忒弥斯[2],因为伊菲革涅亚的父亲阿伽门农(Agamemnon)要将她献祭,是阿耳忒弥斯将她从祭台上救走的。很少有人愿意涉足如"好客之海"周边那样危险的地区。黑海虽名为"好客之海",航行起来却十分艰难,以常常毫无预兆地出现巨大的风暴而闻名。

希腊人从辛梅里安人(Cimmerians)口中首次听说黑海以北的土地和人民。辛梅里安人是一个由战士组成的部族,在公元前8世纪被斯基泰人从黑海大草原驱逐,来到安纳托利亚[3]。游牧的辛梅里安人首先迁移到高加索地区,随后又转移到小亚细亚,在这里遭遇了地中海诸文化,接触到他们悠久的定居生活和文化成就。辛梅里安人在地中海地区被视为典型的蛮族,其声名在《圣经》中也有记录。先知耶利米这样描述他们:"他们拿弓和枪,性情残忍,不施怜悯。他们的声音,像海浪砰訇。他们骑马,都摆队伍,如上战场的人要攻击你。"[4] 辛梅里安人的野蛮战士形象甚至进入了现代流行文化。在1982年的热门电影《野蛮人柯南》(Conan the Barbarian)中,阿诺德·施瓦辛格就曾扮演

---

1 Iphigenia,希腊神话人物,阿伽门农和克吕泰涅斯特拉之女。在神话中,她在被阿伽门农献祭时,被女神阿耳忒弥斯转送到陶里斯,成为当地的神庙祭司。
2 Artemis,希腊神话中的月神与狩猎女神。
3 Anatolia,即小亚细亚半岛。
4 《耶利米书》6:23,译文据和合本。

辛梅里安国王柯南。这是作家罗伯特·E.霍华德[1]于1923年虚构的一个人物。

在公元前7世纪到前6世纪,辛梅里安人被迫离开故土之后,克里米亚和黑海北岸海滨地区就进入了希腊人的视野。希腊殖民地开始在这一地区出现。建立这些殖民地的定居者大部分来自米利都[2],当时最强大的希腊城邦之一。米利都人建于黑海南岸的锡诺普(Sinope)以其自身的地位,成了其他一些殖民地的母体。建于黑海北岸的殖民地则有潘提卡彭(Panticapaeum),距离今天的刻赤[3]不远,有位于今天的费奥多西亚[4]的忒奥多西亚(Theodosiia),还有位于现代城市塞瓦斯托波尔[5]附近的克森尼索斯[6]。这三个殖民地都位于克里米亚。然而最有名的米利都殖民地莫过于位于南布赫(波赫)河[7]河口的奥尔比亚(Olbia)。南布赫河在此地汇入比它更大的第聂伯河(Dnieper)的入海口,然后共同注入黑海。奥尔比亚拥有石砌的城墙,有一座卫城,还有一座德尔斐的阿波罗[8]神庙。根据考古发现,奥尔比亚在其全盛时期

---

1 Robert Ervin Howard(1906—1936),美国恐怖小说、冒险小说和奇幻小说作家。
2 Miletus,位于安纳托利亚西海岸的古希腊城邦,在公元前6世纪建立起强大的海上力量,并建立了许多殖民地。米利都拥有一批著名的思想家,如泰勒斯、阿那克西曼德、阿那克西美尼等,世称"米利都学派"。
3 Kerch,克里米亚城市,位于克里米亚半岛东侧,是刻赤海峡中最重要的港口。
4 Feodosiia,克里米亚东部城市,旧称卡法(Caffa)。
5 Sevastopol,克里米亚半岛西南部的海港。
6 Chersonesus,位于克里米亚西南部,最早是希腊殖民地,公元前2世纪晚期属于希腊殖民地联盟博斯普鲁斯王国,从中世纪早期开始属于拜占庭帝国。
7 Southern Buh(或 Boh),乌克兰河流,一般按俄语发音译作南布格河,发源于乌克兰西部波多里亚高地,注入黑海,全长806千米。
8 Apollo Delphinios,在希腊神话中,阿波罗既是太阳神,也是德尔斐(Delphi)的守护神,故被称为德尔斐的阿波罗。

占地超过120英亩（约48.6公顷），约有1万居民。奥尔比亚人实行民主政治，并以契约方式处理与其母城米利都之间的关系。

同其他希腊城市和恩波里亚（市集）[1]的繁荣一样，奥尔比亚的繁荣有赖于与黑海大草原当地居民的良好关系。从这座城市初建，直到其整个鼎盛时期，即公元前5世纪到前4世纪，当地的居民恰好都是斯基泰人——一个起源于伊朗人[2]的部落混合体。奥尔比亚的希腊人不仅与他们的邻居一起生活，来往贸易，还相互通婚。大量拥有希腊和"蛮族"双重血统的混血人口随之出现。他们同时沿袭希腊的和当地的风俗。奥尔比亚的商人和海员们把谷物、干鱼和奴隶运往米利都和其他希腊地区，并带回酒、橄榄油和包括织物与金属制品在内的手工制品，在当地市场出售。从对斯基泰首领墓葬的考古发掘中可以发现，当地也有用黄金制成的奢侈品。这些坟墓遍布乌克兰南部草原，如今大部分都风化成小丘，在乌克兰语中被称为"库尔巴尼"（kurbany）。

在斯基泰金器文物中，有一件三层胸饰令人尤为惊叹。这件金器于1971年出土于乌克兰南部，如今藏于基辅乌克兰历史珍宝博物馆。这件胸饰的年代约在公元前4世纪，曾为某位斯基泰王所佩戴，向我们提供了一个了解斯基泰人社会和经济结构的视角。它的中央部分刻画了两个下跪的蓄须斯基泰男子，手中捧着一件羊皮外套。考虑到整

---

1 Emporia，希腊语 emporion 和拉丁语 emporium 的复数形式，意为"市集"。
2 Iranians，指印欧语系中说伊朗语支语言的种族。他们曾遍布亚欧大陆各地，非指今天的伊朗人。后同。

件胸饰由黄金制成，这个场景让人联想到阿耳戈英雄（Argonauts）[1]夺取金羊毛的故事，而金羊毛乃权威和君主身份的象征。在中央场景的右边和左边是一些家畜的图案，有马、母牛、绵羊和山羊。金饰上还有斯基泰奴隶的形象，其中一人为一头母牛挤奶，另一人则为一头母羊挤奶。这件胸饰清楚地显示，斯基泰社会的主体由草原战士构成，男性在其中占统治地位，其经济则有赖于畜牧业。

如果说这些人物和家畜的形象让我们得以一窥斯基泰世界的内部，胸饰上的野生动物形象则更多地表现了希腊人对他们眼中的世界边缘的想象，而非黑海大草原上真实情况的反映。狮子和豹子追逐野猪和鹿，长着翅膀的狮鹫（希腊神话中最强大的怪兽，鹰首狮身）猎杀马匹，而后者是斯基泰人生活中最重要的动物。这件胸饰不仅是希腊文化传播的最好证明，也是黑海大草原上希腊世界和斯基泰世界相互影响的最好证明。

各种文化的交织让希罗多德得以搜集考古挖掘无法得到的有关斯基泰人的信息。斯基泰人的起源神话就是一例。希罗多德在他的《历史》中写道："根据斯基泰人自己的讲述，他们是所有民族中最年轻的。"据称塔尔吉陶斯（Targitaus）有三个儿子，斯基泰人就是他的后裔。希罗多德对斯基泰人的起源神话进行了复述："在他们[2]统治这片土地的时候，天空中落下了四样器具：一把犁、一副轭、一把战斧，还有一只酒杯，

---

[1] 阿尔戈英雄，指希腊神话中追随伊阿宋，乘坐快船"阿耳戈号"前往科尔喀斯（今格鲁吉亚境内）寻找金羊毛的英雄们。
[2] 这里的"他们"指塔尔吉陶斯的儿子们，即里波克塞斯（Lipoxais）、阿尔波克塞斯（Arpoxais）和克拉克塞斯（Colaxais）。

全都是黄金制成。"两个哥哥伸手去拿这天降的宝物时,宝物就开始燃烧,只有最年轻的弟弟拿到了宝物,成为它们的主人。两个哥哥立刻尊弟弟为这片土地的最高统治者。一个斯基泰部落由此兴起。他们保有从天而降的神器,并统治着黑海大草原,被称为"斯基泰王族"。斯基泰人显然自视为黑海大草原上的原生种族,否则不会声称他们的始祖塔尔吉陶斯是主神宙斯和包律司忒涅斯河河神之女的血脉——包律司忒涅斯河即今天我们所知的第聂伯河,是这片土地上的主要河流。这个神话还表明,尽管斯基泰人的统治阶层是游牧者,但他们同时也自视为农耕种族,因为天降的神器中不仅有轭,还有犁,都是明显的农耕文化符号。

事实上,在希罗多德的描述中,斯基泰人也分为牧人和农夫两个群体。在黑海北岸,这两个群体各自从事与环境相符的产业。如果我们在第聂伯河上向南航行,我们在右岸会看到希腊殖民地奥尔比亚。希罗多德关于这一地区的主要知识都从奥尔比亚的公民和旅人那里得来。根据希罗多德的描述可知,奥尔比亚北面的邻居是卡里皮达伊(Callipedae)部落,他们可能是希腊人和当地斯基泰人通婚的后裔。再往北,在德涅斯特河[1]两岸和斯基泰王族控制的草原北面,是阿拉佐尼安人(Alazonians),他们"在其他事情上与斯基泰人有相似的风俗,却播种和食用谷物、洋葱、大蒜、扁豆和小米"。在阿拉佐尼安人以北,生活在第聂伯河右岸的人们被希罗多德称为耕田的斯基泰人(Scythian plowmen),他们生产谷物用来出售。而居住在第聂伯河左岸的人们则被他称为农业斯基泰人(Scythian agriculturalists),或包律司忒尼人

---

[1] Dniester,欧洲东部的一条河流,起源于喀尔巴阡山脉,注入黑海,全长1 362千米。

(Borysthenites)。希罗多德认为,这些部落与居住在南方黑海大草原上的斯基泰人有很大的不同。

希罗多德发现,第聂伯河两岸是全世界最丰饶的土地之一:

> 就我看来,作为斯基泰诸河中的第二大河,包律司忒涅斯河不仅在此地诸河流中最有价值、最为富饶,在全世界也是如此,仅次于那独一无二的尼罗河。它带来了最丰美的草地以及无论数量和品质都远超其他河流的鱼群,还有最甘美的饮水——它的河水清澈晶亮,而此地其他河流的水却甚是污浊。包律司忒涅斯河两岸种植的作物别处无可比拟,而在这里还没有开垦的地方,则生长着全世界最好的青草。

这的确是恰切的描述。第聂伯河盆地的黑土至今仍被视为全球最肥沃的土地之一,为乌克兰赢得了"欧洲面包篮"的称号。

农耕族群定居的第聂伯河中游地区还不是希罗多德眼中的世界尽头。此地往北仍有人类的踪迹。希腊殖民者或各行各业的斯基泰人即使对这些人有所了解,也所知甚少。这些人的居住地区才是最远的边境。在第聂伯河右岸,这些人被称为涅乌里人(Neuri),在其左岸更往东和往北的地方,则被直接称为"食人族"。希罗多德对这些人没有太多了解,然而涅乌里人所居住的普里皮亚季[1]沼泽位于今天乌克兰和白

---

[1] Prypiat,今乌克兰基辅州城市,位于乌克兰北部近白俄罗斯边界,因处于1986年切尔诺贝利核事故疏散区而被废弃。

俄罗斯的边境地区,恰与古斯拉夫人的一个可能起源地重合。在此地尚能发现乌克兰方言中最古老的一些变种。

如果希罗多德和他的资料来源可信,那么斯基泰王国应该是一个多族群、多文化的集团,集团内部各族群在社会形态和劳动分工上的位置由地理和生态决定。希腊人和希腊化斯基泰人占据了海滨地区,成为地中海希腊世界与内陆地区的贸易和文化桥梁。主要的贸易商品——谷物、干鱼,还有奴隶——来自稀树草原或林草混交带。这些商品,尤其是谷物和奴隶,要抵达黑海港口,必须取道斯基泰王族所在的草原地区。斯基泰王族控制着贸易,将大部分收入收归己有,并将他们的部分黄金宝藏留在了这一地区的许多小丘里。希罗多德描述的海岸、草原和森林地带之间的区分将是数百年乃至上千年乌克兰历史中的主要区分方法之一。

《历史》所刻画的层次丰富的斯基泰世界在公元前3世纪终结。当罗马人在公元前1世纪夺取黑海北岸的希腊殖民地并将之置于自己的保护之下时,他们需要面对的草原之主已经不再是斯基泰人。

新的一群游牧者——萨尔马提亚人[1]——来自东方。他们击败了控制着农耕地区与希腊殖民地之间商路的斯基泰牧人,并将他们赶走,取代了其位置。新来者同斯基泰人一样,也是伊朗人。希罗多德认为萨尔马提亚人居住在顿河以东,并记述了一个传说:萨尔马提亚人是逃脱希腊囚笼的斯基泰人和亚马逊女战士的后裔。类似斯基泰人,萨

---

[1] Sarmatians,起源于中亚的一个伊朗人部落联盟,在公元前5世纪至公元4世纪间达到鼎盛。

尔马提亚人也由不同的部落组成，并统治着许多族群，比如洛克索拉人[1]、阿兰人[2]和雅济格人[3]。萨尔马提亚人统治黑海大草原长达500年之久，直至公元4世纪。在其鼎盛时期，萨尔马提亚人控制着东至伏尔加河、西至多瑙河的全部地区，并渗入了中欧，直至维斯瓦河[4]。

较之斯基泰人，萨尔马提亚人的强大有过之而无不及，但我们对他们的了解要远远少于对斯基泰人的了解。这主要是因为，希腊殖民地与乌克兰内陆之间的贸易（以及随之而来的信息交流）在斯基泰人统治时期繁盛一时，在萨尔马提亚人到来之后却几乎完全中断。这片土地曾经的主人斯基泰人被萨尔马提亚人驱赶到克里米亚，并在那里建立起一个新的王国——小斯基泰（Scythia Minor），控制着克里米亚半岛、半岛以北紧邻的草原，以及各希腊殖民地。萨尔马提亚人拥有黑海大草原剩下的全部土地，却与希腊殖民地隔绝开来。斯基泰人则失去了对整个草原和内陆地区的掌握。大草原新旧统治者之间的冲突损害了当地的贸易，并逐渐威胁到各希腊殖民地的安全。（斯基泰人和其他游牧者一样，无论贸易状况好坏，都会向殖民者索取金钱或财物。）此外，另一个因素同样有力地削弱了当地贸易——地中海市场有了新的农产品供应者。随着亚历山大大帝的征服和罗马帝国的兴起，从埃及和中东通往爱琴海和爱奥尼亚海岸的商路得到了保护，谷物随之源源而来。

---

1 Roxolani，萨尔马提亚人的一支，公元前2世纪左右居住在黑海东岸草原地区。
2 Alani，即Alans，伊朗人游牧部族之一（Alan为"雅利安"的一种伊朗方言发音）。公元1世纪波斯和罗马的资料记载了阿兰人在黑海大草原上的活动。
3 Iazyges，萨尔马提亚人的一支，公元前200年左右从中亚地区迁入黑海大草原。
4 Vistula，欧洲中部河流，位于今波兰境内，在格但斯克湾注入波罗的海，全长1 047千米。

公元前 1 世纪，罗马人的势力延伸到了黑海北岸，为此时处于罗马监护下的希腊殖民地提供了一定程度的保护，让从前的贸易得以复活。然而这次复兴在最乐观者的眼中也是一场苦战。奥维德（普布利乌斯·奥维狄乌斯·纳索）[1] 在公元 8 年被奥古斯都大帝放逐到黑海岸边的托米斯（今属罗马尼亚）[2]，10 年后在那里去世。他为我们留下一份记录，形象地描述了公元初年左右一个希腊沿海殖民地日常面临的重重危险：

> 数不清的部落环布四周，以残酷的战争相威胁，
> 认为不靠掠夺的生存是一种耻辱。
> 城外没有一寸地方安全：山丘的防护全靠
> 薄弱的围墙，以及巧妙的选址……
> 要塞给我们提供的保护极为有限：甚至连
> 城内与希腊人混处的野蛮人也令人心生恐惧，
> 因为这些野蛮人就生活在我们中间，毫无分隔，
> 还占据了超过一半的房舍。

这种与"野蛮"邻居之间的敌意和安全感的缺失所造成的状态，让本地一度繁荣的殖民地的情况变得越发糟糕。希腊演说家和哲学家狄奥·赫里索斯托姆[3] 自称曾在公元 1 世纪末期拜访过奥尔比亚（在他

1　Ovid（公元前 43—约公元 18），本名普布利乌斯·奥维狄乌斯·纳索（Publius Ovidius Naso），古罗马著名诗人，代表作有《变形记》《爱的艺术》等。
2　Tomis，即今罗马尼亚的康斯坦察（Constanța）。
3　Dio Chrysostom（约公元 40—约 115），罗马帝国时期的希腊演说家、作家、哲学家和历史学家。

的年代,这座城市被外人称作包律司忒涅斯),并留下了一份关于这个衰落中的殖民地的生动记录:

> 包律司忒涅斯城的规模与其古代的声名并不相称。这是因为它曾多次遭遇战争,并多次陷落。长久以来这座城市都身处蛮族的围困之中,而且这些蛮族差不多还是最爱打仗的族群,因此一直处于战争状态……正其如此,此地希腊人的财富事实上已经萎缩到极低的水平,以致他们中的一部分不再结合成城市,而其他人也仅仅能勉强结成群落生存。加入他们群落中的大多数也都是蛮族。

以上就是罗马人来到这里一百多年之后这些希腊殖民地的状况。这片地区再也没能恢复其在希罗多德时代的繁荣、贸易以及与内陆地区的联系。殖民者要么与当地部族处于战争状态,要么就是处于对战争的担忧之中,因此对他们的邻居也知之甚少。"远方是博斯普鲁斯[1]、顿河,还有斯基泰泽地,"从流放地托米斯向东方和北方远望的奥维德写道,"只是几乎无人踏足的土地上的几个名字。比那里更远的,只有人类无法居住的严寒。啊,我与世界尽头已近在咫尺。"

与奥维德同时代的斯特拉波[2]著有受人称道的《地理志》,比那位

---

1 Bosphorus,此处指黑海东北部的辛梅里安博斯普鲁斯(Cimmerian Bosphorus),即连接黑海与亚速海的刻赤海峡两岸,而非今天连接黑海与地中海的博斯普鲁斯海峡。Bosphorus 一词来自古希腊语中的 Βόσπορος(Bosporos)一词,意为"运牛的通道"。
2 Strabo(公元前 64/63—公元 23),古希腊历史学家、地理学家,著有《地理志》17 卷。

鼎鼎大名的罗马流放者对黑海大草原有更多的了解，让我们得以知道萨尔马提亚人各部落以及他们所控制的各地区的名称。根据斯特拉波的说法，雅济格人和洛克索拉人是"住在大车上的人"，也就是游牧部落。不过，关于第聂伯河地区林草混交带的定居民族的状况，这位闻名的地理学家没有提供一点信息，更不用说更北方森林地带的情况。然而，与奥维德不同，斯特拉波并没有在这里的居民中生活，他的信息提供者也不如希罗多德的——他们对"北方人"的情况一无所知。对这种"关于接下来更北方一些的居民的状况"的普遍无知，斯特拉波表达了不满："我既不了解巴斯塔尔人[1]，也不了解萨乌洛马特人[2]，简而言之，对居住在本都[3]以北的所有居民都毫无认识。我既不知道他们到大西洋的距离，也不知道他们的国土是否濒临着它。"

斯特拉波的信息提供者来自这片地区的一个殖民地。如果说希罗多德曾多次提到第聂伯河的话，斯特拉波却似乎对顿河更加熟悉。他的信息源更可能来自位于顿河河口、属于博斯普鲁斯王国[4]的希腊殖民地塔纳伊斯[5]。博斯普鲁斯王国是随着罗马人到来而复兴的希腊殖民地联盟中的最强大者。对斯特拉波而言，顿河有着特别的意义：它是欧罗巴最东部的边界。("欧罗巴"这个词被爱琴海本土的希腊人用以描述希腊在外部世界的整个存在范围。）顿河以西是欧罗巴，从顿河以东

1　Bastarnae，约公元前 200 年至公元 300 年左右居住在喀尔巴阡山脉和第聂伯河之间的一个部族。
2　Sauromatae，即萨尔马提亚人。
3　Pontus，本都王国，公元前 3 世纪至公元 1 世纪间的一个以安纳托利亚为中心的希腊化国家，势力曾遍及黑海沿岸。
4　Bosporan Kingdom，又称辛梅里安博斯普鲁斯王国，位于刻赤海峡两岸，存在于公元前 5 世纪至公元 4 世纪，在公元前 16 年成为罗马的附庸国。
5　Tanais，位于顿河三角洲的一座古希腊城市，建于公元前 3 世纪晚期，在公元 5 世纪被遗弃。

开始则是亚细亚。

因此，在公元后第一个千年的开端，当罗马人来到黑海沿岸殖民地时，乌克兰大地再次变成那个将被称为西方文明的世界的边缘。希腊化世界的北部边界如今成为欧洲的东部界线。乌克兰在接下来近2 000年的时间里都处于这个边缘地位，直到18世纪俄罗斯帝国兴起——俄国将重新绘制欧洲地图，把它的东部边界一直推进到乌拉尔山。

在罗马人统治的年代，黑海大草原被分成欧洲部分和亚洲部分这件事并没有太多意义。斯特拉波曾提到散布在顿河左岸和右岸的萨尔马提亚人，而他的后继者之一托勒密在公元2世纪更提到过两个萨尔马提亚，一个位于欧洲，另一个位于亚洲。在接下来的15个世纪里，这种划分将在欧洲地理学家的著作中频繁出现。比这种想象性的欧洲东部边界更重要的，是黑海北岸地中海殖民地与黑海大草原游牧部落之间那个真正文明化的边界。与那些用高墙坚垒包围起来的希腊殖民地不同，这个边界从来不用石块将自己限定于一地，而是为殖民者和当地居民创造了一片宽广的交流地带。语言、宗教和文化在这里得以交融，产生新的文化和社会现实。

那条位于草原游牧部落与林草混交带定居者之间的边界至关重要。希罗多德对之有所了解，斯特拉波却不曾留意。我们很难断言它是完全消失了，还是仅仅不为地中海的作者们所知。地理和生态环境没有发生变化，然而人口构成很可能已与从前不同。我们将在公元后第一个千年中期希腊学者的作品中再次见到关于这一边界地带的描述。可以确定的是，在这段时间里它并非一成不变。

第 2 章

斯拉夫人的到来

在公元前的最后几个世纪里,古希腊人与乌克兰草原居民之间的关系在很大程度上由贸易和文化交流决定,然而公元 1 世纪的罗马人除了贸易与战争双管齐下之外别无选择。到了公元 4 世纪,随着在旧史学中被称为"蛮族入侵"、在现代被称为"迁徙时期"的时代到来,罗马人与草原居民之间的关系多数时候更近乎战争状态。在这个时代里,来自亚欧大陆和东欧地区的人口和部族大规模流向欧洲中部和西部,最终在 5 世纪下半叶让罗马帝国在"蛮族"的压力下崩溃。虽然受到削弱,但史称拜占庭的东罗马帝国仍在草原游牧部落和随之而来的北方农耕民族的攻击下得以幸存,直到 15 世纪中叶。

乌克兰在戏剧性的迁徙浪潮中扮演了重要的角色。那场导致西罗马帝国衰亡的入侵的一些关键参与者曾在这里生活或从这里经过,其中有哥特人和匈人[1],后者由他们的君主"匈王"阿提拉率领。迁徙浪

---

1 Hun,在公元 4 世纪西迁进入欧洲的游牧民族。他们在公元 5 世纪时达到极盛,在领袖阿提拉(Attila,406—453)的率领下多次入侵东罗马帝国和西罗马帝国。阿提拉死后,匈人帝国迅速瓦解消失。

潮终结了包括斯基泰人和萨尔马提亚人在内的伊朗游牧部族长久以来对黑海大草原的控制。哥特人拥有日耳曼血统,而大多数学者认为匈人发源于蒙古大草原。随着匈人一起来到这片地区的,还有许多中亚部落。到了6世纪中叶,匈人已经被一些说突厥方言的部落取代,消失无踪。

以上提到的迁徙浪潮的参与者都到过乌克兰,一度停留下来统治这里的草原,最终也都离开了。然而另一个被迁徙浪潮的涌动推到前台的族群却拒绝离开。这是一个在语言和文化上被定义为斯拉夫人的部落集团,各自拥有不同的政治组织方式。斯拉夫语言的印欧语系根源说明他们在公元前7000年到前3000年之间从东方进入欧洲,并在东欧定居下来,远远早于希罗多德第一次对这个地区及其居民做出描述的时间。他们把黑海大草原以北的森林地带视为自己的家园,在其早期历史的大部分时间里不为地中海学者们所知。

斯拉夫人第一次引起广泛注意是在6世纪初。他们出现在已被哥特人和匈人削弱的拜占庭帝国的边界上,随后迁入巴尔干地区。拥有哥特血统的6世纪拜占庭学者约达尼斯[1]将这个时期的斯拉夫人分为两个主要群体。"尽管他们因部落和地域的不同而拥有各种各样的名字,"约达尼斯写道,"但大多数时候他们被称为斯科拉文人[2]和安特人[3]。"约达尼斯将斯科拉文人的区域定位在多瑙河与德涅斯特河之间,而将

---

1 Jordanes,6世纪拜占庭帝国官员、史学家,曾著有《罗马史》和《哥特史》。
2 Sclaveni,中世纪早期入侵并定居在巴尔干地区的斯拉夫人集团。
3 Antes,6世纪时居住在多瑙河下游和黑海西北岸地区的斯拉夫人集团。

安特人的区域定位于德涅斯特河与第聂伯河之间——"在本都海[1]的蜿蜒海岸上。"语言学资料显示斯拉夫人的故土位于第聂伯河与维斯瓦河之间的森林地带和林草混交带，主要是今天乌克兰的沃里尼亚与普里皮亚季沼泽地区。到了约达尼斯写作的年代，斯拉夫人必然已经从他们藏身的森林地带来到了草原上，并给查士丁尼大帝[2]带来了巨大的麻烦。

查士丁尼大帝在527年至565年间统治着拜占庭帝国。他雄心勃勃，曾尝试恢复包括东西两部分在内的整个罗马帝国。在多瑙河地区的边境上，当地部落无休无止地攻击着拜占庭人。查士丁尼大帝决定在这里采取攻势。6世纪拜占庭学者普洛科皮乌斯[3]为查士丁尼大帝的战争留下了详尽的记载。他曾提到皇帝的近臣、军事统帅奇里布迪乌斯[4]在6世纪30年代早期被派往多瑙河以北作战。奇里布迪乌斯在对安特人的战争中取得了许多胜利，让查士丁尼大帝得以将"安提库斯"（意为安特人征服者）加入自己的帝号。然而胜利并没有持续多长时间。三年后，奇里布迪乌斯战死，查士丁尼大帝放弃了越过多瑙河的尝试，重拾多瑙河沿岸边界的防御政策。

查士丁尼大帝恢复了罗马帝国古老的"分而治之"策略。到了6世纪30年代末期，安特人已经在对斯科拉文人作战，其中不无拜占庭人的鼓励和诱导，而拜占庭的将军们也同时从这两个族群中为帝国军

---

[1] The sea of Pontus，即黑海。
[2] Justinian the Great（483—565），即查士丁尼一世，东罗马帝国皇帝（527—565年在位）。
[3] Procopius（约500—约565），东罗马帝国重要的史学家，其著作包括《战争史》《建筑》和《秘史》等，是研究查士丁尼一世时期历史的一手资料。
[4] Chilibudius（？—533），拜占庭帝国将军，其事迹见于普洛科皮乌斯的作品。

队招募兵员。即便如此，来自斯拉夫人的袭扰仍没有停止。在与斯科拉文人作战的同时，安特人还是设法入侵了拜占庭位于巴尔干半岛东部的色雷斯行省[1]。他们在这里展开掠夺，掳走大量奴隶，将他们带回多瑙河左岸。在展示了他们的破坏能力之后，安特人才向帝国输诚。查士丁尼大帝将安特人置于自己的羽翼之下，把多瑙河以北被废弃的希腊城市图里斯（Turris）划拨给他们作为都城。

与拜占庭帝国的众多其他敌人一样，安特人为了从帝国国库得到定期的报酬，也成了帝国的守护者。为了提高自己的地位，安特人声称他们俘虏了皇帝最优秀的将军奇里布迪乌斯，并打算将他奉为自己的领袖。由于奇里布迪乌斯曾被查士丁尼大帝授予"大将军"（*magister militum*）——该地区所有帝国军队的指挥官——的称号，安特人的这一举动就会让他们成为帝国的合法公民，而不仅仅是帝国的看门人。这条诡计没有奏效。真正的奇里布迪乌斯当然早就死了。冒充者被抓了起来，送到查士丁尼大帝面前。安特人也只好接受"同盟部族"[2]的地位，成为这个大帝国的盟友而不是公民。

拜占庭帝国的这些新盟友到底是什么人？他们有什么样的外貌？以何种方式战斗？拥有何种信仰？普洛科皮乌斯曾不止一次提到安特人与斯科拉文人拥有共同的语言、宗教和习俗。因此我们可以认为他

---

1 Thrace，东欧历史地理概念，今包括保加利亚南部、希腊北部和土耳其欧洲部分。
2 Foederati，Foederatus 的复数形式，表示罗马帝国与蛮族根据条约保持的同盟关系。在这种关系中，罗马在帝国内为蛮族提供居住地，蛮族则与罗马军队共同作战。这是一种雇佣关系，罗马方面提供酬劳，而蛮族依约不侵扰罗马领土。

那些有关斯拉夫人生活方式的详尽描述适用于这两个群体。根据普洛科皮乌斯的说法，斯拉夫人是一个半游牧族群，住在"简陋而彼此相隔很远的棚屋里"。他们经常改变居住地。斯拉夫战士都是"个头很高、身体粗壮的男子"。关于他们的长相，普洛科皮乌斯有如下描述："从皮肤和毛发看，他们算不上金发的白人，却也不完全是黝黑的类型，而是每个人的皮肤都略微呈现红色。"斯拉夫人"生活艰苦，从不在意身体的舒适……身上总是覆满污垢。从各个方面来讲，他们都不卑鄙，也不作恶，然而他们仍保留着匈人的所有质朴特征"。

尽管满身都是污垢，斯拉夫人却以其民主制为历史所知。"因为这些民族，"普洛科皮乌斯写道，"这些斯科拉文人和安特人，不是由一个人来统治的。他们长久以来就生活在民主之中，其结果是有关他们利益的任何事情，不论是好是坏，都由民众来决定。"他们在战场上喜欢赤裸上半身，却与梅尔·吉布森（Mel Gibson）的好莱坞大片《勇敢的心》（Braveheart）中那些中世纪苏格兰人不同——斯拉夫人对暴露私处的态度更为得体。"当他们身处战场时，"普洛科皮乌斯说，"大多数人会徒步向敌人发起攻击。他们手持小盾牌和投枪，却从来不穿胸甲。事实上，他们中的一些人甚至连汗衫和斗篷也不穿，只是将裤子提到私处的高度，就投入与敌人的战斗之中。"

其他关于斯拉夫人战斗方式的信息见诸拜占庭的《战略》（Strategikon）一书。这本书著于公元600年左右，常被认为是拜占庭皇帝莫里西乌斯[1]的作品。作者对渡过多瑙河来到巴尔干地区定居的斯拉夫人做出了

---

[1] Mauricius（539—602），拜占庭帝国皇帝（582—602年在位）。

一些细节描述。他发现这些斯拉夫人对旅人甚为友善,但过于自由散漫,不愿遵守条约,也不愿服从多数的意见。在他们位于多瑙河以北的故乡,斯拉夫人将居处或建在森林中的河岸上,或建在沼泽地带,以免让入侵者轻易找到。他们最喜欢伏击战术,尽量避免在开阔地带作战,对常规军事队列也毫无兴趣。他们以短矛、木弓和短箭作为武器,在部分箭头上涂抹毒药。他们强迫俘虏做他们的奴隶,但会把奴役期控制在一定的时间之内。

关于斯拉夫人的宗教,普洛科皮乌斯提供了一些有趣的信息。斯拉夫人完全不是一神论者。"他们相信一位神祇——闪电的制造者——独为万物之主,并向他献上家畜和其他各种牺牲。"普洛科皮乌斯写道。然而,尽管只崇拜一个主神,斯拉夫人却完全没有放弃古老的自然崇拜习俗,并且同样祭祀其他神明。正如普洛科皮乌斯所述:"他们崇拜……河流、水妖以及其他各种精灵,向它们个个都献上祭品,并将他们的卜筮与这些献祭联系起来。"让这位拜占庭作者震惊的并非斯拉夫人向诸神献祭的习俗,毕竟前基督教时代的罗马人也有类似的传统,而是他们对改宗基督教的排斥,这一点不同于帝国其他那些早已改宗的臣属。"他们对它[1]既不了解,也决不肯承认它对人拥有任何力量。"普洛科皮乌斯对此表示了惊愕,如果不是失望的话,"但当他们面临死亡——比如生病或开始作战时,他们会发誓说,如果自己能够生还,就立刻向神明献上祭品,以抵偿自己的生命。而当他们真的生还时,他们也会信守诺言,献上他们承诺的祭品,并相信这些祭品已

---

[1] 见普洛科皮乌斯的《战争史》第七卷第十四章第23节,此处的"它"是指"命运"。

经换回了他们的安全。"

普洛科皮乌斯和其他拜占庭作者对斯拉夫人的描述在乌克兰的考古资料中得到了一些印证。人们通常把安特人与考古学上的彭基乌卡[1]文化联系在一起。这个文化遗址以乌克兰的一个城镇的名字命名。彭基乌卡文化的创造者在6世纪、7世纪和8世纪早期生活在乌克兰德涅斯特河与第聂伯河之间的林草混交带,并在第聂伯河两岸定居。这片地区包括了约达尼斯所认定的安特人区域。与普洛科皮乌斯所描述的安特人和斯科拉文人一样,彭基乌卡部落成员也栖居在泥地上挖出的简陋住所里。他们同样会经常改变居住地。定居点时而有人居住,时而被遗弃,时而又被重新启用,这表明这些居民过着一种流动的农耕生活。考古发现还揭示了一个普洛科皮乌斯没有告诉我们的事实:彭基乌卡部落拥有设防的城镇,并把它们当作地方统治者的根据地、行政中心和军事力量中心。

到了7世纪初,随着阿瓦尔人[2]的入侵,斯拉夫人在这片地区唱独角戏的时代结束了。阿瓦尔人来自北方的里海草原,是一个说突厥语的部落集团。他们摧毁了安特人的社会结构。

阿瓦尔人在这片地区留下了惨痛的记忆,其中一部分流传到11世纪和12世纪,被当时正在写作一部历史书的基辅基督教修士记录下

---

1 Penkivka,今乌克兰西部文尼察州城镇。
2 Avars,在6世纪左右迁徙到欧洲中部和东部的一个游牧部族。

来。这部记录后来被称为《古编年史》或《古史纪年》[1]，其第一部分掺杂了本地传说和来自拜占庭的资料。根据《古编年史》，阿瓦尔人"对斯拉夫人发动战争，并侵袭杜勒比人[2]，后者也是斯拉夫人"。这里提到的杜勒比人是一个居住在布赫河沿岸的斯拉夫部落。"他们甚至对杜勒比女子施以暴行，"编年史的作者记述道，"一个阿瓦尔人要旅行时，他的车上不套马也不套牛，而是下令给三个、四个或五个女人戴上轭具，强迫她们拉他的车。"这种行径受到了天谴。"阿瓦尔人体格魁梧，性格傲慢，上帝最终消灭了他们，"作者继续讲述，"他们都死了，没有一个阿瓦尔人活下来。直到今天还有一句罗斯谚语：'他们像阿瓦尔人一样死了个精光。'"

首先从阿瓦尔人手中接过黑海大草原统治地位的是保加尔人[3]，之后是哈扎尔人[4]。哈扎尔人终结了迁徙时期，于7世纪末在这里建立起相对的和平。先前阿瓦尔人在乌克兰草原上的臣民对哈扎尔人的记忆要好得多。"随后，当他们居住在山林中时，哈扎尔人来到他们中间，"一名基辅的编年史作者写道，"要求他们纳贡。"根据这位作者的记述，这些当地人之前臣服于被称为德列夫里安人（林中人）[5]的斯拉夫部落。

---

1 *Primary Chronicle*，亦作 *Tale of Bygone Years*，是中世纪基辅罗斯的一部描述东斯拉夫人早期历史的著作，根据拜占庭的编年史、西斯拉夫和东斯拉夫的文学作品、官方文件及口头文学等资料汇编而成。
2 Dulebians，早期东斯拉夫人部落联盟，可能存在于6世纪至10世纪之间。
3 Bulgars，起源于伏尔加—乌拉尔地区的游牧民族，拥有突厥特征，7世纪时活跃在黑海—里海草原地带，成为半游牧民族，被认为是伏尔加鞑靼人、楚瓦什人和保加利亚人的祖先。
4 Khazars，一个半游牧化的突厥民族。他们建立了存在于7世纪至10世纪间的哈扎尔汗国。
5 Derevlianians，或作 Drevlians，6世纪至12世纪间居住在今乌克兰波利西亚（Polesia）和右岸乌克兰地区（Right-BankUkraine，第聂伯河以西部分地区的历史称呼）一带的东斯拉夫人部落。

他们的贡品是剑,这是一个有反抗意味的举动,也是将来复仇的誓言。不过,除了讲述这个故事,为同意向哈扎尔人纳贡的基辅人辩护之外,这些基辅的编年史作者对入侵者并没有表现出多少恨意。

哈扎尔人对林草混交带的控制力相当有限。第聂伯河多多少少把他们的统治区域限制在森林地带。哈扎尔人中拥有突厥血统的精英集团对和平和贸易更感兴趣,对外界的影响持开放态度。他们曾欢迎一个基督教传教团的到来,甚至接受了犹太教,这导致了哈扎尔人起源于东欧犹太人的传说的兴起。哈扎尔人创建的政治体的核心地带在伏尔加河下游和顿河地区,以伏尔加河河畔的伊的尔[1]和顿河河畔的萨克尔[2]为主要中心。哈扎尔精英集团通过控制商路集聚他们的财富。这些路线中,通往波斯帝国和阿拉伯地区的伏尔加河通道的地位远远高于其余,最初甚至令通往拜占庭帝国的第聂伯河通道相形失色。

哈扎尔人在7世纪20年代与拜占庭帝国缔结了和约。此时拜占庭已经在黑海北岸地区重新确立了自己的存在。4世纪时落入哥特人之手的奥尔比亚已经湮灭无踪,但拜占庭的指挥官们在克里米亚南端海岸地区占据了一片土地。山脉将这片土地同半岛上的草原地区隔离开来。拜占庭人在这里的克森尼索斯建立起其克里米亚属地的政治中心。在查士丁尼大帝时期,这一带的主要城镇都有军队驻守。哥特人从这里西迁之后,先是到了中欧,最后一直抵达伊比利亚半岛。然而有一小股哥特人在同胞离开后仍然留在这里。帝国军队将这些哥特人征召

---

[1] Itil, 亦作阿的尔、阿得 (Atil), 意为"大河", 8世纪中至10世纪末为哈扎尔汗国的都城。
[2] Sarkel, 9世纪30年代哈扎尔人在拜占庭帝国的帮助下修起的砖石要塞,位于顿河下游今俄罗斯罗斯托夫州境内。

入伍以保卫帝国的领土，并派工程师帮助他们加固克里米亚山中高处的洞穴村镇。哈扎尔人成为拜占庭抵抗波斯人和阿拉伯人的盟友，希望能维持通往全世界最富有的市场君士坦丁堡的商路。

在哈扎尔人控制乌克兰东部和中部地区时，我们对这里的斯拉夫人的了解情况如何？比这之前要好一些，但是也没有好多少。我们主要的信息源，有时甚至是唯一的信息源，是比他们晚很多的基辅编年史作者的记载。考古发现告诉我们：后来成为哈扎尔人地区最西部前哨的基辅大约建立于6世纪前的某个时期。但向我们解释了基辅为何如此重要，为何被选中成为定居点的，是那部编年史。当地的一个传说将基辅的建立与附近的一条河流联系在一起。这里的居民们认为，这座城市由他们的统治者基建立，基辅的山丘得名自基的两个兄弟，而流经基辅注入第聂伯河的那条河流则得名自他的妹妹利比德。[1] 利比德河河畔有一座这四位基辅创建者的塑像，如今已成为乌克兰首都的主要地标之一。

基辅的编年史作者提到了喀尔巴阡山脉以西的12个斯拉夫部落。他们的定居点分布向北最远直至拉多加湖[2]，离今天的圣彼得堡不远；向东直至伏尔加河上游和奥卡河[3]；向南则到德涅斯特河下游和第聂伯河中游地区。这些斯拉夫人是今天乌克兰人、俄罗斯人和白俄罗斯人的祖先。语言学家根据从6世纪开始发展的方言差异，将他们定义为

---

1 基（Kyi）、谢克（Shchek）、霍里夫（Khoryv）和利比德（Lybid），传说中基辅的四位建城者。基辅市中心的谢卡维奇亚山丘和霍列维奇亚山丘即得名自基的兄弟谢克和霍里夫。
2 Lake Ladoga，位于俄罗斯西北部卡累利阿共和国和列宁格勒州的湖泊，面积约1.8万平方千米，是欧洲最大的湖泊。
3 Oka River，位于俄罗斯境内，是伏尔加河最大的支流，全长1 500千米。

东斯拉夫人，与西斯拉夫人和南斯拉夫人区别开来。西斯拉夫人是今天波兰人、捷克人、斯洛伐克人的祖先，而南斯拉夫人的后裔则包括塞尔维亚人、克罗地亚人和前南斯拉夫（Yugoslavia）的其他斯拉夫民族。

基辅的编年史作者记载的这 12 个部落中，有 7 个居住在今天乌克兰境内的第聂伯河、德涅斯特河、布赫河、普里皮亚季河[1]、杰斯纳河[2]和索日河[3]沿岸。这些部落中只有一部分处于哈扎尔人的统治之下。虽然统治者和政治结构不同，他们在风俗和其他方面却与邻居们相同，或者是非常接近。这至少是基辅编年史作者传达给我们的印象。这位作者碰巧还是一名基督教修士。他将自己同胞之外的所有部落都视为野蛮人。"他们像野兽一样住在森林里，吃各种不洁净的东西。"这位蔑视自己异教祖先和当代同胞的编年史作者写道。

考古学家的发现证明东斯拉夫人更有定居倾向。他们居住在用原木搭建的房屋里，每 30 到 40 座房屋组成一个村庄，这些村庄又聚成群落。斯拉夫人在每个群落的中心建起一座堡垒，当作遇袭时的军事指挥部。他们从事农耕，饲养家畜，还有自己的酋长。我们可以猜测他们实行军事民主，与普洛科皮乌斯描述的那些斯拉夫人一样。此外，他们和安特人与斯科拉文人一样将雷霆之神视为主神，并称他为佩伦[4]。

---

1 Prypiat River，第聂伯河的一条支流，流经俄罗斯和乌克兰，全长约 710 千米。
2 Desna River，第聂伯河的一条支流，流经俄罗斯和乌克兰，在基辅以北注入第聂伯河，全长 1 130 千米。
3 Sozh River，第聂伯河的一条支流，流经俄罗斯、白俄罗斯和乌克兰，全长 648 千米。
4 Perun，斯拉夫神话中的最高神，除了是雷霆之神外，还是火焰、山岳、风、橡树、鸢尾花、雄鹰、车马、武器和战争之神。

与普洛科皮乌斯笔下的斯拉夫人相比,这位基辅的编年史作者所描述的斯拉夫人在个人卫生方面有了一些进步。假托那位据称将基督教传播到基辅的使徒圣安德鲁[1]之口,这位作者讲了下面的故事:"我看见斯拉夫人的土地。当我来到他们中间,我留意到他们用木头搭建的浴室。他们会先将自己熏到极热,然后脱去衣衫。往身上涂抹一种酸性液体之后,他们会用嫩枝抽打身体。他们的抽打十分猛烈,简直要将自己活活抽死。"

基辅的这位编年史作者住在基辅附近,很可能也在这里长大。他在嘲讽北方地区(今天的俄罗斯和斯堪的纳维亚地区)居民常用的沐浴步骤时不吝讽刺。至于他的同胞中那些前基督教时代的古老风俗,他将之视为野蛮人的习惯,更是毫不留情。"德列夫里安人,"他在对基辅的前统治者的描述中说,"活得就像野兽和牲口一样。他们自相残杀,吃各种各样的脏东西。这些人没有婚姻的传统,到处掳掠少女。"根据这位作者的描述,其他斯拉夫人部落也有同样的罪过。"他们不结婚,"他写道,"只有各个村庄之间的节庆。他们在节日中聚在一起游戏、跳舞,还参加其他各种邪恶的娱乐。男人们在这样的场合随便抢夺女人当作自己的妻子。只要征得她们的同意,每个人都可以夺走任何女子。实际上,每个人甚至可以拥有两名或者三名妻子。"如果我们将这位编年史作者对斯拉夫人婚俗的描述(更准确地说是他关于斯拉夫人不结婚的看法)当作一种常态而非异常,那就是谬以千里了。基

---

[1] St. Andrew,亦作圣安得烈,是耶稣基督的第一位门徒,被普世教会称为首召者。据传他曾在小亚细亚沿黑海传道。

辅的这位编年史作者是后世的一名狂热教徒。毫不奇怪他会向一切违反基督教道德的行为开火，会将注意力集中在有悖婚姻体制的年轻人节庆行为上。来自科尔多瓦[1]、拥有犹太血统的摩尔人[2]易卜拉欣·伊本·雅各布[3]曾在10世纪中期到访过西斯拉夫人的土地。他发现斯拉夫人有稳固的婚姻，而嫁妆还是他们积攒财富的主要方式之一。不过他同时也注意到，年轻的斯拉夫男性和女性在婚前通常就有性经验。"他们的女子一旦结婚，就不会通奸。"伊本·雅各布写道，"但如果少女爱上了某个男子，就会委身于他，以满足自己的欲火。如果丈夫娶到妻子之后发现她还是处女，他会对她说：'但凡你有一些长处，就会有男人想要你，而你也肯定能找到一个人向他献上贞操。'然后他会把她从自己身边赶走，送回娘家。"

关于10世纪到11世纪之前定居在乌克兰的那些斯拉夫人的情况，我们所知极为有限。大体上，我们了解的情况要么来自这些人的拜占庭或哥特仇敌，要么来自上百年之后的狂热基督徒，如那位在斯拉夫人身上只看到异教迷信的基辅编年史作者。两方面的记载都将他们视为与基督教帝国或基督教教条仪轨为敌的蛮族。他们是如何从部分位于今天乌克兰西北地区的故土出发，以大体和平的方式对东欧进行殖

---

[1] Cordoba，位于西班牙南部安达卢西亚自治区的一座城市。
[2] Moor，中世纪伊比利亚半岛（今西班牙和葡萄牙）、西西里岛、马耳他、北非和西非等地区的穆斯林。
[3] Ibrahim ibn Ya'qub，10世纪时期来自伊比利亚半岛的一名旅行家。根据史籍和他自己的作品，人们通常将他视为一名塞法迪犹太人（Sephardi Jew，15世纪前居在伊比利亚半岛的犹太人），但也有历史学家认为他是有犹太血统的穆斯林。

民，深入南方的巴尔干地区，西渡维斯瓦河直到奥得河[1]，北至波罗的海，东至伏尔加河和奥卡河的？由于编年史作者的无视，这个过程基本不为我们所知。斯拉夫人是游牧部落入侵之后来到这里的农耕民族，因为除了用来放牧畜群的草原外，"创造历史"的游牧民族通常不知道如何利用土地。斯拉夫人的殖民浪潮过程缓慢，方式基本平和，也造成了绵延久远的影响。

---

1 The Oder，东欧河流，发源于捷克，流经波兰西部，成为波兰和德国的界河，注入波罗的海，全长 854 千米。

第 3 章

第聂伯河上的维京人

在乌克兰，与在欧洲其他任何地方一样，迁徙时期或"蛮族入侵"最后都让位给了维京时代。维京时代从 8 世纪末一直延续到 11 世纪下半叶。我们很容易想到，"蛮族入侵"的结束并非侵略行为本身的终结。新的入侵者来自今天的瑞典、挪威和丹麦，也就是维京人。他们在西欧被称为诺斯人（Norsemen）或诺曼人（Normans），在东欧被称为瓦良格人（Varangians）。无论是整个还是部分的国家，都是他们劫掠、征服和统治的对象。维京人为已有的社会形态带来了改变，并创造出新的社会形态。

这一切是从什么时候开始的？关于不列颠岛上的维京时代，我们知道一个确切的日期——793 年 6 月 8 日。这一天，可能来自挪威的维京海盗们进攻并洗劫了英格兰海岸附近林迪斯法恩岛[1]上的一个基督教修道院。他们将一些修士扔进海里溺毙，将另一些人掳为奴隶，然后带着修道院的财宝登上他们的长船，消失无踪。差不多在同一个十

---

[1] Lindisfarne，位于今英格兰东北诺森伯兰郡海岸的一个潮汐岛，是中世纪凯尔特基督教的圣地。

年里，维京人或诺曼人（后来的诺曼底省即得名于此）还出现在法国海岸附近。维京时代到来了。

拜占庭宫廷与维京人的首次接触不晚于 838 年。这一年，代表罗斯（Rus'/Rhos）国王的使节出现在君士坦丁堡，向帝国表达和平与友好的愿望。他们来自北方，却因担心遭遇敌对的部落，不愿沿原路返回，于是皇帝让他们绕道日耳曼尼亚[1]回国。在查理大帝之子、法兰克国王"虔诚者"路易[2]的宫廷里，维京人则被称为瑞典人或诺斯人，并被怀疑是间谍。实际上，他们可能有各种身份，但唯独不是间谍。他们也有足够理由担心在回北欧的路上遭到攻击。攻击者可能是斯拉夫人部落，更可能是黑海大草原上的游牧者。

拜占庭与维京人初遇时的甜美和平很快被对立取代。859 年[3]，一支小规模维京舰队在地中海上昭示了它的存在。第二年，另一群维京人沿第聂伯河南下，横渡黑海，进入博斯普鲁斯海峡，并攻击了君士坦丁堡。与林迪斯法恩受到的进攻一样，这一次维京人对强大的拜占庭帝国首都的进攻也有确切的日期——860 年 6 月 8 日。君士坦丁堡和整个帝国都对此感到猝不及防。帝国皇帝米哈伊尔[4]此时正身先士卒，在小亚细亚作战，而他的舰队也远在爱琴海和地中海上，保护帝国不受阿拉伯人和前一年出现在这里的维京人的进攻。没有人想到维

---

1 原文为 Germany，即今德国。此处根据中世纪罗马人和希腊人对日耳曼人居住地区的称呼，译作日耳曼尼亚（拉丁语 Germania）。
2 Louis the Pious（778—840），法兰克王国国王和皇帝（814—840 年在位），查理大帝（Charlemagne）的儿子与继承者。
3 原文作 959 年，有误。
4 Michael，指米哈伊尔三世（840—867），拜占庭帝国皇帝（842—867 年在位）。

京人也能从北方到来。

入侵者的装备不足以支持一场长期的围城战,也无法突破城墙,但他们对郊区发动攻击,洗劫教堂和庄园,淹死任何敢于抵抗的人,并恐吓平民。之后他们穿过博斯普鲁斯海峡进入马尔马拉海,在帝都附近的王子群岛[1]上继续劫掠。牧首佛提乌[2]——此时城中最高的教会领袖和帝国长官——在布道和祈祷中祈求神的护佑。他在一次讲道中描述了居民们面对入侵者时的无助:"敌船从城外经过,船上的人亮出刀剑,似用屠刀恐吓这座城市。一切人性的希望从人们心中一点点流走。城市已孤立无援,只能向神呼救。"入侵者在8月4日离开。佛提乌将君士坦丁堡奇迹般的幸存归功于圣母的保佑。这个解释逐渐流传,成为后来圣母帡幪节或波克洛瓦节[3]的起源。有趣的是,这个节日并没有在拜占庭发扬光大,倒是在维京人进攻君士坦丁堡时所途经的地区——乌克兰、俄罗斯和白俄罗斯——格外流行。

佛提乌和他的同代人对860年夏天进攻拜占庭首都的维京人并非一无所知。这位牧首将入侵者称为"罗斯人",与838年那个罗斯使团的成员一样。他甚至声称这些人是拜占庭的臣属,却把细节留给他之后一代又一代学者去探寻。这些人到底是谁?在过去两个半世纪甚至更长的时间里,人们一直在寻求答案。多数当代学者认为"罗斯"

---

[1] Prince Islands,位于马尔马拉海中,在今伊斯坦布尔东南方约20千米处,由9个岛屿组成。
[2] Patriach Photius(约810—893),也称圣佛提乌或佛提乌一世,9世纪君士坦丁堡的普世牧首(858—867、877—886年在位)。
[3] Pokrova,乌克兰语,意为"保护",俄语作Pokrov(Покровъ),东正教节日之一,如今在每年10月14日(儒略历十月一日)庆祝。

(Rus')一词有其斯堪的纳维亚根源。主要用希腊语写作的拜占庭学者们很可能是从斯拉夫人那里借用了这个词,而斯拉夫人则是从芬兰人那里学来的。芬兰人将瑞典人称为"Ruotsi"。在瑞典语中,Ruotsi的意思是"划船的人"。事实也的确如此——他们划着船,先是渡过波罗的海进入芬兰湾,然后取道拉多加湖、伊尔门湖[1]和白湖城[2]来到伏尔加河上游。这条河流当时是通往里海和阿拉伯国家的萨拉森(穆斯林)[3]通道的重要一段,日后将成为俄罗斯的象征。

罗斯维京人是由来自挪威、瑞典或许还有芬兰的诺斯人组成的集团。他们最开始进入东欧时是作为贸易者而非征服者,因为这一带的森林中没有什么值得劫掠的东西,中东才是真正的财富之地。对于将他们与中东隔开的这片土地,他们需要的只是通行权。但就我们对维京人的了解而言,他们从不认为贸易和战争——或者不如说贸易与暴力——不能相容。毕竟,当地部落并不欢迎他们的出现,他们也不得不一路保护自己。他们从事的贸易也有强迫的色彩,因为他们的贸易品不光是毛皮和蜂蜜这样的森林产品,还包括奴隶。为了得到这些东西,维京人必须建立起某种对当地部落的控制,从他们那里收取可以通过萨拉森通道进行交易的贡赋。他们在里海周边的市场上用这些产品交换阿拉伯的迪拉姆[4]银币。后世的考古学家发现了许多这种银币窖藏。它们成为连接斯堪的纳维亚和里海的维京贸易通道上的一个个标

---

[1] Ilmen,位于俄罗斯诺夫哥罗德州,在历史上是瓦良格人和希腊人的贸易通道。
[2] Beloozero,俄罗斯城市别洛焦尔斯克(Berlozersky)的旧称,位于别洛耶湖(Lake Beloye,又译作白海、白湖)南岸。
[3] Saracen,源自阿拉伯语,意为"东方人",在西方历史文献中常被用于泛指阿拉伯帝国的穆斯林。
[4] Dirham,古代及当前流通于阿拉伯地区的货币单位,其名得自希腊货币单位德拉克马(Drachma)。

记点。

问题是，维京人并非这种贸易模式的第一个发明者，他们还面临着来自哈扎尔人的竞争。哈扎尔人控制着伏尔加河和顿河的贸易，同样从当地部落那里收取贡赋，此外他们还是拜占庭的盟友。部分学者认为：正是因为哈扎尔人在拜占庭帝国的帮助下修筑了萨克尔要塞，罗斯人才对君士坦丁堡发动了报复性的攻击。萨克尔位于顿河左岸，让哈扎尔人得以完全掌握亚速海上的贸易。哈扎尔人在第聂伯河商路上还有一座位于基辅的前哨，但他们的统治没有延伸到第聂伯河西岸的森林地带，并且很快就失去了对基辅的控制。

作为我们了解这段时期的最主要的资料来源，《古编年史》讲述了882年多个维京人群体之间爆发的对基辅的争夺。被编年史作者称为"奥列赫"的赫尔吉[1]杀死了另两名首领阿斯科尔德[2]和迪尔（Dir，今天在基辅仍能看到前者的墓地），夺取了这座城市。据称赫尔吉代表着罗里克（《编年史》将之称为"留里克"）家族。[3]这个家族当时已经统治着今天俄罗斯北部的诺夫哥罗德（大诺夫哥罗德）[4]。尽管人们能够也有理由对故事的许多细节提出疑问，比如其年表的不可靠（编年史作者根据后来拜占庭的资料对年表进行了大量修订），但这个传说很可能反

---

1 即诺夫哥罗德的奥列格（？—912），在古诺斯语中被称为赫尔吉（Helgi），乌克兰语中称为奥列赫（Oleh），俄语中称为奥列格（Oleg）。他是古罗斯人（瓦良格人）王公，诺夫哥罗德的第二位大公，也被视为基辅的第一位大公。

2 Askold，基辅王公，第聂伯乌克兰地区第一个东斯拉夫人国家的奠基者。他被认为是基辅建立者基的后裔和基辅第一位基督徒王公。

3 House of Rorik / Rurik，半传说人物瓦良格王公留里克的家族。据称862年左右留里克在今俄罗斯大诺夫哥罗德建立了留里克王朝。他被认为是诺夫哥罗德的第一位大公。

4 Velikii Novgorod，今俄罗斯西北部诺夫哥罗德州首府，俄罗斯最古老的城市之一，建于859年。

映了某个维京人群体在今天大诺夫哥罗德和基辅之间的东欧森林地区巩固其权力的真实过程。

现存的大部分文献都将这片地区称为"瓦良格—希腊"商路沿线,但最近的研究表明,即使这样一条商路真的存在,其投入使用的年代也不会早于10世纪下半叶,而且它的某些路段比其余路段更繁忙。一些学者倾向于将它改称为"第聂伯河－黑海"通道。就算维京人不是这条较短的"第聂伯河－黑海"通道的最早使用者,至少也让它重新恢复了活力,这是因为他们在伏尔加河沿岸的萨拉森通道遇到了越来越多的麻烦。在此前一个世纪里,哈扎尔汗国的内乱已经让伏尔加河通道变得不再安全。大约在同一时期,阿拉伯人挺进地中海地区,影响到拜占庭帝国与欧洲南部的贸易。哈扎尔人试图帮助其拜占庭盟友(也为帮助自己),充当了君士坦丁堡与中东地区贸易的中间人,使它改道黑海和亚速海。此时北方贸易路线对希腊人而言有了与从前不同的重要性,变得也许比希罗多德时代之后任何时期都有分量。在这个时代,向南方输送的主要产品不再是乌克兰林草混交带出产的谷物,而是得自更北方森林地带的奴隶、蜂蜜、蜡和毛皮。维京人从南方带回的商品中最珍贵的则是丝绸。罗斯维京人与拜占庭在911年和944年两次缔结条约,以确保其贸易特权。

拜占庭皇帝君士坦丁七世波菲洛吉尼都斯[1]在950年左右创作了《帝国行政论》(*De administrando imperio*),此前不久,他们刚与维京

---

1 Porphyrogenitus(905—959),拜占庭皇帝(912—959年在位)。波菲洛吉尼都斯为其外号,意为"生于紫室者",表示其血统尊贵。他热心学术,著有《帝国行政论》《典仪论》等。

人第二次缔约。他在书中解释说这些商品来自受维京人控制的斯拉夫部落。"每年 11 月初,"他写道,"他们的酋长们就会带上所有罗斯人一起离开基辅,开始 *poliuddia*。这个词的意思是'巡回',也就是到维尔维亚人[1]、德拉戈维奇人[2]、克里维奇人[3]、谢维里亚人[4] 和其他所有向罗斯人纳贡的斯拉夫人地区去。"一些部落会俯首纳贡,另一些却会抗争。德列夫里安人生活在第聂伯河右岸,曾经占领过基辅。他们每个人要向维京人进贡一张貂皮。但是随着进贡数额一年年提高,德列夫里安人最终进行了反抗。

《古编年史》对德列夫里安人反抗及随后被镇压的过程进行了描述,让我们得以早早一窥 10 世纪维京王公统治下基辅世界的面貌。

根据《古编年史》,德列夫里安叛军对赫尔吉的继承者英格瓦一世(基辅的编年史作者称他为伊赫尔)[5] 发动了攻击并将他杀死。"德列夫里安人听说他即将……到来,就和他们的王公玛尔(Mal)商议说:'如果一头狼来到羊群中,除非消灭它,否则它会把羊一只接一只地吃掉,直到把一整群羊都吃光。如果我们现在不动手把他除掉,就会被他毁灭。'"编年史作者这样解释反叛的起因。德列夫里安人按照他们的计划行事,杀死了英格瓦,接下来做出了更加鲁莽的举动:反叛的首脑、

---

1 Vervians,即前文中的德列夫里亚人。
2 Dregovichians,从 6 世纪起居住在今白俄罗斯南部的一个斯拉夫人部落。
3 Krivichians,从 6 世纪起居住在今白俄罗斯北部和俄罗斯西部的一个东斯拉夫人部落联盟。
4 Severians,第聂伯河中游以东地区的一个早期东斯拉夫人部落或部落联盟。
5 Ingvar I(?—945),英格瓦一世(古诺斯语),古斯拉夫语称伊戈尔一世(Igor I)。他继奥列格(赫尔吉)为诺夫哥罗德王公、基辅大公。

德列夫里安王公玛尔向英格瓦一世的遗孀赫尔加[1]求婚。考虑到赫尔加在斯拉夫尤其是乌克兰历史传统上的重要性，我们应该改用她名字的乌克兰语读法，即奥丽哈（Olha）——俄语读作奥丽加（Olga）。编年史作者对玛尔的提议做出了解释：他试图以此控制英格瓦年幼的儿子斯维亚托斯拉夫[2]——斯堪的纳维亚语作斯文纳尔德（Sveinald）。

  这个故事向我们暗示：维京人统治集团与本地斯拉夫人精英集团之间的冲突不仅是因为纳贡的问题，也因为维京人对贸易和整个地区的控制。很明显，玛尔希望取代英格瓦一世的统治者地位，而不仅仅是成为奥丽哈的丈夫。然而，奥丽哈用计骗过玛尔，邀请他和他的部下到她位于基辅的城堡来，把他们活活烧死。一种说法是她将德列夫里安人烧死在他们来时乘坐的船上。随后她又从德列夫里安人精英中邀请来第二群提亲者，同样把他们杀死。这一次是在浴室里——奥丽哈告诉客人：他们必须沐浴之后才能觐见她。显然，德列夫里安人对斯堪的纳维亚人的蒸汽浴室一无所知。浴室的温度急剧升高，把客人们全部烫死。

  船和浴室是诺斯文化里的重要元素，这向我们透露了这个传说的斯堪的纳维亚根源。罗斯人和斯堪的纳维亚人的葬礼中都有将死者在船上火葬的内容。然而故事同样向我们暗示了维京人在基辅统治力的脆弱。在烧死玛尔之前，奥丽哈似乎已经确保基辅人站在她一边。在

---

[1] Helga（约890—969），赫尔加（古诺斯语），基辅大公伊戈尔一世的妻子、斯维亚托斯拉夫·伊戈列维奇大公的母亲和摄政，俄罗斯东正教会最早追认的圣人之一。

[2] Sviatoslav，即斯维亚托斯拉夫一世（约942—972）、伊戈尔一世和奥丽加之子、基辅大公。他在10世纪60年代末进攻并消灭了哈扎尔汗国。

她的建议下，毫不起疑的玛尔和他的部众拒绝骑马或步行前往奥丽哈的城堡，而是要求当地人用船将他们载去。这令基辅人感到不安。根据编年史中的说法，基辅人发出哀叹："沦为奴隶将是我们的命运。"在奥丽哈走上战场面对德列夫里安人的军队之前，她一共用计谋消灭了三批德列夫里安领袖。即便如此，她仍不能击败剩下的部落军队，也无法夺取他们的要塞。于是她再一次运用诡计，将敌人的要塞付之一炬。如果维京人在基辅占据压倒性多数的话，她这么做就毫无必要。

大公夫人奥丽哈之子斯维亚托斯拉夫是第一位我们对其外貌有所了解的基辅统治者。（基辅的编年史作者称奥丽哈不仅足智多谋，也非常美丽，但没有关于她的具体描述留存下来。）这位基辅王公在10世纪60年代初从他母亲手中接过权柄。拜占庭的编年史作者执事列奥[1]曾亲眼见过他，并做出了描述。根据列奥的记述，斯维亚托斯拉夫身材中等，肩膀宽阔，不留颔须，却有浓密的唇髭。他的头顶也剃过，只留下一绺头发表明他高贵的身世。这位王公的眼睛是蓝色的，鼻子短而宽。他身着朴素的白衣，浑身上下只有那枚嵌着一颗红宝石和两粒珍珠的金耳环透露出他的尊贵地位。这次会见发生在971年7月，当时列奥正陪同皇帝约翰·齐米斯基斯[2]在保加利亚参加一次战役。

斯维亚托斯拉夫与拜占庭皇帝的会面并非其军事生涯的巅峰，反倒是一次低谷。他的军事生涯始于他母亲奥丽哈对德列夫里安人发动

1　Leo the Deacon（约950—？），拜占庭历史学家、编年史作者，他著书记载了拜占庭皇帝罗曼努斯二世至巴西尔二世在位期间的历史，尤其以对基辅大公斯维亚托斯拉夫的第一手记载著称。

2　John Tzimisces（925—976），即拜占庭皇帝约翰一世（969—976年在位）。他在对阿拉伯帝国和基辅罗斯的战争中功勋卓著。

的战争。当奥丽哈终于在战场上与叛乱部落正面对决时,斯维亚托斯拉夫有幸成为战斗的发起者。"双方军队都已准备好战斗,"编年史作者写道,"斯维亚托斯拉夫向德列夫里安人投出他的矛,但这支矛连马头都没有飞过,落在了他自己的腿上,因为王子此时还是个小孩子。然后奥丽哈军队的维京统帅斯文纳尔德[1]和阿斯蒙德(Asmund)说:'王子已经发起了战斗!诸位大人,跟随王子,向前冲锋!'"斯维亚托斯拉夫最终成长为一名战士。他在其军事生涯中与部下同甘共苦,在战场上把马鞍当作枕头。执事列奥曾目睹他和部下一起划船,要不是他的衣衫更干净,几乎难以将他从部下中辨认出来。

斯维亚托斯拉夫在10世纪60年代初亲政,在972年战死。在其短暂的统治期间,他取得了许多了不起的军事胜利。一些学者认为,10世纪下半叶的罗斯维京人从贸易转向战争,是为了挽回他们的损失:被开采多年之后,中亚地区的银矿枯竭了,不再产出白银,由中亚银币驱动的东欧贸易随之走向终点。在其生涯最早的战役中,斯维亚托斯拉夫夺取了最后一批附属于哈扎尔人的东斯拉夫部落的控制权。这些部落被称为维亚季奇人(Viatichians),生活在奥卡河流域。他们居住的区域包括今天莫斯科的周边地区。达到这个目的后,斯维亚托斯拉夫转而向哈扎尔人发起进攻。经过一系列战役,他夺取了哈扎尔人在顿河地区的要塞萨克尔,将其变成罗斯人的前哨。随后他又洗劫了哈扎尔汗国位于伏尔加河河岸的都城伊的尔,并击败了哈扎尔人的封

---

[1] Sveinald,瓦良格人,半传说的留里克王朝军事首领。古诺斯语中他与斯维亚托斯拉夫同名。

臣伏尔加保加利亚人[1]。哈扎尔汗国灰飞烟灭，哈扎尔人与维京人对斯拉夫部落控制权的争夺也基本结束。现在这些部落都承认基辅的统治地位。

然而斯维亚托斯拉夫很少待在他的都城里。他其实有迁都到多瑙河地区的想法，并且在10世纪60年代晚期对拜占庭作战时就萌生了这个念头。编年史作者认为斯维亚托斯拉夫希望迁都到多瑙河，是因为他的土地上出产的大部分商品都通过多瑙河运输。他并非只是对土地贪得无厌，更可能是希望将这个时期最主要的贸易线路掌握在自己手中。他之前的两位基辅大公——赫尔吉（奥列赫）和英格瓦一世——已经在富有的拜占庭市场为罗斯商人们取得了有利的贸易待遇。传说赫尔吉甚至成功地将他的盾牌钉在君士坦丁堡的城门上。他没有夺取这座城市，但据称让拜占庭皇帝做出了宝贵的贸易让步。

拜占庭人向斯维亚托斯拉夫支付酬金，让他进攻拜占庭的敌人巴尔干保加利亚人[2]，斯维亚托斯拉夫因此涉足巴尔干地区。他消灭了保加利亚军队，占领了他们的大片国土。拜占庭人以为他会将获得的土地转交给他们，但是斯维亚托斯拉夫拒绝这么做。于是拜占庭人收买了黑海大草原上新出现的游牧部落佩切涅格人[3]，让他们进攻基辅。斯维亚托斯拉夫不得不回师对付佩切涅格人，然而969年他又回到了保加利亚。第二年，他围困了距君士坦丁堡不到150英里（约241千米）

---

1 Volga Bulgars，伏尔加保加利亚的居民。伏尔加保加利亚是7世纪至13世纪期间存在于伏尔加河与卡马河交汇地区的保加利亚人国家。
2 指保加利亚第一帝国，存在于681年至1018年间。
3 Pechenegs，西突厥人的一支，在10世纪来到顿河和多瑙河下游。

的拜占庭城市阿德里安堡[1]，也就是今天的埃迪尔内。帝国宫廷一片恐慌，皇帝约翰·齐米斯基斯派出他最优秀的将军之一前去解围，然后自己很快率军前往保加利亚，包围了斯维亚托斯拉夫留在那里的军队。斯维亚托斯拉夫只得撤退。

执事列奥见证了斯维亚托斯拉夫与约翰·齐米斯基斯之间第一次也是最后一次会见。斯维亚托斯拉夫承诺不再对帝国作战，离开保加利亚，并放弃他对克里米亚南部土地的任何要求。作为回报，皇帝保证斯维亚托斯拉夫和他的人马平安回国。这是斯维亚托斯拉夫的最后一次军事行动——他死在回基辅的路上，就在他和部下在第聂伯河险滩附近弃船登岸时。这段险滩长40英里（约64千米），河床上满布悬崖，曾被视为航行的畏途。直到20世纪30年代这里修起一座大坝，险滩才被淹没在水下。旅行者们别无选择，只能登岸绕过其中最湍急的一些河段。"如果罗斯人乘船来到拦河的峭壁前，他们只能将船从水里拉上来扛在肩上，从陆路绕行才能通过。此时佩切涅格人发动袭击的话，罗斯人一身不能二用，就会被轻松击溃，剁成碎片。"[2]君士坦丁七世波菲洛吉尼都斯写下这些话之后不到四分之一个世纪，斯维亚托斯拉夫就送了命。

可能正是因为在险滩附近必须下船，才让佩切涅格骑兵得以发动攻击，杀死斯维亚托斯拉夫。据称佩切涅格人的首领用斯维亚托斯拉夫的颅骨制成了一只酒杯。另有传言称是约翰·齐米斯基斯向佩切涅

---

1 Adrianople，即今土耳其的埃迪尔内（Edirne），旧称哈德良堡（Hadrianopolis），由罗马帝国皇帝哈德良建造。阿德里安堡在1365年至1453年间曾为奥斯曼帝国首都。
2 这是君士坦丁七世在《帝国行政论》中关于为何罗斯人必须与佩切涅格人保持良好关系的论述。

格人透露消息，推动了这次袭击。然而斯维亚托斯拉夫死在第聂伯河河畔的草原地带，这已经说明了一个他和他的前任都没能解决的重大问题：尽管他们在基辅及其北方的广袤森林地带聚集起巨大的权力，他们仍然未能完全控制草原地带，甚至没能建立穿过草原的安全通道。这使得基辅的统治者无法掌握黑海北岸地区，也无法完全利用地中海世界提供的种种经济和文化机遇。仅仅是击败哈扎尔人尚不足以打开通向大海的道路。

历史学家们将斯维亚托斯拉夫视为"最后的维京人"。的确如此——他的军事远征，还有他抛弃基辅迁往新都以控制拜占庭帝国与中欧城市之间贸易的想法，都说明一点：统治这片由斯维亚托斯拉夫的前任们建立、由他自己在征战中扩大的国土，对他没有太大的吸引力。斯维亚托斯拉夫的去世标志着乌克兰维京时代的终结。尽管瓦良格人部属将继续在基辅的历史中扮演重要角色，斯维亚托斯拉夫的继承者们却会开始尝试减少对这些外族战士的依赖。他们将专注于统治自己已经拥有的这片土地，而非到别处去开疆拓土。

第 4 章

北方拜占庭

在关于第聂伯河地区罗斯王公们的最早记载中,我们就了解到他们对拜占庭帝国的兴趣。将维京商人和战士引向拜占庭首都君士坦丁堡的,和曾将匈人和哥特人引向罗马的是同一种东西:世俗的财富,外加权力和地位。维京人从未尝试推翻拜占庭,但他们竭尽所能地接近这个帝国和它的首都,并为夺取君士坦丁堡发动了多次远征。

斯维亚托斯拉夫在 972 年的死亡标志着罗斯历史和罗斯与其南方强邻关系上一个重要时代的终结。接下来两代基辅统治者同样强烈希望与君士坦丁堡发生联系,并不亚于斯维亚托斯拉夫,但这些继承者关心的不光是财富和商业,他们还渴慕君士坦丁堡辐射出的权力、地位和精致文化。他们没有像其先辈们一样尝试征服博斯普鲁斯海峡上的君士坦丁堡,而是决定在第聂伯河上复制这座城市。罗斯人与拜占庭希腊人之间关系的这一转折,以及基辅王公们的新想法,在斯维亚托斯拉夫之子弗拉基米尔[1]及后者之子雅罗斯拉夫[2]的时代开始浮现。这

---

1 Volodymyr(约 958—1015),基辅大公弗拉基米尔一世斯维亚托斯拉维奇(980—1015 年在位)。他击败其兄亚罗波尔克一世后成为基辅大公。东正教在他统治时期成为基辅罗斯的唯一宗教。
2 Yaroslav(约 978—1054),基辅大公雅罗斯拉夫一世弗拉基米罗维奇(1019—1054 年在位)。他击败其兄斯维亚托波尔克一世后成为基辅大公,被称为"智者"雅罗斯拉夫。

两位大公统治基辅的国土半个多世纪,常被认为是两位改造者,将基辅罗斯变成了一个真正的中世纪国家——一个拥有相对确定的国土,拥有行政体系,最后但同样重要的是,拥有一种意识形态的国家。最后这一点在很大程度上来自拜占庭。

作为一名基辅王公,斯维亚托斯拉夫的儿子弗拉基米尔不像他父亲那样好战和雄心勃勃,但在达成自己的目标这一点上更胜一筹。他父亲死在第聂伯河险滩时,弗拉基米尔只有15岁。他的兄弟们同样希望将大公宝座据为己有。新一批斯堪的纳维亚人的到来为他的登基铺平了道路。在从他一位兄弟手中夺得宝座之前,弗拉基米尔曾在家族故土斯堪的纳维亚避难超过5年。随后他率领一支新的维京军队返回了罗斯。基辅的编年史作者记述说:弗拉基米尔夺取基辅之后,他的士兵们曾向他索取酬劳。弗拉基米尔答应将本地部落送来的贡赋发给他们,却没能兑现。于是他将维京指挥官们封为他在草原前线建立的要塞的长官,并同意这支军队的其他人参加对拜占庭的远征。他又命令他的子民不得同意这支军队进入他们的城镇,并要阻止他们返回。

弗拉基米尔继位之后,维京人部队仍是他军队中的核心力量。但根据《古编年史》的记载,他统治时期的一大特点即是他与部属之间的紧张关系。这是维京人的"第二次到来",与上一次完全不同。现在他们的身份不是商人,也不是统治者,而是一位统治者的雇佣兵。这位统治者同样拥有维京人血统,但他主要的忠诚对象是自己的公国领土。弗拉基米尔对第聂伯河地区的资源足够满意,不曾梦想将都城迁到多瑙河。他不仅将逐渐削弱自己麾下部众拥有的巨大权力,也将削弱各部落精英集团的影响力。为了制衡这些人,他将自己的儿子和家族成员分封到帝国的不同地区进行管理,为将来那些依附于基辅的公国的诞生奠定了基础。

维京时代终于在罗斯这片得名于维京人的土地上结束了。这一变化在《古编年史》中也有所体现。编年史作者通常会将王公的部属组成归纳为维京人、本地斯拉夫人和乌戈尔芬兰人[1],前两个群体共同被称为"罗斯"。然而,随着时间流逝,"罗斯"先是成为王公部属的统称,后来又成为他全部子民的统称,最后变成了他统治的国土的名字。"罗斯"和"斯拉夫"这两个名词在10世纪和11世纪期间开始变得可以互换。从《古编年史》和拜占庭人对这一时代的记载中,我们都可以得到这种印象。

弗拉基米尔在980年登基。在他统治期的第一个十年里,他的主要精力用在了战争上,确保他的先辈创建的国家不致分崩离析。追随斯维亚托斯拉夫的脚步,他再次击败了哈扎尔人和伏尔加保加利亚人,重新取得对奥卡河流域的维亚季奇人的统治权,并向西推进到喀尔巴阡山,从波兰人手中夺取了许多要塞,包括位于今天波兰-乌克兰边界上的普热梅希尔(波兰语 Przemyśl)[2]。不过弗拉基米尔的主要注意力却集中在南疆。罗斯人在那里的定居点长期受到佩切涅格人和其他游牧部落的攻击。为了加强边防,弗拉基米尔沿着苏拉河[3]和特鲁比日河[4]

---

1 Ugro-Finns,使用芬兰—乌戈尔语族语言的民族。这一语族属于乌拉尔语系,而非印欧语系。多数语言学家认为芬兰语、匈牙利语和爱沙尼亚语都包含在此语族中。
2 Premyshl,今波兰东南部城市。
3 Sula River,位于今乌克兰境内,属第聂伯河的左支流,注入克列缅丘格水库,全长365千米。
4 Trubizh River,位于今乌克兰境内,属第聂伯河的右支流,全长113千米。

等当地河流修筑要塞，然后将战俘和国内其他地区的臣民安置在这一带。罗斯是一个在征战中诞生的国家，如今它追求稳定的手段却变成了防守自己的边界，而非进犯其他国家的边界。

在弗拉基米尔统治时期，基辅与拜占庭之间的关系也并非一成不变。他与他那些基辅大公宝座上的先辈不同。据传赫尔吉曾发兵拜占庭，以谋取贸易优待。斯维亚托斯拉夫也有同样的举动，其目的则是在巴尔干地区开辟疆土。弗拉基米尔在989年春天入侵了克里米亚，却是为了争取联姻（如果不是为了爱情）。他将拜占庭城市克森尼索斯团团围住，要求得到皇帝巴西尔二世[1]的妹妹安娜[2]。此前数年，巴西尔二世曾向弗拉基米尔请求军事援助，并许诺将安娜嫁给他。弗拉基米尔派出了援军，巴西尔二世却丝毫不着急兑现他的承诺。受到这样的羞辱，弗拉基米尔不能忍气吞声，转而开始进攻拜占庭。他的策略奏效了。巴西尔二世被克森尼索斯陷落的消息震动，立刻把妹妹安娜送往克里米亚。她的随行人员包括许多基督教传教士。

拜占庭人满足了弗拉基米尔的联姻要求，其回报则是这位蛮族酋长（这是基辅统治者在君士坦丁堡眼中的形象）保证改宗基督教。弗拉基米尔履行了承诺。他的受洗开启了基辅罗斯的基督教化过程，也为这片地区的历史翻开了新的一页。迎亲的队伍刚刚回到基辅，弗拉基米尔就从一座俯瞰第聂伯河的山丘上移除了异教的万神殿——最强大

1　Basil II（958—1025），拜占庭皇帝（976—1025年在位）。他在位期间消灭了保加利亚第一帝国，被称为"保加利亚屠夫"。
2　Anna Porphyrogenita（963—1011），巴西尔二世之妹。她在989年嫁给弗拉基米尔，成为基辅大公夫人。

的雷神佩伦也未能幸免——并让基督教传教士为所有基辅人施洗。罗斯的基督教化从此开始,但这是一个漫长而艰难的过程,几个世纪后才得以完成。

关于罗斯皈依基督教的过程,我们主要的资料来源是基辅的编年史作者。根据他的记述,保加利亚穆斯林、信犹太教的哈扎尔人、信基督教并代表罗马教廷的日耳曼人和一名为拜占庭基督教(弗拉基米尔最终的选择)代言的希腊学者都曾对弗拉基米尔纠缠不休。自然,《古编年史》对这次信仰抉择的记述在许多方面都过于天真,但它的确反映了这位基辅统治者当时面对的各种选择,而弗拉基米尔也确实进行了挑拣。他最后选择了这个地区最强大国家的宗教。在这个国家里,皇帝在教会中的地位丝毫不亚于普世牧首,事实上还要更高。通过选择基督教,他获得了皇族姻亲的身份,这立刻提高了他的家族和国家的地位。弗拉基米尔对其教名的选择让我们对他接受基督教的理由有了更多认识:他的选择是那位皇帝的名字——巴西尔。这表明他找到了一个可以在基辅进行模仿的政治和宗教样板。一代人之后,伊拉里翁都主教[1]等基辅学者将会把弗拉基米尔与君士坦丁一世相比,并把他推动罗斯皈依基督教与君士坦丁一世承认基督教在罗马帝国的合法地位[2]相提并论。

诚然,拜占庭的政治和教会高层帮助弗拉基米尔做出了"正确的

---

1 Metropolitan Ilarion,11世纪基辅罗斯都主教、学者。他是基辅罗斯第一位非希腊血统的都主教。
2 君士坦丁一世(Constantinus I,274—337)在313年承认信仰基督教的自由,曾大力推动基督教的发展,也是第一位皈依基督教的罗马皇帝,但基督教在公元380年狄奥多西一世(Theodosius I,东罗马皇帝)和格拉提安(Flavius Gratianus,西罗马皇帝)时期才成为罗马帝国的国教。

选择"。他们并不喜欢这桩联姻，但对罗斯的皈依则十分欢迎。860年罗斯维京人进攻君士坦丁堡之后不久，拜占庭就开始向罗斯派出传教团。当时的君士坦丁堡牧首佛提乌，也就是为我们描述了维京人的进攻的那一位牧首，派出他最好的学生——塞萨洛尼卡[1]的西里尔[2]——前往克里米亚和哈扎尔汗国。西里尔和他的兄弟美多德共同创造了格拉哥里字母（Glagolitic alphabet），以便将基督教经文转写为斯拉夫语言。兄弟二人在后世被视为"斯拉夫人的传道者"，并受封圣人。让基辅统治者皈依基督教的努力在弗拉基米尔受洗之前很久就开始了，这有其祖母奥丽哈的故事为证。奥丽哈是我们所知的基辅第一位基督徒统治者，也是基辅第一位以海伦为教名的女基督徒。除了宣传基督教外，拜占庭精英阶层还逐渐取得了对这些"蛮族"统治者及其民众的影响力。这些"蛮族"没有华丽的家世，也没有精致的文化，却拥有巨大的破坏力。

弗拉基米尔皈依基督教之后，君士坦丁堡牧首创建了罗斯都主教区。这是少数几个以其居民而非以主教或都主教所在城市命名的教区之一。牧首把任命罗斯教会都主教的权力留在了自己手中。这些都主教大多是希腊人。都主教掌握着其下属主教（多出自本地精英阶层）的任命权。第一批修道院在基辅建立起来，使用的还是拜占庭的教会法

---

[1] Thessalonica，即今希腊北部的塞萨洛尼基（Thessaloniki）。
[2] Cyril of Thessalonica（826—869），9世纪拜占庭帝国的神学家、传教士。他和他的兄弟美多德（Methodius，？—885）为了向斯拉夫人传教，创造了西里尔字母的前身格拉哥里字母。兄弟二人后来被东正教会授予"斯拉夫人的传道者"称号，并被天主教会和东正教会封为圣人，称"圣西里尔和美多德"。

规。在初期，教会斯拉夫语[1]是让本地精英能够理解希腊经文的主要翻译工具，它也成为基辅罗斯最早的书面语言。弗拉基米尔颁布了新的法规，确定教士阶层的权利和待遇，并将自己收入的十分之一捐给教会。基督教从基辅罗斯顶层开始，沿着社会阶梯慢慢向下传播，沿着河流和商路从中心地区向边缘地带扩散。在一些偏远地区，尤其是罗斯的东北部，异教祭司们在接下来几个世纪中仍坚持抗争，拒绝接受这种新宗教。直至12世纪，前往这些地区的基辅传教士仍会送命。

弗拉基米尔的选择将对他的国家和整个东欧历史产生深远的影响。新的罗斯政治体不再与拜占庭开战，转而与罗马帝国仅存的部分及其继承者结成联盟，并由此向来自地中海世界的政治和文化影响敞开大门。弗拉基米尔不仅将罗斯带进了基督教世界，也让它成为东方基督教的一部分，这是具有决定性的举动。它造成的许多后果不仅在公元后第二个千年之初产生了重大影响，在今天也同样如此。

弗拉基米尔把基督教带到了罗斯。然而决定这一事件将对罗斯的政治、文化和外交带来什么影响，并在拜占庭皇帝领导的基督教世界中为罗斯争得一席之地的，是他的后继者们。在这些决策过程中，弗拉基米尔之子雅罗斯拉夫比其他继承者起到了更重要的作用。雅罗斯拉夫的祖父斯维亚托斯拉夫在历史上被称为"勇者"，他的父亲弗拉基米尔获得了"大帝"的称号，而雅罗斯拉夫自己则有"智者"之名。

---

[1] Church Slavonic，此处应指古教会斯拉夫语（主要应用于9—11世纪间），是斯拉夫语族最早的书面语，在斯拉夫语言历史上有重要作用，后演化为教会斯拉夫语。

此外他还被称为"立法者"或"建造者",表明他在远超四分之一世纪(1019—1054)的统治期间所取得的主要成就并非来自战场,而是来自和平的领域,来自对文化、国家和民族的构建。

雅罗斯拉夫影响深远的遗产之一是大规模的建设工程。"雅罗斯拉夫建起了基辅大城堡,城堡附近矗立着金门[1]。"基辅的编年史作者写道。在被考古学家称为雅罗斯拉夫城的区域周边,这位王公下令建起一圈新的城墙,金门则是城墙上的大门。人们很难不注意到雅罗斯拉夫的金门与君士坦丁堡金门的相似之处,而后者是一座凯旋门,也是帝国首都的正式入口。基辅的金门系石头砌成(部分环绕城堡的城墙同样如此),地基至今可见。20世纪80年代早期,人们在这些地基上建起了老金门的复制品。

城墙外的圣索菲亚大教堂是雅罗斯拉夫的建设成就中最惊人的作品。这座杰出的建筑拥有5座主殿、5座半圆形后殿[2]、3条长廊和13个穹顶。教堂的墙体系花岗岩和石英石砌成,并间以成列的砖块,内墙和天花板则以壁画和镶嵌画装饰。圣索菲亚大教堂的完工日期不晚于1037年。学界一致认为:雅罗斯拉夫不仅借用了君士坦丁堡圣索菲亚大教堂的名字和主要设计元素,还从拜占庭帝国请来了那座教堂的建筑师、工程师和石匠。他不只是在建造城墙和教堂,而是在为他的国家营造一座首都。这座首都模仿的对象是罗斯人所见过的最美丽也

---

1 Golden Gate,11世纪基辅城堡的大门,建于雅罗斯拉夫统治时期,其名得自君士坦丁堡的金门。基辅金门在中世纪被拆除,在1982年由苏联政府复建。
2 Apse,拥有半球形拱顶的半圆形建筑,对于罗马、拜占庭和哥特式教堂而言,多指东端主楼的所有半圆形或多角形末端。

最强大的城市——君士坦丁堡。

除修建教堂和支持基督教之外，被基辅的编年史作者归功于雅罗斯拉夫的还有对教育和学术的扶持。"他专注于阅读，焚膏继晷。"《古编年史》如此描述，"又召集了许多抄写员，并让人将希腊文翻译成斯拉夫文。他还写作并收集了大量书籍，让虔信者得享宗教启迪，并受到教益。"雅罗斯拉夫统治期是基辅罗斯人掌握读写能力的开端。基辅罗斯接受了教会斯拉夫语。这种语言使用圣西里尔和美多德特意为斯拉夫人设计、用来翻译希腊文本的字母。保加利亚人比基辅王公们更早接受基督教，于是教师、典籍和语言本身从保加利亚开始流向罗斯。

根据《古编年史》作者的说法，在雅罗斯拉夫统治期间，基辅人不仅阅读典籍，还从事翻译。原创的作品很快也涌现出来。雅罗斯拉夫任命的都主教伊拉里翁在1037年至1054年之间的某个时期写出了《律法与神恩训》[1]，这是基辅人原创作品最早的例证之一。如前所述，这篇布道词将弗拉基米尔大公与君士坦丁大帝相提并论，帮助刚刚基督教化不久的罗斯进入了基督教国家的大家庭。另一个重要的进步是历史写作在基辅的开始。大多数学者相信基辅的第一部编年史创作于11世纪30年代雅罗斯拉夫统治时期，地点可能就在圣索菲亚大教堂。过了一段时间，编年史写作的地点才转移到基辅洞穴修道院[2]。这座修道院模仿拜占庭的修道院建成，并将其源头上溯至雅罗斯拉夫统治末期。

---

[1] *Sermon on Law and Grace*，基辅都主教伊拉里翁写作的布道词，是存世的最早斯拉夫语文本之一。它对基辅罗斯文学的风格和内容都产生了深远的影响。
[2] Kyivan Cave Monastery，建于1051年。自中世纪到近代，这座修道院都对乌克兰的宗教、教育和学术有巨大影响。

如果说基辅模仿了君士坦丁堡,那么这个公国的其他城市则模仿了基辅。这正是波拉茨克[1]和诺夫哥罗德都开始兴建新的圣索菲亚大教堂的来由(诺夫哥罗德圣索菲亚大教堂建于从前一座同名木质教堂之上),也是罗斯东北部的弗拉基米尔城[2]在后来兴建它自己的金门的原因。更重要的是,读写能力和知识也传播到这些地区中心,打破了早期基辅对典籍研究和历史写作的垄断。以基辅编撰的编年史为基础,诺夫哥罗德的文人很快也开始了历史写作。正是通过诺夫哥罗德的一位编年史作者,我们才知道"智者"雅罗斯拉夫不光是一位爱书人、一位城堡和教堂的建造者,也是一位立法者。

雅罗斯拉夫曾作为其父弗拉基米尔的代表成为诺夫哥罗德王公。他在基辅登基后,作为奖赏,给予诺夫哥罗德此前它不曾享有的自由。这表明了他对自己在争夺基辅大公宝座时从诺夫哥罗德所获支持的感激。诺夫哥罗德的编年史作者将这份特权和优待与雅罗斯拉夫修撰法典《罗斯正义》[3]联系在一起。《罗斯正义》是一部习惯法汇编,对基辅罗斯及其后继公国的法律体系有着巨大的影响。《罗斯正义》是否真的由雅罗斯拉夫主持修撰,我们不得而知。这项工作有可能更晚一些在他的后继者手上才得以完成。但可以确信的是,它不可能在雅罗斯拉夫之前完成,因为在那之前,根本没有足以胜任这项工作的受教育群体。

---

1 Polatzk,即今白俄罗斯波洛茨克。
2 Vladimir,今俄罗斯弗拉基米尔州首府,位于莫斯科东北 190 千米处,曾是东北罗斯的中心。在基辅罗斯被蒙古人击溃之后,东北罗斯的中心才从弗拉基米尔转移到莫斯科。
3 Rus' Justice,又称《罗斯法典》或《雅罗斯拉夫法典》,是一部集习惯法、王公法令和司法判例的汇编,也是古罗斯最重要的法律文献。

追随君士坦丁堡，以拜占庭皇帝为榜样，这不仅意味着要取得某种程度上的合法性，也意味着要拥有一定的独立性，而后者注定会得罪君士坦丁堡的希腊人。我们知道雅罗斯拉夫至少有两次曾直面帝国展示他的独立地位，并没有退让。第一次，他将罗斯本土出生的伊拉里翁——那位声名赫赫的《律法与神恩训》作者——提升为罗斯都主教，而没有选择一名由君士坦丁堡派遣的高级教士。在这次事件上，雅罗斯拉夫模仿了拜占庭皇帝在其教会中的角色，但他的决定同样也构成了对君士坦丁堡牧首的挑战：后者将罗斯都主教的任命权视为禁脔。伊拉里翁的升职在罗斯教会内部同样产生了分歧。雅罗斯拉夫在1054年去世后，基辅回到了从前的道路上，伊拉里翁的继任者仍由君士坦丁堡派往罗斯首都。

雅罗斯拉夫另一次直接挑战君士坦丁堡是在1043年。这一年他的一个儿子率领的小型舰队出现在君士坦丁堡附近，以发动攻击相威胁，向君士坦丁堡索求金钱。这是回到了维京人与君士坦丁堡打交道的做法，出于何种原因我们不得而知。难道雅罗斯拉夫在基辅复制君士坦丁堡的尝试过于靡费，耗光了他的财富？我们只能猜测而已。这也许是对拜占庭人的行为表示不满的信号，也许是让对方不可轻忽罗斯力量的提醒。无论如何，希腊人拒绝付钱，选择了战斗。罗斯舰队击败了拜占庭舰队，却险些被一场风暴摧毁，最后两手空空地回到基辅。维京人的行事方式已经行不通了。

罗斯在860年攻击君士坦丁堡后，拜占庭人立刻开始了使罗斯基督教化的尝试。如果我们将这种努力视为拜占庭与野蛮的罗斯保持和平、终结其攻击行为的方法，它无疑在雅罗斯拉夫时代达到了目的。

与他的先辈们不同,雅罗斯拉夫总体上与拜占庭保持了和平甚至友善的关系。然而很难说宗教是这位基辅王公与拜占庭保持大体和平的主要原因。在雅罗斯拉夫统治时期,扩张已经不再是罗斯王公们的主要目标,如何保有并治理已有的疆域才是他们首要的任务。这种情况下,把拜占庭作为盟友以及知识和威望的来源,比将与它为敌要划算得多。

在雅罗斯拉夫治下,罗斯成为基督教国家群体中的正式成员。后世历史学家将他称为"欧洲的岳父",因为他将自己的妹妹和女儿们嫁给欧洲各国统治者。他父亲从拜占庭接受基督教以及随后君士坦丁堡的文化影响来到罗斯是这一进展的重要前提。雅罗斯拉夫没有像其父一样迎娶某位拜占庭公主,但他的儿子弗谢沃洛德[1]则仿效祖父,与拜占庭皇帝君士坦丁九世莫洛马科斯[2]的一个女儿成了婚。雅罗斯拉夫本人迎娶了瑞典国王奥拉夫·埃里克松[3]的女儿,这也反映出其王朝的维京起源。他的女儿伊丽萨维塔(伊丽莎白)[4]嫁给了挪威国王哈拉尔·哈德拉达[5]。他的另一个儿子伊贾斯拉夫[6]娶了波兰国王卡齐米日[7]的妹妹,而卡齐米日本人又是雅罗斯拉夫一个妹妹的丈夫。雅罗斯拉夫另一个

---

1 Vsevolod(1030—1093),即基辅大公弗谢沃洛德一世(1077/1078—1093年在位)。
2 Constantine IX Monomachos(约1000—1055,1042—1055年在位),他是拜占庭女皇佐伊一世(Zoe I,约978—1050,1028—1050年在位)的第三任丈夫和共治皇帝。
3 Olaf Ericsson(约980—1022),即瑞典国王奥洛夫·斯科特康农(Olof Skötkonung,995—1022年在位),他将自己的女儿因格戈尔德(Ingegerd,1001—1050,又称伊雷妮、圣安娜)嫁给了雅罗斯拉夫。
4 Yelyzaveta(1025—约1067),挪威语称Ellisif。
5 Harald Hardrada(约1015—1066),挪威国王(1046—1066年在位),其名字意为"无情者哈拉尔"。
6 Iziaslav(1024—1078),基辅大公伊贾斯拉夫一世(1054—1068、1069—1073、1076—1078年在位),雅罗斯拉夫的长子。
7 Casimir(1016—1058),波兰国王(1039—1058年在位),被称为"复兴者"。

女儿阿纳斯塔西娅[1]嫁给了匈牙利国王"白色的安德烈"[2]，还有一个女儿安娜[3]则成为法国国王亨利一世[4]的妻子。

无论这些婚姻背后的政治动机是什么，单就文化而论，这些欧洲君主从婚姻中比基辅王公们得到了更多的好处。安娜的婚姻就是最好的例子。与其夫不同，安娜能够阅读，并能签字，这也说明基辅的编年史作者对雅罗斯拉夫爱好读书和提倡教育的颂扬不无道理。安娜曾在给父亲的信中说她的新家"屋宇昏暗，教堂简陋，习俗令人厌恶，是一片蛮荒之地"。亨利一世治下的巴黎自然不能与君士坦丁堡比肩，然而更重要的是，在安娜的眼中它甚至无法与基辅相提并论。

1　Anastasia（约1023—1074/1096），雅罗斯拉夫的长女。
2　Andrew the White（？—1060），匈牙利阿尔帕德王朝国王安德烈一世（1046—1060年在位），被称为"白色的安德烈"或"天主教徒安德烈"。
3　Anna（约1030—1075），法语作Anne，法国国王亨利一世之妻，曾担任其子腓力一世的摄政。
4　Henry I（1008—1060），法兰西国卡佩王朝国王（1031—1060年在位）。

第 5 章

基辅的钥匙

正如"拜占庭"一样,"基辅罗斯"是后世的称谓,不为当时这些国土上的人民所用。19 世纪的学者们创造了"基辅罗斯"这个名字。今天这个词用来表示一个存在于 10 世纪到 13 世纪中叶、以基辅为中心的政治体。13 世纪中叶之后,这个政治体在蒙古人的攻击下解体。

谁是基辅罗斯的正统继承者?谁掌握着人们常说的"基辅的钥匙"?过去 250 年中,对这些问题的讨论成为许多罗斯历史著作关注的焦点。最开始,争论主要集中在罗斯王公们的血统上:他们是斯堪的纳维亚人,还是斯拉夫人?从 19 世纪中叶开始,人们的关注范围开始扩大,俄罗斯和乌克兰对基辅罗斯继承者地位的竞争成为其中一部分。20 世纪中,"智者"雅罗斯拉夫(我们在上一章用大量篇幅对他的统治期进行了讨论)的遗骨也成为争论的对象,这充分显示了这场争论的激烈程度。

雅罗斯拉夫在 1054 年 2 月 28 日去世,被安葬在他主持建造的圣索菲亚大教堂。他的遗体被安放在一具白色大理石制成的石棺中,石棺外壁上雕刻着基督教的十字架和各种地中海地区的植物作为装饰,其中甚至有棕榈树——这根本不是基辅罗斯本地的植物。一种观点是：这具石棺是拜占庭文化帝国主义的石质象征，曾经是某位拜占庭显贵的安息之所，经四处劫掠的维京人或冒险的希腊人之手运到基辅。石棺至今仍保存在圣索菲亚大教堂，然而"智者"雅罗斯拉夫的遗骨却在1944年德国占领时期从基辅消失了。根据某些说法，它落入了侨居在美国的乌克兰东正教大主教之手，并曾在战后现身于曼哈顿。有人认为遗骨现在可能存放在布鲁克林的圣三一教堂。

为何雅罗斯拉夫大公的遗骨会被人转移到远至西半球？这并非美国的文化帝国主义作祟，而是与乌克兰对基辅罗斯继承者地位的主张紧密相关。逃离祖国的乌克兰大主教带走了遗骨，以免它落入正在逼近的苏联军队之手。为何那座布鲁克林教堂一直拒绝与乌克兰政府代表就雅罗斯拉夫遗骨问题进行商谈？对遗骨一旦回到基辅就可能被俄罗斯获得的担忧足以对此给出解释。

乌克兰人和俄罗斯人都声称"智者"雅罗斯拉夫是他们的国家在中世纪时的杰出统治者。他的头像同时出现在这两个国家的纸币上。在乌克兰纸币上，雅罗斯拉夫留着乌克兰式的唇髭，符合斯维亚托斯拉夫大公及乌克兰哥萨克人的那种传统样式。在俄国，他是雅罗斯拉夫尔城[1]传说中的建城者——他去世17年后，一部编年史上首次提及这座城市。因此俄国纸币上有一座献给这位建城者的纪念碑。此外，

---

1 Yaroslavl，俄罗斯雅罗斯拉夫尔州首府，位于伏尔加河与科托罗斯尔河交汇处，俄罗斯最古老的城市之一。

这张纸币上的雅罗斯拉夫留着和伊凡雷帝[1]及其同时代俄国沙皇们一样的大胡子。

雅罗斯拉夫到底是一名俄罗斯统治者，还是乌克兰统治者？或者，如果二者皆非，那他和他臣民的"真正"身份还能是什么？要对这些问题进行讨论，我们最好是把精力集中到他去世后几十年间的历史上。雅罗斯拉夫的去世是基辅罗斯历史上统一国家时代的终结，也是另一个时代的开始。在这个新时代里，基辅罗斯走上了加洛林帝国[2]曾经走过的道路。查理大帝在814年去世后不到100年，他的帝国就分裂成了好几个国家。这两个帝国的衰落和瓦解的原因并无太大差别，其中包括长期存在的君位继承权问题、统治王朝内部的争斗、地方政治和经济中心的兴起，以及对外来威胁和干涉的应对无能。长期而论，帝国的崩溃造成了常被视为现代国家雏形的政治体的兴起：加洛林帝国的崩溃造就了法国和德国，而基辅罗斯的崩溃则催生了乌克兰和俄罗斯。

作为一位智者，雅罗斯拉夫大公预见到了他的家族在自己去世后会遇到的麻烦。他也许还记得自己夺取最高权力的过程有多么漫长和血腥。这一过程从他父亲弗拉基米尔在1015年去世开始，一直延续

---

[1] Ivan the Terrible（1530—1584），即伊凡四世瓦西里耶维奇，常被称为"伊凡雷帝"或"恐怖的伊凡"。他是莫斯科大公（1533—1547年在位），并在加冕后将国号改为俄罗斯沙皇国，成为第一位全俄沙皇（1547—1584年在位）。

[2] Carolingian Empire，即法兰克王国加洛林王朝。加洛林王朝国王查理一世（查理大帝）于公元800年在罗马被教皇利奥三世加冕为皇帝（神圣罗马帝国皇帝的前身），故加洛林王朝有时被称为帝国。

了20多年，直到1036年他的兄弟姆斯季斯拉夫[1]死去——姆斯季斯拉夫曾迫使雅罗斯拉夫与之分治国土。在这两人去世之间的岁月里发生了许多次战斗和冲突，以雅罗斯拉夫众多兄弟的死亡为标志。其中两人——鲍里斯和赫里布[2]——没能得到基辅的君位，却获得了圣徒的地位，至今仍作为殉难的王子被人们纪念。部分历史学家怀疑是雅罗斯拉夫谋划了他们的遇害事件。无论如何，在接近其生命终点之时，雅罗斯拉夫显然希望他的儿子们能避免这种自相残杀。

根据《古编年史》，雅罗斯拉夫留下一份遗嘱，将其国土分封给他的儿子们，每个儿子得到一个公国。根据遗嘱，长子将继承基辅大公之位，除了拥有基辅和诺夫哥罗德的土地之外，还凌驾于其他王公之上。其他儿子则在长子的保护和监督下治理各自的公国。一般认为这份遗嘱要求大公之位在兄弟之间依长幼之序传承，直到这一代王公全部去世，再从下一代开始循环——从上一代长子的长子重新开始。许多学者质疑雅罗斯拉夫遗嘱的真实性，但无论它是否存在，那些据称出自这份遗嘱的文字正反映了雅罗斯拉夫死后发生的情况。

雅罗斯拉夫去世时有5个儿子在世。"遗嘱"中提及了其中4人，然而只有3人在他们的父亲去世后得到过最高权力。在世儿子中的最年长者伊贾斯拉夫获得了大公之位，但他与两个弟弟[3]分享了权力。两

---

1 Mstyslav（978—1036），切尔尼戈夫王公（基辅罗斯王公之一）。雅罗斯拉夫虽然在1019年成为基辅大公，但一直未能制伏姆斯季斯拉夫，并在1026年与之划分了势力范围。
2 Boris and Hlib，弗拉基米尔一世的两个儿子，在1015年至1019年间被其兄斯维亚托波尔克一世杀害，并在1071年被罗斯东正教会追封为圣人。
3 指基辅大公斯维亚托斯拉夫二世（1073—1076年在位）和弗谢沃洛德一世（见本书第4章译者注）。

个弟弟分别统治着切尔尼戈夫[1]和佩列亚斯拉夫[2],两座城市离基辅都不远。他们组成了某种非正式的三头政治,共同做出的决定对其他留里克(Rurikid,留里克是基辅统治王朝的名字,源自传说人物留里克)王公具有相当的约束力。三人镇压了对他们权力的挑战,将波洛茨克(位于今白俄罗斯境内)王公[3]——他们兄弟中的一个——抓了起来。在各种罗斯编年史中,他们各自的都城成为"罗斯国土"(Rus' Land)的三个中心。

"罗斯国土"并不是一个全新的概念,早在伊拉里翁都主教的《律法与神恩训》中就曾出现过,因此可以被认为来自"智者"雅罗斯拉夫的时代。这个词在 11 世纪晚期和 12 世纪初变得空前流行。此时三巨头已经谢幕,而他们的子侄们一边忙于处理家族内部不同分支之间的矛盾,一边还要抵抗来自南方的侵略。弗拉基米尔·莫诺马赫[4]——"智者"雅罗斯拉夫的孙子和拜占庭皇帝君士坦丁九世·莫诺马科斯(Constantine IX Monomachus)的外孙——在其一生中都在宣示并证明自己对罗斯国土的忠诚。作为三巨头之一的儿子,他成为佩列亚斯拉夫王公,统治着从南方的边境草原绵延到东北方莫斯科周边森林的广

---

1 Chernihiv,乌克兰北部古城,今切尔尼戈夫州首府。
2 Pereiaslav,即今乌克兰基辅以南 95 千米处的佩列亚斯拉夫 – 赫梅利尼茨基。
3 此处应指波洛茨克王公弗谢斯拉夫二世布里亚奇斯拉维奇(Vseslav II Bryachislavich,约 1039—1101)。他是弗拉基米尔一世的重孙,因此是雅罗斯拉夫的儿子们的远房侄子。原文疑有误。他在 1067 年被监禁,但在 1068 年基辅市民起义中被释放,并被推举为基辅大公(1068—1069 年在位)。
4 Volodymyr Monomakh(1053—1125),基辅大公弗拉基米尔二世(1113—1125 年在位),弗谢弗洛德一世之子。莫诺马赫是他的称号,来自其外祖父君士坦丁九世·莫诺马科斯,意为"单独战斗者"。

衰土地。此时在东北方森林地带生活着的是叛乱的维亚季奇部落。

维亚季奇人抗拒基督教化，经常杀死基辅人派去向他们传教的修士，然而莫诺马赫没有把主要精力放在他们身上，而是把目光集中于公国南疆越来越频繁的游牧部族活动。罗斯王公们刚刚削弱了佩切涅格人（雅罗斯拉夫在1036年击败了他们），更具侵略性的新部落就出现在基辅的边界上。这些人被称为波罗维茨人或库曼人[1]。在11世纪末，他们占据着欧亚大草原的大片土地，东至额尔齐斯河，西至多瑙河。各罗斯公国无力独自对抗波罗维茨人的攻击，他们必须联合起来。没有人比佩列亚斯拉夫王公弗拉基米尔·莫诺马赫更坚持这一立场的了。一部编年史称他组织了多次针对波罗维茨人的远征。

作为罗斯国土统一化的伟大推动者，莫诺马赫提出了对王公继承制度的改革。1097年，在莫诺马赫的推动下，罗斯王公们在柳别奇[2]召开了一次会议。他们在这次会议上决定废除"智者"雅罗斯拉夫建立的平行（横向）继承制度，因为它过于僵化，容易引起冲突。与其让三巨头的子孙们轮流占据王公之位，并个个都努力争取最终成为基辅大公，不如让他们各自统治自己的疆域，只有雅罗斯拉夫长子伊贾斯拉夫的后代才可以继承基辅大公的宝座。然而这个新制度没能付诸实施。莫诺马赫自己也没有遵守它，在1113年成为基辅大公。他的继承者们同样如此。从1132年到1169年，在不到40年的时间里就

---

[1] Polovtsians or Cumans，中亚地区的一个突厥语游牧民族，是库曼—钦察游牧同盟的一部分。
[2] Liubech，乌克兰古城，位于今乌克兰北部切尔尼戈夫州。

有 18 位统治者轮流入主基辅，比基辅大公国此前历史上的全部君主数量还要多 4 位。

基辅宝座上的新面孔大多数都是通过政变或恶意夺权上台的。每个人似乎都觊觎着基辅，只要有一丝机会就会试试运气。然而这个模式在 1169 年被打破了。这一年，位于今天俄罗斯境内的弗拉基米尔-苏兹达尔公国[1]的王公安德烈·博戈柳布斯基[2]——罗斯王公中最强大也最野心勃勃者之一——派出大军夺取了基辅。他本人没有亲自出面，而是派他的儿子领军作战。胜利者攻下基辅之后，在城中连续大掠三天。这位王公拒绝迁往基辅，也拒绝将之作为自己的都城。

博戈柳布斯基的选择是他自己的都城——克利亚济马河[3]上的弗拉基米尔。这反映了 12 世纪罗斯政治、经济和社会上发生着的某种变化。在基辅和第聂伯河中游地区深陷无尽纷争的同时，基辅世界外缘的主要公国正在变得更富有，更强大。在君士坦丁堡的支持下，喀尔巴阡山脉脚下的哈利奇公国[4]（位于今天的乌克兰西部）沿着多瑙河与巴尔干人展开了贸易。哈利奇王公们不需要第聂伯河通道来发展自己。在弗拉基米尔-苏兹达尔公国，博戈柳布斯基成功地挑战了保加利亚

---

1 Vladimir-Suzdal，基辅罗斯诸侯国之一，存在于 1168 年至 1389 年间，都城在今俄罗斯的弗拉基米尔。
2 Andrei Bogoliubsky（约 1111—1174），弗拉基米尔-苏兹达尔大公（1157—1174 年在位）。在他统治时期，弗拉基米尔取代基辅成为罗斯的政治中心。
3 Kliazma River，今俄罗斯境内河流，属奥卡河的左支流，流经莫斯科州、下诺夫哥罗德州、伊万诺沃州和弗拉基米尔州，全长 686 千米。
4 Halych，又作 Halychyna(哈利奇纳)，拉丁语转写后为 Galicia(加利西亚)，基辅罗斯诸侯国之一，存在于 1124 年至 1199 年间，都城在今乌克兰西部城市哈利奇附近。

人对伏尔加河贸易的垄断。西北方的诺夫哥罗德则从波罗的海贸易中获得财富。基辅和第聂伯河通道依然存在,而且虽然波罗维茨人虎视眈眈,这里的贸易量仍在增长。但它已经不再是这片土地上唯一的经济生命线,甚至连主要的都算不上了。

随着各地王公们变得越来越强大和富有,他们开始谋求自治权,甚至完全从基辅统治下独立出来。他们有充分的理由将从父辈和祖辈手中继承来的土地作为自己主要的忠诚对象,而非那片以基辅、切尔尼戈夫和佩列亚斯拉夫为中心被神化了的罗斯国土。安德烈·博戈柳布斯基就是第一批有如此想法的王公之一。他在1169年对基辅的洗劫给基辅人留下了深深的创伤,而他的其他一些行为同样让他想成为独立统治者的企图昭然若揭。这一切从安德烈离开基辅附近的维什戈罗德[1]迁往东北方(这一举动违背了他父亲尤里·多尔戈鲁基[2]的心愿)时就开始了。在1147年建立了莫斯科的尤里是老一代思维的代表。他是莫诺马赫之子,将苏兹达尔公国从莫诺马赫的遗产中独立出来,并着手将之变得更大更强,然而他的最高目标仍是基辅的大公之位,并作为苏兹达尔王公以自己的力量得到了它。尤里最终在大公任上死去,并被安葬在基辅的一座教堂里。

多尔戈鲁基叛逆的儿子对基辅毫无兴趣。他将自己公国的都城从苏兹达尔迁至弗拉基米尔,并尽一切力量将其变成克利亚济马河上的

---

[1] Vyshhorod,今乌克兰城市,位于第聂伯河右岸,距基辅18千米。博戈柳布斯基幼年即被封为维什戈罗德公爵,但他于1155年在自己的出生地苏兹达尔建立了政权,并将府邸设在弗拉基米尔。
[2] Yurii Dolgoruky(约1099—1157),苏兹达尔王公、基辅大公(1149—1151、1155—1157年在位)。他被认为是莫斯科的奠基人。

基辅。安德烈离开维什戈罗德时并非两手空空，而是带走了当地的圣母（希腊语 Theotokos）像——这幅圣像后来以弗拉基米尔圣母像[1]之名闻名于世。将一件圣物从基辅地区移往弗拉基米尔，这是博戈柳布斯基将罗斯首都的权力的象征从南方转移到北方的最好隐喻，因为基辅的重要性得益于其全罗斯都主教驻地的地位。安德烈从未将自己的公国视为罗斯国土的一部分——他希望拥有自己的都主教区。1162 年左右，即他洗劫基辅之前 7 年，他向君士坦丁堡派出使团，请求拜占庭批准他提名的新任都主教。君士坦丁堡断然拒绝了他，这对这位雄心勃勃的君主是一次巨大的打击，因为他已经做好了成立都主教区的所有必要准备。为了迎来一位都主教，他新建了一座金顶的圣母安息大教堂——与基辅的金顶圣米迦勒大教堂几无二致——最后却只能让它容纳一位主教。

安德烈还建起了一座金门，这无疑是另一个源自基辅的工程。教堂和金门至今尚在，成为这位弗拉基米尔王公雄心的证据。与他的先辈"智者"雅罗斯拉夫一样，安德烈复制了现有的帝国都城，以证明自己独立于它的地位。有趣的是，安德烈的模仿比雅罗斯拉夫走得更远：他不仅将圣像、观念和建筑的名字从基辅搬到弗拉基米尔，还用基辅的地名为本地地标命名。这就是弗拉基米尔周边的河流——利比德河（Lybid）、波察伊拿河（Pochaina）和伊尔平河（Irpin）——都得名自其基辅原型的由来。

---

[1] 此为著名的东正教圣像，据传是拜占庭皇帝君士坦丁九世送给其外孙弗拉基米尔·莫诺马赫的礼物，今陈列在莫斯科的国立特列季亚科夫美术馆。

"智者"雅罗斯拉夫和安德烈·博戈柳布斯基同为罗斯王公,很可能也有类似的族群文化身份,然而从他们的建筑工程可以看出,在罗斯国土的问题上,这两位王公有不同的忠诚对象。雅罗斯拉夫的忠诚明显属于基辅和从基辅一直延伸到诺夫哥罗德的广大国土,这令他与斯维亚托斯拉夫区别开来——斯维亚托斯拉夫并无这样的眷恋,也令他与弗拉基米尔·莫诺马赫不同——莫诺马赫的忠诚主要献给了基辅、切尔尼戈夫和佩列亚斯拉夫周边的"罗斯国土"。安德烈的情感则仅系于大罗斯内部他个人继承的部分,这使他与先辈们都不相同。多种多样的罗斯身份认同逐渐出现在罗斯诸编年史和法律文献中。我们应当将罗斯王公们忠诚对象的变化置于这些认同的发展脉络中来考察。

《古编年史》的作者们(记录事件并进行评论是一项繁重的工作,在一代又一代修士中传承)不得不在他们的叙事中调和三种不同的历史身份:基辅斯堪的纳维亚统治者的罗斯身份、受教育精英阶层的斯拉夫身份,以及本地部族身份。尽管基辅的统治者和他们的臣民接受了罗斯这个名字,但他们自我认同的基础是与这个名字发生联系的斯拉夫身份,而非斯堪的纳维亚身份。留里克王公们在斯拉夫腹地统治他们的国土,他们的臣民大多数也是斯拉夫人。更重要的是,斯拉夫身份认同向基辅地区之外的流布与以下两点密不可分:第一,对拜占庭基督教的接受;第二,教会斯拉夫语成为罗斯祷文、布道词和知识分子对话使用的语言。在基辅疆域中的斯拉夫区域和非斯拉夫部分,基督教都以斯拉夫语言和斯拉夫文化的外观出现。罗斯越是基督教化,也就越会斯拉夫化。基辅的编年史作者们将本地历史纳入了巴尔干斯拉夫文化发展的大语境，并在更广大的层面上将之纳入了拜占庭和基督教世界的历史。

在地方层面，部族认同缓慢却又不可避免地让位于对本地公国，对那些与基辅联系在一起的军事、政治和经济权力中心的认同。编年史在叙事中开始用那些以诸王公都城为中心的地区来代替土著部族。正因如此，编年史作者才会说1169年洗劫基辅的军队成员来自斯摩棱斯克，而不将他们称为拉迪米奇人[1]。维亚季奇人或马里亚人[2]被改称为苏兹达尔居民，西维利亚人[3]也被改称为切尔尼戈夫人。这种做法蕴含着基辅君主治下全部土地的统一感。尽管留里克王公之间有大大小小的冲突，这些土地上的居民仍被他们视为"我们的"，而不是外国人或异教徒。关键在于承认罗斯王公们的权威。当一些突厥草原部落承认这种权威时，他们也开始被称为"我们的异教徒"。

多样化的部落地区在政治和行政上统一起来，导致它们的社会结构也开始标准化。占据着金字塔顶端的是留里克王朝的王公们，更准确地说是"智者"雅罗斯拉夫的后裔们。他们之下是王公部属。这一团体最早由维京人组成，但是其中的斯拉夫人越来越多。他们与本地

---

[1] Radimichians，11世纪前居住在第聂伯河上游支流索日河两岸的一个斯拉夫部落。他们在984年试图脱离基辅罗斯，但被弗拉基米尔一世击败，此后逐渐与周边部族融合，其土地最终成为切尔尼戈夫公国和斯摩棱斯克公国的一部分。

[2] Meria or Mari，今俄罗斯境内的一个乌戈尔—芬兰民族，历史上居住在伏尔加河及其支流卡马河一带。

[3] Siverians or Severians，历史上居住在第聂伯河中游东岸的一支东斯拉夫人部落或部落联盟。

部落精英共同组成被称为"波雅尔"[1]的贵族阶层。这些人是战士，但在和平时期也管理国家。波雅尔是主要的地主阶层。根据公国的不同，波雅尔们对王公行为的影响力或大或小。教会大主教和他们的仆从同样属于特权阶层。

剩下的社会成员需要向王公纳税。包括商人和工匠在内的市民阶层拥有一定的政治权力，可以在市民会议上决定一些地方治理事务。本地王公的继承问题也会受到此类会议影响——这种情况在基辅偶有发生，在诺夫哥罗德则更为经常。占人口大部分的是没有丝毫政治权力的农民，分为自由农民和半自由的农奴两种。后者可能失去自由，原因往往是负债。债务还清或一段时间过后，他们也能重获自由。接下来还有奴隶，多为在战争中被俘虏的战士或农民。被俘战士的奴隶生涯可以限于一定时间，而被俘农民却要终身为奴。

在法典《罗斯正义》对不同罪行的惩罚条款中，基辅罗斯社会的阶层结构得到了最好的证明。立法者希望能禁止或限制血亲复仇，同时又希望让王公的钱袋变得充实，于是他们引入了罚金制度，对杀死不同阶层成员的行为进行罚款，所得归于王公的金库。杀死一名王公部属或亲族（波雅尔）的罚款是 80 赫里夫尼亚[2]；杀死一名为王公服务的自由民的代价是 40 赫里夫尼亚；一名商人的命价为 12 赫里夫尼亚；一名农奴或奴隶则只值 5 赫里夫尼亚。然而，如果一名奴隶打了自由民，杀死这名奴隶则被视为合法行为。基辅罗斯的不同地区有不同的

---

1 Boyar，指封建时代的保加利亚、莫斯科公国、基辅罗斯、瓦拉几亚和摩尔多瓦等地区仅次于王公和沙皇的贵族阶层成员。
2 Hryvnia，11 世纪时基辅罗斯的货币单位。今乌克兰的现行流通货币也叫赫里夫尼亚。

习惯法，因此一部共同法典的引入有助于整个国家的同质化，正如基督教和教会斯拉夫语文化自基辅向外辐射所产生的效果。看起来，在同质化不断扩散的同时，基辅疆域内的政治碎片化却几乎不可避免。希望拥有自己公国的留里克王公数量的爆炸式增长、基辅疆域的广大，以及其境内各地区地缘政治和经济利益的多样化，都在动摇着这个一度统一了波罗的海与黑海之间土地的政治体。

从"智者"雅罗斯拉夫到安德烈·博戈柳布斯基，基辅王公们地缘政治目标的变化反映了他们的政治忠诚下降的过程：先是从整个基辅罗斯下降到由"罗斯国土"界定的几个公国，最终在12世纪和13世纪早期下降到足以挑战基辅的外围强大公国。历史学家在这些基于公国的身份认同中寻找现代东斯拉夫民族的起源。弗拉基米尔-苏兹达尔公国被视为早期近代莫斯科大公国的雏形，并进而成为近代俄罗斯的前身。白俄罗斯历史学家在波洛茨克公国寻找他们的根源，乌克兰历史学家则通过对加利西亚-沃里尼亚公国[1]的研究来挖掘乌克兰民族建构运动的基础。然而，所有这些身份最终都要归于基辅，这令乌克兰人拥有了得天独厚的优势：他们根本不用离开首都就可以对自己的根源展开寻找。

---

1 Galicia-Volhynia，1199年至1349年间罗塞尼亚人在加利西亚（哈利奇）和沃里尼亚地区建立的公国，亦称罗塞尼亚王国，是基辅罗斯的后继国家之一，领土包括今乌克兰和俄罗斯西部及波兰和匈牙利东部部分地区。

第 6 章

蒙古治下的和平

作为一个政治体的基辅罗斯并无公认的诞生时间,其末日却精确到日,即 1240 年 12 月 7 日。这一天,蒙古人,又一群来自欧亚大草原的侵略者,攻陷了基辅城。

从许多方面而言,蒙古人对罗斯的入侵标志着草原政治体重新成为这一地区政治、经济乃至(某种程度上)文化的主导力量。它终结了基辅罗斯境内各个基于森林地带并一度统一的政治体及社会的独立地位,也终结了它们与黑海沿岸(主要是克里米亚)和更大的地中海世界保持联系的能力。蒙古人将时钟调回到哈扎尔人、匈人、萨尔马提亚人和斯基泰人的时代,即草原政治体控制内陆并从通往黑海诸港的商路中获益的时代。然而蒙古人是一支远比他们之前任何草原民族更为可怕的军事力量。在蒙古人之前,草原民族最多只能统治欧亚大草原的西部,通常东起伏尔加河流域,西至多瑙河河口。蒙古人则控制了整个欧亚大草原,囊括了东至阿姆河和蒙古高原、西至多瑙河和匈牙利平原之间的土地——至少在其初兴时做到了这一点。他们建立起"蒙古治下的和平"[1],即一个由蒙古人掌握、由众多属国和半属国组成的政治复合体。罗斯地区在这个复合体中处于外围,同时又是其重要的一环。

蒙古人的到来打碎了基辅罗斯国家政治统一的迷梦,也终结了罗斯地区真实存在的宗教统一。蒙古人承认了罗斯地区王公统治的两大中心,即位于今俄罗斯境内的弗拉基米尔-苏兹达尔公国和今乌克兰中西部的加利西亚-沃里尼亚公国。拜占庭人效法蒙古人,将罗斯都主教区也分为两部分。以基辅为中心的罗斯国土上的政治和宗教统一从此瓦解。加利西亚王公和弗拉基米尔王公开始集中力量在自己的领土上建设自己的罗斯国家。虽然这两个公国都声称拥有"罗斯"这个名字,它们的地缘政治轨迹却已分道扬镳。双方的王朝传承都来自基辅,也从基辅继承了他们各自的罗斯法律、文学语言以及宗教和文化传统。双方也都屈从于陌生的蒙古统治之下。然而他们对蒙古人的依附性质却不相同。

蒙古人在弗拉基米尔统治着今天属于俄罗斯的土地,直到15世纪末。这个时期后来被称为"鞑靼之轭",得名自蒙古军队中说突厥语的部落。数量并不多的蒙古人离开之后,鞑靼人仍留在这里。将蒙古人的统治描述得极为漫长而严酷是传统俄罗斯历史学界的特点之一,并一直影响着人们对这一时期整个东欧历史的理解。然而,进入20世纪之后,俄罗斯历史书写中欧亚学派的支持者向这种关于蒙古统治的负

---

[1] Pax Mongolica,史学名词,仿自 Pax Romana(罗马治下的和平),指蒙古帝国的征服对亚欧大陆的社会、文化及经济生活所产生的稳定效果。

面看法提出了挑战。蒙古人在乌克兰地区的历史也为纠正传统的"鞑靼之轭"式批评提供了更多材料。在加利西亚和沃里尼亚王公治下的乌克兰，蒙古人比在俄罗斯表现出更少的侵略性和压迫性，并且统治的时间也较短，事实上在14世纪中叶就结束了。这一差异将对两个地区及其人民的命运产生深远的影响。

蒙古在世界舞台上的突然崛起始于蒙古草原地区，时间是1206年。当地一个部落的首领和军事指挥官铁木真在这一年将许多部落联盟统一起来，获得蒙古部落可汗的称号，并在去世后被称为"成吉思汗"。在成为蒙古最高统治者后的第一个十年里，他大多数时候都在同中国北方人作战，并将他们的土地首先纳入其迅速膨胀的大帝国。他的下一个巨大的收获是中国以西、位于丝绸之路上的中亚。到了1220年，布哈拉[1]、撒马尔罕[2]和喀布尔都已落入蒙古人之手。接下来他们在1223年击败了波罗维茨人和伏尔加保加利亚人（以及部分罗斯王公）。此时蒙古人也侵入了克里米亚，并夺取了这里的要塞苏达克[3]，它是波罗维茨人地区的丝绸之路贸易重镇之一。

在成吉思汗于1227年去世之前，他将国土分给了自己的儿子和孙子们。他的两个孙子[4]获得了最西的部分，包括当时中亚和伏尔加河以

1　Bukhara，中亚古城，位于今乌兹别克斯坦西南部。
2　Samarkand，中亚历史名城，位于今乌兹别克斯坦东南部。撒马尔罕始建于公元前3世纪，曾为帖木儿帝国都城。
3　Sudak，今克里米亚南部城镇。
4　指斡尔答（Orda Ichen）和拔都（Batu Khan）。两人均为铁木真长子术赤之子。他们继承的蒙古领土被称为金帐汗国（钦察汗国）。

东草原。两人中的拔都可汗对这份遗产并不满足，将其国土的边界向更西推进。这次推进即是人们熟知的蒙古人对欧洲的入侵。1237年，蒙古人围困并攻陷了弗拉基米尔－苏兹达尔公国东部边境上的梁赞[1]。公国都城弗拉基米尔在1238年2月初沦陷。弗拉基米尔的保卫者们在安德烈·博戈柳布斯基修建的圣母安息大教堂进行最后的抵抗，于是蒙古人放火焚烧了教堂。抵抗格外坚决的城镇都遭到屠城的下场。在坚持了几个星期之后才陷落的科泽利斯克[2]就是一例。罗斯王公们尽了他们的最大力量来阻挡蒙古人的进攻，但由于各自为政，又缺乏组织性，他们根本不是高度机动又协调一致的蒙古骑兵的对手。

蒙古人在1240年逼近基辅。他们的庞大军队令守军胆寒。一位编年史作者写道："他那些大车的吱呀声、他（拔都）那些多到数不清的骆驼的叫声，加上他的马群的嘶鸣，盖过了一切声响。敌人已遍布罗斯的土地。"基辅人拒绝投降，于是拔都用投石机摧毁了基辅的城墙。那是建于"智者"雅罗斯拉夫时代、用原木和石块修筑的城墙。市民们涌向圣母安息大教堂，那是弗拉基米尔为庆祝自己受洗而修建的第一座石质教堂，然而教堂的墙因避难者和他们的行李太重而倒塌，将他们活埋。圣索菲亚大教堂得以幸存，但同城里其他教堂一样，其珍贵的圣像和器皿被洗劫一空。胜利者在城中大肆劫掠，寥寥无几的幸存者则满心恐惧，藏身在基辅的废墟中——这座辉煌一时的都城，曾令其统治者们梦想比肩君士坦丁堡。奉罗马教皇之命前往蒙古觐见大

1　Riazan，今俄罗斯梁赞州首府，位于俄罗斯中部联邦管区奥卡河河畔。
2　Kozelsk，位于今俄罗斯卡卢加州。

汗的使者若望·柏朗嘉宾[1]在1246年2月经过基辅,对蒙古人攻打基辅地区造成的后果留下了以下描述:"在穿越这片土地时,我们看见死者留下的数不清的骷髅和尸骸,遍布原野。"

基辅遭到蒙古人致命重创,在未来的几个世纪里都没能恢复其昔日的地位和繁荣。然而基辅和佩列亚斯拉夫的居民们并未完全放弃这片土地,没有像一些19世纪俄罗斯学者以为的那样,迁往伏尔加河和奥卡河流域。如果基辅居民不得不逃离草原边缘地带,他们也有足够多的机会,在离家乡更近的普里皮亚季河和德斯纳河沿岸的乌克兰北部森林地区找到避难所。在普里皮亚季森林和喀尔巴阡山脉山麓丘陵一带能发现最古老的乌克兰方言并非偶然,因为这里的森林、沼泽和山地阻挡了游牧民族的攻击。

基辅被蒙古人攻陷时,已不再是高居他人之上的统治者,而且自身也已落入外来者之手。负责基辅城防的指挥官名叫德米特罗(Dmytro),听命于位于今乌克兰西部的加利西亚-沃里尼亚公国君主丹尼洛(丹尼尔)[2]。丹尼洛王公在此前一年通过与基辅大公米哈伊洛[3]的

---

1 Giovanni da Pian del Carpine(1180—1252),意大利人,天主教方济各会传教士。1246年,他奉罗马教皇英诺森四世派遣前往蒙古上都哈拉和林,觐见蒙古大汗贵由,成为第一个到达蒙古宫廷的欧洲人。他在其《蒙古行纪》中留下了西方对蒙古帝国统治下的中亚、罗斯等地的最早记录。
2 Danylo(1201—1264),丹尼洛·罗曼诺维奇,或称加利西亚的丹尼洛一世,加利西亚-沃里尼亚王公。他在1253年受一位罗马大主教加冕为罗斯国王。
3 Mykhailo(约1185—1246),基辅大公米哈伊洛·弗谢沃洛多维奇(Mykhailo Vsevolodovich,1237—1239、1240—1243),切尔尼戈夫王公(1224—1236,1243—1246年在位),亦称切尔尼戈夫的圣米哈伊洛。他因拒绝放弃基督教信仰而被拔都下令杀死,因此被视为殉道者。

协商，将基辅这座罗斯都城纳入他的保护之下。米哈伊洛一开始曾经尝试抵抗蒙古人，却丢掉了自己的主要据点切尔尼戈夫城，之后就失去了抵抗的勇气。

哈利奇的丹尼洛是罗斯政治世界中的一颗新星。与成吉思汗一样，他在幼年失怙。1205年他4岁时，他父亲，即被编年史作者称为"罗斯君王"的罗曼[1]，在与波兰人的战斗中身亡。此前数年，继承了沃里尼亚公国的罗曼取得了邻国加利西亚的权力，成为基辅以西全部罗斯国土的统治者。丹尼洛和他的弟弟瓦西里科[2]继承了父亲的头衔，却没能得到他的遗产。这些土地成了敌对的罗斯王公、加利西亚的波雅尔们，还有波兰人和匈牙利人争夺的对象。直到1238年，也就是蒙古人开始进攻东北罗斯那一年，丹尼洛才重建了他对沃里尼亚和加利西亚的控制，并将他的沃伊沃达[3]，即军事指挥官，派往基辅履职。

丹尼洛作为君主和将领的能力在蒙古人的入侵中经受住了考验。更重要的是，这次入侵还展示了他作为外交家的能力。当蒙古将军要求丹尼洛交出他的都城哈利奇时，他前往拔都可汗在伏尔加河上的都城萨莱[4]。其他罗斯王公此前也这样觐见可汗，目的在于向蒙古宣布效忠并接受可汗的"雅尔力克"[5]，即对他们自己公国的有条件的统治权。根据罗斯编年史作者的记载，可汗曾问丹尼洛："你是否愿饮黑奶？这

---

1 Roman（约1152—1205），加利西亚-沃里尼亚王公罗曼·姆斯季斯拉维奇。
2 Vasilko（1203—1269），沃里尼亚王公（1231—1269）。
3 *Voevoda*，亦作 Voivode 或 Vaivode，古斯拉夫语中部队长官的称号，在不同时代有不同的含义。
4 Sarai，波斯语中意为"宫殿"，为金帐汗国首都。此处指老萨莱（拔都萨莱），位于今俄罗斯境内伏尔加河支流阿赫图巴河河畔。
5 *Yarlyk*，亦写作 jarlig，源自蒙古语，在俄罗斯历史文献中指可汗的"许可"。13世纪中叶到15世纪中叶，东北罗斯的王公们需要接受雅尔力克以获得对自己土地实施统治的权力。

是我们的酒,母马的库米思[1]。""我从未饮过此酒,但若得可汗您的旨意,我便当饮之。"丹尼洛如此回答,向可汗展示了他的尊重和顺从。编年史作者以这种隐喻的方式描述了丹尼洛的输诚和他被蒙古精英群体接纳的过程。

编年史作者对信奉基督教的罗斯王公向异教的蒙古可汗效忠的做法不以为然,并记载了这些王公在面对蒙古人时的三种行为模式。切尔尼戈夫王公米哈伊洛首先垂范,他的做法也最受编年史作者称道。据记载,拔都要求他在一丛灌木前叩头并放弃基督教信仰,而他拒绝了,并被可汗下令杀害。弗拉基米尔-苏兹达尔王公雅罗斯拉夫[2]代表了第二种模式——叛教者。据称他同意向灌木叩头,因此受到编年史作者的谴责。丹尼洛采取了第三种方式,对蒙古的统治既非完全拒绝,也不是完全服从。根据那位对丹尼洛怀有同情心的编年史作者的看法,丹尼洛没有向灌木下跪以玷污自己的基督教信仰,但他选择饮下马奶酒,表示他愿意承认可汗在俗世的权威。

真实的情况是,蒙古人从未要求罗斯王公们放弃他们的信仰,并且整体而言对东正教表现出了最大的宽容。然而编年史作者对这三种行为模式的区分的确能反映罗斯王公之间在选择抵抗或与蒙古人合作时的真实差异。米哈伊洛王公的确被拔都下令杀害,因为他在1239年曾拒绝向蒙古人投降,甚至处死了可汗派去受降的使者。弗拉基米尔大公雅罗斯拉夫二世恰恰相反,是第一个向蒙古人宣布效忠的罗斯王

---

1 Kumis,即马奶酒,在13世纪由鞑靼人发明,其中最高级的是用黑马奶酿制。
2 Yaroslav II(1191—1246),弗拉基米尔大公雅罗斯拉夫二世(1238—1246年在位)。

公,这令他取得了罗斯大公的头衔,以及在基辅派驻军事长官的权力。直到1246年死去之前,雅罗斯拉夫二世对蒙古人保持着忠诚,他的儿子和继承人亚历山大·涅夫斯基[1]同样如此。涅夫斯基因抵抗西方入侵者瑞典人和条顿骑士团[2],保卫了罗斯国土,在后来被俄罗斯东正教会封为圣人。丹尼洛则选择了一条不同的道路:尽管他向拔都可汗效忠,却并未长期信守他的誓言。

丹尼洛承诺向蒙古人纳贡,并参与蒙古人在本地区的军事行动,因此从拔都手里获得了统治加利西亚和沃里尼亚的"雅尔力克"。尊蒙古为宗主国不仅使与之敌对的罗斯王公们不能对他的领土提出要求,也使他免遭来自西方和北方邻居的侵略。丹尼洛利用这种新政治环境的稳定,开始复兴他国土上的经济。蒙古人在邻近草原地区建起了前哨,实施直接统治,而加利西亚和沃里尼亚被破坏的程度小于乌克兰其他地方,成为邻近草原地区居民的避难目的地。如果罗斯的编年史作者们的记载可信的话,丹尼洛王公保护下的沃里尼亚和加利西亚城镇的经济发展的机会吸引了大量来自基辅一带的难民。

丹尼洛将他的都城迁到新建的城市霍尔姆(Kholm,今波兰境内的海乌姆),这里距草原更远。他热切地想把这里变成一个主要经济中心。"丹尼洛王公发现上帝眷顾此地后,就开始招募定居者。他们中有

---

[1] Aleksandr Nevsky(约1221—1263),诺夫哥罗德王公(1236—1252年在位)、基辅大公(1246—1263年在位)、弗拉基米尔大公(1252—1263年在位)。他使今俄罗斯西北部地区免遭天主教国家征服,因而在1547年被俄罗斯东正教会封为圣人。

[2] Teutonic Knights,中世纪时期由罗马教皇组织的修士骑士团之一,正式名称为耶路撒冷的德意志圣母马利亚骑士团,1198年成立于今巴勒斯坦境内的阿卡(Acre)。1809年,拿破仑解散了作为军事组织的条顿骑士团。1929年,教皇庇护十一世宣布条顿骑士团成为纯宗教修士会。

日耳曼人和罗斯人,有其他部落成员,也有利亚赫人(波兰人)[1]。"编年史作者写道,"每一天都有人从鞑靼人的地方逃离,来到这里。有年轻人,也有各行各业的工匠——鞍匠、弓匠和箭匠、铁匠、铜匠和银匠。于是百业俱兴,城市周围的原野和村庄建满了人们的居所。"霍尔姆并非丹尼洛唯一投注精力的地方。他还建起其他新城市,其中包括这片地区未来的都城利维夫[2],并加固了原有的城镇。利维夫以丹尼洛的儿子列夫[3]的名字命名,第一次出现在编年史中的时间是1256年。

在丹尼洛及其后继者的统治下,加利西亚-沃里尼亚公国囊括了当时乌克兰地区有人定居的土地中的大部分。使基辅权力遭到削弱并使外围公国崛起的政治、经济和文化过程是加利西亚-沃里尼亚勃兴的原因。蒙古人的入侵促进了这一勃兴。一些历史学家认为:如果罗斯王公们关心其臣民的生活,那么接受蒙古人就是他们所能采取的最佳政策。根据他们的论证,蒙古人的统治为这片地区带来了稳定和贸易。诚然,基辅被摧毁了,在几个世纪之后才能恢复元气。然而造成这种深远后果的主要原因是贸易通道从第聂伯河向东转移到了顿河和伏尔加河,向西转移到了德涅斯特河,而非基辅被毁灭的程度。

同样,蒙古人对克里米亚的占领也远非毁灭性的。与早期历史学界的普遍观点相反,将克里米亚鞑靼人带到这个半岛上的并非蒙古人。突厥人(钦察人)对克里米亚半岛的占领早在蒙古入侵之前就已开始,

---

1 Liakhs,亦作 Liakhy,乌克兰语中对波兰人的旧称。
2 Lviv,亦译作利沃夫(俄语发音),乌克兰西部主要城市,利维夫州首府。
3 Lev(约1228—约1301),加利西亚的列夫一世、哈利奇王公(1269—1301年在位)、罗斯国王(1269—1301年在位)、基辅大公(1271—1301年在位)。

蒙古人只是促进了这个过程。苏达克要塞在13世纪20年代被蒙古人攻下，其地位逐渐被费奥多西亚（卡法）取代。作为一个主要的贸易中心，费奥多西亚先是被威尼斯人控制，随后又转移到热那亚人手上。克里米亚保持着这片地区商业枢纽的地位，将蒙古统治时期的欧亚大草原与地中海世界联结起来。

在13世纪下半叶的乌克兰地区，蒙古人是一支强大然而时常缺席的力量。加利西亚–沃里尼亚的统治者毫不犹豫地利用了这种情况，开始寻求通过建立地方联盟来脱离金帐汗国的统治。

在外交上，丹尼洛致力于与他西面的邻居重建联系，结成能在将来反抗蒙古人时提供帮助的联盟。1246年，在觐见拔都后的归程中，他遇到罗马教皇的使者若望·柏朗嘉宾（我们此前引用过他关于蒙古人摧毁基辅的描述）。二人讨论了在丹尼洛和教皇之间建立关系的问题。一回到加利西亚，丹尼洛就向当时的教皇驻地里昂派出了一名东正教教士，以达成直接的接触。教皇英诺森四世[1]希望罗斯王公们承认他为他们的最高宗教领袖，而丹尼洛则希望教皇站在他这一边，巩固中欧天主教君主们对他反抗蒙古人的支持。

加利西亚王公和教皇在柏朗嘉宾的帮助下建立了联系，终于使英诺森四世在1253年发出诏书，要求中欧和巴尔干地区的基督教君主们参加一次对蒙古人的东征。他还向丹尼洛派出使节，赐予他基督教国王的王冠。王公丹尼洛由此成为国王丹尼洛，是为 rex ruthenorum（罗

---

[1] Innocentius IV（约1180/1190—1254），1243年至1254年间任罗马天主教教皇。

斯国王）[1]。除了获得教皇的支持，丹尼洛还同匈牙利国王最终结成同盟，对方同意将女儿嫁给丹尼洛的儿子。他的另一个儿子则迎娶了一位奥地利公爵的女儿。1253年，得到中欧提供帮助的保证后，丹尼洛有了勇气，开始对蒙古人采取军事行动，很快就夺取了蒙古人控制下的波多里亚和沃里尼亚。他选择进攻的时机再好不过，因为金帐汗国的拔都可汗在1255年去世，其两个继承者统治的时间也都不到一年。

5年之后，蒙古人才派出一支新的军队回到加利西亚和沃里尼亚，打算恢复他们对这片土地的占领。此时丹尼洛急需来自西方的支持，但支持从未兑现。中欧君主们无视教皇关于东征蒙古的诏书。由于匈牙利尚未从对捷克人的战败[2]中恢复过来，姻亲关系也几乎没有帮上什么忙。丹尼洛必须独自面对这支新的蒙古军队。率领大军来到加利西亚-沃里尼亚的蒙古将军是卜伦岱[3]。他勒令丹尼洛加入蒙古军队对立陶宛人和波兰人作战，由此摧毁了丹尼洛在这一地区建立起来的联盟。卜伦岱还要求丹尼洛拆除他在城镇周围建起的城防，令他的公国暴露在来自草原的潜在攻击之下。丹尼洛一一照办，再次宣布成为蒙古人的臣属。

为了那次在13世纪50年代与罗马教皇的结盟，丹尼洛付出的代价不仅是一次对蒙古的征战，还有他与君士坦丁堡东正教会和罗斯东正教会的关系。1204年第四次十字军东征的参加者洗劫君士坦丁堡之

---

[1] 拉丁语，意为"罗塞尼亚国王"。
[2] 指1253年匈牙利国王贝拉四世与波希米亚国王普热米斯尔·奥托卡二世之间的战争。
[3] Burundai（？—1262），金帐汗国将军，曾参与1240年攻打基辅的战役和1241年击败匈牙利国王贝拉四世的蒂萨河之战。

后，东方和西方两个基督教世界之间的对立就不再只是神学和管辖权的纷争，而是变成了公开的敌意。由于君士坦丁堡派遣的都主教的存在，这种敌意在罗斯变得更加严重。丹尼洛最终设法平息了本地教会对他与罗马结盟的反对声音，但他无法消弭君士坦丁堡的反对。1251年，受丹尼洛庇护的全罗斯都主教、前霍尔姆主教西里尔[1]前往君士坦丁堡接受祝福。他被君士坦丁堡确认为都主教，然而条件是他不能以加利西亚为都主教驻地，因为人人皆知那里的王公与教皇沆瀣一气。本是加利西亚人的西里尔遂迁往弗拉基米尔－苏兹达尔公国。

1299年，在西里尔的继任者、希腊人马克西穆斯[2]担任都主教期间，都主教驻地的迁移得以正式化。1325年，另一位被任命为都主教的加利西亚人彼得罗[3]又将驻地迁移到莫斯科。这将是莫斯科王公们上升为东北罗斯——近代俄罗斯的核心——领导者的重要原因。蒙古人在今天的俄罗斯领土上的统治比在罗斯其余部分更严酷，也更漫长。这很容易理解，因为莫斯科周边离金帐汗国可汗统治地区的腹地更近。蒙古人设立了罗斯大公，让他帮助治理他们的土地，并征收贡赋。罗斯大公的位置最初归于弗拉基米尔－苏兹达尔王公，然而后来这一地区的两个主要公国莫斯科和特维尔[4]也加入了竞争。经过漫长的争夺，都主教驻地的"主人"莫斯科王公最终赢得这个位置，更重要的是，赢得了蒙古统治下的罗斯地区的管理权。

1　Cyrill（？—1281），基辅和全罗斯都主教西里尔三世。
2　Maximus（？—1305），基辅和全罗斯都主教（1283—1305年在任）。
3　Petro（？—1326），基辅和全罗斯都主教（1308—1326年在任）。他被视为莫斯科的主保圣人。
4　Tver，中世纪俄罗斯封建公国。在争夺俄罗斯未来领导权的竞争中，特维尔曾是莫斯科最大的对手。1485年，莫斯科大公伊凡三世最终吞并了特维尔。

尽管都主教的驻地从基辅迁往弗拉基米尔再迁往莫斯科，其教区仍保留了"全罗斯都主教区"的名字。作为补偿，君士坦丁堡在1303年允许加利西亚人建立自己的都主教区。新的都主教区设于哈利奇纳公国的都城哈利奇，被称为小罗斯都主教区，包括一度受基辅都主教区管辖的15个大主教区中的6个，其中不仅有今乌克兰境内的大主教区，还包括今白俄罗斯境内的图罗夫[1]大主教区。"小罗斯"这个概念从此诞生。一些学者认为希腊人将之理解为"内罗斯"或"近罗斯"。许多年以后，这个词会成为乌克兰民族身份论争的焦点。进入20世纪，人们更是将乌克兰人中的"全俄罗斯派"或"亲俄罗斯派"称作"小罗斯人"。

蒙古人对黑海大草原的入侵并在此地长期存在使罗斯精英阶层首次面对一个两难抉择：是选择由草原游牧民族和拜占庭基督教传统共同代表的东方，还是选择承认罗马教皇神圣权威的中欧君主们代表的西方？在今天属于乌克兰的这片土地上，亲基辅的精英们第一次发现自己身处欧洲最主要的政治和文化断层，于是他们采取了一系列平衡性质的举动，这使他们事实上独立于东西方的地位多保持了至少一个世纪。

历史学家们通常将加利西亚-沃里尼亚公国视为17世纪中叶哥萨克国崛起前乌克兰土地上最后一个独立国家。我们需要对这个判断做一些条件限制。尽管加利西亚-沃里尼亚与金帐汗国的可汗之间常有

---

[1] Turaŭ，亦作 Turov，白俄罗斯南部城镇，在中世纪时曾为图罗夫公国。

分歧，偶尔也有战争，但直到它在14世纪40年代走向终点之前，加利西亚－沃里尼亚一直是向金帐汗国纳贡的臣属。作为回报，可汗允许加利西亚－沃里尼亚在内部事务上拥有完全的独立。在国际竞技场上，加利西亚－沃里尼亚自始至终得益于"蒙古治下的和平"。这一东欧国际秩序的削弱和最终崩溃也加速了作为统一国家的加利西亚－沃里尼亚的陨落。

在今天看来，加利西亚－沃里尼亚解体的导火索只是一件微不足道的小事，然而它对于中世纪和近代早期的政治体却极其重要，那就是统治家族的血脉断绝。具体到加利西亚－沃里尼亚，即其统治王公家族的断绝。丹尼洛王公的两个曾孙在1323年死去。一些历史学家认为，他们在与蒙古人的战斗中送了命，而在当时，这场战斗是错误的选择。由于丹尼洛没有其他男性后裔，两位王公的外甥波兰的马索维亚[1]亲王博莱斯瓦夫[2]接管了他们的公国。博莱斯瓦夫身为天主教徒，却改宗了东正教，并将自己的名字改成尤里——对他而言，举行一场仪式就能获得政治利益显然相当划算。然而这对当地罗斯贵族波雅尔们来说却不够。这位新统治者无视他们的利益，凡事听从他从波兰带来的人的建议，令他们十分反感。1340年，波雅尔们毒死了尤里－博莱斯瓦夫二世，最后一位自称 *dux totius Russiae Minoris*（全小罗斯公爵）的君主。这导致了一场旷日持久的对加利西亚－沃里尼亚的争夺，并最终葬送了这个公国。在15世纪上半叶，这个曾强盛一时的公国已经

---

1 Mazovia，波兰中部偏东历史地名。
2 Bolesław（1305/1310—1340），即波兰皮雅斯特王朝马索维亚亲王尤里－博莱斯瓦夫二世（Yurii-Bolesław II）。

分为两部分：加利西亚和西波多里亚归于波兰，而沃里尼亚落入立陶宛大公国[1]之手。

波兰国王卡齐米日三世[2]是波兰攫取加利西亚这场大戏中的主角。他在1340年第一次尝试夺取利维夫——从13世纪70年代开始成为加利西亚的都城。以加利西亚波雅尔德米特罗·德德科[3]为首的当地精英阶层向蒙古人求援，并在后者的帮助下击退了波兰人的进攻。然而卡齐米日三世在1344年卷土重来，并夺取了这个公国的一部分土地。1349年德德科死后，波兰军队占领了利维夫和加利西亚-沃里尼亚其余地区。第二年，立陶宛军和本地军队又将他们从沃里尼亚赶了出去，但波兰人在加利西亚站稳了脚跟。14世纪中叶，数以百计的波兰贵族从波兰王国的其他地方来到加利西亚，搜求作为他们战功酬劳的土地。在卡齐米日三世看来，附带条件的土地所有权能够保证这些贵族阶层不忘守卫这个新省份的职责。

直到15世纪30年代，波兰王国才完全吞并了加利西亚和西波多里亚的罗斯土地，将其变成罗斯（罗塞尼亚）和波多里亚诸省。大约在同一时期，作为对当地贵族（既有波兰人也有乌克兰人）要求的回应，王国向居住在这片土地上的贵族授予了无条件的土地所有权。与加利西亚和部分波多里亚并入波兰王国相关的最重要的政治进展，是本地贵族获得了与波兰贵族一样的政治权利，其中包括参加地方自治

1　Grand Duchy of Lithuania，存在于十二三世纪至1569年的欧洲国家，在1569年加入波兰-立陶宛联邦。

2　Casimir III（1310—1370），波兰皮雅斯特王朝国王（1333—1370年在位），被称为卡齐米日大帝。

3　Dmytro Dedko（？—1349），通常被认为是一位加利西亚波雅尔，可能是后来波兰-立陶宛联邦大贵族奥斯特罗斯基家族的先祖。

议会[1]。在自治议会上,地方贵族们不仅可以讨论本地事务,也可以讨论国家和外交政策。他们还获得了选举代表进入王国议会的权利。此外,在14世纪到16世纪间,他们成为阻止草原部落入侵加利西亚-波多里亚边境的防御力量,其地位变得愈发重要。他们也尽可能利用这种地位在波兰宫廷中谋求利益。

加利西亚和西波多里亚被并入波兰王国后,开始受到波兰式贵族民主、日耳曼式城市自治和意大利文艺复兴教育滋养的影响。然而一些乌克兰历史学家认为,这种影响的代价过于高昂了,让这一地区丢掉了半独立的地位和波雅尔式上层贵族政治,即王公权力及其对本地政治的主导。文化上的波兰化不仅影响了上层贵族阶层,也影响了地方贵族。罗斯工匠加速从本地城镇中流失,而东正教信仰也面临来自罗马天主教会的有力挑战。

立陶宛大公国展现了另一种将乌克兰土地合并入外来政治体的模式。大公国在与波兰对手的激烈竞争中夺得沃里尼亚,还得到了基辅地区。与加利西亚-沃里尼亚不同,基辅直到14世纪之前一直在某种程度上处于蒙古的直接统治下。因此较之波兰模式,立陶宛模式更有利于本地精英政治影响力、社会地位及文化传统的存续。

在其最著名的君主格季米纳斯[2]大公的统治下,立陶宛大公国在14世纪上半叶出现在乌克兰舞台上。格季米纳斯是一位事实上的帝国建

---

1 Dietine,波兰语作Sejmik,14世纪下半叶开始存在于波兰及1564年开始存在于立陶宛大公国的贵族领地自治机构。波兰王国的全国议会则被称为Diet(波兰语作Sejm)。
2 Gediminas(约1275—1341),立陶宛大公(1315/1316—1341年在位)。他开创的立陶宛大公国成为一个连接黑海和波罗的海的帝国。他被视为立陶宛首都维尔纽斯的建立者,并流放了留里克王朝最后一位基辅王公斯坦尼斯拉夫。

立者，也是立陶宛统治王朝的开创者。根据某些记载，14世纪初期，格季米纳斯将他自己的一位王子任命为基辅王公。这似乎没有立刻对这个公国的地位产生影响，然而随着率领本地部众的立陶宛王公们开始将鞑靼人逐入草原深处，变化会逐渐显现出来。决定性的一战发生在1359年。这一年，在今乌克兰中部的锡尼沃迪河[1]河畔，格季米纳斯之子阿尔吉尔达斯[2]率领立陶宛和罗斯军队击败了金帐汗国在黑海大草原上的主要部落诺盖鞑靼人[3]。其结果是立陶宛大公国的南部边界得以向南推进到黑海海岸的德涅斯特河河口。至此，立陶宛大公国不仅成为基辅罗斯的强大继承者，也成为大部分乌克兰土地的统治者。

立陶宛人将他们自己的格季米纳斯王朝的代理人派到罗斯，但格季米纳斯的后裔比10世纪的留里克先行者们更快地本土化了。立陶宛统治者们与当地罗斯家族通婚，乐于接受东正教和斯拉夫式的教名。罗斯在文化层面上的统治地位加速了立陶宛人的文化融入。直到15世纪，立陶宛的精英阶层还持有异教信仰，如今却受到拜占庭东正教权威的影响。罗斯书记语（Rus' chancery language）基于10世纪末由基督教传教士们传播到基辅的教会斯拉夫语，如今成为立陶宛大公国官方通用的语言。大公国的法令在16世纪被称为《立陶宛法典》，也是基于《罗斯正义》。除了王朝的连续性之外，立陶宛大公在各方面都成为基辅罗斯的事实继承者。一些历史学家通常将这个国家视为一个立

---

[1] Syni Vody，即今锡纽哈河（Syniukha River），是布赫河的一条左支流。
[2] Algirdas（约1296—1377），立陶宛大公（1345—1377年在位）。
[3] Noghay Tartars，亦作 Nogais，主要生活在北高加索地区的一个说诺盖突厥语的民族。在15到17世纪间建立了诺盖汗国。

陶宛－罗斯甚至罗斯－立陶宛政治体，而非一个立陶宛人国家。

波兰王国和立陶宛大公国夺取了大部分乌克兰土地后，造成了政治、社会和文化上的变化。在对罗斯精英阶层和罗斯社会的接纳和同化上，这两个国家的政策差异极大。然而在这两种情况下，我们都看到了一些类似倾向的出现和增强。这些倾向导致了诸罗斯公国自治权的丧失。到了15世纪末期，罗斯公国将在这一地区的政治版图上被彻底抹去，基辅罗斯自10世纪开始的王公时代也就此终结。

II

第二卷

东方与西方的相遇

EAST
MEETS
WEST

第 7 章

乌克兰的诞生

随着乌克兰地区在 14 世纪末被并入波兰王国和立陶宛大公国，这两个国家的政策及双边关系开始决定乌克兰的政治、经济和文化生活。两国在 14 世纪到 16 世纪间达成的一系列协议对乌克兰地区的将来尤为重要。

1385 年，33 岁的立陶宛大公约盖拉[1]（他自称蒙神恩的"立陶宛人大公及罗斯领主"）在今属白俄罗斯的小镇卡列瓦[2]签署了一条敕令。这条敕令除了名称外，完全就是一份与 12 岁的波兰女王雅德维加派来的代表签署的婚前协议。为了得到波兰的王位，约盖拉同意他本人和他的国家皈依基督教，并推动了波兰王国和立陶宛大公国的领土合并。一年后，约盖拉被加冕为波兰国王。又过了一年，即 1387 年，波兰和立陶宛联军帮助波兰从匈牙利人手中夺走加利西亚，使它重归

---

[1] Jogaila（约 1352/1362—1434），即立陶宛大公和波兰国王瓦迪斯拉夫二世雅盖沃（波兰语 Władysław II Jagiełło）。他于 1377 年开始统治立陶宛，在 1386 年皈依天主教并与波兰女王雅德维加（Jadwiga，1373/1374—1399）结婚，被加冕为波兰国王（在雅德维加去世前两人共治）。
[2] Kreva，今白俄罗斯格罗德诺地区城镇。

波兰王国。

卡列瓦联合达成之后，两国又建立了一系列其他同盟以强化联系，最终达成了1569年的卢布林联合[1]——波兰-立陶宛联邦由此诞生。波兰王国和立陶宛大公国的边界在联邦内部重新划定，将大部分乌克兰土地归于波兰，白俄罗斯地区则留给了立陶宛。波兰与立陶宛的联合由此意味着乌克兰与白俄罗斯的分离。从这个意义上讲，怎么强调卢布林联合的重要性都不过分。它将成为近代乌克兰版图形成并成为可资本地精英阶层利用的知识资源的开端。

在立陶宛大公国的罗斯精英阶层看来，与波兰王国的联合只会带来麻烦，没有任何好处。卡列瓦联合的直接结果就是罗斯对立陶宛大公失去了影响。这位大公不仅离开了立陶宛，还成了天主教徒，并为他那些兄弟创造了先例——他的兄弟中本有一些人是东正教徒。东正教会主教们对在欧洲最后一片异教土地上建立拜占庭基督教而非拉丁基督教的希望破灭了。

然而，对罗斯政治地位的真正挑战发生在1413年。这一年的霍罗德沃[2]联合被史学界视为一次王朝的结合，深化了只是波兰王国和立陶宛大公国之间一次个人联姻的卡列瓦联合。霍罗德沃联合的签署双方分别是如今的波兰国王约盖拉与他的堂兄、立陶宛大公维陶塔斯[3]。新

---

1 Union of Lublin，1569年签订于今波兰东部城市卢布林。协议合并了立陶宛大公国和波兰王国，形成波兰立陶宛联邦。
2 Horodlo，波兰东部村庄。1413年霍罗德沃联合协议在此签署。
3 Vytautas（约1350—1430），立陶宛大公（1392—1430年在位，作为已成为波兰国王的约盖拉在立陶宛的摄政）。

的协议将许多波兰贵族拥有的权利或特权延伸到立陶宛贵族身上，包括无条件的土地所有权在内。近50个波兰家族允许同样数量的立陶宛家族使用他们的纹章。然而问题出现了：只有信奉天主教的立陶宛家族才被允许加入这场盛宴。新的权利或特权没有被赐予立陶宛的东正教精英阶层。这是国家层面上第一次出现对罗斯精英阶层的区别对待。未能获得新特权的东正教贵族们由此被排除在大公国中央政府的高级职位之外。雪上加霜的是，霍罗德沃联合的始作俑者之一维陶塔斯大公此前刚刚削弱了罗斯的自治权——他用自己指派的人替换了沃里尼亚王公和其他一些地区的统治者。

维陶塔斯在1430年去世后不久，罗斯精英阶层对自己的地位受到侵犯表达不满的机会就出现了。对立陶宛大公宝座继承权的斗争演变为一场内战。以沃里尼亚的波雅尔们为首的罗斯贵族支持他们提出的候选人斯威特里盖拉[1]。他的对手西吉芒塔斯[2]王公在1434年做出回应，将霍罗德沃联合保证的权利或特权延伸到大公国的东正教精英阶层身上，将战争的局势向对自己有利的方向扭转。尽管沃里尼亚和基辅地区的罗斯王公及贵族们依然对西吉芒塔斯的意图抱有疑虑，他们对斯威特里盖拉的支持还是减弱了，使大公国局势恢复了相对的平静。立陶宛宫廷对罗斯地区和各罗斯公国自治权的限制从未间断。随着宗教不再成为罗斯精英阶层不满的根源，这一限制有了更大的操作空间。

1　Švitrigaila（1370—1452），立陶宛大公（1430—1432年在位），约盖拉的弟弟。

2　Žygimantas（约1365—1440），立陶宛大公（1432—1440年在位），维陶塔斯的弟弟。

1470年，立陶宛大公及波兰国王卡齐米日四世[1]废除了王公时代的最后遗存——基辅公国本身。10年后，基辅王公们密谋杀害卡齐米日四世，并推举自己挑选的继承人。他们的计划失败了，导致主谋被捕，其余密谋参与者则被迫逃离大公国。随着他们的离开，恢复基辅罗斯王公传统所代表的生活方式的最后希望宣告破灭。到了15、16世纪之交，无论是在乌克兰的政治版图中，还是在其制度、社会及文化图景中，几乎都已经找不到两个世纪之前那个时期留下的痕迹——彼时加利西亚-沃里尼亚正努力摆脱蒙古的宗主权，在本地区成为一个完全独立的角色。尽管罗斯法律和罗斯语言仍占据主流，却已经开始失去它们先前的统治地位。罗斯文化的核心再也无法与拉丁化影响和波兰语相抗衡。在卡列瓦联合之后，波兰语就在立陶宛大公国中取得了最高地位。

在整个欧洲范围内，君权的膨胀、国家权力的集中和对政治及社会行为的约束成为16世纪的标志。另一方面则是贵族阶层对君权加强的反对与日俱增。在波兰-立陶宛联邦内，这种反对来自立陶宛大公国的贵族。他们深深扎根于基辅罗斯和加利西亚-沃里尼亚的王公传统中。然而到了16世纪中叶，大公国只有在波兰的帮助下才能与日渐严重的外部威胁抗衡，于是精英阶层对君权膨胀的反对也日益无力。威胁来自东方——在15世纪中，东方的莫斯科大公国已经成为一支新兴的强大力量。

---

[1] Casimir IV（1427—1492），约盖拉之子、立陶宛大公（1440—1492年在位）、波兰雅盖隆王朝国王（1447—1492年在位）。

1476年，莫斯科大公伊凡三世[1]（他是第一位自称沙皇的莫斯科统治者）宣布从金帐汗国独立，并拒绝向可汗继续纳贡。他还发起了一场"统一罗斯国土"的运动，吞并了诺夫哥罗德、特维尔和普斯科夫[2]，并向从前蒙古占领区域之外的罗斯国土提出了领土要求，其中包括今天的乌克兰。15世纪晚期，新生的沙皇国与立陶宛大公国就基辅罗斯的传承进行了旷日持久的争夺。莫斯科处于进攻一方。到了16世纪初，立陶宛的大公不得不承认沙皇对此前属于立陶宛的两块领土——斯摩棱斯克和切尔尼戈夫——的统治。这是莫斯科第一次在今天乌克兰的部分领土上获得统治权。

莫斯科大公国的西进在16世纪初受到立陶宛大公们的阻碍，但在16世纪下半叶又重新开始。1558年，兼具魄力和领袖魅力同时又古怪、残忍并拥有极端自毁性格的莫斯科沙皇伊凡雷帝进攻了利沃尼亚[3]，引发了利沃尼亚战争（1558—1583）。利沃尼亚位于立陶宛大公国边境，包括今天拉脱维亚和爱沙尼亚的部分领土。战争将持续四分之一个世纪，瑞典、丹麦、立陶宛都身陷其中，最后波兰也参加进来。1563年，莫斯科沙皇国的军队越境进入立陶宛大公国，夺取了波拉茨克并袭击了维捷布斯克（维特布斯克）[4]、什克洛乌（什克洛夫）[5]和奥尔沙[6]（均在今白俄罗斯境内）。这次战败激发了立陶宛下层贵族对波兰－立陶宛联

---

[1] Ivan III（1440—1505），莫斯科大公（1462—1505年在位）。他使莫斯科大公国从蒙古人统治下独立，合并了多个罗斯公国，并在1502年灭亡了金帐汗国，被称为伊凡大帝。
[2] Pskov，俄罗斯西北部古城，今普斯科夫州首府。它在12世纪成为一个独立的公国。
[3] Livonia，今爱沙尼亚和拉脱维亚大部分领土的旧称。
[4] Vitsebsk（Vitebsk），今白俄罗斯东北部维捷布斯克州首府。波兰语读作维特布斯克（Witebsk）。
[5] Shkloŭ（Shklov），今白俄罗斯东部莫吉廖夫州城市，俄语读作什克洛夫（Шклов）。
[6] Orsha，今白俄罗斯东北部维捷布斯克州城市。

盟的支持。

1568年12月，波兰国王和立陶宛大公西吉斯蒙德·奥古斯特[1]在卢布林召集了两个议会（其一为波兰议会，另一为立陶宛议会），希望议会代表能够达成新的联盟条件。谈判之初相当顺利，双方同意共同推选国王，选举共同的议会（国会），并给予立陶宛大公国更多自治权。然而立陶宛的大贵族们拒绝归还他们手中的王室土地，而这是波兰贵族最主要的要求。立陶宛代表们收拾起他们的东西，召集起他们率领的贵族代表，离开了会议。这一举动事与愿违：离席的立陶宛人出乎意料，波兰议会在国王的批准下开始签署法令，将立陶宛大公国的省份一个又一个地转移到波兰王国治下。

立陶宛大贵族们曾经恐惧他们的土地落入莫斯科沙皇国之手，现在却眼睁睁看着这些地方将变成波兰人的地盘。为了阻止他们强大的波兰盟友的恶意接管，立陶宛人回到卢布林签署波兰代表指定的协议。然而他们回来得太晚了。1569年3月，位于乌克兰-白俄罗斯-波兰族群边境地区的帕得拉夏[2]省被划给了波兰。沃里尼亚在5月被划走。6月6日，也就是波兰-立陶宛谈判重开的前一天，基辅地区和波多里亚地区也归于波兰。立陶宛贵族们只能接受新的现实：如果他们继续抵制联合，将失去更多土地。19世纪著名的波兰艺术家扬·马泰伊科[3]曾以其庄严的笔触刻画了卢布林议会的情景。画中，联合的主要反

---

[1] Sigismund Augustus（1520—1572），即雅盖隆王朝的西吉斯蒙德二世奥古斯特，波兰国王及立陶宛大公（1548—1572年在位）。

[2] Podlachia（波兰语作 Podlasie），历史地名，其北部位于今波兰东北部的波德拉谢省境内。

[3] Jan Matejko（1838—1893），19世纪波兰画家，以描绘波兰历史上著名政治和军事事件著称。

对者米卡洛尤斯·拉德维拉斯[1]在国王面前下跪,却又抽出宝剑。

卢布林联合创造了新的波兰-立陶宛联邦。这个国家拥有一位由全国贵族共同推举的君主和一个共同的议会,并将波兰贵族享受的自由权利延伸到立陶宛大公国贵族身上。立陶宛大公国仍保有自己的政府机关、国库、司法系统和军队。这个被称为"两国共同体"(两国即波兰和立陶宛)的新国家是一个准封建制国家,由地理上得到扩大、政治上也得到强化的波兰王国主导。位于乌克兰的贵族领地并非一次性被波兰合并,而是被逐个蚕食的。除了有关政府和法庭可以使用罗塞尼亚语(乌克兰中部方言)以及东正教会权利将得到保护的承诺外,这些被合并的领地没有得到其他保证。

在卢布林议会上,乌克兰地区由本地贵族代表。这些贵族包括王公和波雅尔们,与立陶宛的联盟反对者的构成相同。但与立陶宛贵族们不同的是,乌克兰代表们选择了加入波兰王国,同时要求他们的法律、语言和宗教得到保障。乌克兰的精英阶层,尤其是那些王公家族,为何要同意这样一个协议呢?这个问题至关重要,因为决定现代乌克兰与白俄罗斯之间分界线的行政划分将以波兰与立陶宛之间的新边界为基础。

立陶宛大公国的乌克兰省份是因其身份认同和生活方式与白俄罗斯省份不同而加入波兰王国,还是卢布林分界线造成了两个东斯拉夫民族

---

[1] Mikalojus Radvilas(波兰语作 Mikolaj Radziwiłł,1512—1584),立陶宛贵族、维尔纽斯总督伯爵,外号"红人"。他曾在波兰-立陶宛联邦成立前后担任立陶宛大公国的军政要职。

之间的差异？我们没有证据认为16世纪中期的乌克兰人和白俄罗斯人说着不同的语言。在今天的乌克兰－白俄罗斯边境地区，人们仍使用一种介于乌克兰语和白俄罗斯语之间的方言。也许在16世纪时他们使用的就是这种方言，这令我们难以仅仅根据语言学标准画出一条清晰的分界线。不过，基于故有罗斯土地分界线的卢布林边界似乎强化了长久以来一直在形成的差异。历史上，基辅地区及加利西亚－沃里尼亚与北方的白俄罗斯地区有着很大的不同。从10世纪到14世纪，它们曾是独立或半独立公国的核心地区。到了15世纪和16世纪，乌克兰地区在立陶宛大公国中处于边缘位置，又面临着来自开阔草原边境的威胁，这一切都使乌克兰地区与立陶宛大公国其他地区变得不一样。

与立陶宛贵族们不同，乌克兰精英阶层不认为保持大公国的事实独立地位对他们有多少好处——在面对来自克里米亚鞑靼人和诺盖鞑靼人日益增大的压力时，立陶宛已显得孱弱。波兰王国可以在对莫斯科的战争中帮助立陶宛，但它不太可能在乌克兰对抗鞑靼人的低烈度战争中施以援手。让这些边境地区加入波兰则可能让波兰改变态度。无论如何，乌克兰王公们同意了将他们的土地并入波兰。我们也没有证据认为他们曾经对此感到后悔。在波兰的保护下，沃里尼亚各个王公家族的领地不仅没有丢失，还获得了急剧的增长。

康斯坦蒂·奥斯特罗斯基[1]在本地王公中毫无争议地拥有最大的影响力。他通过选择支持国王决定了联盟的命运。他不仅保住了自己原

---

1 Kostiantyn Ostrozky（1526—1608），波兰－立陶宛联邦时期的一位罗塞尼亚王公。他是1569年卢布林联合谈判中事实上的乌克兰领袖，被视为16世纪乌克兰文化和民族复兴中的重要人物。

有的弗拉基米尔城[1]长官和基辅总督的位置，还扩大了自己的土地。到了16世纪末，奥斯特罗斯基已经坐拥一个私人帝国。40座城堡，1 000个城镇和1.3万个村庄归这位王公所有。17世纪初，他的儿子雅努什[2]拥有的金银财宝足以支付整个联邦两年的预算。奥斯特罗斯基只凭一己之力就可以召集一支拥有2万名步兵和骑兵的军队，其规模是国王在边境地区拥有的军队的10倍。在他一生中，奥斯特罗斯基还多次成为波兰和莫斯科沙皇国君位的候选人。在经济上和政治上都依附于他的下层贵族无力对抗这样的一位显贵。因此，奥斯特罗斯基继续掌握着一个庞大的贵族网络，地方和联邦议会中都有听命于他的代理人。不仅本地贵族无法对他构成威胁，就连国王和议会也不敢挑战这位罗斯无冕之王的权威。议会禁止王公们在战时派出自己的军队，但鞑靼人的攻击长期威胁着草原边境地区，而联邦常备军没有王公们的军事力量支持就难以应对这种局面。

卢布林联合之后，一些乌克兰王公保住并增加了自己的财富和影响力。奥斯特罗斯基父子是这些人中最富有的，但并非独一无二。另一个拥有巨大影响力的沃里尼亚王公家族是弗什涅维茨基家族。米哈伊洛·弗什涅维茨基[3]在沃里尼亚的土地与奥斯特罗斯基相比微不足道，但他将之向第聂伯河以东拓展。这些土地要么尚未开垦，要么在蒙古人统治期间被定居者抛弃，现在又暴露在诺盖鞑靼人和克里米亚鞑靼人的攻击之下。弗什涅维茨基家族向草原扩张，建起新的定居点，

---

1 Volodymyr，即今乌克兰西北部城市弗拉基米尔－沃伦斯基（Volodymyr-Volynsky）。
2 Janusz，波兰－立陶宛联邦时期贵族，康斯坦蒂之子。他是联邦中最富有的人之一。
3 Mykhailo Vyshnevetsky（1529—1582），16世纪时期波兰－立陶宛联邦的罗塞尼亚贵族。

修筑城镇，资助修道院。很快，弗什涅维茨基家族在左岸乌克兰（东乌克兰）的土地就足以与奥斯特罗斯基家族在沃里尼亚的土地比肩。这两个王公家族成了乌克兰最大的地主。

沃里尼亚王公们是草原边境地带垦殖的最大推动者，而卢布林联合在这片地区造成的变化帮助了他们。波兰王室组建了一支规模不大但十分机动的常备军队，由王室领地的收益供养。这支军队帮助沃里尼亚抵御了鞑靼人，并推动了对草原地区的持续殖民。刺激人们对草原边境地带进行垦殖的另一个因素是这片地区被纳入了波罗的海贸易圈。随着欧洲市场上谷物需求的增长，乌克兰逐渐开始赢得其"欧洲面包篮"的称号。希罗多德时代以来，乌克兰谷物第一次出现在外国市场上。大批农民为了摆脱农奴身份，从邻近政府中心的土地上逃离，涌入这片地区。他们的目的就在于迁入乌克兰的草原边境地带，因为这里的王公贵族们正实施免税的定居政策，允许新来者在相当长一段时间内不用服劳役，也不用缴税。作为交换，他们必须在这里定居，并开垦土地。

东进的移民潮为乌克兰犹太人群体带来了新的经济和文化机遇。根据保守的估计，从16世纪中叶到17世纪中叶，乌克兰犹太人的数量增长了10倍多，从约4 000人增加到5万多人。他们组成新的社区，建起犹太会堂，并开办学校。然而这种新的机遇并非没有代价。它们让乌克兰犹太人身处农民和地主这两个利益相互冲突的群体的夹缝之中。最开始，这两个群体都是东正教徒。然而到了17世纪中叶，随着许多王公改宗天主教以及波兰贵族涌入这片地区，犹太人陷入了满腔怨气的东正教农奴和贪得无厌的天主教主人的包围。这种状况是一颗嘀嗒作响的定时炸弹。

与国王西吉斯蒙德·奥古斯特的期望相反，卢布林联合并没有成为反对派贵族们的约束。可以肯定的是，它让奥斯特罗斯基和其他乌克兰王公的地位变得更加显要。然而，这些人的故事里并非只有聚集财富和土地。自加利西亚－沃里尼亚公国消亡以来，乌克兰王公们第一次开始涉足文化和教育事业。这种文化觉醒在新的波兰－立陶宛边界两边同时发生，在王公们的政治野心刺激下愈演愈烈，并与这个时代的宗教矛盾直接相关。

在立陶宛大公国，拉德维拉斯家族成为将政治、宗教和文化结合起来的典范。作为卢布林联合的最主要反对者，"红人"米卡洛尤斯·拉德维拉斯也是波兰和立陶宛的加尔文教教徒领袖，还创办了一所加尔文教青年学校。在他的堂弟"黑人"米卡洛尤斯·拉德维拉斯[1]资助下，第一版波兰译文的全本《圣经》在位于乌克兰－白俄罗斯族群边界的城镇布列斯特[2]发行。16世纪70年代，康斯坦蒂·奥斯特罗斯基在沃里尼亚城镇奥斯特里赫[3]开始了他自己的出版事业。他在这里聚集起一群学者，让他们对照希腊文《圣经》和教会斯拉夫语《圣经》文本，对后者进行修订，由此出版了有史以来最权威的一部由东正教

---

1 Mikalojus Radvilas the Black（波兰语作 Mikolaj Krzysztof Radziwiłł，1515—1565），与其堂兄"红人"一样担任立陶宛大公国许多军政要职。
2 Brest，亦作布格河上的布列斯特（Brest-on-the-Bug）或布列斯特－立陶夫斯克（Brest-Litovsk），今白俄罗斯西南部城市。
3 Ostrih，亦作 Ostroh，今乌克兰西部城市。1581年，史上第一部全本教会斯拉夫语《圣经》在这里出版。

学者修订的《圣经》。这是一个真正的国际化项目，参与者不光来自立陶宛、波兰，还来自希腊，而他们在工作中使用的《圣经》也来自罗马和莫斯科等不同地方。奥斯特里赫《圣经》在 1581 年发行，首版印数约 1 500 册，现存约 400 册。今天的参观者可以在哈佛大学的霍顿图书馆（Houghton Library）见到其中一册。

教会斯拉夫语《圣经》译本首先在奥斯特里赫出版，而不是君士坦丁堡和莫斯科，这暗示着乌克兰在东正教世界中的新崛起。奥斯特罗斯基没有止步于《圣经》的出版。这位王公不仅继续着他的出版事业，用教会斯拉夫语和大众更容易接受的罗塞尼亚语印刷书籍，还通过开办东正教青年学校（与拉德维拉斯创办的加尔文教学校类似）进一步拓展自己的学术活动。他的雄心也并未就此满足。有清晰的证据显示他曾探索过将牧首驻地从君士坦丁堡迁往奥斯特里赫的可能性。这个想法从未实现，但在 16 世纪末，奥斯特里赫可能已经成为最重要的东正教研究中心。

罗斯的无冕之王奥斯特罗斯基从历史和宗教中寻找证据，为自己在本地区扮演的角色正名。在奥斯特里赫《圣经》的介绍文字和这位王公聚集起来的那些学者的作品中，奥斯特罗斯基被描述为弗拉基米尔"大帝"和"智者"雅罗斯拉夫所开创的宗教及教育事业的继承者。"因为弗拉基米尔以洗礼启蒙了这个民族，而康斯坦蒂以文字兴起了唯一的普世教会。"赫拉西姆·斯莫特里茨基[1]是一位著名的神学家，很

---

1 Herasym Smotrytsky（？—1594），出生于波多里亚，波兰-立陶宛联邦时期乌克兰作家、学者，梅列季·斯莫特里茨基之父。奥斯特罗斯基邀请他到奥斯特里赫学术圈，并成为领袖之一。

可能也是上面这句诗的作者。他来自"波兰罗斯",即加利西亚和西波多里亚。那里的罗塞尼亚(乌克兰和白俄罗斯)贵族和居民受益于波兰的文艺复兴教育,远较立陶宛大公国的同等阶层为早。

奥斯特罗斯基聚集起来的知识分子群体是国际化的,其中最出色的一些人拥有波兰背景。那些为奥斯特罗斯基作颂词的波兰贵族对他为东正教做出的贡献不感兴趣,却竭尽所能为他塑造一个半独立的统治者形象。如果说东正教知识分子将奥斯特罗斯基上溯到弗拉基米尔和雅罗斯拉夫,波兰的颂词作者则"构建"了他与哈利奇的丹尼洛——奥斯特罗斯基的出生地沃里尼亚最有名的统治者——之间的历史联系。服务于奥斯特罗斯基家族和他们的姻亲扎斯拉夫斯基家族[1]的波兰人为他们的恩主开辟了一个新的历史和政治空间,其范围不由东正教会或立陶宛大公国罗塞尼亚(乌克兰和白俄罗斯)地区的已有边界决定。这个空间就是"波兰罗斯",即波兰王国内部的东正教地区。通过将卢布林联合制造的边界加于东正教罗斯的旧地图之上,颂词作者们创造出一个现实的历史政治存在,它将在未来为近代乌克兰民族的形成提供一份地理蓝图。

在艺术与文学领域之外,实际地图的绘制也是将卢布林分界线加于旧地图上的方法之一。一份由托马斯·马可夫斯基[2]在16世纪90年代制作的地图显示了波兰与立陶宛罗斯(用现代名词来说就是乌克兰和白俄罗斯)之间的新边界。这张地图名为"立陶宛大公国及毗邻地

---

1 Zaslavskys(波兰语作 Zaslawscy),波兰-罗塞尼亚贵族世家。
2 Tomasz Makowski,16世纪末波兰-立陶宛联邦的一名著名雕版师。

区",其中包括乌克兰地区和一张第聂伯河流域的插图。学界认为康斯坦蒂·奥斯特罗斯基为这张地图提供了乌克兰地区的资料。本地名词"乌克兰"很可能经由这位王公或他的家臣之手才得以出现在这张地图上。这个词成为卢布林分界线以南部分地区的标注,指的是位于第聂伯河右岸、北至基辅、南至卡尼夫[1]的区域。如果人们选择相信制图师,那么卡尼夫以南就是蛮荒的草原,上面的标注为 *campi deserti citra Boristenem*(意为"包律司忒涅斯河此岸的荒原")。由此"乌克兰"覆盖了这个区域中相当一部分草原边界。看上去它似乎是一个欣欣向荣的地方,上面点缀着许多此前的地图上没有的城堡和定居点。同一张地图上这片地区还有另一个名字——*Volynia ulterior*(外沃里尼亚)。这个命名强调了新"乌克兰"和奥斯特罗斯基家族故土老沃里尼亚之间的紧密联系。

  卢布林联合开辟了一个新的政治空间。这一空间首先为信仰东正教的王公家族的精英们所掌握和利用。联合并没有剥夺他们的地位和权利,反而将之放大。当王公的饱学家臣们用与主人的政治野心相关的内容填充这个空间时,他们在历史中寻找参照和先例,诸如弗拉基米尔"大帝""智者"雅罗斯拉夫和哈利奇的丹尼洛的事迹。尽管对过去投注了大量的精力,他们创造出来的却是一个新事物,它将在未来成为"乌克兰",这个名字在16世纪王公权力复兴期间初次在这一地区出现。它与卢布林联合所创造的新空间合为一体还需要时间。

---

[1] Kaniv,今乌克兰中部城市。

第 8 章

哥萨克人

15 至 16 世纪间，乌克兰草原经历了一场巨大的政治、经济和文化转型。基辅罗斯时代之后，边境拓殖线第一次停止了向普里皮亚季沼泽和喀尔巴阡山脉方向的后撤，开始向东和向南推进。语言学研究表明，乌克兰的两大方言体系波利西亚[1]方言和喀尔巴阡－沃里尼亚方言从西方和北方开始融合，并各自向东、向南移动，创造出第三个方言体系——草原方言。草原方言区域如今覆盖了从西北部的日托米尔[2]和基辅到东部的扎波罗热[3]、卢甘斯克[4]和顿涅茨克[5]的地区，并向东南延伸到今俄罗斯境内的克拉斯诺达尔[6]和斯塔夫罗波尔[7]一带。这种方言的融合在整体上反映了人口的流动。

---

1 Polisian，亦作 Polissian, Polesian, Polesie，东欧地理和历史名词，包括今白俄罗斯南部和乌克兰北部部分地区。
2 Zhytomyr，乌克兰西北部日托米尔州首府。
3 Zaporizhia，乌克兰中东部扎波罗热州首府。
4 Luhansk，乌克兰东部卢甘斯克州首府。
5 Donetsk，乌克兰东南部顿涅茨克州首府。
6 Krasnodar，位于俄罗斯西南部库班河畔，是克拉斯诺达尔边疆区首府。
7 Stavropol，俄罗斯西南部斯塔夫罗波尔边疆区首府。

这种巨变的根源就在草原自身。金帐汗国内部从14世纪中叶开始的纷争导致汗国在15世纪中叶解体。其继承者克里米亚汗国[1]、喀山汗国[2]和阿斯特拉罕汗国[3]无一能够重新统一故土,其中一些甚至失去了独立地位。1449年,克里米亚汗国在成吉思汗的一位后裔哈吉·德乌来特·格莱[4]的领导下从金帐汗国独立出来。哈吉·德乌来特建立的格莱王朝一直延续到18世纪,但其领土未能一直保持独立。1478年,克里米亚汗国成为奥斯曼帝国的臣属。奥斯曼帝国是一个由突厥人占统治地位的伊斯兰教国家,在14、15世纪间取代了拜占庭,成为地中海-黑海地区西部的主要强权。奥斯曼人在1453年将伊斯坦布尔(从前的君士坦丁堡)变成他们的首都,并在克里米亚港口城市卡法(今费奥多西亚)建立起他们的主要据点,实现了对克里米亚南部沿海地区的直接统治。格莱王朝掌握着克里米亚山区以北的草原以及乌克兰南部诸游牧部落。16世纪中,诺盖汗国成为这些部落中的最强大者。

奥斯曼人出于安全考虑和商业利益来到这里。他们最感兴趣的是奴隶。奴隶贸易向来对这片地区十分重要,但在此时更占据了统治地位。奥斯曼帝国的伊斯兰教规只允许非穆斯林成为奴隶,并鼓励解放奴隶,因此一直对无偿的劳动力有需求。诺盖人和克里米亚鞑靼人对这种需求做出了回应,将他们掳掠奴隶的范围扩大到黑海大草原以北,

---

1 Crimean Khanate,存在于1430年至1783年的克里米亚鞑靼人国家,位于克里米亚半岛及其以北地区。
2 Kazan Khanate,存在于1438年至1552年,范围在伏尔加保加利亚区域,即俄罗斯楚瓦什共和国和鞑靼斯坦共和国一带。
3 Astrakhan Khanate,1466年至1556年间存在于今俄罗斯阿斯特拉罕州一带的小汗国。
4 Haji Devlet Giray(?—1466),克里米亚汗国奠基人,拔都的弟弟秃花帖木儿的后人。

甚至还经常深入乌克兰和莫斯科大公国而不是止步于边境地区。奴隶贸易带来的收益成为诺盖人的畜牧业经济和克里米亚人的畜牧业及定居农业经济的补充。于是不好的收成就意味着对北方更频繁的袭扰，以及更多运回克里米亚的奴隶。

鞑靼人前往定居地区掳掠奴隶使用的 5 条路线都经过乌克兰。其中德涅斯特河以东的两条经西波多里亚通往加利西亚，南布赫河对岸的两条经西波多里亚和沃里尼亚再通往加利西亚，最后一条经过以哈尔基夫[1]为中心、后来被称为斯洛博达乌克兰[2]的地区，通往莫斯科大公国南部。如果说对谷物的需求是乌克兰地区在 16 世纪融入波罗的海贸易圈的原因，那么这一地区与地中海贸易圈的联系则在很大程度上基于鞑靼人对奴隶的掳掠。乌克兰人占黑海以北草原边缘地带人口的绝对多数，并为种植谷物深入了草原，因此成为严重依赖奴隶的奥斯曼帝国经济体系最主要的目标和牺牲品。克里米亚东北的俄罗斯族则紧随其后。

立陶宛的米沙隆（迈克尔，Michael）[3]是一位生活在 16 世纪中叶的作者。他曾访问克里米亚，并引用他与一名当地犹太人的对话对此地的奴隶贸易规模进行了描述：这名犹太人"看到我们的同胞常年不断地被作为俘虏运到那里，多到不可胜数，于是他问，我们的土地上是否同样人口繁多，这么多人到底从何而来"。据估计，在 16、17 世纪间被运到克里米亚奴隶市场的乌克兰人和俄罗斯人的数量在 150 万到

1　Kharkiv，亦作哈尔科夫（俄语），今乌克兰东北部哈尔基夫州首府。
2　Sloboda Ukraine，见导言注。
3　Michalon the Lithuanian，亦作 Michalo Lituanus，生活在 16 世纪中叶的作者，生平不详，著有《鞑靼人、立陶宛人和莫斯科人风俗》一文。

300 万之间。这些奴隶的命运各不相同。大部分男性奴隶会被送到奥斯曼帝国的大船上或田地里工作,而许多女奴则成为家中的仆役。勉强要说的话,也会有一些人交上"好运"。一些有天赋的年轻人在帝国政府里谋得职位,但其中大多数都成了宦官。一些女子则被送入苏丹和帝国高级官员们的后宫。

一名乌克兰女子成了最强大的奥斯曼帝国苏丹苏莱曼大帝(1520—1566 年在位)[1]的妻子,在历史上以罗克索拉娜[2]之名为人所知。她的儿子也成了苏丹,即塞利姆二世[3]。被称为许蕾姆苏丹的罗克索拉娜支持穆斯林社会的慈善事业,并出资兴建了奥斯曼建筑中最有代表性的一些作品。距伊斯坦布尔圣索菲亚大教堂不远的许蕾姆苏丹公共浴场(Haseki Hürrem Sultan Hamamı)就是其中之一,由奥斯曼帝国最著名的建筑师米马尔·锡南[4]设计。在过去的 200 年间,罗克索拉娜成为乌克兰和土耳其许多小说和电视剧的女主角。我们需要明白的是,她的一生和成就只是一个例外,而非常规。

鞑靼人的袭击和奴隶贸易在乌克兰人的记忆中留下了深深的伤痕。奴隶的命运是无数"杜马"(*dumas*,一种用于演唱的乌克兰史诗)的主题。这些"杜马"哀悼囚笼中人的命运,描述他们如何逃脱克里米亚奴隶贸易,并颂扬解救和解放奴隶的人。诗中的民间英雄被称为哥

---

1 Suleiman the Magnificent(1494—1566),即苏莱曼一世。他在位时期奥斯曼帝国在政治、经济、军事和文化等方面都进入极盛期。
2 Roxolana(约 1502—1558),亦作 Roxelana,在土耳其被称为许蕾姆苏丹(Hürrem Sultan),是奥斯曼帝国历史上影响最大的女性之一。
3 Selim II(1524—1574),1566—1574 年在位,被称为"酒鬼塞利姆"。
4 Mimar Sinan(约 1489/1490—1588),奥斯曼帝国苏莱曼一世、塞利姆二世及穆拉德三世的首席建筑师及工程师。他在 50 年间负责监督及建造了奥斯曼帝国许多主要建筑。

萨克人。他们对鞑靼人作战，远征大海对抗奥斯曼人，并确实经常为奴隶们带来自由。

哥萨克人是谁？答案取决于我们所讨论的年代。可以确认的是第一批哥萨克人是游牧者。"哥萨克"这个词本身来源于突厥语，根据语境的不同可以指一名护卫、一名自由人或一名强盗。第一批哥萨克人三者兼具。他们结成小规模的群体，居住在他们的定居点或部落营地之外的草原上。草原之外的哥萨克人以捕鱼、狩猎和抢掠为生。草原上纵横分布着许多商路，那些没带足护卫就铤而走险来到草原的商旅成为早期哥萨克人抢掠的对象。正是从一起这样的商旅遇袭事件中，我们第一次知道了草原上哥萨克人的存在。这些哥萨克人并非来自东方或南方，而是来自北方立陶宛大公国境内的定居地区。

1492 年，即克里斯托弗·哥伦布登陆被他称为圣萨尔瓦多的加勒比海岛那一年，也是斐迪南国王[1]和伊莎贝拉女王[2]签署命令将犹太人从西班牙驱逐出去那一年，哥萨克人第一次出现在国际舞台上。根据克里米亚可汗发给立陶宛大公亚历山大一世[3]的一封谴责函所述，来自基辅和切尔卡瑟[4]的大公的子民俘虏并掠夺了一艘鞑靼人的船，地点可能

1　Ferdinand II of Aragon（1452—1516），阿拉贡国王（1479—1516 年在位）、卡斯蒂利亚国王（1474—1504 年在位）。通过与卡斯蒂利亚女王伊莎贝拉一世在 1474 年的婚姻，斐迪南二世成为统一的西班牙的第一位国王。
2　Isabella I of Castile（1451—1504），卡斯蒂利亚女王（1474—1504 年在位）。她和丈夫斐迪南二世在 1479—1504 年间是统一的西班牙地区的共治君主。
3　指雅盖隆王朝的立陶宛大公亚历山大一世（Alexander I Jagiellon，1461—1506），卡齐米日四世之子。他在 1492 年成为立陶宛大公，在 1501 年成为波兰国王。
4　Cherkasy，今乌克兰中部城市，切尔卡瑟州首府。

是第聂伯河下游。对这些人是不是他的子民或是否真的进行了一次草原式的拦路抢劫，大公没有提出疑问。他要求边境地区（此处他的用词是"乌克兰"）官员对可能参与这次袭击的哥萨克人进行追查，并下令将袭击者处死，将其财产（其中显然包括那些偷来的货物）转交给可汗的代表。

就算亚历山大一世的命令得到了执行，也并没有产生长期的效果。第二年，克里米亚可汗再次指责切尔卡瑟的哥萨克人袭击了一名莫斯科大公国的使节。1499 年，哥萨克人出现在第聂伯河河口，洗劫了位于奥恰基夫[1]的鞑靼人要塞周边地区。为了阻止哥萨克人从第聂伯河顺流而下直抵黑海的攻击，可汗甚至考虑用铁链将奥恰基夫附近的第聂伯河封锁起来。这个计划似乎从未真正实施，或者从未对哥萨克人的活动造成影响，而可汗向大公发出的抱怨也没起到什么作用。

立陶宛大公国边境地区的官员一面尝试阻止哥萨克人的劫掠，一面又要利用他们来保护边境不受鞑靼人的威胁。1553 年，大公派王公米哈伊洛·弗什涅维茨基——切尔卡瑟和卡尼夫地方长官——前往第聂伯河险滩以南地区修建一座小型要塞，以阻止哥萨克人的袭击波及第聂伯河更下游的地区。弗什涅维茨基则任命他的哥萨克仆从来完成这项任务。毫不意外，克里米亚可汗将这座哥萨克要塞视为对其国土的侵犯。四年后，可汗派出一支军队，打算将弗什涅维茨基从他的堡垒里赶走。在民间文化中，弗什涅维茨基王公被视为第一位哥萨克"统领"（hetman，波兰军队对其最高指挥官的称呼）和对抗鞑靼人与奥

---

[1] Ochakiv, 今乌克兰南部黑海海滨小城。

斯曼人的无畏战士，成为大受欢迎的英雄。

到了16世纪中叶，基辅以南的地区已经遍布定居点。"而基辅一带，上天垂顾，欣欣向荣，人丁也十分兴旺，因为包律司兹尼斯河和它的支流两岸到处都是人口繁盛的城镇和村庄。"立陶宛的米沙隆写道。他还对定居者的来历做出了解释："一些人或为了逃离父辈的威权，或为了逃离奴役、兵役，或为了逃离犯罪（的处罚）、债务，或其他什么；还有一些人则是受到（此地的）诱惑而来，以春天为甚，因为这里有更多的猎物和更广阔的土地。另外，在此地的要塞中碰过运气之后，他们就再也不愿回去。"根据迈克尔的记述，哥萨克人以抢劫手段来补充他们的渔猎收益。他曾写到一些破败肮脏的哥萨克棚屋里却"装满昂贵的丝绸、珍稀的宝石、黑貂皮和其他毛皮，还有香料"。他发现：在这里"丝绸比在维尔纽斯更便宜，胡椒价格比盐还低"。这些精美和奢华的商品正是商人们从奥斯曼帝国运往莫斯科大公国或波兰王国的货物。

尽管最早的哥萨克人居住在普里皮亚季河和第聂伯河沿岸的城镇中，到了16世纪末期，本地农民的加入却使哥萨克群体大为膨胀。这种人口流入终结了人们对哥萨克人的政治、族群和宗教身份的种种猜测——他们到底是克里米亚和诺盖鞑靼人，还是大公和国王们的乌克兰子民，甚或一个杂糅各种民族和信仰的混合体？哥萨克人中的绝大多数是乌克兰人。他们为了免于历史学家们所谓的"二次农奴化"，离开了大小贵族们巨大的封地（大庄园）来到这里。如本书第7章所述，显贵们和其他上层阶级承诺有限期的免税政策，以吸引人们到他们在乌克兰边境新获得的土地上定居，因为这里并不安全，一直受到鞑靼人袭击的威胁。政策到期之后，许多农民为了继续避税，向危险重重的草原更深处迁移。他们中不少人加入了哥萨克群体，其社会诉求也变得更加激进。

如上一章所述，在托马斯·马可夫斯基的地图上，乌克兰是第聂伯河中游沿岸的草原边境。对乌克兰进行垦殖是沃里尼亚王公和第聂伯河哥萨克人的共同目标。1559年，康斯坦蒂·奥斯特罗斯基成为基辅总督，也就是广大的第聂伯乌克兰地区的长官。他的管辖范围一直延伸到卡尼夫和切尔卡瑟，管理哥萨克人也成为他的责任之一。对不断发展的草原垦殖来说，哥萨克人对鞑靼人和奥斯曼人的劫掠式攻击既是一种保障，也是一种阻碍。奥斯特罗斯基首先做出了将哥萨克人纳入军事体系的努力。这种做法与其说是让哥萨克人成为战斗力量，倒不如说是为了让他们离开第聂伯河险滩以南地区，并对这群桀骜不驯的家伙建立起某种控制。由于利沃尼亚战争，立陶宛大公国与莫斯科沙皇国的边界上对兵员的需求日益增长，于是一些哥萨克部队在16世纪70年代建立起来。其中一支部队拥有多达500名战士。

此前哥萨克人只是为边境官员服务的民兵，如今被重新组织成听命于军官的部队，这开启了哥萨克历史上的一个新纪元。"在册哥萨克"这个词从此出现。被纳入军队并进入"册籍"的哥萨克人可免缴税赋，并不受地方官员管辖，此外还有军饷可拿。自然，希望进入册籍的人不在少数，但波兰王室招募的人数有限，且军饷和各种优待也仅在现役时才有效。一些人一开始就未能入册，或在某次战争或战役之后被注销册籍。他们拒绝放弃在册身份，导致了哥萨克人与边境官员之间无休无止的争吵。哥萨克人注册制为政府解决了一个麻烦，却带来了另一个。

1590年，波兰-立陶宛联邦议会批准创建一支1 000人的在册哥萨克部队,以保护乌克兰边境不受鞑靼人攻击,同时保护鞑靼人不受不在册的哥萨克人攻击。虽然国王发布了必要的命令,却没有收到什么效果。到了1591年,第一次哥萨克叛乱已经席卷了乌克兰。在此之前,哥萨克人袭扰的还是奥斯曼人的地盘,包括克里米亚汗国、摩尔达维亚公国[1](奥斯曼帝国的附庸)和黑海海滨地区,现在他们却将矛头掉转向内。哥萨克叛乱针对的并非国家,而是他们自己的"教父",即沃里尼亚的王公们,尤其是雅努什·奥斯特罗斯基(波兰语作奥斯特罗格斯基)王公和他的父亲康斯坦蒂。雅努什是比拉采尔科瓦[2]的地方长官,此地既是一座城堡,也是基辅以南的一个哥萨克要塞。康斯坦蒂则作为基辅总督"监督"其子的行动。奥斯特罗斯基父子完全掌握着这片地区的大权,并一心通过从下层贵族手中攫取土地以扩大自己的地盘。没有任何本地贵族敢于挑战这两位强大的王公。

克里什托夫·克辛斯基[3]是被奥斯特罗斯基家族欺压的贵族中的一位,同时也是一名哥萨克统领。当雅努什夺走克辛斯基经国王授权拥有的土地时,克辛斯基没有把时间浪费在向国王申诉上,而是聚集起他的哥萨克部众,袭击了小奥斯特罗斯基的权力中心比拉采尔科瓦城堡。奥斯特罗斯基家族和沃里尼亚另一位王公亚历山大·弗什涅维茨基[4]召集起一支私人军队,最终击败了克辛斯基。这些王公没有向王室

---

1 Moldavia,东欧历史上的一个公国,形成于14世纪,在1859年与瓦拉几亚公国(Wallachia)合并,成为现代罗马尼亚的前身。
2 Bila Tserkva,今乌克兰基辅州城市。
3 Kryshtof Kosynsky(?—1593),16世纪乌克兰帕得拉夏地方贵族,扎波罗热哥萨克统领。他领导了两次哥萨克叛乱,最终在1593年战败被杀。
4 Oleksandr Vyshnevetsky(约1560—1594),米哈伊洛·弗什涅维茨基之子。

请求援助,自行镇压了叛乱。颇有讽刺意味的是,哥萨克人的"教父"们在惩罚自己的"孩子"时,却借助了其他听命于他们的哥萨克人的力量。奥斯特罗斯基手下最有名的哥萨克统领无疑是塞维伦·纳里瓦伊科[1]。塞维伦率领奥斯特罗斯基部下的哥萨克人对克辛斯基的部队作战,又将流散在波多里亚草原的哥萨克人聚集起来,带领他们尽可能远离奥斯特罗斯基的产业。

奥斯特罗斯基家族对哥萨克叛乱的控制和操纵毕竟是有限的。哥萨克人会选举自己的统领,并跟随他走上战场,但只要征战结束,而统领的所作所为有违他们的利益,他们也不惮于将他废黜甚至处死。当时的哥萨克人极为分化,并不限于在册和不在册之别。在册的哥萨克人来自哥萨克人中的有产阶级,其成员居住在基辅和切尔卡瑟之间的城镇和定居点里。他们有机会通过向王室效劳获得特别的权利。然而另一个哥萨克群体,即扎波罗热哥萨克,其成员从前多为农民。他们在第聂伯河险滩以南的岛屿上修筑了一个被称为"锡奇"(Sich,得名自他们用来防御的栅栏)的设防定居点,远离王室官员的管束。对克里米亚鞑靼人的袭扰大都由他们造成。在动荡时期,扎波罗热哥萨克就像一块磁铁一样,吸引着心怀不满而从草原逃离的镇民和农民。

纳里瓦伊科受奥斯特罗斯基的委派管理哥萨克的"乌合之众"(这些人大部分是逃亡的农民),并很快与桀骜不驯的扎波罗热哥萨克人结成了不稳定的同盟。到了1596年,他已经自行其是,不再听从奥斯特罗斯基的命令,并领导了一场新的叛乱,比克辛斯基叛乱规模更

---

[1] Severyn Nalyvaiko(?—1597),乌克兰哥萨克统领,1594—1596年间纳里瓦伊科哥萨克叛乱的领袖,乌克兰民间文学中的英雄。他于1597年在华沙被处死。

大。16 世纪 90 年代初的几年歉收导致了灾荒的发生。更多农民在饥饿的驱使下逃离贵族的田产,加入哥萨克人的序列。这一次王公们的部众已不足以镇压叛乱,于是他们召来了由波兰陆军指挥官率领的王室军队。1596 年 5 月,波军围困了哥萨克人在第聂伯河左岸地区的营地。"老"哥萨克(那些来自城镇的哥萨克人)倒戈攻打"新"哥萨克,并将纳里瓦伊科献给波兰人以求赦免。纳里瓦伊科最终在华沙被处死。在哥萨克编年史作者和浪漫主义时期的诗人眼中,这个曾为王公仆从的哥萨克叛党是一位为哥萨克人和东正教事业献身的烈士。歌颂过纳里瓦伊科的诗人中包括孔德拉季·雷列耶夫[1],他在 1826 年同样因领导一场反抗威权的叛乱而被处死。

在 16 世纪末,将哥萨克人纳入对外政策考量的不仅有波兰-立陶宛联邦和奥斯曼帝国,甚至也包括中欧和西欧的各种势力。1593 年,神圣罗马帝国皇帝鲁道尔夫二世[2]的使节埃里希·冯·拉索塔(Erich von Lassota)拜访了扎波罗热哥萨克人,并提议他们加入他的君主对奥斯曼人的战争。三年后,教皇的使节亚历山德罗·科莫略(Alessandro Comuleo)也为类似的目的来到这里。这些访问没有收到什么成果,只留下了科莫略的书信和拉索塔的日记。两人记述了扎波罗热哥萨克人的锡奇中的民主秩序,增加了我们对早期哥萨克历史的了解。但此时哥萨克人已进入维也纳和罗马的视野,很快也将吸引来远自巴黎和伦

1　Kondratii Ryleev(1795—1826),俄国诗人、出版商、十二月党人领袖之一。他在 1825 年的十二月党人起义中被俘,并于 1826 年 7 月 25 日被处绞刑。原文作 1825 年,疑有误。
2　Rudolf II(1552—1612),哈布斯堡王朝的神圣罗马帝国皇帝(1576—1612 年在位)。

敦的目光，对莫斯科而言则将是一个重要威胁。

乌克兰哥萨克人在16世纪50年代开始为莫斯科沙皇伊凡雷帝效力，成为他们登上国际舞台的开端。17世纪的第一个十年，他们不请自来，出现在莫斯科。莫斯科沙皇国此刻正身陷一场被称为"动荡之年"[1]的经济、王朝和政治危机，一片混乱。危机开始于16、17世纪之交的一连串毁灭性饥荒。饥荒的部分原因则是今天被称为"小冰河时期"的低温气候，它从1350年左右一直延续到1850年左右，长达500年，并在17世纪初左右达到顶峰。这场危机在最不凑巧的时候袭击了莫斯科沙皇国，因为此时莫斯科的留里克王朝君主已经绝嗣，众多贵族集团正为新君主的正统性问题而争论不休。直到1613年第一位罗曼诺夫王朝沙皇被推上莫斯科的君位，王朝危机才宣告结束。然而在危机结束前，许多候选人都试图在政治上一试运气——其中还有一些人自称伊凡雷帝的在世亲属，被称为"觊觎者"——由此为外国的干涉打开了大门。

哥萨克人在这段漫长的过渡期中支持过两个莫斯科君位的觊觎者——伪德米特里一世[2]和伪德米特里二世[3]。当波兰王室大统领斯坦尼斯拉夫·茹乌凯夫斯基[4]在1610年向莫斯科进军时，多达1万名哥萨克

---

[1] Time of Troubles，亦称"动乱时代""空位时期"，指俄罗斯历史上1598年费奥多尔一世去世到1613年米哈伊尔一世登基间的混乱时期。

[2] False Dmitrii I（约1582—1606），全俄沙皇（1605—1606年在位），自称是伊凡雷帝的幼子。他在1606年5月17日被暴动者杀死。

[3] False Dmitrii II（？—1610），出现于1607年，自称在1606年暴动中死里逃生的伊凡雷帝幼子（伪德米特里一世）。他在被波兰人废黜后于1610年被其部下杀死。

[4] Stanisław Żółkiewski，1547—1620），波兰-立陶宛联邦时期的波兰贵族、军事家。他从1588年起成为王室陆军统领，并在1613年成为王室大统领，取得了对莫斯科公国、奥斯曼帝国和鞑靼人的许多胜利。

人加入了他的军队。尽管三年后米哈伊尔·罗曼诺夫[1]（延续到1917年革命的罗曼诺夫王朝的开创者）被推选为沙皇，但哥萨克人并没有停止他们对莫斯科事务的介入。1618年，一支2万人的乌克兰哥萨克军与波兰人合兵进军莫斯科，并在围城战中攻占了这座首都的一部分。最终基于一份对波兰王国有利的协议，哥萨克人帮助结束了这场战争。协议的一条内容是将立陶宛大公国在16世纪初输掉的切尔尼戈夫地区划归波兰。到17世纪中叶，切尔尼戈夫将成为哥萨克世界的重要部分。然而，与之前各种时候一样，哥萨克人对波兰国王的外交事务既是助力，也是障碍。在其与莫斯科人的战争中，波兰-立陶宛联邦一直未能获得其希望的来自奥斯曼帝国的支持，其中部分原因就在于哥萨克人持续不断的海上行动和对奥斯曼帝国海滨地区的攻击。

　　1606年，哥萨克人乘坐他们被称为"海鸥"（chaiky）的长船顺第聂伯河而下进入黑海，攻打了奥斯曼人在黑海西岸最坚固的堡垒之一瓦尔纳[2]。1614年他们洗劫了黑海东南岸的特拉布宗[3]，下一年更是进入了伊斯坦布尔的金角湾（Golden Horn）并在城郊大掠，正如维京人在约750年前所做的那样。不过，维京人同时也与君士坦丁堡进行贸易，而哥萨克人的行动更类似从地中海到加勒比海的海盗们对沿海地区的袭击。他们的目的在于抢劫和复仇，也在于解放在苦难中煎熬的奴隶（正如乌克兰民歌所描述）。1616年，哥萨克人攻打了位于克里米亚海

1　Mikhail Romanov（1596—1645），罗曼诺夫王朝第一位沙皇米哈伊尔一世费奥多罗维奇·罗曼诺夫（1613—1645年在位）。其父是伊凡雷帝的中央顾问。
2　Varna，黑海西岸城市，今属保加利亚。
3　Trabzon，黑海东南岸城市，今属土耳其。原文作"西南岸"，有误。

岸的主要奴隶贸易中心卡法，并释放了那里的所有囚徒。

看到哥萨克人对强大的奥斯曼帝国的不断攻击，帝国的苏丹、他的宫廷以及各国使节都感到震惊。基督教君主们终于能严肃地将这些袭击者视为其对奥斯曼帝国战争中的潜在同盟。法国驻伊斯坦布尔大使、塞西伯爵菲利普·德阿尔莱（Philippe de Harlay of Césy）在1620年给法国国王路易十三的信中写道："尽管哥萨克人力量弱小，但他们每一次从黑海上接近此地都能取得惊人的收获。人们甚至传言：尽管大君主（苏丹）费尽力气派出几艘战船前去迎敌，他们仍然需要用棍棒敲打，才能强迫奥斯曼士兵与哥萨克人战斗。"

在菲利普伯爵向他的国王通报奥斯曼人无力控制哥萨克人海上攻势的同时，16岁的苏丹奥斯曼二世的顾问们却在思索如何能两面作战——他们在陆地上要对付波兰军队，在海上要应付哥萨克人。1620年夏天，奥斯曼帝国军队向今摩尔多瓦境内的普鲁特河[1]进军，攻击波兰－立陶宛联邦。后者的军队中包括波兰和乌克兰大贵族们私人的哥萨克部队。奥斯曼人此举表面上是为了惩罚波兰－立陶宛联邦没有控制哥萨克人对奥斯曼帝国的袭击，其真实目的却宏大得多——他们希望保护这一地区的奥斯曼属国不受波兰－立陶宛联邦日益增强的势力影响。1620年9月，在今天摩尔多瓦－罗马尼亚边界上的小镇楚措拉[2]，战斗在人数约为1万的波兰军队与据估计两倍于他们的土耳其人之间爆发了。战斗持续了20天，以波兰－立陶宛联邦的惨败结束。

1　Prut River，多瑙河支流，发源于乌克兰境内，流经乌克兰、罗马尼亚、摩尔多瓦。
2　Țuțora，今属罗马尼亚。

由于波兰 - 立陶宛联邦没有常备军,这一场败仗让其宫廷和整个国家都陷入了恐慌。每个人都认为奥斯曼人将继续进军波兰,而奥斯曼人也的确这样做了。第二年,一支庞大得多的奥斯曼军队(据估计有 12 万人)在苏丹的亲自率领下,穿过摩尔多瓦向波兰 - 立陶宛联邦进发。他们遭遇了一支约有 4 万人的联邦军队,其中半数为乌克兰哥萨克人。这支军队由彼得罗·科那舍维奇 - 萨海达奇内[1] 率领。此人是 1616 年哥萨克人攻打卡法时的英雄,也是 1618 年他们进军莫斯科时的指挥官。战斗在被奥斯曼人围困的要塞霍京[2] 附近的德涅斯特河两岸发生,持续了整整一个月。

霍京之战结束时并未分出明显的胜负,但这一未定结果在华沙被视为波兰王国的胜利。波兰人在自己的边境上阻挡了奥斯曼大军,并签下了一份不含割地条款的和约。每个人都清楚,没有哥萨克人就不可能有这样的结果。哥萨克人在历史上第一次成为联邦的宠儿(虽然并没有持续很长时间)。在战争结束不久后出版的书籍上,彼得罗·科那舍维奇 - 萨海达奇内已被视为波兰最伟大的战士之一。他的纪念碑如今位于基辅的波迪尔区(Podil),就在以他的名字命名的街道尽头。

有了在霍京之战中的军事成就,哥萨克人得以重新提出自己在联邦中的政治和社会诉求。他们的主要要求是让哥萨克军官们获得贵族地位(如果不能让整支部队都成为贵族的话)。彼得罗·科那舍维奇 -

---

[1] Petro Konashevych-Sahaidachny(约 1582—1622),乌克兰军事家、政治家、民间领袖,扎波罗热哥萨克人统领(1616—1622 年在任)。他将松散的哥萨克部队改造为一支正规军。
[2] Khotyn,乌克兰西部城市,位于德涅斯特河右岸。

萨海达奇内因在霍京之战中受伤,于1622年在基辅去世。他去世时,基辅兄弟会学校教师卡西安·萨科维奇[1]为这位哥萨克统领作了悼亡诗,很快得到基辅洞穴修道院的出版。卡西安在诗中称颂哥萨克人为基辅罗斯时代攻打君士坦丁堡的基辅王公们的继承人。据他看来,哥萨克人为"金色自由"而战,也配得上这样的自由。"金色自由"是一个隐语,所指正是联邦贵族阶层所享受的权利与自由。"所有人都为得到它而努力奋斗,"萨科维奇写道,"然而它不能为每个人享有,唯有祖国和主公的保卫者才配得到它。骑士凭其在战斗中的勇气撷取这一荣耀——他们付出的是鲜血而不是钱财。"将哥萨克人视为骑士让他们离跻身于贵族行列仅有一步之遥。

哥萨克人的社会诉求并没有实现。他们进入联邦议会(仅限贵族)参加国王推选的企图在1632年被断然拒绝。在这一耻辱之前,他们刚刚在军事上遭到一连串失利。当局在1625年和1630年两次镇压了哥萨克人的叛乱。霍京之战时,他们有2万名战士,之后在册哥萨克人数先是被压缩到6 000人,后来又改为8 000人。哥萨克人在1637年和1638年再度揭竿而起,却又一次被王室军队击败。他们声称自己不仅为哥萨克的自由而战,也为东正教信仰而战。这一做法在最初为他们赢得了支持,但政府采取了容纳东正教会的政策,让哥萨克人与教会之间的纽带越来越难以维系。1630年还有部分基辅教士支持哥萨克人,到了1637年和1638年,教会已对他们的诉求充耳不闻,这令哥

---

[1] Kasiian Sakovych(约1578—1647),乌克兰教士、哲学家,曾任基辅主显兄弟会学校(Kyiv Epiphany Brotherhood School)校长。

萨克人深感自己遭到背叛。洞穴修道院出版的颂词也不再为哥萨克统领们歌唱,转而开始赞美曾对哥萨克人作战的东正教贵族们。

1637年和1638年对哥萨克叛乱的镇压令当局开始尝试某种一劳永逸的解决办法。他们的设想很简单:哥萨克战士们必须接受国王任命且信任的统领,必须融入联邦的法律和社会结构,才能获得合法的身份。1638年的哥萨克法令在满足哥萨克上层军官的要求方面走得太远——它将哥萨克视为一种独立的身份,拥有不受服役期限制的专属特权和待遇,其中包括将身份和地上财产传给子孙的权利。当局对这种新获承认的身份实行准入控制,限制国民中其他阶层成为哥萨克,尤其限制了那些在草原边境城镇中与哥萨克们比邻而居的城镇居民。

不仅如此,波兰当局还将在册哥萨克人的数量压缩到6 000人,仅为1625年名额的一半,并将他们置于波兰军队最高指挥官王室大统领的管辖之下。哥萨克长官和6名哥萨克团长(colonel)都是波兰贵族。而哥萨克人在哥萨克部队中能得到的最高军衔仅仅是上尉。在扎波罗热的锡奇(第聂伯河险滩以南那座哥萨克叛军堡垒),6个哥萨克团只能轮流驻守。为了阻止哥萨克人的海上军事行动并改善与奥斯曼人的关系,当局还重建了第聂伯河险滩上游的可达克(Kodak)要塞。这座要塞最初建于1635年,但在后来被哥萨克人烧毁。被当局派去监督重建工程的是法国工程师纪尧姆·勒瓦瑟·德·博普朗[1],他在1639年绘制了第一张乌克兰地图,即波兰-立陶宛联邦的草原边境地区地

---

1 Guillaume Levasseur de Beauplan(约1600—1673),法国制图师、工程师和建筑师。

图,其中包括波多里亚、布拉茨拉夫[1]和基辅等省份。博普朗绘制了大量乌克兰地图,让"乌克兰"这个词在17世纪下半叶的欧洲制图师群体中得到普及。

哥萨克人被平定并在部分程度上得到接纳,第聂伯河不再是向黑海发动军事攻击的通道,扎波罗热的锡奇也处于控制之下,这让波兰-立陶宛联邦进入了被称为"黄金和平"的十年。在这段时期,草原边境地区不断得到垦殖,贵族们的地产和庄园也不断扩大。为追逐此地迅速增长的经济机遇,更多的权贵、农民和充当中间商的犹太定居者来到这里,为乌克兰带来了人口增长。人们将会发现,这一切只是暴风雨来临之前的平静。一次规模比从前大得多的哥萨克叛乱正在酝酿之中。

哥萨克人走过了漫长的道路。他们曾经是在基辅南方草原上活动的小股渔民和猎人,后来成为草原边境新土地的垦殖者;他们曾经是为王公们效力的私人武装,后来作为一支独立部队的军人而受到外国人的尊重;他们曾是难民和冒险者,后来成为一个联系严密的军事组织,自视为一个独特的社会阶层,并向当局要求比金钱更多的东西——对他们战士身份的承认。只有设法接受哥萨克人提出的社会诉求,波兰当局才有可能从哥萨克人的军事力量和经济潜力中获益。接下来的事态发展会一再告诉我们:做到这一点并不容易。

---

1 Bratslav,波兰-立陶宛联邦时期的省份之一,首府在今乌克兰西南部城市布拉茨拉夫。

第 9 章

东方的变革

关于当代乌克兰有许多成见,其中之一即是其割裂国家的形象——它被分为东正教东方和天主教西方两部分。塞缪尔·亨廷顿[1]销量最大的作品《文明的冲突》(*The Clash of Civilizations*)中有一张地图,其中的东西方基督教文明分界线正好穿过乌克兰,将这个国家的西部地区,包括加利西亚和沃里尼亚,划入天主教一侧,而乌克兰其他部分则被归于东正教地区。这张地图的问题在于,如果你按图索骥,你会发现这个国家里被这条线归为天主教一侧的地方几乎没有罗马天主教的痕迹。沃里尼亚是一个东正教占绝对优势的地区,而加利西亚的天主教徒虽然众多,却未占绝对多数。即便如此,我们也很难将加利西亚的天主教堂和礼拜仪式与东正教的区别开来,因为大多数乌克兰天主教徒也使用东正教的仪轨。

我们不应苛责制图师。在乌克兰这样的国家,画出一条清晰的分界线即便不是不可能,也是异常困难的。所有文化的边境地区都是如

---

[1] Samuel Huntington(1927—2008),当代美国政治学家,以其作品《文明的冲突与世界秩序的重建》(*The Clash of Civilizations and the Remaking of World Order*)闻名于世。

此，但在乌克兰，一个杂糅东西方基督教元素的混合型教会的存在让情况变得更加复杂。它起初被称为"联合教会"[1]，这个名字反映出其综合各种元素的初衷。今天这个教会被称为"乌克兰希腊礼天主教会"（"希腊"一词表示其使用拜占庭仪轨）或被简称为"乌克兰天主教会"。它在体制上对基督教世界最古老的鸿沟之一进行了弥合，并远比其他弥合的尝试来得成功。这个教会诞生于16世纪晚期。此时正值西方政治和宗教模式向东推进并逐渐因应东正教故土的时期。然而本土社会的抵抗及其不断增长的自我认同常常伴随着这一过程。对西方潮流的接受与抵抗在乌克兰东正教信仰中得到体现。17世纪上半叶，这一信仰系统为应对来自西方的挑战，经历了深刻的变革。

罗斯东正教会中的亲西方运动开始于16世纪90年代初，起因是基辅都主教区陷入的一场危机。教会拥有大量的田产，贵族阶层也将教会职位视为其子嗣们的择业良选。这些职位的竞逐者往往对宗教本身无甚兴趣，却热衷于教会的财富。因此，主教们和大修道院的掌院[2]们往往在教会的世俗恩主的帮助下从国王手中得到任命，甚至不需要发修道誓愿。牧师们只受过最基本的教育，连主教也往往如此。即使他们希望学习更多知识，也无门可入。与此同时，加尔文教和天主教

---

[1] Uniate，现称东方天主教会或东仪天主教会，是天主教的一个分支，包括20多个自治教会。它们完全承认罗马教廷地位，但保存了与其有关的各东方基督教会的仪式。
[2] Archimandrite，东正教会和东方天主教会中由主教任命的高级修道院院长，负责对某座大修道院或数座普通修道院履行监督之责。

的学校和学院却开始向东正教贵族的子嗣们敞开大门,耶稣会[1]学校尤其如此。其中之一设于维尔纽斯,距白俄罗斯边界不远,很快将成为一所高等学院。另一所则建立于加利西亚的小镇雅罗斯拉夫[2]。

与欧洲其他地方新教改革和天主教改革开始前的普遍形势相比,基辅都主教区的情况并无太大不同。从许多方面来看,一切都还正常,但东正教会的精英阶层开始嗅到危机的气味。在耶稣会的学校和学院的帮助下,波兰-立陶宛联邦的天主教会此刻正忙于对自身进行再造,这对尚在故步自封的东正教信仰暗暗构成一种挑战。康斯坦蒂·奥斯特罗斯基王公周围的圈子发起的出版和教育事业是对这种挑战的最早回应。乌克兰各大城市中的东正教工商业兄弟会对教会事务的局势同样关切。其中最富有也最有影响力的利维夫兄弟会对本地东正教主教的权威发出了挑战,认为此人腐化不堪,是他们与占统治地位的天主教徒做交易时的一个不利因素。利维夫市民在1586年成功摆脱了其主教的支配。他们没有坐等主教行动,又在1591年开办了自己的学校。

东正教会的主教们此时发现自己陷入了困局。在这个以天主教为主的联邦中,他们的地位低于那些天主教主教。后者是上议院的成员,并拥有直达国王的渠道。(奥斯特罗斯基和其他王公们则认为他们才是教会的真正主宰。)兄弟会已经公开作乱,打破了主教对传授教会规训的垄断。君士坦丁堡的牧首没有向他们施以援手,反而将乱党们置于自己羽翼之下(这些乱党知道如何打动这位急需资金的牧首)。然而,

---

1 Jesuit,意为耶稣会(Society of Jesus)成员或"耶稣会的"。耶稣会是天主教会的主要男修会之一,创立于1534年。
2 Jarosław,今波兰东南部城镇。

与罗马联合的主意突然为这个困局提供了一个解决办法。东正教会大主教共同接受的教会联合设想基于 1439 年佛罗伦萨天主教会—东正教会会议[1]所提出的一种模式。拜占庭帝国当时日薄西山。皇帝和牧首为使帝国能抵挡奥斯曼人的进攻已不顾一切。罗马教廷承诺提供帮助，条件是将两个教会联合在教皇权威的领导之下。拜占庭的统治者们同意了这个条件，让他们的教会变成罗马教廷的从属，并以天主教教理代替东正教教理。特别需要注意的是，他们在最重要的"和子说"（拉丁语 flioque）问题上与天主教徒站到了一边，承认圣灵不仅来自圣父，也来自圣子耶稣基督。不过他们仍设法保留了牧师可以结婚的制度、希腊语和拜占庭仪轨。

1595 年夏天，两名东正教会主教带着教会主教团写给教皇的信件，踏上了前往罗马的漫长旅程。信中请求教皇同意以与佛罗伦萨联合近似的条件接纳他们加入天主教会。罗马的教皇克雷芒八世[2]接见了这两名客人，并在梵蒂冈的君士坦丁大厅举行仪式，欢迎他们和他们的教会"回归"。两名主教带着教皇的诏书和许多致国王的谕令返回，准备召集一次教会会议，宣布达成联合及将基辅都主教区转归罗马教廷的统辖。国王非常乐意地安排了会议的时间和地点：1596 年 10 月，布列斯特（位于今波兰－乌克兰－白俄罗斯交界处）[3]。

看上去这是一笔已经敲定的合作——教皇、国王和主教们都希望

---

1 指 1439 年至 1445 年间的佛罗伦萨大公会议。它是罗马天主教的第 17 次大公会议。由于拜占庭帝国希望借罗马教廷的影响力来抵抗奥斯曼土耳其，因此也有许多东方教会受邀与会。这次会议造成许多东方教会与天主教的共融。一些东仪天主教会由此诞生。
2 Clement VIII（1536—1605），1592—1605 年在位。
3 Brest，今白俄罗斯布列斯特州首府。

合并。问题出在信徒们身上,更准确地说,出在教会利益攸关者的主体上。这些人中有王公奥斯特罗斯基及和他一样信奉东正教的大贵族,有工商业兄弟会的成员们,还有修道院的修士,以及教区神职人员中的很大一部分。大贵族不想失去对教会的控制,因为在宗教改革的年代,那是一笔宝贵的、不容忽视的政治和宗教资产。兄弟会希望改革从下层开始,不愿看到主教们的权力膨胀。一些修道院的掌院——那些不曾发过修道誓愿的修道院管理者——希望继续掌握教会的田产。而一部分修士、教士和普通信徒则无法接受抛弃君士坦丁堡牧首从而背叛神圣的东正教会的行为。改革派和保守派、虔信徒和投机者结成了一个无序却又强大的同盟,让罗马、华沙和东正教会高层的计划蒙上了阴影。

作为也许是乌克兰最有权势的人,康斯坦蒂·奥斯特罗斯基王公决心阻止这次教会合并。为保住罗塞尼亚王公们在联邦社会中的特殊地位,奥斯特罗斯基以东正教信仰为武器与王室权力抗衡,而从主教们的计划来看,合并将让教会脱离奥斯特罗斯基的控制,并削弱他的抗衡能力。奥斯特罗斯基肯定也感受到了对他个人的背叛。两名前往罗马请求合并的主教中,有一名是他的老朋友伊帕季·珀提[1]。奥斯特罗斯基曾说服他放弃政治生涯成为一名主教,以实现改革教会的目标。奥斯特罗斯基向珀提表示:他支持教会合并,条件是得到君士坦丁堡牧首的批准。珀提很清楚君士坦丁堡不可能同意,选择了将之抛开。和珀提一同前往罗马的是基里尔·捷尔列茨基[2]。基里尔不仅是一位督

---

[1] Ipatii Potii(1541—1613),基辅及加利西亚都主教(1599—1613 年在任)。
[2] Kyryl Terletsky(?—1607),曾历任图罗夫 - 平斯克主教和卢茨克 - 奥斯特罗主教,他是第一位被君士坦丁堡任命为督主教(Exarch)的乌克兰人。

主教（君士坦丁堡牧首的个人代表，负有在本地区维护牧首利益的责任），还是沃里尼亚主教区的主教，而沃里尼亚主教区正是奥斯特罗斯基的大本营。

深感震惊的年迈王公曾派出配备武装的部下拦截两位前往罗马的主教，然而他们逃脱了，毫发无伤。于是奥斯特罗斯基带领一支由东正教贵族和仆从组成的支持者部队前往布列斯特参加教会会议。他也获得了其新教盟友立陶宛贵族们的支持。由于国王下令关闭了镇上的东正教堂，这些立陶宛贵族中的一位主动把自己的宅邸献出来作为会场。国王的代表们同样带着自己的武装部属来到布列斯特。在如此紧张的气氛中，尚未发生的教会合并不仅可能告吹，甚至会造成流血冲突。

史称"布列斯特会议"的单次事件实际上从未发生，因为它变成了两个会议——一个天主教会议和一个东正教会议。天主教会议的参加者支持合并，他们中有东正教会的都主教和大部分主教。东正教会议由君士坦丁堡牧首的一名代表主持，参加者包括两名东正教会主教和许多修道院掌院及教区教士代表。他们拒绝加入联合，并发誓继续忠于君士坦丁堡牧首。基辅都主教区由此分裂，其中一部分宣布倒向罗马。这次分裂有着清晰的地理特征：包括利维夫和普热梅希尔在内的加利西亚留在了东正教会内，而沃里尼亚和白俄罗斯的各主教区则支持新的联合教会。这样笼统的描述远不足以反映现实情况的复杂：宗教忠诚往往导致家族的分裂，而各个教区和修道院也不止一次改变阵营。

布列斯特联合遭到了强烈的反对，但国王仍旧坚持。他只承认两场布列斯特会议中的一场，即支持合并的那一场，并由此认定联合教会为他的国家中唯一合法的东方基督教会。两名主教、数十座修道院、上千座教堂和数十万甚至上百万东正教信徒如今被认定为违法。东正教贵族们将官司打到了地方议会和联邦议会,宣称王室当局是在对贵族受到保障的宗教自由发动攻击。事实也的确如此。早在16世纪70年代,西吉斯蒙德·奥古斯特死后不久,信仰新教的贵族就将宗教自由变成了每位获选的波兰国王都需要宣誓服从的"条款"里的核心原则。

此时新教贵族们向他们的东正教同侪提供了支持,帮助他们将议会变成了宗教战场,在每一次联邦议会上都提出"接纳奉希腊仪轨的罗斯民族"的议题。然而直到国王西吉斯蒙德三世[1]在1632年去世前,他们都没能造成任何实质性的改变。在超过30年的时间里,东正教会都以一种没有官方身份也不被承认的状态存在。由于新主教的圣职任命必须得到国王的批准,联合教会希望坐等东正教会中反对合并的主教全部死去,变成一个没有主教的教会。东正教会全靠违背国王和王室当局的命令才幸存下来。王室的权力没有因布列斯特联合而增强,反而遭到削弱。正如之前的卢布林联合一样,教会的合并造成了其始作俑者意料之外的后果。

支持和反对教会合并的斗争没有被局限在议会之内,而是借出版业之手进入了广大得多的公共领域。各种论文、声明、檄文和抗辩像井喷一样涌现。这些文章在今天被统统归于"论争文学"的范畴。起

---

[1] Sigismund III(1566—1632),波兰国王、立陶宛大公西吉斯蒙德三世(1587—1632年在位)。他也曾出任瑞典国王(1592—1599年在位),称西吉斯蒙德。

初双方都没有进行严肃的宗教论争的准备，全靠各自的波兰支持者的帮助。彼得·斯卡加[1]是一名出席了布列斯特会议的耶稣会士，也是那些拿起笔对教会合并表示支持的人之一。奥斯特罗斯基则请他的一名颇具才华的新教代理人做出反击。从那时开始，新教徒们就常用笔名写作。他们的笔名通常来自希腊，以强调他们维护东正教的立场和他们文字的权威性。其结果就是，大部分早期论争文章都用波兰文写就。直到论争后期，他们仍然继续使用波兰文，而本地作者则开始用罗塞尼亚文写作。

随着时间的推移，联合教会和东正教会都开始使用与自己同样背景的作者。这些作者能针对对手挑起宗教政策、教会历史和神学方面的议题。在东正教会方面，一位名叫梅列季·斯莫特里茨基[2]的作者表现尤为突出。他是奥斯特里赫《圣经》编者赫拉西姆·斯莫特里茨基的儿子。梅列季多才多艺，史上第一本教会斯拉夫语语法著作即是他的作品，此著作在接下来的两个世纪中都被奉为标准参考书。从出版物的数量来看，东正教会比联合教会表现更加活跃，这也许是因为他们缺少其他保卫自己事业的渠道，也得不到宫廷的支持。

在布列斯特联合与哥萨克阶层兴起的推动下，乌克兰的两条主要边界——基督教-伊斯兰教边界和东西方边界——都开始向南和向东

---

[1] Piotr Skarga（1536—1612），波兰耶稣会士，波兰-立陶宛联邦中反宗教改革的代表人物，以辩才闻名。
[2] Meletii Smotrytsky（约1577—1633），波兰-立陶宛联邦时期乌克兰作家、语言学家，曾任波洛茨克大主教。其作品对东斯拉夫语发展有深远影响。

移动。这一推移过程为乌克兰的经济、社会和文化生活带来许多重大变化。其中最有标志性的变化就是基辅城自13世纪中叶蒙古入侵以来第一次重新夺回乌克兰历史中心的地位。在17世纪上半叶，这座历史悠久的城市将成为东正教改革的重镇。这得益于从君士坦丁堡到莫斯科的东正教会应对欧洲宗教改革和反宗教改革的努力以及它们对自身进行的改革。

基辅作为宗教和文化中心的复兴始于17世纪早期。此时这座古城已经成为加利西亚东正教知识分子的避难所。在西乌克兰，来自华沙、迫使东正教与罗马教廷合并的压力与日俱增，而基辅的环境对他们的宗教和教育事业更为有利。将基辅转变成东正教中心的关键在于顶住布列斯特联合的压力，保持东正教会对基辅洞穴修道院的控制权。这座修道院是乌克兰和白俄罗斯最富有的机构，远远超出其他修道院。1615年，洞穴修道院掌院叶利谢·普列捷涅茨基（Yelisei Pletenetsky）将一度由利维夫东正教主教掌握的印刷所迁到基辅。从利维夫和加利西亚迁来的不只是印刷所，还有作者、校勘者和印刷工。他们在普列捷涅茨基的引导和庇护下创造了一个新的学术中心。同年，一个东正教兄弟会在基辅成立，并像利维夫兄弟会一样开办了自己的学校[1]。这所学校将在后来成为一所西式学院。在普列捷涅茨基于1624年去世前，洞穴修道院的印刷所也已经出版了11部书。此时基辅已经取代了奥斯特里赫和维尔纽斯的位置，成为东正教出版活动的大本营。

---

[1] 此即基辅主显兄弟会学校（Kyiv Epiphany Brotherhood School），见本书第8章注。

从 16 世纪晚期开始，基辅以南的地区实质上已成为哥萨克人的保留地。这一事实也帮助了基辅崛起为与波兰天主教权威相颉颃的宗教、教育和文化重镇。哥萨克人在两个主要方面为基辅的文艺复兴做出了贡献：第一，他们的存在极大地压制了来自鞑靼人的威胁，让宗教异见者们在这座城市中的生活和工作变得更加安全，也让修士们和在洞穴修道院田产上耕作的佃农们安心生产，为出版和教育事业提供资金支持。第二，在基辅修士面对华沙政府与日俱增的压力时，哥萨克人为这些从加利西亚来的东正教避难者提供了他们需要的保护。1610 年，哥萨克人的统领写下亲笔承诺：他们将杀死一名联合教会派往基辅督促本地东正教会改宗的代表。8 年后，哥萨克人履行了他的诺言，将这个人淹死在第聂伯河里。"别的民族用长篇大论来争取的事，哥萨克人用行动来完成。"东正教知识分子梅列季·斯莫特里茨基写道。此时他已成为哥萨克人的辩护者。

由于国王拒绝授予任何主教圣职，东正教会一度陷入缺少主教的境地，似乎不可避免地走向消亡。为了避免这种情况的发生，新的东正教主教团获得圣职至为重要。哥萨克人在这个过程中起到了关键的作用。1620 年秋天，最著名也最为人敬仰的哥萨克领袖彼得罗·科那舍维奇－萨海达奇内说服了在旅途中经过乌克兰的耶路撒冷牧首塞奥法尼斯三世[1]，让他为新的主教团授予圣职。这次圣职授予不仅让东正教基辅都主教区重获新生，也让基辅成为一座宗教之都。这一切的

1　Theophanes III（约 1570—1644），东正教耶路撒冷牧首（1608—1644 年在任）。

发生几乎是自然而然的。国王不承认新的都主教约夫·博列茨基[1]，并发布命令要逮捕他和新主教团的其他成员。这令博列茨基无法继续留在维尔纽斯附近的新格鲁多克[2]（14世纪以来东正教会基辅都主教的驻地）。他别无选择，只能前往由哥萨克人控制的第聂伯河地区中心基辅。如今东正教会在哥萨克人中拥有了自己的军队，而哥萨克人也得到东正教思想家和印刷所的助力，可以对他们的社会和政治诉求进行宣传。

哥萨克人与东正教会的联合在1632年秋天尤为令华沙头痛。这一年莫斯科人的军队进入波兰-立陶宛联邦边界，企图重夺斯摩棱斯克和他们在"动荡之年"中丢掉的其他土地。联邦在边境地区几乎没有部署军队，被打了个措手不及。此时的情况与1620年颇为相似，当时是萨海达奇内在霍京之战中挽救了这个国家。更糟的是，西吉斯蒙德三世在春天死去，联邦此时正忙于一场旷日持久的国王推选。这位推动了布列斯特联合的国王的去世对联邦上层而言是一个麻烦，却也带来了一个机遇：他们从此可以探索解决宗教危机的新道路。布列斯特联合没能缓和宗教分歧，反而令罗斯社会陷入分裂，并让其中很大一部分人站在了当局的对立面。

华沙方面制定的解决方案被称为"宗希腊礼的罗塞尼亚民族接纳方案"（The Accommodation of the Ruthenian Nation of Greek Worship）。

---

1 Yov Boretsky（？—1631），基辅、加利西亚及全罗斯都主教（1620—1631年在任）、著名的教会领袖、教育家和东正教护教者。

2 Navahrudak，今白俄罗斯西部城市。部分学者认为新格鲁多克在13世纪曾是立陶宛大公国的首都。

东正教会将被承认为一个合法实体，享受与联合教会同等的权利和待遇。这个方案在有东正教贵族代表出席的联邦议会中讨论产生，得到尚未登基的国王瓦迪斯拉夫四世[1]的支持，也达到了一定的政治目标。它令东正教会的忠诚在短期内重归联邦，也确保了哥萨克人加入斯摩棱斯克战争，与联邦军队共同作战。此外，王室当局对东正教会的承认还在教会高层与哥萨克人之间制造了一道裂痕：教会的生存不再需要哥萨克人的保护，从此开始倒向华沙一方。

在协议推动者们看来，东正教会与王室当局的和解要求成立一个新的神职领导层。为了增强"与华沙媾和"一派的力量，议会的东正教参与者推选了一位新的都主教彼得·莫希拉[2]。莫希拉甫一抵达基辅，就逮捕了他的前任，并将其送进基辅洞穴修道院的牢房。身为一名前波兰军官和洞穴修道院前掌院，这位新东正教会领袖很清楚自己在做什么。他曾与斯莫特里茨基和博列茨基相熟，在自己的教会里不需要依赖哥萨克人或受哥萨克保护的人。他还拥有王室当局无保留的支持，因为他毕竟出身于一个统治家族。

彼得·莫希拉没有王室血统，但他是摩尔达维亚公国东正教统治者（领主[3]）的儿子，因此无疑属于联邦的贵族阶层。莫希拉的颂扬者们将他视为罗斯的新领袖。奥斯特罗斯基等王公和萨海达奇内等哥萨克人曾被东正教知识分子歌颂为基辅王公弗拉基米尔大帝和"智者"雅

1　Wladyslaw IV Vasa（1595—1648），波兰瓦萨王朝国王及立陶宛大公（1632—1648 年在位）。
2　Peter Mohyla（1596—1647），基辅、加利西亚和全罗斯都主教（1633—1647 年在任），出生于摩尔达维亚，是一位影响深远的神学家。
3　Hospodar，多种斯拉夫语言中господар 一词的拉丁字母转写，意为"主人""领主"。

罗斯拉夫的传承者，如今莫希拉却取代了他们的地位。"你是否记得罗斯曾多么光荣？有多少伟大的君主？"莫希拉的一位颂扬者以圣索菲亚大教堂（"智者"雅罗斯拉夫的建筑遗产，莫希拉将之重建）的口吻写道，"如今他们已经凋零。罗斯需要您的出现。"

莫希拉抱着极大的热忱，将恢复罗斯时代的教堂视为己任，重建了其中相当一部分。然而在17世纪中叶，"重建"这个词与今天的含义相去甚远。正如圣索菲亚大教堂的外观所显示，莫希拉和他的建筑师们从来无意恢复这座教堂的拜占庭式面貌。他们"重建"教堂时采用的新样式来自西方，受到欧洲巴洛克风格的影响。不同文化风格趋势的融合决定了莫希拉担任都主教时期各种作为的本质，而我们今天所见的圣索菲亚大教堂正是这种融合的范本。尽管教堂内部仍用拜占庭式的壁画装点，从外观上看它却是一座巴洛克式教堂。

拜占庭传统的西方化，还有东正教会对宗教改革和反宗教改革运动挑战的适应，是莫希拉的宗教和教育创新的两大驱动力。就建筑的例子而论，莫希拉采用的那些风格并不仅仅是"西方的"，同时还是"天主教的"。联合教会和东正教会之间相互竞争，努力尝试在追赶天主教革新运动的同时不放弃自己的拜占庭传统。联合教会可以将他们的学生送到罗马以及中欧和西欧的耶稣会学校，东正教会却无此优待。为应对这种挑战，莫希拉在基辅建立了第一所东正教学院，并改造耶稣会学院的课程为己所用。这所1632年建立的学院合并了基辅兄弟会学校和洞穴修道院学校，后来被称为基辅莫希拉高等学院，如今是乌克兰最优秀的大学之一。与17世纪时一样，它也是乌克兰最西方化的大学。

莫希拉巩固了基辅作为联邦东正教地区及其他地区的一流出版业

中心的地位。17世纪40年代在基辅出版的书籍的传播范围远远超出乌克兰。其中的《圣礼仪轨》[1]是第一本对东正教仪式进行系统化的著作。另一本题为《正教信条》[2]的作品则在史上第一次对东正教信仰的基本问题进行了全面讨论，以问答的方式对260个问题做出解释。这本书在1640年左右写就，在1643年的一次东正教牧首会议上获得通过，于1645年在基辅出版。这部深受天主教风格影响的《正教信条》成为对君士坦丁堡牧首西里尔·卢卡里斯[3]1633年那部有新教倾向的问答式作品的回应。东正教牧首们的认可令《正教信条》成为包括莫斯科沙皇国在内整个东正教世界的权威著作。

莫希拉所开创的教育和出版事业最主要的目标在于革新基辅东正教会。这位都主教致力于加强教会中主教的权力，强化神职人员戒律，改善与王室当局的关系，而一个教育良好的教士阶层、一个概念清晰的信条系统和一套标准化的圣礼实践与他的这些努力息息相关。所有这些举措是对整个欧洲宗教生活信条化浪潮中的标志性事件——宗教改革和反宗教改革——做出的应对。"信条化"这个词有多重含义。在16世纪，处于天主教—新教分界线上的所有教会都忙于信条规范化、教士教育、戒律强化和圣礼仪式标准化，并通过与世俗权威的合作来实现。到了17世纪中叶，彼得·莫希拉领导下的东正教会也加入

---

1 *Liturgicon*，乌克兰东正教会最重要的圣礼仪轨著作，1629年出版于基辅。在1721年被俄罗斯东正教会采用的文本取代。

2 *Confession of the Orthodox Church*，莫希拉主持编撰的问答式著作。

3 Cyril Lucaris（1572—1638），希腊主教及神学家、亚历山大希腊牧首西里尔三世及君士坦丁堡普世牧首西里尔一世。他致力于利用新教神学来对正教会进行改革。1629年，新教加尔文教在日内瓦出版了冠以卢卡里斯之名的拉丁文版《东方基督教信仰释疑》（*Eastern Confession of the Christian Faith*，即下文中的 *Confessio*），并于1633年出版希腊文版本。

了这场欧洲大合唱。

值得一提的是，自 1240 年的蒙古入侵之后，基辅这座城市就几乎从东正教世界的地图上消失了，此时扮演着东正教改革领导角色却是基辅，而不是莫斯科或君士坦丁堡。除了前文提到的原因之外，还有其他因素造成了这一现象。"动荡之年"过去之后，莫斯科的牧首们相信除了莫斯科沙皇国之外没有真正的宗教，因此不光与西方隔绝，也被东方基督教世界摒弃。处于奥斯曼人控制下的君士坦丁堡教会尝试仿照新教模式进行改革，却未能沿这条路走下去。君士坦丁堡牧首西里尔·卢卡里斯在 1629 年用拉丁语出版了一部深受新教教理影响的东正教信仰的《释疑》（*Confessio*），却在 1638 年被苏丹下令绞死，罪名是唆使哥萨克人进攻奥斯曼帝国。同年举行的君士坦丁堡教会会议因卢卡里斯的神学观点将他革出教门。竞争发生在莫希拉和卢卡里斯之间，也发生在东正教改革的天主教模式和新教模式之间，最终莫希拉的模式取得了胜利。他的改革运动将在接下来的 150 年中对东正教世界产生深远的影响。

在布列斯特联合的影响下，无论广义的联邦内的整个罗塞尼亚（乌克兰和白俄罗斯）社会，还是狭义的乌克兰精英阶层，都分裂为两个教会阵营。这种分裂在今天的乌克兰仍然存在。然而有关布列斯特联合命运的斗争也让这个社会对其共性——历史、文化和宗教传统——有了更清晰的认识。尽管斗争中充斥着激烈的言辞，偶尔还发生实质性的暴力，它却促成了一种新的多元政治宗教文化的诞生。这种多元文化允许讨论，包容不同意见。东西方基督教世界交界地带的位置为乌克兰带来的,不是一个融合两种基督教传统的"边界"教会(这顶帽子往往为联合教会所专享),而是两个。在寻求对自身的改革和适应布列斯特联合之后几十年间新情况的过程中,东正教会同样拥抱了来自西方的宗教和文化新潮流。17世纪初,要想在乌克兰境内画出一条东西方基督教世界的清晰分界线,比现在更加困难。

在这条宗教分界线的两侧,关于布列斯特联合的论争都起到了帮助罗斯社会从知识长眠中苏醒的作用。辩论者们涉及的话题有罗斯的皈依和基辅都主教区的历史,有教会、立陶宛大公爵治下罗斯国土和卢布林联合之后的东正教信仰的各种权利,也有后来那段时期的王室法令和议会解决方案。对于能够阅读并参加到这个时代的政治、社会和宗教发展中的人而言,论争者们创造了一种此前从未有过的自我身份认同感。如果说论争者们在宗教议题上各执一词,他们却都对那个被他们称为罗塞尼亚民族(*naród Ruski*)的实体表现出了最高敬意,并都宣称自己是在为它的利益而战。

第 10 章

大叛乱

史称"大叛乱"的哥萨克起义在 1648 年春天爆发。这是 16 世纪末以来的第七次大规模哥萨克暴动。联邦镇压了前六次,但这一次叛乱的规模已经大到无法镇压。它改变了整个地区的政治版图,并诞生了一个被许多人视为近代乌克兰雏形的哥萨克国家。它也开启了俄罗斯涉足乌克兰事务的漫长历史,被广泛认为是作为不同民族的俄罗斯和乌克兰之间关系史的开端。

大叛乱始于对一块政府赠地归属权的争执,与 1591 年克里什托夫·克辛斯基领导的第一场哥萨克叛乱如出一辙。争吵发生在一名显贵和下层贵族博赫丹·赫梅尔尼茨基[1]之间,后者碰巧还是一名哥萨克军官。时年 53 岁的赫梅尔尼茨基曾在多次战斗中为国王尽忠竭力,并在 1638 年的哥萨克叛乱之后担任哥萨克军团书记官[2]。在他位于苏

---

[1] Bohdan Khmelnytsky(约 1595—1657),哥萨克国首任酋长(1648—1657 年在位)。他领导了赫梅尔尼茨基起义,建立了哥萨克国。他在 1654 年与莫斯科沙皇国订立《佩列亚斯拉夫条约》,使得乌克兰最终被并入俄罗斯。

[2] Chancellor,哥萨克军团中负责各种文书和联络工作的高级军官。后文中的总书记官(General Chancellor)则是哥萨克国中央行政机构总军事书记处(General Military Chancellery)的首脑,负责监督统领的国内外事务,掌管印玺、档案、文书和法令起草等事务,并有代理统领签署命令的权力。

博季夫[1]的庄园被一名联邦高官的仆从夺走后，赫梅尔尼茨基向宫廷求助，没有收到任何效果，却被他的强大对手送进了监狱。他逃了出来，直奔扎波罗热的锡奇。锡奇的哥萨克叛乱者像亲人一样欢迎他的到来，并推选他为统领。其时为1648年3月，"黄金和平"终结，大叛乱登场。

截至此时，事态的发展还与从前的哥萨克叛乱没什么两样，但赫梅尔尼茨基改变了人们已经熟悉的模式。他没有立刻到北方去摧城拔寨进而面对联邦军队，而是先前往南方寻找同盟。他以一种戏剧化的方式颠覆了惯常的草原政治生态，向克里米亚可汗表示出善意，并向对方提供了一个机会。谨慎的可汗许可他的臣属——克里米亚以北的诺盖部落——加入哥萨克人阵营。对赫梅尔尼茨基和哥萨克叛军而言，这不啻一个意外的大喜。尽管哥萨克人在今天的大众文化中总以骑手的形象出现，但在17世纪中叶哥萨克士兵大都是步兵。他们没有自己的骑兵部队，因为维持一支骑兵部队的费用太过昂贵，只有贵族才养得起适合作战的军马，往往还不止一匹。通过与马上作战的鞑靼人建立新同盟，赫梅尔尼茨基解决了缺少骑兵的问题。从现在开始，哥萨克人不再只能攻打防守薄弱的边境城镇，也不再只能躲在自己营垒中防守，而是可以在战场上与波兰军队正面作战。

没过多久，这次结盟就证明了它的价值。1648年5月，哥萨克和鞑靼联军击败了两支波兰军队：一次是在若夫季沃季（黄水）[2]附近，距

---

1 Subotiv，乌克兰西南部城镇。
2 Zhovti Vody，乌克兰中部城镇，属第聂伯罗彼得罗夫斯克州，其地名意为"黄水"，得名于流经此地的若夫塔河（Zhovta River）。

扎波罗热的锡奇北面的通道不远；另一次是在中第聂伯河地区的小城科尔松[1]。除了近 4 000 名诺盖骑兵参与这两次战役外，哥萨克人成功的关键还在于约 6 000 名在册哥萨克士兵决定倒戈，抛弃了他们的波兰主子，加入了赫梅尔尼茨基的叛乱。波兰的常备军全军覆没。其两名主将——王室大统领和王室副统领——以及数百名军官都成为鞑靼人的俘虏。

哥萨克人的意外成功震动了整个联邦，然而赫梅尔尼茨基和他最亲近的支持者都不敢相信自己的运气。这位统领对下一步行动显得犹豫不决。1648 年 6 月，随着波军的溃败和联邦陷入一片混乱，博赫丹·赫梅尔尼茨基给自己放了一个夏日假，回到故乡奇希林[2]思索接下来应该做些什么。然而叛军们拒绝止步不前。原有的在册哥萨克人部队在基辅以南的小城比拉采尔科瓦附近驻扎下来，但整个乌克兰其余地方都爆发了人民起义。受到哥萨克胜利的鼓舞，农民和市民都起来夺取权力。他们进攻大地主的庄园，袭扰他们撤退中的雇佣军，找贵族清算旧账，并四处追捕天主教牧师。然而在 1648 年夏天的农民叛乱中被伤害最深重的，却是乌克兰犹太人。

赫梅尔尼茨基在叛乱之初写给当局的第一批信件里就提到了犹太承租人。这位哥萨克统领控诉了王室官员们、团长们（指挥在册哥萨克人的波兰军官）、"甚至"还有犹太人对哥萨克人做出的"不可忍受的不公行为"。犹太人只是被赫梅尔尼茨基顺便提到，在他的敌人序列

---

1 Korsun，在今乌克兰中部城市科尔松 - 舍甫琴奇夫斯基（Korsun-Shevchenkivskyi）附近。
2 Chyhyryn，乌克兰中部切尔卡瑟州城市，在 1648 年至 1669 年间是哥萨克国的都城。

里只能排到第三或第四位。然而右岸乌克兰地区的叛军们有他们自己的优先目标。此地的犹太人从1648年6月开始遭到全面袭击。进攻犹太人的叛军往往将他们（尤其是犹太男子）杀害，这造成了一个又一个犹太人社区的覆灭。在1648年夏天的三个月里，叛军几乎将右岸乌克兰地区的全部犹太人社区从地图上抹去。由于我们不知道叛乱之前有多少犹太人生活在这里，也就无从得知到底有多少受难者，但大多数学者估计有1.4万到2万名犹太人丧生。考虑到事件发生的年代和地点，这是一个相当惊人的数字——尽管17世纪的乌克兰经济发展迅速，它相对而言仍属人烟稀少的地区。

20世纪的犹太和乌克兰历史学家十分重视17世纪第聂伯乌克兰地区反犹现象背后的社会原因。城镇中犹太工商业者与基督徒工商业者之间的对立，还有犹太承租人作为贵族和农民之间中间人的角色，都可以部分地解释哥萨克叛乱中发生的暴力现象。但我们也不能忽视乌克兰犹太人遭受的攻击中的宗教动机。在基督徒-犹太人分野中的任何一方，宗教都是决定社会身份的关键因素。内森·汉诺威[1]是记录这些屠杀事件的编年史作者中最著名的一位。他将攻击者称为"希腊人"，意在表明他们的东正教信仰，而不是表明他们所属的民族。部分叛乱者要求在屠杀中幸存的犹太人改宗，认为这是自己的宗教责任。许多犹太人由于被强制改宗基督教而保全了性命。其中一些人加入了哥萨克群体，另一些则在被灭族的威胁消除后重归犹太教信仰。

---

[1] Nathan Hannover（？—1663），罗塞尼亚犹太人历史学家、犹太教法学者。

到赫梅尔尼茨基和他的军队在1648年秋天渡过第聂伯河西进时，这一地区远至卡缅涅茨[1]（位于波多里亚）和利维夫（位于加利西亚）等波兰要塞的犹太人、波兰贵族和天主教牧师群体都已被他们消灭。联合教会的信徒们也消失了：他们要么向西撤退，要么改宗了东正教。后一个选择倒是不费什么力气：很少有人了解或关心教理上的问题，因此两个东方基督教会之间的差别仅仅是辖区不同。新召集的波兰军队试图阻止哥萨克－鞑靼联军的西进，却在波多里亚的匹里亚乌奇[2]再次大败。到1648年年底，哥萨克人与鞑靼人的部队已经围困了利维夫和波兰－乌克兰族群边界上的小城扎莫希奇[3]。但他们并没有继续前进。此时在哥萨克军和华沙之间并无军队防守，决定攻势到此为止的不是军事因素，而是政治考量。

此时博赫丹·赫梅尔尼茨基的新诉求已与叛乱第一个月时不同，不再是保护哥萨克的权利和待遇，但也并不是联邦的毁灭。1649年1月到2月间，波兰使节在基辅东南的佩列亚斯拉夫拜见了这位哥萨克统领。在谈判中，赫梅尔尼茨基公开了他的新计划。他宣布自己是罗斯唯一的统治者，并威胁要将波兰人赶到维斯瓦河以西。此时的赫梅尔尼茨基必定是将自己视为了基辅罗斯王公们的继承者。

1648年12月，赫梅尔尼茨基在这种心态的驱使下在基辅为自己举行了盛大的入城仪式。基辅都主教对这位统领表示了欢迎。耶路撒

---

1 Kamianets，今乌克兰西部赫梅尔尼茨基州城市卡缅涅茨－波迪尔斯基（Kamianets–Podilskyi）。
2 Pyliavtsi，位于今乌克兰西部赫梅尔尼茨基州的匹里亚瓦村（Pyliava）附近。
3 Zamość，今波兰东南部卢布林省城市。

冷牧首也同样做出友好的姿态，将赫梅尔尼茨基称为王公，并为他对波兰人的战争进行祝福。莫希拉建立的基辅学院的师生们热切地迎接罗斯的新领袖，将他称为将罗斯民族从波兰人的奴役下解救出来的摩西。他们一直未敢对他们的前一位庇护者——两年前去世的都主教莫希拉——献上这样的荣誉。这位哥萨克统领肩负起了整个民族的领袖责任，不再只为哥萨克人的权利而战。他保护罗斯民族权利的办法是创建一个"公国"，或者说一个国家。这是一次革命性的进步。哥萨克人刚出现时尚处于社会边缘，处于一个成熟政治体的对立面，现在却开始思考建立自己的国家的问题。

新国家的疆界将在战争中划定。1649年夏天，划界过程中最关键的战役在沃里尼亚小城兹博里夫[1]附近爆发。在克里米亚可汗伊斯兰三世格莱[2]率领的鞑靼人的帮助下，赫梅尔尼茨基的军队向新任波兰国王约翰二世卡齐米日[3]的军队发起进攻。依靠鞑靼盟友的助力，哥萨克人取得了胜利，迫使波兰官员签署协议，对联邦里这个名为自治实为独立的哥萨克国给予王室的承认。国王同意将在册的哥萨克人的名额增加到4万人。（实际上此时兹博里夫的哥萨克军的兵力已达到10万人，由哥萨克、农民和市民组成。）哥萨克人得到了在联邦东部三个省内居住（实际上是统治）的权利。这三个省是基辅、布拉茨拉夫和切

1　Zboliv，今乌克兰西部捷尔诺波尔州城市。
2　Islam III Giray（1604—1654），克里米亚汗国可汗（1644—1654年在位）。
3　John II Casimir（1609—1672），波兰瓦萨王朝国王及立陶宛大公（1648—1668年在位）。John亦译作"扬"（波兰语作Jan）。

尔尼戈夫。它们共同组成在历史上被称为"哥萨克国"[1]的新哥萨克国。哥萨克国的很大一部分正好位于被早年间的波兰和法国制图师们称为"乌克兰"的草原地区。不久以后，哥萨克国将以"乌克兰"之名为人所知。

新国家的元首及军事长官就是哥萨克统领。他在其参谋部的协助下统治哥萨克国土。参谋部包括一名书记官、一名炮兵指挥、一名法官及其他军官。早期哥萨克时代的军事民主在叛乱的第一个月还起到了关键作用，此时却已成为历史。团长们和参谋部成员们的会议取代了每个哥萨克人都有权参加的大会，一切重要事务都由他们决定。由于针对采邑制度的叛乱摧毁了旧的经济体系，杀死或驱逐了该体系中的主要角色（包括犹太人在内），而农民都宣布自己是哥萨克人，拒绝为贵族耕种田地，这个新生的国家只能依靠战利品、关税和对碾磨谷物收取的磨坊税来充实自己的国库。

老的联邦行政体系在理论上得以保留。基辅总督的职位归于一位忠于国王的东正教贵族，但哥萨克统领掌握着实际统治权，甚至不需要向国王报告他的行为。基于他们的边境地区经验和军事化的社会组织方式，哥萨克人在自己的地盘上引入了一种受奥斯曼帝国军事或行政模式影响的新行政系统。他们将哥萨克国分为一个个"团区"，设立团长来管理每个区的行政、司法和财政机构——当然，最重要的是管理其军事组织。这样的团区一共有 20 个，每一个都以其最主要的城市

---

[1] Hetmanate，多译作哥萨克酋长国或哥萨克国。本书根据 hetman 一词的波兰军队指挥官的原意，统一将 hetman 一词译作统领而非酋长，故后文中的 Cossack Hetmanate 均简称哥萨克国，以免混淆。

命名,并必须拥有一支可以随时作战的哥萨克团。这种将军事、行政和司法权力结合在同一个部门的结构也为更小的城镇和村庄所沿袭。管理这些底层单位的长官被称为队长,其主要任务是在战时集合起一支连队("百人队")。

与克里米亚鞑靼人的结盟使哥萨克人在叛乱前两年的胜利成为可能。这次结盟也将赫梅尔尼茨基卷入了奥斯曼帝国的地缘政治网络,因为奥斯曼人在黑海北岸地区拥有许多附庸国,其中包括克里米亚、摩尔达维亚和瓦拉几亚(今罗马尼亚的一部分)。这些国家与伊斯坦布尔的关系为赫梅尔尼茨基提供了一个样板,让他得以建立相对于国王的独立性,而不需要放弃好不容易得到的哥萨克国家地位。哥萨克乌克兰已经做好接受苏丹保护的准备,就像奥斯曼人的其他附庸国一样。这正是赫梅尔尼茨基在 1651 年春天和夏天与伊斯坦布尔谈判的核心内容。为了应对与联邦的另一次大冲突,他甚至签署了一份承认奥斯曼帝国苏丹宗主地位的文件。

赫梅尔尼茨基需要的回报是直接的保护,也就是需要奥斯曼帝国军队真正向波兰军队发动进攻,就像他们 1620 年在楚措拉和 1621 年在霍京所做的那样。但此时奥斯曼人正忙于和威尼斯人的海战,无法脱身。年方 9 岁的苏丹穆罕默德四世[1]的顾问们没有派出自己的军队,而是命令克里米亚可汗为赫梅尔尼茨基提供军事支援。这并非哥萨克统领所希望的回报,因为克里米亚人有自己的算盘:他们希望让这一

---

1 Mehmed IV(1642—1693),奥斯曼土耳其帝国苏丹(1648—1687 年在位)。

地区的冲突尽可能延续下去，以免哥萨克人对联邦取得决定性的胜利。1649 年的兹博里夫战役正是如此：克里米亚可汗选择了与波兰国王媾和而非帮助赫梅尔尼茨基打败波兰军队。同样的事情完全可能再次发生。

事实上这样的事情确实再次出现了，并且是在最糟糕的情况下发生的。1651 年夏天，在沃里尼亚的柏列斯台奇可[1]附近发生的战役中，克里米亚鞑靼人在两军交战正酣时撤离了战场，导致哥萨克军主力部队被包围歼灭。与可汗一同撤退的赫梅尔尼茨基成了自己盟友的人质。他被释放后重新组织防御，才避免了哥萨克国的灭顶之灾。这场灾难终结了赫梅尔尼茨基对克里米亚鞑靼人的依赖。1651 年秋天，他与联邦订立了一份新的协议：在册哥萨克人名额被减半到 2 万人；哥萨克国的范围被缩减到基辅省；布拉茨拉夫和切尔尼戈夫则将重归联邦的直接管辖。由于这样的条件并没有兑现，另一场战争似乎就在眼前。

哥萨克国需要新的盟友。赫梅尔尼茨基把目光锁定在摩尔达维亚公国身上。摩尔达维亚是奥斯曼帝国的正式属国，但一直在伊斯坦布尔与华沙之间保持着某种平衡关系。1650 年，这位哥萨克统领向摩尔达维亚派出一支哥萨克军队，迫使对方与他正式结盟。他还说服摩尔达维亚统治者瓦西里·卢普[2]将其女儿罗克珊达（Roxanda）嫁给自己的儿子提米什[3]。哥萨克人在柏列斯台奇可战败后，卢普试图将自己从这桩结盟中解脱出来，却没有成功。1652 年，赫梅尔尼茨基再次派出数

---

[1] Berestechko，今乌克兰西北部沃伦州小城。
[2] Vasile Lupu（1595—1661），摩尔达维亚王公（1634—1653 年在位）。
[3] Tymish Khmelnytsky（1632—1653），博赫丹·赫梅尔尼茨基的长子，在 1653 年战死。

千名"提亲者"前往摩尔多瓦。"提亲者"们在途中的巴提赫之战中击败了一支波兰大军,随后在瓦西里·卢普的宫廷里为提米什和罗克珊达举行了婚礼。赫梅尔尼茨基正是通过这样的手段成为受到国际承认的君主中的一员。

仅仅通过与奥斯曼人及其附庸的联盟,赫梅尔尼茨基的所获终究有限。这一事实在1653年秋天得到惨痛的证明。当时哥萨克人正在波多里亚的日瓦涅茨[1]小镇附近对王室军队作战。哥萨克一方的克里米亚鞑靼人再一次阻止了哥萨克人获得胜利。战役的结果正如克里米亚可汗所愿,没有分出胜负。波兰王国和哥萨克国再次回到他们在兹博里夫签署的协议上:在册哥萨克人名额为4万人,三个省归哥萨克人管辖。人人都清楚这只是另一次停火,而非实质性的妥协或持久的和平。哥萨克人想要的是整个乌克兰和一部分白俄罗斯,而波兰国王(议会更甚)甚至不打算承认哥萨克人在其实际控制的三个省的管辖权。

赫梅尔尼茨基和哥萨克国必须寻找不一样的盟友。尝试与联邦当局达成妥协逐渐被证明是不可能的,而哥萨克人只靠自己无法在与如此强大的敌人的斗争中生存下来。克里米亚人允许他们起来抗争,但不能接受他们击败波兰人。奥斯曼人没有派出自己军队的打算,而与摩尔达维亚人的结盟则以赫梅尔尼茨基的个人悲剧告终。1653年9月,他的21岁的长子提米什在苏恰瓦要塞[2](今属罗马尼亚)的守城战中被

---

[1] Zhvanets,今乌克兰西部赫梅尔尼茨基州的一个村庄,位于日旺奇克河汇入德涅斯特河的河口附近。
[2] Suceava,今罗马尼亚东北部摩尔达维亚及布科维纳地区城市,在14—16世纪间曾是摩尔达维亚公国首都。

杀死。进攻方是瓦拉几亚和特兰西瓦尼亚[1]的联军——这两个国家的君主对赫梅尔尼茨基与卢普的结盟不满。1653年12月底,赫梅尔尼茨基把他的儿子安葬在位于苏博季夫自己的庄园里,离奇希林不远。葬礼在新建的圣伊利亚教堂举行。这座教堂是哥萨克草原上的巴洛克式建筑的典范,至今尚存,并成了乌克兰纸币上的图案。埋葬了提米什之后,这位年迈的哥萨克统领将自己的国家纳入奥斯曼帝国政治体系的计划也宣告终结。

赫梅尔尼茨基叛乱国际化过程的转折点发生在1654年1月8日,地点是佩列亚斯拉夫城。这一天,博赫丹·赫梅尔尼茨基率领匆忙召集起来的一群哥萨克军官,向乌克兰的新君主莫斯科沙皇阿列克谢·罗曼诺夫[2]宣誓效忠。俄罗斯与乌克兰之间漫长而纠缠不清的关系从此开始。1954年,苏联举行了盛大的仪式,庆祝乌克兰与俄罗斯"重新统一"三百周年。庆祝意在暗示全乌克兰人都在佩列亚斯拉夫选择了重归俄罗斯,并接受沙皇的统治。然而1654年在佩列亚斯拉夫真正发生的事情并非如苏联历史学家所声称,它既不是乌克兰与莫斯科沙皇国(它后来被彼得一世[3]改称为"俄罗斯帝国")的重新结合,也不是两个"兄弟民族"的再次携手。1654年,没有一个身处佩列亚斯拉夫或莫斯科的人会从族群的角度来考虑或谈论问题。

---

[1] Transylvania,今罗马尼亚中西部地区,在16—18世纪间曾是奥斯曼土耳其帝国的诸侯国。
[2] Aleksei Romanov(1629—1676),指莫斯科沙皇国沙皇阿列克谢·米哈伊洛维奇(1645—1676年在位)。
[3] Peter I(1672—1725),即彼得大帝(1682—1725年在位)。他于1721年将莫斯科沙皇国(沙俄)改为俄罗斯帝国。

莫斯科沙皇国使馆的材料中记录了博赫丹·赫梅尔尼茨基在哥萨克军官会议上发表的讲话。从这份讲话中，我们得以略微了解这位乌克兰统领对其选择做出的介绍和解释：

> 我们已经召开了一次全体人民都可以参加的会议。这样你们可以和我们一道，有机会从四位君主中自由选择一位。第一位是土耳其沙皇（苏丹）——他多次通过使节请求我们接受他的统治；第二位是克里米亚可汗；第三位是波兰国王——只要我们愿意，他仍会给予我们像从前一样的恩遇；第四位是信仰东正教的大罗斯[1]君主、沙皇、阿列克谢·米哈伊洛维奇大公、全罗斯东部的君王——六年来我们一直向他恳请庇护。现在，按你们自己的意愿，做出选择吧！

很明显，赫梅尔尼茨基耍了一个花招。他和哥萨克军官们早已做出选择，决定倒向莫斯科的君主。根据莫斯科沙皇国使馆的报告，这位首领利用听众对东正教共同体的情感来打动他们。参加会议的人都高喊他们希望信仰"东方"正教的沙皇成为自己的统治者。

这听起来与宗教改革和反宗教改革运动中那些基于宗教的联盟一样。此时"三十年战争"[2]才刚刚结束五年。在这场战争中，欧洲各国

---

1 Great Rus'，指莫斯科沙皇国（后来的俄罗斯），相对小罗斯（哥萨克国）和白罗斯（今白俄罗斯东部）而言。
2 Thirty Years' War，由神圣罗马帝国内战演变而成的欧洲国际战争，发生于1618—1648年间。以波希米亚人民反抗奥地利哈布斯堡家族为肇始，以哈布斯堡家族战败并签署《威斯特伐利亚和约》告终。

所结成的联盟在很大程度上都基于各自的宗教认同。我们无须指责莫斯科或乌克兰的精英集团不把对方视为兄弟和同属一个罗斯民族的成员。双方甚至需要翻译才能相互理解。在俄罗斯档案中,保存至今的赫梅尔尼茨基写给沙皇的信件大部分是这些官方译员提供的翻译件。以历史记忆和宗教信仰为代表的基辅罗斯传统依旧存在,但仅仅是存在于几部手抄的编年史中。

四个世纪以来,未来的白俄罗斯、乌克兰和俄罗斯一直身处不同的政治环境,受不同的国家统治。这加剧了他们之间长期存在的语言和文化差异。在赫梅尔尼茨基和哥萨克团长们打算跟俄罗斯使节瓦西里·布图尔林(Vasilii Buturlin)商谈协议条款时,这样的差异就浮出了水面。布图尔林告诉哥萨克人说,沙皇将给予他们超过波兰国王能提供的待遇,但拒绝谈判。赫梅尔尼茨基表示反对,声称他们已经习惯于与国王和其官员们谈条件。然而布图尔林回答说,波兰国王只是一个选举产生的君主,地位不能与继承制的俄罗斯沙皇相比。他同时还拒绝就他向哥萨克人做出的宽泛承诺起誓,理由是沙皇从来不向臣民宣誓。赫梅尔尼茨基亟须莫斯科人的军队尽快投入战斗,最终在无法得到对方誓言的条件下同意向沙皇宣誓效忠。

哥萨克人将佩列亚斯拉夫协议视为对双方义务做出约定的契约。就赫梅尔尼茨基而言,他和他的政治体进入了沙皇权威的羽翼之下。他们承诺效忠并提供军事服务,以换取莫斯科的保护。然而在沙皇眼中,哥萨克人只是一群新的臣民,他在为他们提供了一定权利和待遇之后就不再负有任何义务。至于他对新领土的权利,沙皇是从王朝传承的角度来看待的。对沙皇和他的内阁来说,他只是在接管自己祖传的遗产,即基辅、切尔尼戈夫和佩列亚斯拉夫这三座城市。

无论佩列亚斯拉夫协议的法律和意识形态基础为何,沙皇还是兑现了布图尔林许下的承诺,向哥萨克人提供了波兰国王从未同意过的待遇:承认哥萨克国的国家地位、6万人的在册哥萨克人名额,以及哥萨克人领地享受特别优待。他还同意给予他们波兰国王治下其他阶层所享受的自由。

然而,这份协议首先奠定的是一个军事同盟的基础。它没有为哥萨克领地划定西面的边界,这意味着只有刀剑能决定他们能向西走多远。莫斯科人和哥萨克人的军队从各自的战线上对波兰-立陶宛联邦开战了。在一支莫斯科部队的协助下,哥萨克人从波兰王国境内的乌克兰发动了攻势,而莫斯科自己的军队则从斯摩棱斯克附近开始进攻,并向西穿过白俄罗斯,推进到立陶宛境内,也就是划分立陶宛大公国和波兰王国的卢布林边界以北。尽管1654年波兰-立陶宛联邦军队在克里米亚可汗的援助下抵挡住了东线的进攻,到了1655年夏天和秋天,联邦的反攻却崩溃了。哥萨克人再次围困了利维夫,而莫斯科人的军队则进入了立陶宛大公国的都城维尔纽斯。

这是波兰历史上"大洪水时代"(Deluge)的开端。不光是莫斯科人和哥萨克人的军队深入了波兰-立陶宛联邦领土,到了1655年7月,瑞典人也渡过波罗的海向联邦发起进攻。同年10月,华沙与波兰旧都克拉科夫[1]都已落入瑞典人之手。瑞典人对被莫斯科军队征服的那

---

[1] Cracow,今波兰第二大城市,波兰南部小波兰省首府。

部分立陶宛大公国领土也提出了要求。莫斯科沙皇国开始担心波兰的彻底崩溃及瑞典的急剧膨胀。1656年秋天，莫斯科的外交官与波兰－立陶宛联邦在维尔纽斯签订和约，终结了波兰与莫斯科之间的敌对状态。由于未获允许参加谈判，赫梅尔尼茨基和他的哥萨克军官们被激怒了。莫斯科人与波兰单独媾和意味着哥萨克人需要再次独自面对他们的宿敌。对他们来说，沙皇违反了佩列亚斯拉夫协议中他的主要义务——为其臣民提供军事保护。

博赫丹·赫梅尔尼茨基无视莫斯科与波兰之间的和约，派出军队帮助瑞典的盟友——特兰西瓦尼亚的新教统治者——对抗波兰。如今，连沙皇与哥萨克人之间的军事同盟也摇摇欲坠。瑞典与波兰甫一开战，赫梅尔尼茨基就已经开始物色新的盟友。瑞典人似乎决心摧毁波兰－立陶宛联邦，而这也正是赫梅尔尼茨基所希望的。这位哥萨克统领眼中沙皇对乌克兰的背叛行为发生后，关于乌克兰－瑞典协议的谈判加快了。如果这份协议达成，波兰－立陶宛联邦就将被彻底终结，也能保证哥萨克国不仅能占有整个乌克兰，还能获得如今白俄罗斯的一部分。

赫梅尔尼茨基没能活着看到这个新国际同盟的达成。他在1657年8月去世，将他打造的这个国家和他领导的哥萨克人抛在了一个十字路口。尽管赫梅尔尼茨基认为他与沙皇的联盟已经结束，他仍在形式上遵守着他在佩列亚斯拉夫达成的交易。佩列亚斯拉夫发生的事件成为这位年迈统领留下的巨大而有争议的遗产中的重要部分。18世纪的哥萨克编年史作者们对赫梅尔尼茨基大加颂扬，与1648年12月他进入基辅城时基辅学院的师生们如出一辙。他们赞美他为民族之父，是打碎波兰人加诸他的人民的枷锁的解放者,也是在与沙皇的谈判中取得了最好结果的哥萨克统领。在佩列亚斯拉夫谈判之后获得沙皇批准的《博赫丹·赫梅尔尼茨基条款》也被颂扬者们视为一份保护俄罗斯帝国境内乌克兰人自由的《大宪章》[1]。

---

[1] Magna Carta,又被称为《自由大宪章》(Magna Carta Libertatum),是英格兰国王约翰(1166—1216)最初于1215年6月15日签署的贵族权益保障协议。1225年,经过修订的《大宪章》首次成为法律。

第 11 章

分　裂

赫梅尔尼茨基的叛乱开启了一段漫长的战争时期，这令许多历史学家将叛乱之后的几十年称为"废墟年代"。乌克兰尤其是第聂伯河右岸遭受的摧残和人口减少的确对本地区经济、政治和文化生活造成了巨大打击，然而战争最主要的长期后果则是乌克兰以第聂伯河为界在莫斯科沙皇国和波兰之间的分裂。作为边界的第聂伯河成为乌克兰早期近代历史中的一个重要元素。即使在今天，仍有一些人认为这条分界线有其意义——它对居住在从前波兰边界两侧的乌克兰人的文化倾向（某些时候也包括政治倾向）产生了影响。

博赫丹·赫梅尔尼茨基对哥萨克国的期待是领土的扩张，而非被分割成小块。然而哥萨克军官阶层内部的裂痕最终将导致哥萨克国的分裂。老统领在 1657 年 8 月去世后，裂痕很快变得明显起来，其导火索是对本地区最高领导权的争夺。这种争夺在中世纪和早期近代政治体中并不鲜见。赫梅尔尼茨基原本打算建立自己的王朝。在他死前不久，他主导了一场推选，将自己的儿子尤里[1]推上了统领宝

1　Yurii Khmelnytsky（1641—1685），他曾多次短暂出任哥萨克国统领和后来的奥斯曼乌克兰哥萨克统领。

座。尤里是一个体弱多病的16岁年轻人，时常发作癫痫。读过亚历山大·普希金的《鲍里斯·戈东诺夫》[1]的人对接下来将发生的事都不会感到惊讶。一名被指派为摄政的老练朝臣废黜了尤里（不同的是，乌克兰的这场政变中没有流血），接下来又导演了一场推选让自己成为统领的闹剧。

导致分裂的戏剧大幕已经拉开。如果说赫梅尔尼茨基曾期待哥萨克国的继承制度像波兰那样，通过选举将同一个王朝的成员一个接一个送上王位，实际出现的模式却更类似摩尔达维亚公国的情况——新君主的获选和废黜都由奥斯曼人的意愿或许可来决定。与摩尔达维亚不同的是，有三个强权参与了对乌克兰的争夺：莫斯科沙皇国、波兰和奥斯曼帝国。无论三强中哪一个获胜，哥萨克人都是输家。他们的继承制度完全是一团糟，为整个地区带来的只有动荡。

在1657年秋天将尤里·赫梅尔尼茨基推翻并接过统领权杖的人是伊凡·维霍夫斯基[2]。他一生的轨迹和事业与博赫丹·赫梅尔尼茨基截然不同。维霍夫斯基出身于一个东正教贵族世家，其贵族地位从无疑问。他被推选为统领是哥萨克精英集团中贵族们的胜利，而非1648年前就是在册哥萨克的老资格军官们的胜利。这个角度也清楚地解释了他对新任总书记官的选择。这个位置没有落到一名老资格哥萨克军

---

1 Boris Godunov，俄罗斯大诗人普希金（Aleksandr Pushkin，1799—1837）的悲剧作品，描述了沙皇鲍里斯·费奥多罗维奇·戈东诺夫（Boris Fyodorovich Godunov，1552—1605；1598—1605年在位）的一生。鲍里斯去世后其子费多尔继位，不久就被暴动者杀死。
2 Ivan Vyhovsky（？—1664），哥萨克国统领（1657—1659年在位）。

官手中,而是被一名乌克兰大贵族取得。这名贵族名叫尤里·涅米里奇[1],他的田产足以与弗什涅维茨基家族的王公们比肩。

以当时的标准而言,涅米里奇所受的教育堪称极为优秀。他属于波兰宗教改革中被称为"反三一派"[2]的激进派。("一位论"教会[3]的创立者之一约瑟夫·普利斯特里[4]在17世纪晚期将持这一立场的教派带到了美国。)涅米里奇在波兰的一所反三一派学校里学习,后来迁往西欧,在莱顿、巴塞尔等地(据某些记载也包括牛津和剑桥)的大学深造。在波兰的"大洪水时代",他站在了同为新教徒的瑞典国王卡尔十世[5]一边。然而他很快对瑞典人感到失望,改宗了东正教,成为博赫丹·赫梅尔尼茨基的朋友,并迁居哥萨克乌克兰,以便接近统领归还给他的田产。

哥萨克序列中的许多人对大权落入伊凡·维霍夫斯基领导的贵族集团手中不满。第聂伯河险滩以南的哥萨克人公开表达了他们的反对。他们曾在1648年推选赫梅尔尼茨基成为统领。然而,此后新的哥萨克国在草原以北第聂伯河中游的农耕地区崛起,不仅夺走了他们独享的选举统领的权力,也夺走了他们的名号——哥萨克国的正式名称是扎波罗热哥萨克军。如今被边缘化的扎波罗热哥萨克人提出应在第聂伯

---

1 Yurii Nemyrych(1612—1659),波兰贵族、哥萨克政治家。
2 Antitrinitarians,基督教中认为上帝是三位一体的主张并无《圣经》根据的派别。宗教改革后,波兰兄弟会在波兰兴起,极力反对三位一体论。
3 Unitarian Church,否认三位一体和基督神性的基督教派别。此教派强调上帝只有一个位格。16至17世纪,有组织的一位派出现于匈牙利和波兰,之后传到英美等地。
4 Joseph Priestley(1733—1804),18世纪英国自然哲学家、化学家、牧师、教育家和自由政治理论家。
5 Charles X(1622—1660),即瑞典国王卡尔十世古斯塔夫(1654—1660年在位)。

河险滩以南重新举行一次统领选举。他们对维霍夫斯基当选的合法性提出了疑问,而部分哥萨克团长也准备听听他们的意见,并给予支持。同样重要的是,莫斯科也在支持维霍夫斯基的反对者,承认了扎波罗热哥萨克人直接与沙皇使节接触的资格。莫斯科当局的打算是利用哥萨克群体中的分裂来削弱统领的权力,令其无法像其前任博赫丹·赫梅尔尼茨基那样独立自为。

维霍夫斯基不打算任人摆布。1658年6月,在克里米亚鞑靼人的支持下,维霍夫斯基的军队在左岸乌克兰的波尔塔瓦[1]与扎波罗热哥萨克及其在哥萨克国内的盟友们对垒。维霍夫斯基取得了胜利,但也伤亡惨重。根据一些估计,这次战役中约有1.5万人死亡。这是1648年以来哥萨克人之间第一次内战,并从此创立了一个先例,最终将导致他们的国家毁灭。维霍夫斯基确信莫斯科在叛军背后撑腰,但他要如何才能保护自己呢?

和赫梅尔尼茨基一样,这位统领相信自己与沙皇之间的协议是有条件的(他将之称为"自愿归顺"),一旦沙皇不能履行其义务,他就可以废除这份协议。然而沙皇并不承认协议所附加给他的条件,他只承认自己加于臣民的条件。当赫梅尔尼茨基对自己与沙皇之间的约定不满时,他除了倒向瑞典人和奥斯曼人之外别无他途,但他的继任者发现了一种新的可能性——与波兰人做交易。哥萨克人本来就是波兰政治体系中的重要部分,对波兰人的力量和弱点一清二楚。他们相信,让哥萨克国重归波兰-立陶宛联邦同时保持其广泛的自治,不仅值得

---

[1] Poltava,今乌克兰中部波尔塔瓦州首府。

追求，也完全可能实现。

1658年9月，维霍夫斯基在左岸乌克兰小城哈佳奇[1]召集了一次哥萨克会议。会议批准了哥萨克国回归波兰国王治下的条件。由此达成的波兰－哥萨克条约被称为"哈佳奇联合"，是维霍夫斯基的股肱之臣尤里·涅米里奇的智慧成果。这个条约完全称得上把乌克兰贵族阶层在17世纪上半叶时的梦想变成了现实。在围绕布列斯特联合发生的斗争中，东正教贵族们对卢布林联合做出了一种与时代错位的解读，认为其不仅承认立陶宛大公国为波兰－立陶宛联邦内的平等伙伴，也承认联邦中的罗斯地区为平等伙伴之一。如今涅米里奇决定把这一愿望变成现实，其手段是将哥萨克国塑造成罗斯公国，以与波兰和立陶宛平等的第三方身份加入联邦。

哥萨克大叛乱让部分波兰精英对罗斯公国这一概念持比从前更开放的态度，但哥萨克群体的崛起也造成了其独特的政治和社会组织结构，增加了重归的难度。于是，参照1648年前哥萨克上层提出的要求，哈佳奇联合立刻向1 000个哥萨克家族授予了贵族地位，并每年为每个哥萨克军团提供100个家族的贵族名额。除了满足哥萨克人的社会地位需求外，哈佳奇联合还满足了哥萨克人及其贵族们关于宗教的要求。只有东正教徒才能在新的公国里担任行政职务。奇特的是，这个条约中还包含一条关于彼得·莫希拉创立的基辅学院的条款，承认其为一所高等学院。很明显，代表哥萨克一方前来谈判的贵族们感

---

1 Hadiach，今乌克兰东北部波尔塔瓦州城市。

兴趣的不只是哥萨克权利。

哥萨克人与波兰人重归于好的消息促使沙皇发出呼吁，号召哥萨克人起来反抗"叛徒"维霍夫斯基。莫斯科沙皇国的军队和反对维霍夫斯基的哥萨克人（包括扎波罗热哥萨克人）夺取了哥萨克国的南部地区。1659年春天，维霍夫斯基也发出呼吁，争辩说是沙皇违反了他与哥萨克人的协议，侵犯了哥萨克人的权利和自由。他召集了克里米亚盟军，对挺进中的莫斯科军队发动了攻击。1659年6月，战斗在今天俄罗斯－乌克兰边界附近发生，被称为"科诺托普[1]之战"。这场战役以维霍夫斯基的大胜告终。超过10万人的莫斯科军队被击败，4万多人阵亡。莫斯科人的精锐骑兵也被歼灭。鞑靼人乘胜追击，洗劫了莫斯科沙皇国的南部边境。莫斯科城内关于沙皇即将逃离首都的谣言也四处流传。

维霍夫斯基未能向莫斯科进军。尽管他在科诺托普取得胜利，莫斯科人在乌克兰的守军仍坚持战斗，而哥萨克人中反对维霍夫斯基的一派也恢复了力量。有关波兰议会批准哈佳奇联合的消息更加快了他们的恢复：最后在议会通过的条约未能满足波兰谈判代表向维霍夫斯基许下的承诺。尽管哥萨克统领希望得到今天乌克兰西部的地区，包括沃里尼亚和波多里亚，但条约将新公国的领地限制在基辅、布拉茨拉夫和切尔尼戈夫三省。它还将在册的哥萨克人的数量限制在3万人，外加1万名雇佣兵，即总共4万人，比赫梅尔尼茨基在佩列亚斯拉夫谈判后很快从沙皇那里争取到的6万人名额少了2万人。尤里·涅米

1　Konotop，今乌克兰北部苏梅州城市。

里奇曾亲自赶往华沙,在议会为哈佳奇联合申辩。"我们生而自由,在自由中成长。我们也将作为自由人重归自由。"他对议会代表们说。最终议会批准了联合,但不是涅米里奇和维霍夫斯基想要的版本。收到修改过的版本后,维霍夫斯基告诉信使说他带来的是死亡。

如今维霍夫斯基被大部分哥萨克人视为了叛徒。涅米里奇在与维霍夫斯基的反对者们的冲突中被杀。波兰议会中其他哥萨克代表也在统领的敌人召集的哥萨克会议上被处死。维霍夫斯基本人不得不逃之夭夭。他取得了每一场战斗的胜利:在波尔塔瓦之战中他击败了反对派,在科诺托普之战中他击败了莫斯科军。他输掉的只是自己集团内部关于与波兰关系的争论。从统领之位退下之后,维霍夫斯基逃往西乌克兰,成为波多里亚地区巴尔城[1]的长官,同时保留了基辅省总督的头衔和随之取得的波兰上议院席位。这是哈佳奇联合中唯一得到真正执行的条款。

维霍夫斯基担任统领的时代为哥萨克乌克兰历史揭开了新的一页——以内部纷争和同族相残为标志的一页。由于单凭哥萨克军队的力量不足以保住哥萨克国,每一个成为统领的人都必须保持哥萨克群体的团结,同时还必须不断在地区强权之间周旋。几乎没有人能成功完成这样的任务。赫梅尔尼茨基通过严刑峻法才让哥萨克军官们服从管束:他的手段包括将作乱者绑在大炮上(1648年屠杀事件的主导者马克西姆·克里沃尼斯[2]就曾受到这种处罚),甚至下令处死哥萨克中的

---

[1] Bar,今乌克兰西部文尼察州城市。
[2] Maksym Kryvonis(?—1648),赫梅尔尼茨基叛乱时期哥萨克切尔卡瑟团团长,以作战勇猛和手段残忍知名。

叛变者。维霍夫斯基没能保住哥萨克国内的统一。这一任务再次落到了博赫丹·赫梅尔尼茨基的儿子尤里身上。维霍夫斯基被推翻后,尤里再度被选为统领。赫梅尔尼茨基的王朝回来了,但乌克兰的问题仍然远未得到解决。

1659年秋天,尤里·赫梅尔尼茨基在一些哥萨克军官的支持下上台。这些军官相信他们能同沙皇达成协议,而且不会比老赫梅尔尼茨基争取到的条件差。然而他们失算了。尤里和他的支持者开始与莫斯科人谈判时,才发现自己掉进了陷阱。新的哥萨克会议在一名莫斯科军事长官(voevoda)的提议下召开了,会场周围却是一支4万人的莫斯科沙皇国军队。会议确认了小赫梅尔尼茨基的当选,但条件是削减他父亲曾得到的权利和待遇。从此哥萨克统领选举都需要得到沙皇的明确首肯,而获选的统领也无权处理外交事务,也不能不经莫斯科的同意就任命团长。此外,哥萨克国内的所有主要城市都要有莫斯科沙皇国的军队驻扎。

维霍夫斯基倒向波兰没能像他的对手们期待的那样让莫斯科人做出让步,反而让他们削减了哥萨克国先前拥有的权利。沙皇的官员希望臣民们明白:任何情况下他们都不会容忍有人破坏与莫斯科达成的联合。1660年1月,莫斯科沙皇国的总督们给小赫梅尔尼茨基送去了一个信号以明确这一点。在一次对基辅的莫斯科驻军发动的袭击失败后,丹尼洛·维霍夫斯基(Danylo Vyhovsky)——前统领的兄弟、小赫梅尔尼茨基的表亲——落到了莫斯科人手里,被折磨至死。他的尸体旋即被送到年轻的新统领位于苏博蒂夫祖产的住处。看到丹尼洛的棺材的那一刻，这位统领痛哭流涕。"他全身被鞭子抽烂，挖空的眼眶里塞进了银子，耳朵也被人用钻头挖开，同样塞上了银子。"一名当时碰巧在场的波兰外交官写道，"他的手指被削掉，双腿也被人沿着脉管切烂。总之，如此残忍闻所未闻。"

如果沙皇和他的官员们希望借此恐吓年轻的统领和他的部属，他们没能达到目的。根据同一篇记述，这位哥萨克军官惨遭屠戮的遗体不仅让小赫梅尔尼茨基流下了眼泪，也在他的宫廷中激起了愤怒。丹尼洛·维霍夫斯基年轻的遗孀对杀害她丈夫的凶手发出了诅咒。复仇在这一年晚些时候来临。1660年秋天，在莫斯科军与一支受克里米亚鞑靼人支持的波兰部队的战斗中，小赫梅尔尼茨基和他的军队改变了阵营，向波兰国王宣誓效忠。莫斯科军被击败了，其指挥官成为克里米亚人的俘虏，长达20年之久。

尽管波兰人的胜利令哥萨克人喜悦，它却没能为哥萨克国带来好处。哥萨克人重归波兰国王治下，却不得不接受比哈佳奇联合曾为波兰议会批准那个版本更苛刻的条件。新的条约直接删掉了"罗斯公国"这些对哈佳奇联合的哥萨克推动者们至为重要的字眼。在莫斯科人与波兰人争夺乌克兰的战争中，哥萨克人每一次改变阵营，都会失去更多的主权。对哥萨克人的政治体而言，莫斯科沙皇国和波兰王国这两个对手太过强大。他们施加的压力很快就超出了这个酋长国所能承受的极限，让它沿着第聂伯河分裂成了两部分。

1660年，当尤里·赫梅尔尼茨基在第聂伯河右岸建立自己的大本营时，位于左岸的哥萨克军团在莫斯科人的支持下选出了他们自己的临时统领。赫梅尔尼茨基发动了一系列进攻，试图征服叛乱的军团，却没能实现目标。那一地区接近莫斯科沙皇国边界，沙皇国的军事长官们已经在那里站稳了脚跟。1663年年初，22岁的统领彻底绝望，宣布退位，并归隐于一座修道院。统一的哥萨克国至此正式终结。同年，右岸哥萨克人选出了一位忠于波兰的统领，而左岸则选出一位承认莫斯科沙皇国统治的统领。4年后，也就是1667年，莫斯科和波兰的外交官们签署了安德鲁索沃[1]停战协议，将哥萨克乌克兰分成两部分。左岸归于莫斯科沙皇国，右岸归于波兰。

老的哥萨克国并非没有进行抗争就任人宰割。彼得罗·多罗申科[2]是哥萨克最显赫的家族之一的后裔。他率领那些将哥萨克国视为真正祖国并反对其分裂的人揭竿而起。多罗申科的祖父在17世纪20年代曾担任哥萨克人的统领，他的父亲则是博赫丹·赫梅尔尼茨基部下的一名团长。他本人出生于奇希林，在统领的宫廷中开始了他的生涯。被升为团长后，他参与了一系列外交任务，其中包括与瑞典人、波兰人和莫斯科人的谈判，甚至曾率领一个哥萨克使团前往莫斯科。作为尤里·赫梅尔尼茨基的支持者，他投向了右岸乌克兰，并在1665年被右岸的哥萨克人选为统领。

哥萨克乌克兰将被分割的消息让哥萨克精英阶层感到震惊，也激起了他们的斗志。多罗申科赢得选举也正是因为他承诺将再度发起对波兰的反抗，并将统一第聂伯河两岸的乌克兰地区。与他之前

---

1 Andrusovo，今俄罗斯斯摩棱斯克附近的一个村庄。
2 Petro Doroshenko（1627—1698），哥萨克政治和军事统帅，曾任右岸乌克兰统领和莫斯科沙皇国的维亚特卡（今俄罗斯基洛夫州首府基洛夫）总督。

的博赫丹·赫梅尔尼茨基一样，多罗申科依靠的是克里米亚鞑靼人的支持。他们的联军在1667年秋天对波兰军队发起进攻，迫使国王承认右岸哥萨克国的自治权。随后多罗申科东渡第聂伯河，夺取了左岸乌克兰——当时左岸已经发生了反对莫斯科人的叛乱。出于征税的目的，沙皇的官员们试图发起一次普查，这令左岸哥萨克人感到不满。当乌克兰将被分割的消息从安德鲁索沃传来时，不满变成了公开的叛乱。

已是右岸乌克兰哥萨克统领的多罗申科在左岸也被选为统领。尽管身处两大瓜分势力之间，哥萨克国仍然再度统一起来。然而这次统一没能持续多久。很快，多罗申科就不得不离开左岸乌克兰，前去对付波兰人的新攻势以及他们扶植的一名新统领。莫斯科的军队借机占领了左岸地区。如今多罗申科只剩下奥斯曼人可以指望。1669年7月，苏丹穆罕默德四世给他送来了新的仪仗（insignia of office），其中有一柄统领权杖，还有一面旗帜。苏丹将多罗申科和他部下的哥萨克人纳入了自己的保护之下，条件与他给予摩尔达维亚和瓦拉几亚统治者的一样：一经召唤，他们就要为苏丹动员自己的军队。伊斯坦布尔想要的不仅是第聂伯河两岸的哥萨克乌克兰，还包括维斯瓦河以东和涅曼河[1]以南的全部罗斯土地。

伊斯坦布尔的野心甚为远大，然而此刻的局势似乎有利于哥萨克人将20年前赫梅尔尼茨基的梦想变成现实，将波兰-立陶宛联邦内的

---

[1] Nieman，亦作 Neman，东欧主要河流之一，发源于白俄罗斯山区，流经白俄罗斯、立陶宛和俄罗斯，注入波罗的海，全长937千米。

全部罗斯土地掌握在自己手中。这一次奥斯曼人送给哥萨克统领的不只是仪仗，还有实实在在的军队。1672年，一支超过10万人的奥斯曼帝国军队渡过多瑙河，在其臣属克里米亚、瓦拉几亚、摩尔达维亚加上现在的哥萨克人的配合下，对波兰军队发动了攻势。他们的兵锋深入联邦，远远越过了霍京（半个多世纪前那场关键战役的发生地），将波多里亚的卡缅涅茨要塞团团围困。这座要塞地处悬崖之上，周围是一道深谷，被认为是不可能攻克的天险。然而仅仅被围10天之后，卡缅涅茨要塞就落入了奥斯曼人手中。很快苏丹的军队又围困了利维夫。波兰人选择媾和，放弃了波多里亚和第聂伯河中游地区。多罗申科和他的支持者们沉浸在喜悦之中。

然而多罗申科的愿望并没有实现。奥斯曼人将卡缅涅茨要塞和其周边的波多里亚地区置于自己的直接控制之下，哥萨克人获得了第聂伯河中游的旧地，却没有得到一个独立的国家。土耳其人没有打算将攻势延伸到第聂伯河左岸或向北进军沃里尼亚和白俄罗斯。而这还只是多罗申科的麻烦的开始。奥斯曼人将一些基督教堂改成了清真寺，并纵容克里米亚鞑靼人在这一地区掳掠奴隶，这激起了民愤。在多罗申科名义上的统治下，第聂伯河右岸地区的人口迅速减少，而他的支持者减少的速度也不遑多让。随着本地居民向东西两个方向逃亡，右岸地区变得寥无人烟。许多人渡过第聂伯河前往左岸。此时莫斯科人已经粉碎了左岸哥萨克精英阶层的叛乱，扶植了一名顺从的新统领，并开始推动经济的复苏。右岸却变成了一片废墟，这也是乌克兰历史中整个"废墟年代"的得名由来。

多罗申科离开乌克兰政治舞台只是个时间问题了。他不仅没能将乌克兰统一为奥斯曼帝国的一个关系松散的保护国，反而引入了又一个宰割乌克兰的强权，而这一个比之前的强权更具毁灭性。1676年，莫斯科人的军队在其左岸哥萨克友军的支持下渡过了第聂伯河，进军多罗申科的都城奇希林。这位哥萨克统领辞去了他的职务，并向沙皇宣誓效忠。沙皇放了他一条生路，反而因为他的"弃暗投明"而授予他总督的头衔，让他前往莫斯科以东近900千米的维亚特卡（今基洛夫）为沙皇工作。他得以在今天莫斯科州的村庄雅罗波勒兹（Yaropolets）退休。多罗申科娶了一名俄罗斯贵妇为妻（他们的后裔之一是亚历山大·普希金的妻子娜塔莉亚[1]），并在1698年死于雅罗波勒兹。具有讽刺意味的是，1999年，一个波多里亚人社团在多罗申科的坟墓上建起了一座小教堂——波多里亚是受奥斯曼人统治祸害最烈的地方，而将奥斯曼人带到乌克兰的正是多罗申科。

奥斯曼人对乌克兰部分地区的直接统治没有持续多久。他们没有把太多注意力放在这片边境地区，而是需要从其他地方获取资源，尤其是地中海地区。多罗申科去世的那一年，波多里亚就重归波兰的统治。奥斯曼人离开了这个舞台，而第聂伯河也完全恢复了莫斯科沙皇国－波兰王国边界的地位。哥萨克国并未完全消失，但其领土和自治权（更不用说独立性）都遭到严重削减。如今哥萨克国只存在于左岸乌克兰。17世纪上半叶曾繁盛一时的哥萨克土地可以集聚足够的人力、财力和军力来挑战本地区的强权，却不能保护哥萨克革命取得的

---

1 Natalia Pushkina（1812—1863），俄国著名诗人普希金之妻，当时莫斯科最受人瞩目的名媛之一。1837年普希金在与丹斯特的决斗中被丹斯特卑鄙地抢先开枪击中。普希金去世后，她守寡7年后再嫁。

成果。至于外国盟友，哥萨克人可以说是尝试了所有可能性——从克里米亚人和奥斯曼人开始，至莫斯科人、瑞典人和波兰人结束。没有一个选择获得了成功。不仅哥萨克乌克兰，连整个乌克兰地区都失去了统一性。直到18世纪末，大部分从前由波兰掌握的乌克兰地区仍分属波兰和俄国。这一分裂状态将对乌克兰人的身份认同和文化产生深远影响。

第 12 章

波尔塔瓦的裁决

以莫斯科沙皇为宗主,哥萨克国仅在第聂伯河左岸地区得以存续,并成为各种民族开创事业的温床。其中一种潮流可以与"乌克兰"这个词挂上钩:它视哥萨克国为一个独特的政治体和祖国,并由此成为近代乌克兰民族认同发展的根源。另一种则与哥萨克国的官方名称"小俄罗斯"联系在一起,后来我们所知的"小俄罗斯主义"(将乌克兰视为"次俄罗斯"、将乌克兰人视为大俄罗斯民族之一部分的观点)由它而来。

在 1708 年哥萨克统领伊凡·马泽帕[1]掀起最后一次大规模哥萨克叛乱之前,这两种知识传统一直在哥萨克国内并存。马泽帕叛乱针对莫斯科沙皇国,也针对俄罗斯帝国的正式开创者沙皇彼得一世。这场叛乱在俄军击败跟随卡尔十二世[2]进入乌克兰的瑞典军队后结束。1709 年的波尔塔瓦战役[3]深刻地改变了哥萨克国和整个乌克兰的命运。马泽

---

1 Ivan Mazepa(1639—1709),彼得大帝时代的左岸乌克兰哥萨克统领(1687—1709 年在任)。
2 Charles XII(瑞典语作 Karl XII,1682—1718),瑞典国王(1697—1718 年在位)、军事家。
3 Battle of Poltava,俄国与瑞典的大北方战争中最著名的战役,发生于 1709 年 6 月 27 日。俄国在波尔塔瓦战役中的决定性胜利终止了瑞典作为欧洲北方霸主的时代。

帕将乌克兰视为一个独立于俄罗斯的整体,而卡尔十二世的失败对他和他关于乌克兰的设想则是双重的打击。接下来的一段岁月里,将乌克兰的历史和文化与俄罗斯紧密联系起来的小俄罗斯主义阐释将在哥萨克国的官方话语中占据统治地位。将乌克兰视为一个独特的祖国、政治体乃至民族的观点并没有完全消失,但将在一个多世纪中远离乌克兰话语的中心。

17世纪的最后几十年中,莫斯科人得以将左岸乌克兰置于自己掌控之下,不光是因为他们的军力强大,也是因为他们比竞争对手更富于弹性。尽管沙皇们利用每一次哥萨克统领选举来削减哥萨克国在博赫丹·赫梅尔尼茨基时期获得的权利和优待,他们也懂得一张一弛。1669年,在彼得罗·多罗申科叛乱期间,莫斯科就曾同意重新回到与赫梅尔尼茨基所获待遇相近的条件。当第聂伯河另一侧的哥萨克人本就少得多的优待条件遭到波兰人削减时,莫斯科人就是这么做的。其结果不难想象:波兰治下的哥萨克地区的人们纷纷被吸引到左岸定居,左岸的经济得到持续发展,而右岸则变成了一片真正意义上的荒漠。在允许哥萨克人获得更多权利的同时,沙皇们也成功地将他们变成自己的子民。

没过多久,左岸的经济发展就带来了基辅的经济和文化复兴。基辅学院重新开课;在17世纪50年代曾经逃离的教授们迎来了新一批学生;学院开设了新的科目;诗人们创作新的诗篇;剧院也开始上演新戏。在17世纪早期由梅列季·斯莫特里茨基开创的乌克兰巴洛克文学在伊凡·维里奇科夫斯基[1]的诗歌和拉扎尔·巴拉诺维奇[2]的散文中达到顶峰。巴拉诺维奇曾是基辅学院的一名教授，后来成为切尔尼戈夫大主教。他的学生西蒙·波罗茨基[3]将基辅的巴洛克文学风格带到了莫斯科，并在那里帮助奠定了俄罗斯世俗文学诞生的基础。基辅的作品、实践和观念在17世纪下半叶不断向莫斯科沙皇国传播，在该国东正教会中造成了一次分裂。沙皇和牧首支持彼得·莫希拉式的革新，保守派们却群起反抗，团结在遵奉"旧信条"[4]的领袖周围。难怪官方教会对他们的称呼"拉斯科尔尼奇"（*raskol'niki*，意为"分裂者"）也来自乌克兰。

然而文化影响是双向的。基辅的教士们在将西式文化的样本从乌克兰带到莫斯科沙皇国的同时，也从莫斯科的政治意识形态中获得武器。这种意识形态的核心在于将信奉东正教的沙皇视为这个新的政治和宗教世界的枢纽。波兰-立陶宛联邦中的东正教知识分子长期以来没有一位自己的君主，因此渴望能有机会进入一个拜占庭式的理想东正教世界，一位专制君主与唯一真教会能够琴瑟和鸣的世界。然而最终现实的考量压过了理想主义。早在17世纪20年代，新获得圣职的东正教会主教们因为受到华沙的打压，选择了莫斯科作为他们的后盾

1　Ivan Velychkovsky（？—1726），乌克兰诗人、波尔塔瓦教区大司祭。
2　Lazar Baranovych（1620—1693，一说1593—1694），乌克兰宗教、政治和文学界人士，曾担任基辅莫希拉学院院长、切尔尼戈夫大主教，并曾多次临时担任基辅、加利西亚和全罗斯都主教。
3　Simeon Polotsky（1629—1680），白俄罗斯出生的俄罗斯诗人、戏剧家、牧师。他是近代俄罗斯文学的奠基者之一，也是俄罗斯文化和教育西方化潮流的先锋。
4　The Old Belief，指俄罗斯东正教会中"旧信徒"（Old Believers，或称旧礼仪派，Old Ritualists）所持的信条。旧信徒们为反对莫斯科和全俄罗斯牧首尼孔（Nikon，1605—1681）的教会改革，于1666年脱离了俄罗斯东正教会。

和可能的避难所。对沙皇保护的渴求在佩列亚斯拉夫协议（1654）之后变得更加强烈，并在安德鲁索沃停战协议（1667）将哥萨克一分为二之后达到顶点。

根据停战协议的条款，位于第聂伯河右岸的基辅本应在两年的宽限期后归属波兰。再次回到天主教君主统治之下的前景让基辅的教士阶层恐惧不已，于是他们发挥了自己从基辅学院和欧洲的耶稣会学校学到的全部说服能力，让沙皇相信基辅应该留在他手中。他们取得了巨大的成功。基辅洞穴修道院掌院因诺肯季·吉泽尔[1]是"说服沙皇"运动的领袖之一。他的愿望是将基辅留在沙皇治下，同时保留基辅都主教区的独立地位。然而事与愿违。沙皇在17世纪70年代成功留下了基辅。下一个十年，乌克兰境内的莫斯科沙皇国官员和他们的支持者成功地将基辅都主教区的管辖权从君士坦丁堡转移到了莫斯科。管辖权的转移发生在1685年——基辅的教士得到了沙皇的保护，却付出了失去独立的代价。

对基辅的未来的争夺催生了现代以前俄罗斯帝国历史上影响最大的作品之一——第一册印刷版罗斯历史"课本"，这本书在吉泽尔掌管的洞穴修道院出版，有一个长长的巴洛克风格的名字：《关于斯拉夫—罗斯民族起源、神佑之城基辅的早期王公及神圣而虔诚的基辅及全罗斯大公、开国君主弗拉基米尔生平的诸编年史简编或略要》（*Synopsis, or a Brief Compendium of Various Chronicles About the Origin of the Slavo-*

---

[1] Inokentii Gizel（约1600—1683），日耳曼裔的东正教会圣人和文化人士，曾担任基辅学院哲学教授和基辅多座修道院的院长。

Rossian Nation and the First Princes of the Divinely Protected City of Kyiv and the Life of the Holy, Pious Grand Prince of Kyiv and All Rus', the First Autocrat, Volodymyr，以下简称《略要》）。它第一次出版是在 1674 年，当时基辅正准备应对奥斯曼人的进攻，而波兰人也要求莫斯科人归还基辅。在这本《略要》中，基辅被描述为历代莫斯科沙皇的第一个首都和莫斯科式东正教信仰的诞生地，是一座不可能丢弃给异教徒或天主教徒的城市。书中有关斯拉夫－罗斯民族的内容更加支持了这样的论点：根据《略要》作者们的说法，因为有斯拉夫－罗斯民族，莫斯科沙皇国与哥萨克国才得以结合成一个政治实体。这为许多俄罗斯人至今仍然相信的一个神话打下了基础，即他们的民族起源于基辅。然而在 17 世纪，莫斯科沙皇国的精英阶层并未思考民族血缘的问题。将莫斯科沙皇国和乌克兰的居民们视为同属一个民族的是基辅的修士们。直到 19 世纪，俄罗斯帝国的建造者们才会完全体会到基辅修士这种创见的好处。

莫斯科沙皇国和波兰对乌克兰的分割导致了一种危机。在这种危机下被迫产生一种新的身份认同的，不仅有基辅的教士们，也有哥萨克军官阶层。在这方面，哥萨克精英们已经不再需要依赖教士们的创造：基辅学院的毕业生中不仅有牧师和主教，也有哥萨克军官，甚至包括不少统领。如果说教士们无法设想一个没有东正教沙皇的家园，哥萨克军官们却根本不需要什么沙皇。他们的忠诚归于一个共同的哥萨克"祖国"，第聂伯河两岸都在它的怀抱之中。

在 1663 年之前，也就是乌克兰第一次发生事实分裂那一年之前，哥萨克军官们用"祖国"这个词描述整个波兰－立陶宛联邦或波兰王国。在1658年的哈佳奇联合时期，正是回归波兰祖国的念头诱使他们回到波兰国王治下。然而分裂之后一切都不同了。一位又一位的统领开始在他们的通函或公告中呼吁乌克兰祖国的统一，而乌克兰祖国指的正是包括第聂伯河两岸的哥萨克国。安德鲁索沃停战协议之后，所有的统领（包括彼得罗·多罗申科和尤里·赫梅尔尼茨基在内）都将乌克兰祖国的利益描述为他们的最高效忠对象，高于其他任何忠诚和义务。哥萨克祖国的范围超越了哥萨克人更传统的忠诚目标——扎波罗热哥萨克军。它不仅包括哥萨克军团，也包括哥萨克国的领土及其居民。统领们将这个祖国称为"乌克兰"。1667年之后，第聂伯河两岸的哥萨克人都开始用"乌克兰"来称呼他们的祖国。

最后一名尝试将第聂伯河左岸和右岸统一于自己统治之下的哥萨克统领是伊凡·马泽帕。只有两位统领的形象出现在乌克兰独立后发行的纸币上。一位是五赫里夫尼亚纸币上的博赫丹·赫梅尔尼茨基，另一位就是十赫里夫尼亚纸币上的伊凡·马泽帕。在乌克兰之外，尤其是在西方，马泽帕可能比赫梅尔尼茨基更为知名：伏尔泰、拜伦勋爵、亚历山大·普希金和维克多·雨果都描述过马泽帕的生平和功勋。他出现在欧洲歌剧院和北美剧场的演出中，以"Mazeppa"（他的名字的法语拼写）之名，以一位君主和一位爱人的形象在文学和文化中赢得了声名。在马泽帕担任哥萨克统领期间，两种不同的祖国概念——乌克兰和小俄罗斯——再次展开了竞争，而他统治的结果则是一种新的小俄罗斯身份认同的形成。

马泽帕统治哥萨克国的时间超过20年（1687—1709），比他的任何前任都要长，并最终得享天年。这本身就已经算是一个成就——他的前任中有两人或被杀害，或被判处死刑。马泽帕之前的两名统领都在被控"叛国罪"后遭莫斯科派遣的总督逮捕，并被流放到西伯利亚。他们的家人也遭到迫害。仅仅是得罪莫斯科的朝臣们就足以让一名哥萨克统领丢掉职衔、自由甚至性命，不需要他犯下阴谋反对沙皇或尝试与波兰人、奥斯曼人或瑞典人合作等罪行。

马泽帕的生命轨迹反映了17世纪最后数十年间哥萨克群体的普遍命运。这位将来的统领出身于左岸乌克兰的一个东正教贵族家庭，在基辅莫希拉学院和华沙的耶稣会学校接受教育，并在西欧学习了炮兵技术。回国后，年轻的马泽帕在波兰国王的宫廷中开始了他的外交和军事生涯。他在后来加入了哥萨克统领彼得罗·多罗申科的阵营，却被与莫斯科人结盟的扎波罗热哥萨克人俘虏。根据那个首先由伏尔泰向西欧读者讲述后来又被许多人重复过的故事，马泽帕落到扎波罗热哥萨克人手中是因为一件结局悲惨的风流韵事。据称他是一名波兰高官年轻妻子的情人。高官发现这桩情事之后，下令将马泽帕剥光衣服绑到一匹马身上，然后将这匹马放入荒原。在这个故事中，扎波罗热哥萨克人发现了奄奄一息的马泽帕，并将他救活。无论故事的真相如何，可以肯定是扎波罗热哥萨克人让马泽帕的哥萨克生涯得以平步青云。他们将这个俘虏送到了统领伊凡·萨莫伊洛维奇[1]那里。作为一名受过良好教育并见多识广的军官，马泽帕得到了伊凡的任用。

在17世纪的后几十年中，大批哥萨克显贵、普通士兵、市民和

---

[1] Ivan Samoilovych（？—1690），左岸乌克兰的哥萨克统领（1672—1687年在任）。

农民从第聂伯河右岸迁到了俄国人控制的左岸乌克兰。马泽帕也是这股迁移潮流的一员。政治的稳定，外加哥萨克国从沙皇那里得到的相对广泛的自治权，促进了这一地区的经济和文化生活复苏。正如彼得·莫希拉时代一样，复苏的中心仍然是都主教驻地基辅，是洞穴修道院和基辅学院。接任统领之后，马泽帕尽其所能地推动哥萨克国的持续经济复兴以及宗教和文化生活的繁荣。

成为统领的马泽帕下令修复在漫长的哥萨克战争中年久失修的教堂，其中有莫希拉曾经修复过的圣索菲亚大教堂，也有圣母安息大教堂和洞穴修道院的圣三一教堂。它们是基辅罗斯时代留下的建筑遗产的一部分。马泽帕还下令修建新的教堂，包括洞穴修道院的圣母诞生教堂，还有基辅和他的都城巴图林[1]（位于哥萨克国东北部，接近莫斯科沙皇国边境）城中的其他许多教堂。洞穴修道院之外的大部分教堂都没能在20世纪30年代幸存下来：布尔什维克们打算将基辅变成一座真正的社会主义首都，派出拆迁队将这些教堂拆毁。然而马泽帕在洞穴修道院内修建的那些教堂连同修道院的部分围墙得以保存至今，成为这位哥萨克统领的慷慨和财富的证明。这是莫希拉之后基辅城中第一次大兴土木。这一时期的标志性建筑风格在后来被称为哥萨克风格或马泽帕巴洛克风格。

与他之前的所有统领都不同，马泽帕是一名能将经济权力和政治权力都集中到自己手中的统领。这是因为他从帝国权力金字塔的顶端得到了前所未有的支持。沙皇彼得一世视马泽帕为他的忠仆。在彼得

---

[1] Baturyn，今乌克兰北部切尔尼戈夫州古城。

与其异母姐姐索菲亚[1]的权力斗争中,马泽帕选择站在未来沙皇一边。彼得在后来让马泽帕成为获授圣安德鲁勋章的第一人,那是彼得亲自设立的尊崇奖励。当哥萨克军官们向沙皇抱怨他们的统领并习惯性地控告他叛国时,沙皇将告发信交给了马泽帕,而没有采取莫斯科统治者们的传统做法——用这样的控告来打击哥萨克统领。彼得甚至允许马泽帕处死这些来自哥萨克精英阶层的告发者,向他展现出了更多的信任。

彼得-马泽帕同盟关系在1708年秋天戛然而止,其时正值大北方战争(1700—1721)[2]的白热化阶段。战场位于波罗的海地区,交战双方是莫斯科沙皇国和瑞典及它们各自的盟友。战争之初,瑞典似乎占上风。在击败了莫斯科人的盟友、波兰的"强者"奥古斯特二世[3]并迫使他下台后,年轻而雄心勃勃的瑞典国王卡尔十二世开始向莫斯科进军。彼得且战且退,使用焦土战术来拖慢敌军的进攻步伐。

这种毁灭性的手段加剧了哥萨克精英阶层早已有之的不满,将他们从彼得一方推向卡尔十二世。多年以来,哥萨克团长们一直向马泽帕抱怨彼得在哥萨克国境外对哥萨克军团的调用,尤其是利用他们来开掘圣彼得堡城内和周边的运河。(彼得在1702年建立了圣彼得堡,

---

1 Sofia Alekseyevna(1657—1704),沙皇阿列克谢一世之女,曾任摄政(1682—1689年在位)。彼得一世亲政后,她夺权不成,被放逐为修女。
2 Great Northern War,1700年至1721年间俄国与瑞典之间的战争。战争的结果是俄国从此称霸波罗的海。
3 Augustus II(1670—1733),神圣罗马帝国萨克森选帝侯弗里德里克·奥古斯特一世(1694—1733年在位)、波兰国王及立陶宛大公奥古斯特二世(1697—1706、1709—1733年在位)。他因身形魁梧、力大无穷而获得了"强者"的绰号。

它将成为俄罗斯帝国的首都）由于严寒和疾病，哥萨克人在圣彼得堡像蚊蝇一样大量死去。雪上加霜的是，彼得还引入了新的税种及行政改革，让哥萨克国面临失去其国中之国的特殊地位、沦为莫斯科沙皇国普通省份的危险。团长们坚持认为，这一切都侵犯了博赫丹·赫梅尔尼茨基与莫斯科沙皇国之间订立的保护盟约。

马泽帕与卡尔十二世的波兰盟友们取得了联系，对他的各种外交政策选项进行了思量，但没有采取行动。瑞典国王在其进军莫斯科的路上决定绕道乌克兰，而沙皇却拒绝派出任何援兵。这意味着马泽帕必须独力保卫哥萨克国，并放火烧掉卡尔十二世进军路线上的村镇。直到此时，马泽帕才听从了团长们的要求，倒向了战争的另一方。尽管莫斯科沙皇国与历代哥萨克统领之间有众多的协议，它却没有执行它的首要义务——为哥萨克国提供保护。如今连左岸乌克兰也得考虑一下其他选择了。哥萨克军官们开始琢磨 50 年前的哈佳奇联合中提出的条件。1708 年 11 月，马泽帕率领一群心腹之臣和一支哥萨克小部队离开了都城巴图林，加入了前进中的卡尔十二世的大军。

为了保密起见，在突然离开巴图林之前，马泽帕没有在哥萨克国内采取任何会刺激到彼得的行动。这对马泽帕的个人安全来说是一个审慎的决定，但对反叛本身则造成了巨大的麻烦。得知马泽帕叛逃的消息后，彼得派他的得力干将亚历山大·缅什科夫[1]率领一个军团进入了乌克兰。没有一支哥萨克军队采取行动来阻止缅什科夫，于是莫斯

---

1 Aleksandr Menshikov（1673—1729），彼得大帝时期俄国重要的政治人物，曾获俄罗斯帝国陆军大元帅、海军上将、最高枢密院成员、神圣罗马帝国亲王和俄罗斯帝国王公等头衔。

科人的军队出其不意地夺取了统领的首都巴图林，获得马泽帕为自己和瑞典人的军队准备的大量军备物资。让情况变得更糟的是巴图林的陷落对整个乌克兰社会造成的打击。缅什科夫不光夺取了这座城市，还下令屠城。包括妇孺在内，超过1万名巴图林守军和市民惨遭杀害。巴图林如今是一处著名的旅游景点，也是一个考古重镇。在此工作的考古学家们至今仍不断发现死者的遗骨。缅什科夫发出的信号强烈而清晰：沙皇不会容忍叛变行为。

双方开始对哥萨克人和哥萨克国其他居民的忠诚展开争夺。争夺主要以公告的形式进行：彼得发出公告，马泽帕则以公告回敬。这场被称为"宣言之战"的争夺从1708年秋天持续到1709年春天。沙皇给马泽帕扣上叛国的罪名，将他称为犹大，甚至下令准备一个羞辱性的圣犹大勋章，好让他在马泽帕被抓获后给他戴上。马泽帕则拒绝接受这样的指控。与他之前的维霍夫斯基一样，他将沙皇与统领之间的关系视为契约。在他看来，沙皇侵犯了曾经许给博赫丹·赫梅尔尼茨基和他的继任者们的权利和自由。这位统领争辩说：他的忠诚不归于君主，而是归于哥萨克军团和乌克兰祖国。马泽帕也向他的民族宣示了忠心。他在1708年写道："莫斯科，也就是大俄罗斯民族，向来憎恨我们小俄罗斯民族。它长久以来一直满怀恶意，一心要把我族驱向毁灭。"

由于"宣言之战"、莫斯科军的果断行动，以及在彼得授意下举行的新统领选举，马泽帕的阵营里出现了一道新的裂痕。那些曾经劝说马泽帕倒戈的团长们如今担心遭到报复，没有召集各自的部队前来为马泽帕效力。许多人加入了莫斯科人一方。在普通哥萨克士兵、市民和农民中，马泽帕也没有什么支持者。比起接受天主教徒、穆斯林或这一次的新教君主的统治，普通人更倾向一个信仰东正教的沙皇。当卡尔十二世与彼得的决战到来时，莫斯科一方比瑞典一方拥有更多的哥萨克人。

1709年7月初，在波尔塔瓦城附近的战场上，一支2.5万人的瑞典军团与两倍于己的莫斯科军相遇了。双方阵营中都有哥萨克部队，但都作为侧翼参战。这不光反映了他们的忠诚受到怀疑，也说明哥萨克人不是欧洲国家正规军的对手——曾经令人胆寒的哥萨克军已经成了历史。约有3 000到7 000名哥萨克人站在马泽帕和瑞典人一方，而投向莫斯科人的哥萨克人要多出3倍以上。敌军的数量优势对卡尔十二世来说从来不是问题。他曾击败过比这更多的俄国人和波兰人。但这一次不同了。在敌国土地上度过一个冬天之后，他的军队已经不像从前那样强大。一向身先士卒的卡尔十二世也在几天前受了伤。他把自己的责任分派给一批军官，而不是集中在一名指挥者手上。战斗来临之际，这样的安排在瑞典军中造成了混乱。

战斗以莫斯科军取得决定性胜利而告终。卡尔十二世和马泽帕被迫逃离乌克兰，前往奥斯曼人控制的摩尔达维亚寻求庇护。1709年秋天，流亡中的伊凡·马泽帕在摩尔达维亚城市本德尔[1]去世。卡尔则直到5年后才回到他的王国。波尔塔瓦战役常被历史学家们视为大北方战争的转折点。命运在这里发生了奇特的转向：一场争夺波罗的海控制权的军事冲突在乌克兰战场上一决胜负，导致瑞典失去了它在北欧的霸主地位，并使俄国踏上了跻身于欧洲大国之林的道路。然而，在

---

[1] Bender，今摩尔多瓦东南部城市。

波尔塔瓦战役造成的各种后果中，最富戏剧性的无疑是战役发生地出现的变化。

莫斯科人的胜利为基辅教士阶层和沙皇当局之间的关系开启了新的篇章。1708年秋天，沙皇就曾迫使基辅都主教将马泽帕谴责为叛国者，并将他革出教门。波尔塔瓦战役之后，曾将马泽帕比作弗拉基米尔大公的基辅学院的院长特奥凡·普罗科波维奇[1]在沙皇面前做了一次长篇布道，对他的前恩主进行谴责。这些会被马泽帕视为变节的行为在彼得眼中却是忠心的宣示。普罗科波维奇在后来成为彼得的改革中最重要的理论家。他将支持彼得夺取绝对权力的努力，并将提出一种论证，证明彼得有权在其君位的传承上打破寻常的父终子继模式——彼得以叛国罪将自己唯一的男性继承人送上了审判台，并让他死于牢狱之中。[2] 普罗科波维奇是《灵魂规训》[3]一书的主要作者。这本书以由一名世俗官员担任主席的圣主教公会[4]取代了牧首在俄国东正教会中的统治权。他还支持将彼得称为"祖国之父"的观念。从前普罗科波维奇和其他基辅教士们用这个称号颂扬马泽帕，如今却将它带到了莫斯科沙皇国。

特奥凡·普罗科波维奇辉煌的帝国生涯反映了一个更广泛的现象，

---

[1] Teofan Prokopovych（1681—1736），乌克兰东正教大主教、作家、哲学家。
[2] 这里指的是彼得大帝的长子阿列克谢·彼得洛维奇（Alexei Petrovich，1690—1718）。他曾在1716年逃往奥地利，希望逃离父亲的控制。回国后被控叛国罪，遭到残酷迫害，并死于狱中。
[3] Spiritual Regulation，彼得大帝时期的一部东正教会改革纲要。
[4] Holy Synod，俄罗斯帝国东正教会在1721年至1918年间的最高领导机构，由彼得大帝在莫斯科牧首阿德里安去世后设置。彼得大帝取消了牧首一职，代之以由沙皇任命的多名主教和世俗官员组成的宗教会议。

即帝国将受到西式教育的基辅学院毕业生收入彀中的努力。彼得需要这些人来实现对莫斯科沙皇国的教会文化和社会的西化改革。基辅学院的毕业生们纷纷流向莫斯科沙皇国,一开始数以十计,后来数以百计,并在那里开展他们的事业。他们担任各种各样的职务,有东正教会临时首脑,有主教,也有随军牧师。其中一名基辅人——罗斯托夫[1]都主教季米特里·图普塔罗[2]——甚至因其对"旧信条"的斗争而被封圣。这些人不仅帮助彼得对俄国进行西方化改革,还通过宣传新俄罗斯祖国乃至新俄罗斯民族的理念,将俄国改造成一个近代政治体。乌克兰人,或者说小俄罗斯人,则被视为这个民族必不可少的一部分。

如果说彼得旨在加强其独裁统治和集中国家机构的政策为宗教领袖们带来了令人兴奋的新机遇,这些政策对哥萨克军官们来说却是一场真正的灾难。马泽帕的叛逃令沙皇更加感到将哥萨克国整合到帝国体制和行政结构中的迫切性。如今的哥萨克统领伊凡·斯科罗帕德斯基[3]受到一名俄国人的监督。他的都城从被夷为平地的巴图林迁到了距离俄国边界更近的赫卢希夫[4]。俄军如今也在哥萨克国内长期驻扎。追随马泽帕流亡的哥萨克军官的家眷们遭到逮捕,其财产也被没收。1721年大北方战争以俄国的胜利结束后,更多的变化接踵而至。彼得沙皇将莫斯科沙皇国改名为"俄罗斯帝国",并自称为俄罗斯帝国第一代皇帝。接下来的几年中,沙皇利用斯科罗帕德斯基去世的机会直接

---

[1] Rostov,今俄罗斯西部雅罗斯拉夫尔州首府。
[2] Dymytrii Tuptalo(1651—1709),俄罗斯东正教会圣人、作家、神学家。
[3] Ivan Skoropadsky(1646—1722),左岸乌克兰哥萨克统领(1708—1722年在位),马泽帕的继任者。
[4] Hlukhiv(俄语作格鲁霍夫),今乌克兰东北部城市,紧邻俄罗斯。

取消了统领的职权,将哥萨克国置于被称为"小俄罗斯管理委员会"(Little Russian College)的机构管辖之下。管理委员会的首脑则是彼得指派的一名帝国军官。哥萨克人群起抗议,向圣彼得堡派出了一个请愿团以争取他们的权利。然而这些努力都落了空。沙皇逮捕了哥萨克反对者中的领袖帕夫洛·波卢博托克[1]团长。帕夫洛在圣彼得堡的圣彼得和保罗要塞[2]的一间囚室里死去。

马泽帕选择铤而走险,但最终失败。他一心要保护的哥萨克国同样失败了。我们无从知道如果卡尔十二世没有在战前负伤,而追随马泽帕的哥萨克人更多一些的话,哥萨克国的命运将会如何。我们能确知的是马泽帕的后继者们希望建设并在其中生活的是一个什么样的国家。这方面的知识来自一份呈给皮利普·俄尔里克[3]、被称为《共识与条件》(Pacta et conditiones)的文件。俄尔里克是摩尔达维亚的流亡哥萨克人在马泽帕去世后选出的统领——不用说,这些流亡哥萨克人不会承认在彼得授意下被选出的斯科罗帕德斯基为他们的合法领袖。这份《共识与条件》在今天的乌克兰被称为《皮利普·俄尔里克宪法》,通常被视为乌克兰的第一部宪法。许多人骄傲地宣称它比美国宪法更早获得通过。事实上,与《共识与条件》最接近的应该是波兰议会选举国王所依据的条款。这份文件尝试通过保障哥萨克军官和普通哥萨克士兵的权利来对统领的权力做出限制。由于有许多扎波罗热哥萨克人跟随

---

1 Pavlo Polubotok(1660—1724),哥萨克政治和军事领袖,曾在 1722 年至 1724 年间任左岸乌克兰临时统领。
2 St. Peter and Paul Fortress,圣彼得堡的一座城堡,建于 1706—1740 年。
3 Pylyp Orlyk(1672—1742),马泽帕的部下,摩尔达维亚境内流亡哥萨克人的统领。

马泽帕流亡,《共识与条件》对扎波罗热哥萨克人的权利保障尤为突出。

关于哥萨克国的过去、当下和将来,《共识与条件》为我们呈现了一种独特的视野。俄尔里克曾担任马泽帕的总书记官。聚集在他周围的哥萨克军官们没有去基辅罗斯和弗拉基米尔大公那里寻找自己的起源——那已经是被基辅的沙皇拥护者们据为己有的经典神话。他们将自己的血统上溯至哈扎尔人,也就是基辅罗斯之前的游牧先民之一。这一观点更多基于语言而非历史。虽然在今天看来可笑,但以早期近代的语言学标准视之,它却相当站得住脚。在乌克兰语中,"哥萨克"和"哈扎尔"这两个词的发音即使不是完全相同,也十分接近。至关紧要的,是要主张确有一个独立而不同于莫斯科人所属民族的哥萨克民族存在。俄尔里克和他的军官们视情况不同会将这个民族称为哥萨克人、罗塞尼亚人或小俄罗斯人。然而俄尔里克的大部分观点不为其同胞们所知或者支持。在他们的故乡乌克兰,哥萨克人正努力为保住他们仅存的一点自治权而斗争。

彼得一世在1725年2月去世,比身陷囹圄的哥萨克团长波卢博托克去世晚了几个星期。哥萨克国内的哥萨克人将这看作上天对彼得施于他们的不义做出的惩罚,也看作拿回他们被沙皇褫夺的部分特权的良机。在他们的诉求中,恢复统领的职权成为第一要务。1727年,哥萨克军官们选举彼得早年的反对者丹尼洛·阿波斯托尔[1]担任新近重设

---

1 Danylo Apostol(1654—1734),左岸乌克兰统领(1727—1734年在任)。他曾在马泽帕叛乱中支持马泽帕,但在后来倒戈。

的统领一职，完成了心愿。为了庆祝夺回博赫丹·赫梅尔尼茨基曾取得的这一特权，哥萨克人找出了这位老统领的一幅画像，恢复了对他的崇拜。他们不仅将赫梅尔尼茨基视为将哥萨克人从波兰的压迫下救出来的解放者，也视为哥萨克人权利和自由的保卫者。赫梅尔尼茨基的这种新形象让他成了一个象征，代表着哥萨克国精英们的小俄罗斯主义身份认同。这种身份认同意味着只有维持哥萨克人的特殊地位和特权，才能换取他们的政治效忠。

这一身份认同到底是什么呢？它是一种粗糙却有效的混合体，其中既有教士阶层的亲俄话语，也有哥萨克军官阶层的自治主张。小俄罗斯主义理念最显著的特点是对沙皇的忠诚，同时其身份认同又强调帝国中哥萨克民族的权利和待遇。哥萨克精英阶层眼中的小俄罗斯仅限于左岸乌克兰地区，在政治、社会和文化上都不同于北方的白俄罗斯地区和第聂伯河右岸的乌克兰其余地方。这一新政治体和新身份认同的基因中有着明显的早期民族建构印记。在这一时期的哥萨克文献中（18世纪早期，哥萨克历史写作的出现成为一种新的文学现象），罗斯或罗塞尼亚、小俄罗斯和乌克兰都是可以互换的名词。这样的用法有其逻辑，因为这些名词的背后是各种紧密相连的政治体和身份认同。

要确定这些名词以及它们所代表的现象之间的关系，我们能找到的最佳类比莫过于一副套娃玩具。最大的一个套娃是后波尔塔瓦时代的小俄罗斯身份认同。它里面的一层是涵盖第聂伯河两岸的哥萨克乌克兰祖国理念。下一层是波兰-立陶宛联邦中的罗斯或罗塞尼亚身份认同。而在这套套娃的核心，所谓小俄罗斯身份认同中，则保存着关于古老的罗斯共同体和晚近的哥萨克乌克兰的记忆。乌克兰核心终将从小俄罗斯套娃的外壳里破茧而出，并对过去的哥萨克人曾拥有或追求的土地提出要求，这只是个时间问题。然而在波尔塔瓦战役刚刚结束之际，没有人知道这一点。

III

第三卷

帝国之间

BETWEEN
THE
EMPIRES

第 13 章

新的边界

　　东欧和中欧的地缘政治在 18 世纪的最后四分之一时间里出现了戏剧性的变化。变化的主要特征和原因是俄罗斯帝国的军事力量和地缘政治影响力的增强。1709 年的波尔塔瓦战役之后，俄罗斯帝国就走上了成为欧洲超级大国的道路。俄罗斯帝国的首席大臣亚历山大·别兹博罗德科[1]——他是哥萨克国一个显赫军官家族的后裔——曾在 17 世纪末对一名年轻人说："在我们这个时代，欧洲每一发炮弹的发射都需要征得俄国的同意。"帝国的边界向西和向南迅猛推进。奥斯曼人不得不从黑海北岸退却，波兰-立陶宛联邦也已解体，并从欧洲地图上消失了。

　　许多乌克兰人的积极参与推动了这些巨变的发生。18 世纪八九十年代俄国外交政策的主要设计者别兹博罗德科就是其中之一。别兹博罗德科促成的变化对他家乡的同胞也造成了影响。乌克兰如今成为地

---

[1] Oleksandr Bezborodko（1747—1799），18 世纪俄国政治家、外交家，继尼基塔·帕宁（Nikita Ivanovich Panin，1718—1783）之后成为叶卡捷琳娜二世时期俄国外交政策的主导者。他被俄国沙皇保罗一世封为公爵。

缘政治大变革的中心，既从这场变革中受害，也从中受益。此时哥萨克国已从欧洲和俄罗斯帝国的地图上消失。乌克兰境内的两条主要文化边界——东西方基督教分界线和基督教-伊斯兰教分界线——也开始移动。俄罗斯帝国的疆域变化也改变了文化空间。在西方，俄国当局将天主教会和联合教会的扩散阻止在了第聂伯河一线，并将之向后压缩。在南方，草原边界的"消失"成为新的刺激因素，促使乌克兰向黑海和亚速海方向发展。

在研究政治、思想和文化的历史学家眼中，18世纪首先是一个启蒙的世纪。启蒙时代始于17世纪中叶，一直延续到18世纪晚期。其特点是个人主义、怀疑主义和理性在政治和哲学领域的兴起，这也是启蒙时代又被称为理性时代的原因。然而"理性"这个词可以从多个角度来理解。自由理念与保护个人权利是这一时期各种著作的中心议题，然而理性统治和君主专制同样如此。近代共和制和近代君主制同样深深植根于法国哲学家们的思想中。18世纪欧洲的专制君主和美国的建国者一样，深受启蒙思潮的影响。前者中包括三位在历史上被称为"启蒙独裁者"的君主——俄国的叶卡捷琳娜二世[1]、普鲁士的腓特烈二世[2]和奥地利的约

1　Catherine II（1729—1796），即俄罗斯帝国女皇叶卡捷琳娜二世阿列克谢耶芙娜（Yekaterina II Alexeyevna，1762—1796年在位），亦译作凯瑟琳二世（英语发音），被称为叶卡捷琳娜大帝。她是德意志的安哈尔特-采尔布斯特亲王的女儿、俄国沙皇彼得三世的妻子，在彼得三世继位后不久就发动政变将其废黜。

2　Frederick II（1712—1786），普鲁士国王（1740—1786年在位）、军事家、作家、作曲家。他在位期间，普鲁士在政治、军事和文化艺术领域都得到迅猛发展，让德意志启蒙运动得以开展，也令普鲁士获得了欧洲大国的地位。

瑟夫二世[1]。他们都是自己国家第二位使用各自名字的君主，都相信理性的统治、绝对的君主制和自己统治的正当性。除开这些，他们还有一个共同点：都参与了对波兰的多次瓜分（1772—1795），由此最终摧毁了波兰-立陶宛联邦在启蒙运动激发下进行的改革尝试。为瓜分波兰欢呼的不是别人，正是伏尔泰。他将对波兰的宰割视为自由主义和宽容的胜利，甚至是理性的胜利。他还给叶卡捷琳娜二世写信，称俄罗斯帝国政府将最终为欧洲的那片地区带来和平。

叶卡捷琳娜二世统治俄罗斯帝国超过30年。她的构想和改革可以用如下原则来解释：统治者的绝对权力、合理的统治，还有对帝国所有地区和所有臣民施行统一的标准。这些原则对哥萨克国来说都不是好兆头——哥萨克国是一个自治的国中之国，其存在的基础正是它在帝国内拥有的特殊地位。关于这一地区，女皇考虑的第一件事就是废除帝国内部的边界，将哥萨克国完全纳入帝国。"小俄罗斯、利沃尼亚和芬兰都是拥有确定特殊待遇的省份，"叶卡捷琳娜二世在1764年写道，"我们应以尽可能和缓的方式，将这些省份和斯摩棱斯克俄罗斯化，以免它们一直像狼一样渴望回到森林。要做到这一点应该很简单，选择明智的人担任这些省份的总督即可。一旦小俄罗斯没有了自己的统领，我们不光不应拔擢新人来担任这个职务，还要全力从他们的记忆中抹去关于统领和统领时代的记忆。"

彼得一世是第一个废除哥萨克统领的俄国君主。他在1722年伊

---

[1] Joseph II（1741—1790），哈布斯堡-洛林王朝的奥地利大公（1765—1790）、神圣罗马帝国皇帝（1765—1790年在位）。

凡·斯科罗帕德斯基死后就这么做了。彼得一世于 1725 年去世。两年后哥萨克人选出一名新统领，恢复了哥萨克国的自治。然而这一次复国没能持续多长时间。18 世纪 30 年代中期，帝国政府在哥萨克统领丹尼洛·阿波斯托尔死后禁止举行新的统领选举，哥萨克国再度归于政府机构小俄罗斯管理委员会的管辖之下。1750 年，统领制度再度短暂恢复，但权杖并未落到某位哥萨克团长或总参谋部成员手中，而是归于俄罗斯帝国科学院院长，他的名字是基里洛·罗苏莫夫斯基[1]，是一名游历甚广、多才多艺的 22 岁的年轻人。

罗苏莫夫斯基出生于哥萨克国，在哥廷根大学接受教育，最主要的身份是一位帝国朝臣。他的少年得志和辉煌生涯得益于其家族的各种关系。他的哥哥阿列克西[2]是基辅和切尔尼戈夫之间的小城科泽列奇[3]的一名年轻人。他的歌唱天赋让他进入了圣彼得堡的宫廷合唱团，担任歌手和班杜拉[4]琴手。阿列克西在这里遇到了彼得一世的一名孙女、后来的俄罗斯女皇伊丽莎白[5]。他们成了恋人，据某些记述说他们还秘密结了婚。无论真相如何，反正哥萨克人阿列克西·罗苏姆变成了俄国伯爵阿列克谢·拉苏莫夫斯基（乌克兰语罗苏莫夫斯基），被一些朝

---

1 Kyrylo Rozumovsky（1728—1803），乌克兰哥萨克政治家、最后一位小俄罗斯哥萨克统领（1750—1764 年在任）。他担任过俄罗斯帝国科学院院长。叶卡捷琳娜二世在 1764 年废除哥萨克统领职衔后，罗苏莫夫斯基成为俄罗斯帝国陆军元帅。
2 Oleksii Rozumovsky（1709—1771），阿列克西·罗苏莫夫斯基（或罗苏姆，Rozum），乌克兰哥萨克歌手。他受到俄罗斯帝国女皇伊丽莎白·彼得罗芙娜的宠爱。
3 Kozelets，今乌克兰北部切尔尼戈夫州小城。
4 Bandura，一种乌克兰拨弦民族乐器。
5 Elizabeth Petrovna（1709—1762），彼得一世和叶卡捷琳娜一世之女、俄罗斯帝国女皇（1741—1762 年在位）。她在 1741 年推翻年仅 1 岁的伊凡六世后登基。

臣称为"夜帝"。在"夜帝"的建议下,伊丽莎白女皇恢复了哥萨克统领职衔,并将它赐给了阿列克西的弟弟。

大罗苏莫夫斯基为伊丽莎白登上帝位立下了汗马功劳(1741年伊丽莎白登基时他是宫廷总管),小罗苏莫夫斯基则在叶卡捷琳娜二世成为女皇的道路上扮演了重要角色。叶卡捷琳娜二世在宫廷卫队的支持下通过政变上台,她的丈夫和合法君主彼得三世[1]则在政变过程中被暗杀。除开谋害其夫之外,本名索菲·弗里德里克·奥古斯特·冯·安哈尔特-采尔布斯特-多恩堡(Sophie Friederike Auguste von Anhalt-Zerbst-Dornburg)的叶卡捷琳娜对帝位的继承权也不太站得住脚。将叶卡捷琳娜拥立上台的人认为她因此欠了他们的情。"每名卫士在看到我时都可以说:'是我让那个女人成了沙皇。'"叶卡捷琳娜二世在给伏尔泰的信中说。乌克兰的哥萨克统领基里洛·罗苏莫夫斯基就是有这种想法的人之一。他希望得到的回报是将统领之位改为世袭,而他在哥萨克国的臣民也想要更多的自治权和本地的立法权。

哥萨克人中的一些爱国者如今也将哥萨克国称为小俄罗斯,但将它视为与被他们叫作大俄罗斯的帝国核心平等的政治体。"我并非臣服于你,而是臣服于你的君主。"谢曼·季沃维奇[2]在其诗歌《大俄罗斯与小俄罗斯的对话》("A Conversation Between Great and Little Russia",1762)中写道。这首诗写于叶卡捷琳娜即位后不久,诗中一个拟人化的小俄罗斯向大俄罗斯说出了上面的话。季沃维奇在这句话之后继续

---

1 Peter III(1728—1762),俄国沙皇(1762—1762年在位)、彼得一世的孙子、伊丽莎白女皇的外甥、叶卡捷琳娜二世的丈夫。他在1762年登基后不到半年就被叶卡捷琳娜二世废黜。
2 Semen Divovych,哥萨克统领赫卢希夫政府中的一名翻译。

写道："不要以为你是我的主人，你我的君主才是我们的共同统治者。"这种将小俄罗斯与大俄罗斯的合并视为王朝联合的图景可以追溯到哈佳奇联合的精神。然而合法性受到质疑的女皇叶卡捷琳娜二世无意统治一个主张特权和优待的政治联合体。她心目中只有一个中央集权的帝国，它将以合理的方式被划分为各个行政单位，而非哥萨克国这样的国中之国。

叶卡捷琳娜二世将统领召回了圣彼得堡，并在1764年秋天整个撤销了哥萨克统领的职衔。希望破灭的不光是罗苏莫夫斯基，还有哥萨克国内的许多爱国者。新任的哥萨克国（如果它还能被称为哥萨克国的话）统治者是彼得·鲁缅采夫[1]将军。鲁缅采夫是俄罗斯人，其职衔是新创设的"小俄罗斯总督"，并统领着这一地区的俄国军队。他统治哥萨克国20多年。农奴制和帝国的税务邮政系统也在这个时期被引入了哥萨克国。18世纪80年代初，他主持取消了哥萨克国的领地自治权，并废除了基于哥萨克军团的行政和军事体系。哥萨克部队被纳入了帝国常备军。根据叶卡捷琳娜二世在整个帝国推广的新行政体制，哥萨克国的行政单位被整合成三个帝国省份。

在将她心目中那个秩序井然的帝国变成现实的过程中，叶卡捷琳娜二世无疑是从容不迫的。从废除统领职衔到将哥萨克国在行政上纳入帝国，同化哥萨克国的过程持续了差不多20年。转变以渐进的方式发生，没有引起新的叛乱，也没有制造出为乌克兰自治献身的烈士。这一过程也得益于许多哥萨克人的支持——他们将帝国对哥萨克国的

1　Petr Rumiantsev（1725—1796），18世纪俄罗斯帝国名将、陆军元帅。

吸纳视为天命。哥萨克国的许多体制和实践似乎都已经过时了，无法应对理性时代的挑战。帝国的整合将哥萨克部队变成了纪律严明的军队，还为哥萨克国带来了学校系统和正式邮政服务等公共设施。当然，整合也带来了农奴制，但几乎没有哥萨克军官对此提出抗议，毕竟他们是农奴劳动的受益者。

哥萨克精英阶层在哥萨克国和斯洛博达乌克兰——从17世纪开始即受俄国直接管辖的哈尔基夫和苏米[1]周边地区——占有统治地位，但占这两个地区人口大多数的则是农民。18世纪中，这些农民发现自己不断失去的不光是土地，还有赫梅尔尼茨基叛乱取得的最大成果——自由。18世纪下半叶，哥萨克国内近90%和斯洛博达乌克兰境内超过一半的农民已经生活在别人的田庄上。田庄的拥有者包括东正教会和如今已成为贵族的哥萨克军官。叶卡捷琳娜二世在1783年5月颁布法令，禁止生活在贵族田庄上的近30万农民离开他们的居住地，并强迫他们为地主无偿劳动。这是乌克兰的第三次农奴化浪潮。

一些观点认为：哥萨克国内至少有一个人发出了反对农奴化的声音，这个人就是瓦西里·卡普尼斯特[2]。他是波尔塔瓦地区一个哥萨克军官家族的后裔，写下了叶卡捷琳娜时代最知名的抗议诗篇——《奴隶制颂歌》（"Ode on Slavery"，1783）。部分学者认为卡普尼斯特抗议的是农民的农奴化，另一些学者则认为他是在反对哥萨克国体制的废除。事实上，这两者可能都是他反对的目标。它们差不多在同一时

---

1 Sumy，亦译作苏梅（俄语发音），今乌克兰北部城市。
2 Vasyl Kapnist（1758—1823），乌克兰诗人、社会和政治活动家。

间发生,由同一位统治者的法令推行。对叶卡捷琳娜二世的统治给他的家乡带来的后果,卡普尼斯特没有掩饰他的失望。他用诗句来描述女皇如何对待自己的子民:"而你压迫他们,用锁链束缚那些为你祈祷的手。"

众多乌克兰精英在圣彼得堡度过了他们生涯中的大部分时光,为乌克兰和俄罗斯的文学和文化都做出了贡献。卡普尼斯特也是这些人中的一员。他的《奴隶制颂歌》进入了俄罗斯文学经典的行列。在彼得大帝时代,乌克兰教士们纷纷迁往俄罗斯并加入帝国教会。在叶卡捷琳娜时代,大量涌来的则是哥萨克军官的后代和基辅学院的毕业生。这些人更倾向于选择世俗的职业。仅在1754年到1768年间,这所高等学院就有超过300名毕业生选择为帝国服务或前往俄罗斯。他们所受的教育令他们可以轻松地在国外继续学业,之后再回来为帝国工作。整个帝国里乌克兰医生的数量是俄罗斯医生的两倍。在这个世纪的最后20年里,圣彼得堡师范学院中超过三分之一的学生来自哥萨克国。叶卡捷琳娜二世禁止乌克兰教士加入俄罗斯教会(她登基时,大部分俄罗斯主教都已经是乌克兰移民),但乌克兰人流入帝国行政部门和军队的速度并没有慢下来。

新一代哥萨克军官将他们对哥萨克国的忠诚与为帝国服务结合起来。亚历山大·别兹博罗德科的生涯就是一个很好的例子。1747年,别兹博罗德科出身于哥萨克国的总书记官家庭,后来在基辅学院接受教育。如果他早出生几十年,这样的背景足以为他在哥萨克国内开始一段辉煌生涯打下很好的基础。但时代已经不同了。别兹博罗德科成了团长，但其上司已经不是哥萨克统领，而是小俄罗斯的帝国总督彼得·鲁缅采夫。年轻的别兹博罗德科参加了一次对奥斯曼人的战争，在许多战斗中展示了自己的勇气，并在担任鲁缅采夫的书记处负责人时表现优异。他在1774年成为团长，下一年就到了圣彼得堡，受女皇亲自差遣。

1768年至1774年间的俄土战争加速了别兹博罗德科的晋升，让他从前哥萨克国来到帝国首都。不光是哥萨克国，整个乌克兰都受到了这场战争的巨大冲击。战争的导火索是1768年春天发生在右岸乌克兰的一场叛乱。

事实上，有两场叛乱同时发生：第一场是一次暴动，或者用当时当地的话来说，是（波兰的和波兰化的）天主教贵族的反抗"同盟"，针对的则是波兰－立陶宛联邦议会授予宗教异见者（尤其是东正教徒）和天主教徒同等权利的决议。叶卡捷琳娜二世通过自己的使节迫使议会中的天主教代表们通过了这一决议——俄国使节威胁说他将调遣俄国军队来达成目标。对叶卡捷琳娜二世而言，这是证明她有资格代表俄国和东正教立场的方式。叛乱者们拒绝服从议会决议，将之解读为一个不仅会破坏他们的宗教，也会侵害他们的国家主权的俄国阴谋。这次贵族起义在波多里亚小城巴尔爆发，因此得名"巴尔同盟"。

巴尔同盟的成员们在右岸乌克兰地区追捕剩下的东正教徒。这种行为激起了另一场叛乱，其参加者是信仰东正教的哥萨克人、市民和农民。他们受俄国政府和教会官员的鼓动，起来反抗天主教贵族，在人们心中激起对1648年（赫梅尔尼茨基叛乱的第一年）那种规模的屠杀再度出现的恐惧。扎波罗热哥萨克人再一次与那些曾听命于当局的哥萨克人携起手来。前者的领袖是马克西姆·萨利兹尼亚克[1]，后者则以伊凡·贡塔[2]为首。在乌克兰民粹主义者眼中和后来的苏联历史叙事中，这两名哥萨克领袖都将成为英雄。与1648年一样，叛乱的受害者是波兰贵族、天主教会和联合教会牧师，还有犹太人。18世纪，犹太人已经回到了右岸乌克兰，重建了他们的经济、宗教和文化生活。他们中许多人追随拉比以色列·巴尔·谢姆·托夫[3]。这位拉比于18世纪40年代在波多里亚城市梅德日比日[4]传授哈西迪[5]教义。天主教叛乱者想要得到一个不被俄国插手的天主教国家；东正教徒想要的则是受俄国人管辖的哥萨克国；犹太人则希望不受干涉。他们都没能得到自己想要的东西。

1768年夏天，俄国军队跨过了波兰-立陶宛联邦的第聂伯河边界，对巴尔同盟的天主教徒和信仰东正教的哥萨克人和农民同时发起进攻。这一行动尤其出乎后者意料，因为他们将沙皇的军队看作自己的解放者。然而帝国有自己的逻辑。两场叛乱都威胁了这一地区的稳定，也都遭到镇压。然而在叛乱被平定之前，一支自称归属俄国的哥萨克部队从巴尔塔[6]踏出波兰边界，进入了克里米亚汗国的领土。奥斯

---

1 Maksym Zalizniak（约1740—1768），1768—1769年波兰-立陶宛联邦哥萨克叛乱中的扎波罗热哥萨克领袖。
2 Ivan Gonta（？—1768），曾是波兰的基辅总督手下的哥萨克雇佣兵首领，在1768年叛乱中倒戈，与扎波罗热哥萨克合作。
3 Israel Baal Shem Tov（约1700—1760），即以色列·本·埃利泽（Yisroel ben Eliezer），18世纪西乌克兰地区的一名犹太教拉比，犹太教哈西迪派的创始人。
4 Madzhybizh，多作 Medzhybizh，今乌克兰西部赫梅尔尼茨基州小城。
5 Hasidism，犹太教正统派的一支，倾向于神秘主义。"哈西迪"意为"虔诚"。
6 Balta，今乌克兰南部敖德萨州城市。

曼人和法国人都对俄国在这一地区日益膨胀的影响力感到担忧,遂利用这次事件对俄罗斯帝国宣战。俄国接受了挑战。

小俄罗斯总督彼得·鲁缅采夫率领一支帝国军队和一支哥萨克部队进入了摩尔达维亚和瓦拉几亚。俄军取得了一连串胜利(别兹博罗德科在拉尔加和卡古尔的战斗[1]中表现突出),取得了对这两个公国的控制,连同其各自首都雅西[2]和布加勒斯特在内。俄军还攻下了奥斯曼帝国位于多瑙河畔的要塞伊斯梅尔[3]和基里亚[4],今天这两座城市都位于乌克兰境内。克里米亚也落入俄军之手,导致几乎整个南乌克兰都被俄国人控制。奥斯曼人兵败如山倒。在地中海上,奥斯曼帝国的海军也被得到英国顾问帮助的俄国舰队摧毁。

就俄国人在黑海地区的野心而言,1774年签署的《库楚克凯纳尔杰条约》[5]似乎是一种倒退。帝国军队不得不离开多瑙河河畔的摩尔达维亚公国和瓦拉几亚公国。此外圣彼得堡还必须将其部队撤离克里米亚。原因很简单:许多欧洲强国不愿看到俄国人在这一地区的影响力突然膨胀。然而条约在其他方面补偿了俄罗斯帝国。它实际上将奥斯曼人从黑海北岸地区和克里米亚赶了出去。俄国得以在亚速海和黑海地区建立起自己的前哨。克里米亚汗国也宣布成为独立国家。当然这只是一面之词:克里米亚半岛虽然从伊斯坦布尔手中独立出来,却成

---

1 均为第五次俄土战争中的著名战役。拉尔加之战(Battle of Larga)发生在1770年7月7日,卡古尔之战(Battle of Kagul)发生于同年8月1日。俄军在两场战役中均以少胜多。
2 Jassy,今罗马尼亚东北部城市,曾为摩尔达维亚公国首都。
3 Izmail,今乌克兰西南部敖德萨州城市。
4 Kiliia,今乌克兰西南部敖德萨州城市。
5 Treaty of Kuchuk Kainarjae,第五次俄土战争结束后俄罗斯帝国与奥斯曼帝国达成的和约,于1774年7月签订于库楚克凯纳尔杰(今保加利亚境内凯纳尔贾)。

为圣彼得堡的附庸。

1783年,克里米亚正式并入俄罗斯帝国。一支俄国军队进入半岛,将最后一位克里米亚可汗流放到俄罗斯中部地区。此时已经是俄国外交政策主导者的别兹博罗德科在这一进展中扮演了重要角色。他还是所谓"希腊方案"(Greek Project)的始作俑者。这一方案旨在瓦解奥斯曼帝国,建立一个受俄国控制的新拜占庭帝国,并在多瑙河河畔建立由摩尔达维亚和瓦拉几亚合并而成的新国家达西亚(Dacia)。这个方案无果而终,但从帝国当局给克里米亚城市起的希腊式名字中仍可以发现它的遗响。这些城市包括辛菲罗波尔[1]、叶夫帕托里亚[2]和最有名的塞瓦斯托波尔——克里米亚归于俄国之后两年,俄国在塞瓦斯托波尔建立了海军基地。

1787年,叶卡捷琳娜二世前往克里米亚视察。受到这个消息和"希腊方案"传言的刺激,奥斯曼人发动了一场新的战争,意在夺回黑海北岸的控制权。然而他们再一次失败了,这一次输给了俄国人和奥地利人结成的同盟。根据亚历山大·别兹博罗德科1792年在雅西签署的和约,俄罗斯帝国将其地盘扩大到整个南乌克兰地区。奥斯曼人承认克里米亚和刻赤海峡对岸的库班地区[3]为俄国领土。随着别兹博罗德科的笔尖落在和约上,乌克兰草原这条边界从此被俄罗斯帝国抹去。然而文化意义上的边界依旧存在,只不过被纳入了帝国内部。

---

1 Simferopol,克里米亚半岛中部城市,克里米亚自治共和国首都。
2 Yevpatoria,克里米亚半岛西岸港口城市。
3 Kuban region,俄罗斯南部库班河一带,位于顿河草原、伏尔加河三角洲和高加索山之间,与克里米亚半岛隔刻赤海峡相望。

军事手段取消了草原上的边界，同时使它向受帝国鼓励和主导的殖民化敞开。这一地区不再需要哥萨克人。事实上，帝国当局认为哥萨克人易于引起叛乱和冲突，还容易带来与邻国的矛盾，因此希望他们离开。俄罗斯哥萨克人参加了1773—1774年间的普加乔夫起义[1]，让政府更加确信这一点。下一年，从摩尔达维亚前线返回的俄罗斯帝国军队包围了扎波罗热哥萨克军，将哥萨克人驱散。被驱散的哥萨克人中的一部分被招入新建的哥萨克编伍，其中包括黑海哥萨克人——他们在后来被送往毗邻动荡不安的北高加索地区的库班半岛。其他哥萨克人留了下来，却不再作为一支有组织的力量存在。当叶卡捷琳娜二世在1787年来到克里米亚时，她的宠臣格里高利·波将金[2]向她展示了这些哥萨克人的定居点。"波将金村"的说法就来自这次展示——它之所以虚假，并不是因为这些村庄不存在，而是因为这些村庄早就在那里了，基本不是波将金努力的成果。

乌克兰南部草原地区的大规模垦殖在其还处于哥萨克人控制下时就开始了。扎波罗热哥萨克人自己就曾邀请避难的农民来到这里。在从哥萨克人手中夺来的土地上，政府逐步建立起自己的新定居点。逃脱奥斯曼帝国控制的塞尔维亚难民来到叶利萨维特格勒（今基洛沃格勒）[3]和巴克赫穆特（今顿涅茨克州的阿尔乔莫夫斯克）[4]以北地区。他

---

[1] 俄罗斯历史上规模最大的农民起义，发生于1773年至1774年间，领导者为叶梅利扬·普加乔夫（Yemelyan Pugachev，约1742—1775）。
[2] Grigorii Potemkin（1739—1791），18世纪俄罗斯帝国军人、政治家、叶卡捷琳娜二世的情人，曾任克里米亚总督。"波将金村"的典故来自他在接待叶卡捷琳娜二世时弄虚作假的布置，后来成为弄虚作假、装潢门面的代名词。
[3] Yelysavethrad，今乌克兰中部基洛沃格勒州首府基洛沃格勒（Kirovohrad）。
[4] Bakhmut，今乌克兰东部顿涅茨克州城市阿尔乔莫夫斯克（Artemivsk）。

们定居的两个地区分别被称为新塞尔维亚和斯拉夫塞尔维亚。随着俄国人的堡垒向南扩散,随着帝国从俄土战争和对克里米亚的吞并中取得新的领土,整个扎波罗热哥萨克地区如今成了被称为"新俄罗斯"的帝国省份的一部分。(这个省份的边界随时间而变迁,有时包括顿涅茨河地区和克里米亚,有时又将它们排除在外,但它从未如那些在 2014 年主张分裂乌克兰的俄国理论家所认为的那样包括过斯洛博达乌克兰的哈尔基夫地区。)新俄罗斯以从前属于扎波罗热哥萨克人的地区为中心,在 18 世纪最后数十年间成为国内外移民的主要目的地。

从 1789 年到 1790 年,为逃避强制兵役,第一批门诺派[1]教徒从普鲁士迁入这一地区,在紧邻第聂伯河险滩南面的霍尔蒂恰岛[2]上定居下来。更多来自他们故乡、与他们同属一个教派的人很快也将来到这里,一起到来的还有德意志新教徒和来自中欧的天主教殖民者。然而,"外国人"中的大部分却来自奥斯曼帝国,包括希腊人、保加利亚人和摩尔达维亚人。俄罗斯帝国当局对农民和工匠的需求早有确证。它鼓励这些人迁入,并向他们提供土地、税收减免以及各种俄国臣民梦寐以求的福利。

帝国上层对定居者的多族群构成感到欢欣鼓舞。在他们看来这可以证明帝国及其统治者的伟大。"摩尔达维亚人、亚美尼亚人、印度人、希腊人,还有黑皮肤的埃塞俄比亚人——无论他们来自世界的哪一片天空之下,都是叶卡捷琳娜的子民。"18 世纪晚期的诗人 V. P. 彼

---

1 Mennonites,由荷兰神学家门诺·西蒙斯(Menno Simons,1496—1561)创立的基督教团体。
2 Khortytsia,第聂伯河上的一座岛屿,由扎波罗热市管辖。

得罗夫[1]写道。截至 18 世纪末，这一地区总共约 50 万男性人口中已有 20% 是"外国人"，剩下的则是东斯拉夫人。东斯拉夫人中有一部分是被流放到边境地区的俄罗斯宗教异议者，然而大多数都是逃亡的乌克兰农民——他们多来自右岸乌克兰地区。新俄罗斯省由帝国创建，有着多族群色彩，然而这个省份的族群构成仍以乌克兰人为主。

新俄罗斯省的人口以乌克兰人为主，然而克里米亚鞑靼人却在包括克里米亚半岛在内的陶里达省[2]占有压倒性多数。圣彼得堡竭力让克里米亚被和平纳入帝国，给予克里米亚贵族以俄罗斯贵族的地位，还把从前属于可汗的土地赐给他们。汗国中的其他社会制度，包括伊斯兰教的统治地位在内，都未被触动。帝国并不急于求成。与哥萨克国的情况一样，帝国对克里米亚汗国的吸纳过程将花费超过一代人的时间。如此谨慎有诸多原因，其中之一是人口的外流。截至 18 世纪末，有近 10 万克里米亚汗国的前臣民离开了克里米亚半岛及其北方的黑海沿岸草原，去往奥斯曼帝国。对这种人口流动的一种解释是，这些人希望生活在一位穆斯林君主统治之下；另一种解释则是，草原边界的消失造成了此地经济机会的流失，因为奴隶贸易和战争掠夺已经彻底行不通了。

别兹博罗德科签署的雅西和约使俄国对克里米亚和南乌克兰地区的占领在国际法的框架内变得合法。第二年，也就是 1793 年，前哥

---

[1] Vasily Petrovich Petrov（1736—1799），18 世纪俄罗斯诗人、翻译家。
[2] Taurida Province，俄罗斯帝国历史地名，包括克里米亚半岛及位于第聂伯河下游和黑海、亚速海海岸之间的地区。Taurida 亦作 Tavrida（塔乌里达），是希腊人对克里米亚的称呼。

萨克国的西部边界上发生了另一起戏剧性的事件。俄国和波兰之间那条沿第聂伯河划定的边界由来已久,120多年来一直将乌克兰一分为二,却突然被抹去了。俄军渡过了第聂伯河向西挺进,其中部分由已经是帝国军队高级军官的前哥萨克军官们率领。他们占领了包括卡缅涅茨-波迪尔斯基要塞在内的东波多里亚,以及包括日托米尔城在内的沃里尼亚的一部分。在北方,俄军则占领了白俄罗斯城市明斯克和斯卢茨克[1]。

这次事态的变化是对波兰的第二次瓜分,它终结了第聂伯河边界的存在,也让乌克兰哥萨克人梦想已久的右岸和左岸乌克兰的统一变成了现实。对波兰的第一次分割发生在1772年,其时欧洲的三大强国——俄国、奥地利和普鲁士——夺取了波兰-立陶宛联邦的一部分。普鲁士分得了但泽(格但斯克)[2],使其核心地区和东普鲁士[3]连成了一片;俄国得到了东白俄罗斯;奥地利则分得了加利西亚。在18世纪的大部分时间里,俄国都通过迫于其军事和政治压力的波兰议会主宰着整个波兰-立陶宛联邦,更近一段时间则通过一位忠顺的波兰国王来实施控制。因此这第一次瓜分对俄罗斯帝国来说是一种损失,而非收获。实际上它是一个避免军事冲突的策略,因为此时圣彼得堡尚未做好战争的准备。奥地利人对俄国在1768—1774年俄土战争中的胜利感到担忧,站在了奥斯曼人一边,威胁要进攻俄国。因此俄国同意接受

---

1 Slutsk,今白俄罗斯中部城市。
2 Danzig,格但斯克(波兰语作 Gdańsk)的德语名称,今波兰滨海省(波美拉尼亚省)省会。
3 East Prussia,普鲁士王国及后来德意志帝国的一个省,今分属立陶宛、俄罗斯和波兰。东普鲁士包含了古普鲁士人在波罗的海的领地,被认为是容克贵族的发源地。

对波兰的第一次瓜分，实则是在利诱奥地利，让它不要插手奥斯曼帝国和俄国之间的冲突。

奥地利人吞下了这个诱饵。他们想要西里西亚[1]，即以今天的弗罗茨瓦夫（布雷斯劳）[2]为中心的地区，但俄国人给出的则是加利西亚。奥地利的哈布斯堡王朝皇后玛利亚·特蕾西亚[3]不喜欢"瓜分"这个词——在她看来那意味着这整个方案缺乏正当性——于是尝试用历史来为这次吞并正名。从历史上匈牙利国王们对中世纪的加利西亚－沃里尼亚公国提出的领土主张中，特蕾西亚找到了她想要的东西。从此这片新领土就被称为加利西亚和洛多梅里亚王国[4]。奥地利人没有把自己捏造的奥地利与加利西亚－沃里尼亚的联系当成一个玩笑。1774年哈布斯堡家族声称加利西亚王公对布科维纳[5]拥有主权，从摩尔达维亚攫取了这块地方。由于从1699年起整个外喀尔巴阡省（今天乌克兰最西端的地区）就处于维也纳的掌握之中，现在哈布斯堡家族得以将三个未来的乌克兰省份集中在自己手里。这一状况将对近代乌克兰和整个东欧地区产生重大的影响。

对波兰的第一次瓜分没有增加俄罗斯帝国手中的乌克兰领土——

---

1 Silesia，中欧历史地域，曾为普鲁士王国和德意志帝国的一部分，1945年后大部分并入波兰。
2 Wrocław（德语 Breslau），今波兰西南部城市，下西里西亚省省会。
3 Maria Theresa（1717—1780），德语作 Maria Theresia，哈布斯堡王朝的奥地利女大公、匈牙利女王、神圣罗马帝国皇后。她是神圣罗马帝国皇帝查理六世之女和弗朗茨一世之妻，也是当时哈布斯堡王朝权力的实际控制者。
4 Kingdom of Galicia and Lodomeria，亦称奥地利波兰，于1772年成立，包括今波兰南部和乌克兰西部，是奥地利皇室的领地。1918年奥匈帝国解体后，加利西亚和洛多梅里亚王国成为西乌克兰人民共和国。洛多梅里亚即沃里尼亚。
5 Bukovyna，中欧历史地域，在奥匈帝国时期曾属加利西亚和洛多梅里亚王国，今分属罗马尼亚和乌克兰。

俄国获得的地盘都在白俄罗斯和立陶宛。然而到了1793年,华沙发生的事件引发了对波兰的第二次瓜分,让情况发生了变化。1791年5月,波兰议会的代表们通过了一部新的、旨在让联邦重新站起来的宪法[1]。作为启蒙运动和法国大革命思想的产物,新宪法注重权力集中、善政和教育,并在宗教宽容领域实现了一些进步。在波兰周边的瓜分势力看来,这部宪法更重要之处则在于它承诺让波兰政府重新变得可以正常运转:它强化了国王权威,移除了所有议会决议必须全票通过的规定,即著名的,或者不如说臭名昭著的"自由否决权"(拉丁语 *liberum veto*)[2]。

看起来,尽管(或因为)遭遇了第一次瓜分的冲击,波兰-立陶宛联邦仍试图让自己脱离贵族党争的泥沼,重新成为一个中欧强国。为了防止这种情况出现,普鲁士和奥地利攫取了更多波兰领土。俄国人也不甘人后,他们的借口是保护传统的波兰权利和自由,包括"自由否决权"在内。乌克兰境内的第聂伯河边界必须被抹去,新的边界在沃里尼亚和波多里亚建立起来。俄国人将帝国国界一直推进到奥属加利西亚的东端,这让哈布斯堡王朝和罗曼诺夫王朝变成了邻居。与玛利亚·特蕾西亚皇后一样,叶卡捷琳娜二世也十分注重合法性的问题。第二次瓜分完成之后,俄国皇室发布了一枚纪念章,上面刻有帝国新边界的地图,其铭文为"我已收复失土",意指这片地区曾经属

---

1 即五三宪法,被认为是欧洲第一部、世界第二部成文国家宪法,仅晚于1788年通过的美国宪法。五三宪法在1792年俄波战争中被废除,仅施行一年。
2 17世纪中期至18世纪晚期波兰-立陶宛联邦议会中的制度。在此制度下,任何议会代表都可以终止当前议程并否决该议程已通过的法案。

于基辅罗斯。

俄国的边界还在继续向西推进。这已经与恢复基辅罗斯旧地无关，而是源于波兰－立陶宛联邦内部因第二次瓜分而发生的一次起义。起义的领袖是白俄罗斯人塔德乌什·科希丘什科[1]。他是巴尔同盟的老兵，参加过美国独立战争，修筑了西点防御工事，并被大陆会议晋升为准将。1784年科希丘什科回到波兰－立陶宛联邦，在波兰军队中担任少将。1794年，他在克拉科夫发动起义，成为联邦武装力量总司令。所有的瓜分势力——俄国、普鲁士和奥地利——都派军越过了波兰边界以镇压这次暴动。其结果是波兰王国的彻底毁灭。

这一次三位"启蒙独裁者"将第二次瓜分后波兰剩余的土地分了个干净。奥地利在与俄国对沃里尼亚（洛多梅里亚）的争夺中失败，改为吞并了包括克拉科夫在内的部分波兰国土。为了让吞并变得合法化，奥地利将这片土地视为加利西亚的一部分。普鲁士则扩大了其位于波罗的海南岸的地盘，直抵华沙。然而最大的受益者是俄国：它分得的部分有波罗的海诸省、立陶宛、西白俄罗斯，在乌克兰则获得了包括里夫涅[2]和卢茨克[3]在内的沃里尼亚地区。

一些人将对波兰的历次瓜分视为乌克兰的重新统一过程。苏联历史学界无疑采取了这一立场。事实上，对波兰的瓜分在乌克兰造成了

---

1 Tadeusz Kościuszko（1746—1817），波兰－立陶宛联邦自由主义者、军事家。他曾加入美国大陆军参加美国独立战争，后回到波兰参加1792年俄波战争，并在1794年的科希丘什科起义中成为波兰－立陶宛联邦军队总司令。波兰、立陶宛、白俄罗斯和美国均将科希丘什科视为民族英雄。
2 Rivne，今乌克兰西北部里夫涅州首府。
3 Lutsk，今乌克兰西北部沃伦州首府。

部分地区的统一，也造成了其他部分地区的分裂和切割。如果说在瓜分之前乌克兰大部分土地被波兰 - 立陶宛联邦和俄罗斯帝国分享，现在分享者则变成了俄罗斯帝国和哈布斯堡帝国。就乌克兰土地而言，俄国从小"股东"变成了大"股东"，掌握着乌克兰族群地区的大部分。

瓜分波兰的结果之一是：俄罗斯帝国内的乌克兰族人口占比从 13% 上升到 22%，而俄罗斯族则从 70% 下降到 50%。在俄国新获得的乌克兰土地上，犹太人占总人口的 10%，另有大约 5% 是波兰人和波兰化的天主教徒。这让这片土地成了一张族群拼图，与帝国在南乌克兰地区鼓吹和引以为自豪的族群构成比起来，有过之而无不及。然而帝国新获得的波兰、犹太甚至乌克兰（按当时的说法即小俄罗斯）臣民对帝国的忠诚远非理所当然。这些多族群居民并非这片土地上的新来者，那个夺取了它的国家才是。这个国家只欢迎其新臣民中的一部分，而不是全部。早在 1791 年，帝国政府就实施了"定居范围"[1]，将犹太人定居地区限制在前波兰 - 立陶宛联邦省份，后来又加上了其从南方新获得的一部分地区。乌克兰大部分地区都在"定居范围"之内。

18 世纪下半叶，一系列谈判导致了乌克兰边界的重大变动。这些谈判中的关键人物不是别人，正是"哥萨克公爵"亚历山大·别兹博罗德科。我们已经知道身在圣彼得堡的别兹博罗德科一直是哥萨克故乡（他称之为祖国）的忠诚爱国者。他推动出版了一部哥萨克编年史，并亲自撰写了从 1734 年丹尼洛·阿波斯托尔统领去世到 1768 年俄土战

---

1 Pale of Settlement，俄罗斯帝国西部为犹太人划出的定居范围。Pale 一词来自拉丁语 *palus*，意为木桩，引申义为栅栏或边界。

争爆发之间的哥萨克国历史。这部编年史对哥萨克人与奥斯曼人、克里米亚鞑靼人和波兰人之间的战争进行了大量描述。然而，我们所不知道的是：在他提议吞并克里米亚时，在他在雅西参加决定黑海北岸地区命运的协商时，还有，在他与奥地利人和普鲁士人就如何瓜分波兰－立陶宛联邦进行谈判时，别兹博罗德科是否受到了自己"小俄罗斯"背景和身份认同的影响。在他推动将克里米亚和波兰－立陶宛联邦从地图上抹去的时候，他自己的祖国也已经从那张地图上消失了。18 世纪不仅是一个启蒙和理性的时代，更重要的是，它是一个帝国时代。

第 14 章

起源之书

"乌克兰还没有灭亡",这是乌克兰国歌的开头字句。对任何歌曲来说,这样的开头都难称乐观,但这首歌并非唯一一首无法激起乐观情绪的国歌。波兰国歌的开头与此类似,是"波兰还没有灭亡"。波兰国歌歌词作于 1797 年,而乌克兰国歌歌词作于 1862 年,因此到底是谁影响了谁,一目了然。这样的悲观主义从何而来?对波兰人和乌克兰人而言,民族灭亡的观念都来自他们在 18 世纪晚期的经历,即波兰的被瓜分和哥萨克国的终结。

与其他许多国歌一样,波兰国歌原先是一首进行曲。这首歌为跟随拿破仑·波拿巴——未来的法国皇帝——在意大利征战的波兰军团而作,最初叫作"东布罗夫斯基玛祖卡[1]",得名自波兰军团的一名指挥官扬·亨里克·东布罗夫斯基[2]。波兰军团中许多军人,包括这位指

---

1 Mazurka,起源于波兰民间舞蹈玛祖卡舞的一种舞曲。
2 Jan Henryk Dąbrowski(1755—1818),波兰将军,曾参加科希丘什科起义,后在海外致力于波兰独立运动,是拿破仑在意大利征战时其麾下波兰军团的创立者和拿破仑战争的参与者,被视为波兰民族英雄。

挥官在内，都曾参加过科希丘什科起义。这首歌作于波兰被瓜分势力摧毁之后，意在鼓舞波兰人的情绪。歌词的第二行就明确表示："只要我们一息尚存"，波兰就不会灭亡。波兰国歌不仅将民族的命运与国家联结在一起，也将它与自视为民族成员的那些人联结在一起，因此不仅让波兰人看到了希望，也让其他没有自己国家的民族的代表们看到了希望。波兰和乌克兰的新一代爱国者拒绝把上个世纪的悲剧当作对他们民族命运的最终判决。这两个民族的活动家开始宣传一种新的民族国家理念：它应该是一个由爱国公民组成的民主政治体，而不仅仅是一个拥有领土的政权。

在 19 世纪的第一个十年中，拿破仑和他的士兵们用歌声和枪尖将民族和人民主权的观念传遍整个欧洲。1807 年，这位法国皇帝击败了普鲁士，并在普鲁士从瓜分波兰中获得的土地上建立了华沙公国。波兰军团成员们的梦想离实现更近了一步：对他们而言，这意味着祖国复国这一令人激动的前景。1812 年，拿破仑军队入侵俄国之后，俄国统治下的波兰人也群起支持被他们视为解放者的法国侵略军。这一时代波兰首屈一指的诗人亚当·密茨凯维奇[1]在其史诗《塔德乌什先生》（*Sir Thaddeus*）描述了法军进入今天白俄罗斯地区时当地波兰贵族的兴奋之情。这部作品至今仍被波兰学校列为必读篇目（在白俄罗斯则不然）。"光荣已属于我们，"诗中的一名波兰人物说道，"我们的共和国

---

[1] Adam Mickiewicz（1798—1855），波兰浪漫主义诗人、政治活动家，被波兰、立陶宛和白俄罗斯视为民族诗人。其史诗作品《塔德乌什先生》描述了 1811 年至 1812 年间俄国占领区内发生的故事，被视为波兰的民族史诗。

很快就会重生。"

1815 年，15 岁的密茨凯维奇在进入维尔纽斯大学学习时将自己的名字改成了亚当·拿破仑·密茨凯维奇。此时波兰人的"我们的共和国重生"的梦想早已被粉碎。拿破仑和东布罗夫斯基以及他们的法军和波兰军团都已从俄罗斯帝国败退。拿破仑侵俄失败一年以后，俄军占领了巴黎，而拿破仑被流放到厄尔巴岛。但这些努力并非全部白费。决定后拿破仑时代欧洲命运的维也纳会议（1814—1815）[1]让波兰再次出现在欧洲地图上。维也纳会议在拿破仑创建的华沙公国废墟基础上增加了部分原被奥地利吞并的土地，建立了波兰王国[2]。这个波兰王国与它的强邻俄罗斯帝国拥有共同的君主，在俄国被称为沙皇国（tsardom），而非王国。沙皇亚历山大一世[3]还赐予波兰帝国其他部分无法企及的自治权和特殊待遇。

以帝国统一化和行政司法标准化为标志的叶卡捷琳娜理性时代就此结束，特殊对待的时代又回来了。那些失去了特权的民族都对波兰人满怀羡慕，其中包括前哥萨克国的精英阶层。尽管近代波兰民族主义是在拿破仑的翼护下成长起来的，乌克兰的民族主义最初兴起时却以反波拿巴为旗帜。在拿破仑战争中，俄罗斯帝国的报纸第一次开始刊登乌克兰语而非俄语的爱国诗歌。这批诗歌中的一首出现在 1807

---

[1] The Congress of Vienna，1814 年 9 月 18 日至 1815 年 6 月 9 日在维也纳举行的外交会议，目的在于解决法国大革命战争和拿破仑战争导致的一系列关键问题。会议的目标包括恢复战前国界和保持列强的权力平衡。

[2] Kingdom of Poland，亦被称为波兰会议王国（Congress Poland）或波兰沙皇国（Tsardom of Poland），存在于 1815 年至 1915 年间，是俄国的共主联邦。

[3] Alexander I（1777—1825），俄国沙皇（1801—1825 年在位）、芬兰大公、波兰王国国王。他在拿破仑战争中击败法国，复兴欧洲各国王室，成为欧洲霸主。

年，题为"啊哈！恶棍杂种波拿巴，你还没有餍足吗？"（"Aha! Have You Grabbed Enough, You Vicious Bastard Bonaparte?"）无论是以哪种方式，拿破仑都激起了当地的爱国主义和民族情感。在波兰人、德意志人和俄罗斯人用各自的母语表达这些情感的同时，一些乌克兰人决定他们也应该用自己的语言来表达。在乌克兰以及欧洲其他地区，语言、民间故事、文学，最后但同样重要的，还有历史，都成为构建一种近代民族认同的砖瓦。

近代乌克兰文学的奠基人伊凡·科特利亚列夫斯基[1]就是那些准备拿起武器抵抗拿破仑的乌克兰人中的一员。他出生在前哥萨克国境内的波尔塔瓦地区，自己组建了一支哥萨克部队，加入抵抗拿破仑的斗争中。科特利亚列夫斯基是一名下级官员的儿子，在一所神学院接受教育，曾做过贵族子弟的家庭教师，也曾加入俄罗斯帝国的军队，在1806—1812 年的俄土战争中作战。1798 年，还在军中服役的他出版了其诗作《埃内伊达》（*Eneïda*）的第一部分。这部诗作是基于维吉尔的《埃涅阿斯纪》（*Aeneid*）的模仿之作，其中的主要人物并非希腊人，而是扎波罗热哥萨克人。正如人们对真正的扎波罗热哥萨克的期待那样，诗中人物都说乌克兰方言。然而，我们只有在回顾中才能理解这部诗作的语言选择背后的逻辑。在 18 世纪晚期的乌克兰，科特利亚列夫斯基是一位先驱——他是第一位用乌克兰方言创作一部重要诗篇的作者。

科特利亚列夫斯基为什么要这样做？没有任何证据表明他在尝试

---

[1] Ivan Kotliarevsky（1769—1838），乌克兰作家、诗人、戏剧家、社会活动家。

发出某种政治声明。实际上，选择模仿文体正表明他是在进行一场语言和主题的游戏，而不是要创作一部高度严肃的作品。很明显，科特利亚列夫斯基不乏文学天赋，对时代精神也有精准的把握。18世纪晚期，整个欧洲的知识分子都致力于将民族国家设想为不仅是一个人民享有主权的政治体，还是一个文化实体，一个等待被民族文艺复兴唤醒的睡美人。在德意志地区，约翰·戈特弗里德·赫尔德[1]将语言和文化作为自己对民族的新理解的基础。在西欧和中欧的其他国家也一样：后来被称为民俗学学者的狂热分子们到处搜集民间故事和歌谣，在找不到"好"样本时，就自己创作。在英国，古代吟游诗人莪相[2]的"发现者"詹姆斯·麦克弗森就成功地将爱尔兰民间传说变成了苏格兰的民族神话。

科特利亚列夫斯基写作《埃内伊达》第一部分时，正值教会斯拉夫语这一在上一时代统治俄罗斯帝国文学的语言框架分崩离析之际。各种基于方言的文学作品得以不同的方式出现在公共领域。俄国出现了其第一位真正意义上的伟大诗人亚历山大·普希金。乌克兰则有了自己的伟大诗人科特利亚列夫斯基。无论他用乌克兰语写作的初衷为何，科特利亚列夫斯基从未对这个选择感到后悔。他还将完成《埃内伊达》的其余五部，并成为第一批乌克兰语戏剧的作者。这些戏剧中包括以一个乌克兰村庄为背景的爱情故事《娜塔尔卡－波尔塔夫卡》

---

[1] Johann Gottfried Herder（1744—1803），德国哲学家、路德派神学家、诗人。他是德意志启蒙运动、狂飙运动和魏玛古典主义时期的重要人物。

[2] Ossian，传说中公元3世纪的爱尔兰英雄、吟游诗人。1761年，苏格兰诗人麦克弗森（James Macpherson，1736—1796）宣布发现并出版了据称为莪相史诗的作品，对欧洲早期浪漫主义运动产生了重要影响。关于麦克弗森"发现"的莪相诗作的真伪，文学批评界一直有巨大争议。

(*Natalka-Poltavka*,即《波尔塔瓦的娜塔尔卡》)。前哥萨克国的波尔塔瓦地区（科特利亚列夫斯基的故乡）所使用的语言将成为标准乌克兰语的基础，并为以第聂伯河为中心，东至顿河、西至喀尔巴阡山脉的不同乌克兰方言的使用者所接受。科特利亚列夫斯基带来了一种新的文学。阿列克西·帕夫洛夫斯基（Oleksii Pavlovsky）在1818年出版了其作品《小俄罗斯方言语法》(*Grammar of the Little Russian Dialect*)，让这种语言有了自己的第一套语法系统。一年后，米科拉（·尼古拉）·采尔捷列夫[1]编撰的第一部乌克兰民歌集也得以出版。

如果不是其他数以十计（后来更发展到数以百计）富有才华的作者的作品出现，科特利亚列夫斯基及其作品完全可能只是文学史上的一个小小脚注，一个异数而已。这些作者并非都用乌克兰语写作，但他们大多数人都是浪漫主义者，都怀有19世纪初那种对民间传说和传统的美好想象，都重视情感而非启蒙时代的理性主义。乌克兰浪漫主义的发源地是哈尔基夫。1805年，帝国当局在这里开办了一所大学，邀请全国各地的教授们前来任教。在当时，身为一名教授通常意味着对地方志和民间传说感兴趣，而哈尔基夫正有丰富的传统。在博赫丹·赫梅尔尼茨基的年代，它是斯洛博达乌克兰的行政和文化中心，居住着乌克兰哥萨克人和逃亡的农民。到了18世纪晚期和19世纪初，这片土地常被人称为"乌克兰"。因此，1816年哈尔基夫开始出现的第一份文学年鉴被命名为《乌克兰先驱报》(*Ukrainian Herald*)也就不足为奇了。虽然这份刊物以俄语印刷，但它也接受乌克兰语投稿。它

---

1 Mykola（Nikolai）Tsertelev（1790—1869），俄国民族志学者、教育家。

的许多作者所讨论的也是乌克兰历史和文化主题。

哥萨克历史成了浪漫主义文学的兴趣焦点,这在科特利亚列夫斯基的《埃内伊达》中已有所显示。哈尔基夫的浪漫主义者们对这一时期最具影响力的乌克兰历史著作《罗斯历史》(*Istoriia rusov*)的积极欢迎和宣传进一步证明了这一点。这部关于乌克兰哥萨克人的历史被归为 18 世纪的东正教大主教赫俄希·科尼斯基[1]的著作,但其真正的作者(或作者群)来自前哥萨克国斯塔罗杜布地区的哥萨克军官后裔阶层。无论《罗斯历史》的作者是谁,他都对哥萨克军官和俄罗斯贵族群体中的不平等状况十分关心,并更加公开地主张小俄罗斯和大俄罗斯的平等。这是在 18 世纪哥萨克文献中回响的传统主题,但现在拥有了更适合浪漫主义时代情感的表现形式。

《罗斯历史》将哥萨克人刻画成一个独特的民族,并通过乌克兰哥萨克统领们的英雄事迹、战斗历程和死于敌人之手的故事来赞美哥萨克历史。这些敌人和其叙事中的反面人物大都代表着别的民族——波兰人、犹太人和俄罗斯人。帝国各地的浪漫主义作家和诗人们的想象力都被《罗斯历史》点燃了。这些人中包括圣彼得堡的孔德拉季·雷列耶夫、亚历山大·普希金和尼古拉·果戈理。在哈尔基夫,这一神秘文本的主要鼓吹者是本地大学的一名教授伊斯梅尔·斯列兹涅夫斯基[2]。与他之前的麦克弗森一样,斯列兹涅夫斯基同样自己创作民间传说。麦克弗森利用爱尔兰神话来达到目的,斯列兹涅夫斯基则

---

[1] Heorhii Konysky(1717—1795),18 世纪乌克兰宗教人物、作家。
[2] Izmail Sreznevsky(1812—1880),俄国 19 世纪重要的语言文献学者和斯拉夫文化研究者,自 1854 年起为俄罗斯帝国科学院院士。

在《罗斯历史》中寻找灵感。这部作品在19世纪三四十年代在前哥萨克国地区风靡一时，将一段关于哥萨克社会阶层的历史变成了一种对一个新兴民族社群的记述，迈出了近代乌克兰民族塑造过程中极为重要的一步。

曾经存在的哥萨克国为近代乌克兰民族的构建提供了砖石——一个关键的历史神话、一种文化传统和一种语言。除此之外，它还提供了建筑师：《埃内伊达》的作者伊凡·科特利亚列夫斯基、第一部乌克兰民歌集的编撰者米科拉·采尔捷列夫和写出第一本乌克兰语语法著作的阿列克西·帕夫洛夫斯基都来自前哥萨克国。在乌克兰民族构建的早期阶段中，哥萨克国精英阶层占有如此突出甚至是统治性的地位，其原因很简单：在19世纪的乌克兰，拥有土地的精英阶层与当地人共享同一种文化的唯一地区就是前哥萨克国。在奥属加利西亚和俄属沃里尼亚、波多里亚和右岸乌克兰，主导当地政治和文化图景的是信仰天主教的波兰人或是波兰化的乌克兰贵族。在叶卡捷琳娜二世时代得到垦殖的南方草原上，处于统治地位的精英阶层则是族群意义上或文化意义上的俄罗斯人。因此，哥萨克国境内的旧哥萨克民族后裔几乎自然而然地成了新民族塑造斗争的先锋。这个新民族从其语言到其名字"乌克兰"都来自哥萨克国，也就不足为奇了。

现代乌克兰民族构建的初始阶段被一些学者称为遗产收集时期，滥觞于拿破仑战争期间及紧接其后的一段时间。第二阶段则受到19世纪30年代波兰起义的影响。这场起义导致了早期乌克兰民族运动政治方案的形成。

波兰的起义早有其缘由。根据1814—1815年维也纳会议的决议，开明的俄国沙皇亚历山大一世（他刚刚把"波兰沙皇"的称号加入自己的头衔）为自己新获得的领土提供了一部欧洲范围内最自由的宪法。然而这位沙皇很快就证明他头衔中的"皇帝"二字并非虚设。他对波兰王国的统治权获得欧洲列强承认之后不久，亚历山大一世的开明路线就走到了尽头。他的代表经常无视波兰议会，侵犯言论自由，并不顾沙皇原先允诺的其他公民权利。当不满的波兰青年们组织起秘密会社时，警察就对他们展开追捕。

1825年的十二月党人起义之后，情况愈发恶化。这次起义中，包括部分显赫哥萨克家族后裔在内的俄国军官们率部发动叛乱，要求制定一部宪法。叛乱被镇压了，皇帝尼古拉一世[1]长达30年的保守统治由此拉开序幕。1830年11月，一次由年轻波兰军官在华沙发动的兵变很快演变成一场起义，席卷了整个王国和包括今天立陶宛、白俄罗斯和乌克兰在内的前波兰领土。一支波兰军团被派往沃里尼亚，而沃里尼亚、波多里亚和右岸乌克兰的波兰贵族也开始叛乱。他们号召乌克兰农民们加入起义的队伍，有时候甚至许诺会将他们从农奴制中解放出来。帝国以其优势的军力镇压了这次起义。起义的许多领导人、参加者和支持者，包括亚当·密茨凯维奇在内，都逃离了波兰，其中大部分人逃往法国。运气差一些的人则被关进俄国人的监狱或被流放。

十一月起义不仅是一场对波兰爱国主义和民族主义的动员，它同样在俄国土地上激起了强烈的民族主义反响。由于拿破仑战争而染上

---

1 Nicholas I（1796—1855），俄国沙皇（1825—1855年在位），亚历山大一世之弟。

明显反法国色彩的俄罗斯帝国爱国主义者如今开始激烈地反波兰。亚历山大·普希金一派的人物在理念领域引领了对波兰叛党及其法国支持者的攻击。在其诗作《致俄国的中伤者》("To the Maligners of Russia")中，普希金要求对波兰解放事业提供保护的法国人不要插手，把俄罗斯和波兰之间的矛盾留给斯拉夫人自己解决。普希金在波兰人的叛乱中看到了对俄国领土的威胁，并认为这种威胁不限于波兰王国的范围。在他看来，这场叛乱仍是对乌克兰的争夺。当俄军攻下叛党盘踞的华沙后，普希金在一首诗中写道：

我们将防线后撤到何处？

难道要退过布赫河？退过沃尔斯克拉河[1]？直到（第聂伯河）河口？

那时沃里尼亚将属于谁？

博赫丹（·赫梅尔尼茨基）的遗产又将是谁家之物？

如果承认叛党的权利，

那立陶宛人不也会唾弃我们的统治吗？

还有基辅，那拥有金顶的老朽古城，

罗斯的万城之祖——

难道它也要让那些神圣的陵墓

落入野蛮的华沙之手？

在十一月起义期间，普希金甚至动起了写作一部"小俄罗斯"历

---

[1] Vorskla，第聂伯河的左支流，全长464千米，发源于中俄罗斯高地，流经波尔塔瓦。

史的心思。

在波兰起义之后的几十年中,俄国在乌克兰和其他前波兰属地上的政策主旨都是抵抗来自西方尤其是波兰的影响。罗曼诺夫王朝的帝国已经准备好"本土化",用俄罗斯爱国主义和新生的民族主义来保卫其获得的领土。在这段时间里,帝国教育大臣谢尔希·乌瓦罗夫[1]伯爵明确了新的俄罗斯帝国身份认同的几大基础:专制政体、东正教信仰和民族。如果说乌瓦罗夫的三原则中的前两个是俄罗斯帝国意识形态的传统标志,第三个原则则是对这个新兴民族主义的时代做出的回应。乌瓦罗夫所谓的"民族"并非泛指,而是专指俄罗斯民族。乌瓦罗夫曾写道:他的三原则构成了"俄罗斯的独特本质,并专属于俄罗斯",它们"将俄罗斯民族身份的碎片连成一个整体"。这个民族由俄罗斯人、乌克兰人和白俄罗斯人共同组成。

历史学家们至今仍对乌瓦罗夫的三原则的具体含意争论不休,但其明晰简洁的结构提供了一个很好的框架,便于我们对19世纪30年代之后帝国的西部边境政策进行讨论。罗曼诺夫王朝的理想子民不仅要忠于帝国(在理性时代这一条已经足够),还必须属于俄罗斯民族和信奉东正教。波兰的十一月起义让乌克兰农民阶层对帝国的忠诚变得可疑了。在帝国当局眼中,这些人无疑属于俄罗斯民族,却往往不信仰东正教——大部分新领土上的居民仍留在联合教会内。因此,要保证他们对帝国的忠诚,让他们变成沙皇的理想子民,就必须让他们从联合教会改宗东正教,以打破联合教会的农民信徒和天主教贵族之间

---

[1] Sergei Uvarov(1786—1855),19世纪俄国古典学者、政治家。

的联结。当局为达到这个目的而采取的策略在本质上与布列斯特联合的方法正好相反：帝国政府及联合教会内部的政府支持者没有在个人层面上让联合教会的信徒改宗，而是要使整个教会改宗东正教。这或多或少有些类似波兰当局在16世纪晚期和18世纪早期针对联合教会的做法。

1839年，一次联合教会会议在政府的支持下召开，宣布了联合教会与俄罗斯东正教会的"重新统一"，并请求得到沙皇的祝福。皇帝同意了这个请求，调遣军队进入这一地区，以保证这次反向联合不会遭遇新的反抗。乌克兰和白俄罗斯境内超过1600个教区和150多万名（据某些估计）信徒在一夜之间"回归"了东正教。在白俄罗斯、沃里尼亚、波多里亚和很大一部分第聂伯河右岸地区，东正教信仰和民族身份被结为一体，以便为专制政体服务。这是前联合教会信徒漫长"东正教化"过程的开端，他们在文化上的"俄罗斯化"也同时发生。东正教会的神学院都使用俄语作为教学语言，因此教会的知识精英阶层不仅从联合教会的天主教信仰改宗了东正教，在民族身份上也从乌克兰人或罗塞尼亚人变成了俄罗斯人。

更为复杂和困难的，是如何争取受波兰起义威胁的领土上那些世俗精英阶层的"心灵和意志"。起初，帝国采用了其通常的策略，在将波兰贵族阶层并入帝国的同时不削减他们的法律地位和地产权利。亚历山大一世任用波兰贵族和知识分子来推行他的开明改革。波兰人在教育领域起到的作用尤为突出，这是因为1795年亡国之前波兰在这一领域取得了重大进步。

在帝国乌克兰省份的新教育体系的创立过程中，波兰贵族出身的亚当·安杰伊·恰尔托雷斯基[1]公爵起到了关键作用。在19世纪第一个十年中,他曾担任亚历山大一世的顾问,并有几年成为事实上的俄国外交政策首脑。亚历山大一世还委任恰尔托雷斯基负责管理维尔纽斯教育区。这一教育区以维尔纽斯大学为中心,管辖范围包括西乌克兰的很大一部分。另一名波兰贵族塞维伦·波托茨基(Seweryn Potocki)是哈尔基夫教育区的长官。该区以哈尔基夫大学为中心,管辖乌克兰其余地区的教育体系。在俄罗斯帝国首任教育大臣、基辅莫希拉学院毕业生彼得罗·扎瓦多夫斯基[2]主导的教育改革中,这两所大学的创办和整个地区公立学校体系的建立均进入了改革的主要成就之列。

如果19世纪早期的圣彼得堡有任何关于民族身份问题的政策,它必然基于斯拉夫民族联合的理念,即俄罗斯人(乌克兰人也被认为包括在内)和波兰人的联合。十一月起义让情况发生了变化。直至1823年还是维尔纽斯教育区主管的亚当·恰尔托雷斯基在1830年12月成了波兰革命政府的首脑。后来,恰尔托雷斯基又在巴黎朗贝尔饭店套房里领导"大移民"[3]团体的活动("大移民"一词指流亡西方的波兰起义者)。俄国专制政府和波兰天主教贵族阶层之间的联合不复存在。教育领域的进展也停滞了,因为这一领域有赖于波兰人的参与和忠诚。帝国政府接受了十一月起义领导者发起的文化挑战,开始对乌克兰和

---

[1] Adam Andrzej Czartoryski(1770—1861),波兰贵族、政治家、作家,曾担任事实上的俄罗斯帝国部长会议主席(1804—1806年在任),并于1830年到1831年间的波兰十一月起义中担任波兰民族政府主席。

[2] Petro Zavadovsky(1738—1812),乌克兰哥萨克人,曾任叶卡捷琳娜二世的秘书和亚历山大一世时期的俄罗斯帝国教育大臣。

[3] Great Emigration,指19世纪30年代到60年代大批波兰精英流亡西方国家的过程。

帝国境内其他前波兰领土采取俄罗斯化措施。乌瓦罗夫伯爵急切地希望发展俄语教育和俄语文化，以制衡在这些边境地区占统治地位的波兰文化。

一度在招生水平上堪与牛津大学比肩的维尔纽斯大学在 1832 年被关闭。政府不再能容忍这样一所被其视为波兰民族主义温床的学校。地区内其他由波兰人管理的教育机构也被关闭，其中包括位于沃里尼亚城市克列梅涅茨[1]的一所学院。政府将该学院丰富的图书馆藏、雕塑藏品及其植物园中的草木都搬到了基辅，并于 1834 年在基辅建立了一所新的帝国教育中心，用以取代维尔纽斯大学。波兰语在这里被禁止使用，俄语成为唯一的教学语言。新的大学以弗拉基米尔大帝的名字命名，因为根据官方历史的说法，他是第一位信仰东正教的君主，还是一名俄罗斯人。

此时基辅只有 3.5 万居民，被普希金在将之与华沙相比时称为"老朽"。帝国当局开始着手将基辅改造成一座位于欧洲文化边缘的帝国堡垒和俄罗斯民族堡垒。他们根据帝国的时代潮流重建了基辅的东正教堂，并驱逐了这座城市的犹太居民。政府修建了新的街道，给城市各地冠以新的名字。其中一条街道被命名为"宪兵街"，以彰显警察力量对当局在象征和实际两方面的重要性，以及帝国统治在这一边境地区的稳固。新任基辅、波多里亚和沃里尼亚总督带着将第聂伯河右岸地区"融入"帝国的使命来到基辅，并在 1833 年提议修建一座弗拉基米尔大公纪念碑。沙皇尼古拉一世亲自审查了这个提议，并十分赞赏。

---

[1] Kremianets，亦作 Kremenets，今乌克兰西部捷尔诺波尔州城市。

工程耗时20年才得以实现。1853年，塑像在基辅落成，至今尚存。它没有按原计划坐落在弗拉基米尔大学附近，而是位于第聂伯河岸上。关于这座塑像的意识形态意义和历史蕴意，人们有各种各样的解读：有人将之理解为俄罗斯-乌克兰的宗教和族群统一，也有人理解为对第一个乌克兰国家创立者的纪念。到了今天，很少有人会意识到：竖立这座塑像的最初用意是明确帝国对第聂伯河右岸原波兰属地的统治权。

新大学（利维夫和哈尔基夫之后乌克兰地区的第三所大学）在基辅的创办成为这一地区历史上的一个重要转折点。这所大学的主要目的在于培养本地骨干，让他们成为俄罗斯影响力的代表和俄罗斯身份的宣传者。政府还成立了历史委员会，专司手稿和文件的搜集和出版，以此构建右岸乌克兰、波多里亚和沃里尼亚自古就是俄罗斯领土的历史叙事。刚开始时一切尽如计划。本地人才（大多数要么来自哥萨克军官家族，要么是牧师或是前哥萨克国下层官员的儿子）纷纷来到基辅，加入这些新机构，投入与哥萨克人的宿敌波兰人的论战。然而到了19世纪40年代末，帝国当局发现他们的处境有些不妙：这所大学和这个历史委员会原来被视为保卫俄罗斯身份认同、应对波兰挑战的堡垒，如今却变成一种新的身份认同和新的民族主义的温床。

1847年2月，一名叫阿列克谢·彼得罗夫（Aleksei Petrov）的基辅大学法学学生出现在基辅教育区的办公室，揭发了一个以将俄罗斯帝国变成共和国为目标的秘密社团。根据彼得罗夫的告发展开的调查挖出了地下的圣西里尔和美多德兄弟会——这个名字来自那两位不仅用宗教还用一种新的语言和一套新的字母启蒙了斯拉夫人的基督教传教士。兄弟会成员包括基辅大学的历史学教授米科拉（·尼古拉）·科斯托马罗夫[1]——他将在后来成为现代乌克兰史学的奠基人[2]，还有新任的素描教师塔拉斯·舍甫琴科[3]。米科拉·科斯托马罗夫出身于邻近斯洛博达乌克兰的沃罗涅日省的一个俄罗斯贵族家庭，却常常强调自己的母亲是一名乌克兰农妇。无论其说法是真是假，19 世纪中叶的基辅知识分子们的确把农民出身视为一种光荣——他们都希望能为人民服务，离人民越近越好。

兄弟会中没有哪位成员比科斯托马罗夫的志同道合者塔拉斯·舍甫琴科更有资格自称平民主义者。1814 年，舍甫琴科出身于右岸乌克兰一个农奴家庭。他在年轻时进入一名富有的波兰地主家中，作为其府上的仆役先是去了维尔纽斯，后来又到了圣彼得堡，并在那里展现出自己的艺术才华。他在圣彼得堡著名的夏园（Summer Garden）写生时，被那里的一名乌克兰画家发现。画家将舍甫琴科引荐给当时俄国文化舞台上的一些领袖人物，其中包括普希金之前俄国最有名的诗人瓦西里·茹科夫斯基[4]和俄罗斯浪漫派艺术开创者之一卡尔·布留洛夫[5]。舍甫琴科的作品、人格和遭际震撼了圣彼得堡的艺术圈，让他们决定不惜代价解放这名年轻的农奴。最后他们以 2 500 卢布的价格换

---

[1] Mykola（Nikolai）Kostomarov（1817—1885），19 世纪俄国杰出的历史学家。
[2] 本书导言中对米哈伊洛·赫鲁舍夫斯基有同样评价，且都使用了定冠词（the founder）。
[3] Taras Shevchenko（1814—1861），19 世纪乌克兰诗人、画家、民俗和民族志学者、政治活动家，其文学作品被视为现代乌克兰文学和乌克兰语言的奠基之作。
[4] Vasilii Zhukovsky（1783—1852），19 世纪初俄国杰出诗人、翻译家。他将浪漫主义潮流引入了俄罗斯文学。
[5] Karl Briullov（1799—1852），19 世纪俄国画家，被视为俄国绘画从新古典主义转向浪漫主义过程中的重要人物。

得了舍甫琴科的自由,这以当时的标准算得上是一笔惊人的巨款。布留洛夫为了筹款,特意为茹科夫斯基绘制了一幅肖像。这笔钱正来自这幅肖像的拍卖所得。

舍甫琴科在 24 岁时成为自由人。随后他证明自己不光是一名才华横溢的艺术家,还是一名杰出的诗人。1840 年,也就是他获得自由两年之后,舍甫琴科出版了自己的第一部诗集,题为"科布扎尔"(《歌手》)[1]。"科布扎尔"也将在未来成为他的别名。尽管诗集在圣彼得堡出版,其语言却是乌克兰语。舍甫琴科少年时代就离开了乌克兰,在圣彼得堡长大成人,并成了一名自由的艺术家和诗人,为何他会选择用乌克兰语而非俄语写作呢?毕竟后者才是圣彼得堡大街小巷上和艺术沙龙里使用的语言。

最直接的原因之一是圣彼得堡那些出力帮助舍甫琴科获得自由的乌克兰友人对他的影响。这些人中有一位波尔塔瓦人,名叫叶乌亨·赫列宾卡[2]。赫列宾卡遇见舍甫琴科时,正在将普希金为 1709 年波尔塔瓦之战所作的诗歌翻译成乌克兰语。他坚信乌克兰应该有自己的母语文学,包括翻译文学。1847 年,舍甫琴科在《科布扎尔》新版前言里阐明了自己用乌克兰语写作的原因:

> 我的灵魂被巨大的忧伤笼罩。我听说,有时候也读到这样的消息:波兰人在出版书籍,捷克人、塞尔维亚人、保加利亚人、

---

[1] *Kobzar*(乌克兰语作 кобзар),指乌克兰哥萨克人中的游吟诗人或歌手。
[2] Yevhen Hrebinka(1812—1848),乌克兰浪漫主义作家、诗人、博爱主义者。

黑山人和俄罗斯人都在出版书籍。但我从未听说乌克兰人出版书籍的消息，似乎我们没有自己的声音。我的同胞们，这是为什么？也许你们害怕受到外国记者的打扰？不要害怕！不要理会他们……也不要理会俄罗斯人。让他们爱怎么写就怎么写，我们也爱怎么写就怎么写。他们是有自己语言的民族，我们也是。让人民来评判谁的作品更好吧。

舍甫琴科对尼古拉·果戈理尤为不满。果戈理是前哥萨克国人，以其乌克兰主题的作品——包括《塔拉斯·布尔巴》(*Taras Bulba*)在内——成为现代俄罗斯散文文体的奠基者。"他们将果戈理作为我们的典范。这个人根本不用自己的语言写作，却用俄语。沃尔特·司各特[1]也是一样，不用自己的语言写作。"舍甫琴科写道。这些典范没法让他心服口服。"为什么 V. S. 卡拉季奇[2]、沙发里克[3]和其他人没有变成德意志人——他们要这样做的话是多么轻而易举——而是仍把自己视为斯拉夫人，视为自己母亲的亲生子，并同样获得了荣名。"他对塞尔维亚和斯洛伐克文化运动中的巨擘发出了如此的评论，"我们是多么可悲！然而，同胞们，不要绝望。我们要运用智慧为我们不幸的母亲乌克兰工作。"

舍甫琴科在离开圣彼得堡去往乌克兰后写下了以上文字。他在乌

---

1 Walter Scott（1771—1832），苏格兰著名历史小说家、诗人。
2 Vuk Stefanović Karadžić（1787—1864），塞尔维亚语文学家及语言学家，是塞尔维亚语的主要改革家。他因对民间诗歌、传说和谚语的搜集工作而被称为塞尔维亚民间传说研究之父。他用新改革的语言编写了塞尔维亚语词典，并翻译了《新约全书》。
3 Pavel Jozef Šafárik（1795—1861），斯洛伐克语文学家、诗人、文学史家、历史学家和民族志学者。

克兰的友人中包括圣西里尔和美多德兄弟会的一些成员。如果我们不知道现代乌克兰文学的奠基者伊凡·科特利亚列夫斯基为何用乌克兰语写作[1],舍甫琴科却在《科布扎尔》的前言中确定无疑地吐露了他自己、他的友人和同党们的心声。他们是19世纪初因响应泛日耳曼运动而形成的泛斯拉夫运动的一部分,认为乌克兰在自己的语言、文学和文化上都落在了后面,但同时也相信:只要像果戈理这样的乌克兰骄子能用其才华为祖国服务,乌克兰也可以为斯拉夫世界的其他地区做出巨大贡献。在他们的想象中,乌克兰应该是更广大的斯拉夫世界中的一个自由共和国。

米科拉·科斯托马罗夫起草了兄弟会的章程,题名为"乌克兰人民的起源之书"(*The Books of the Genesis of the Ukrainian People*)。他的创作灵感来源之一是《波兰人民和波兰朝圣之书》(*Books of the Polish People and the Polish Pilgrimage*)。在这本书中,亚当·密茨凯维奇将波兰历史呈现为波兰民族的一部弥赛亚式受难故事。在密茨凯维奇眼中,波兰将从坟墓中重生,并为所有被奴役的民族带来解放。科斯托马罗夫将这个弥赛亚式的角色留给了乌克兰:由于其哥萨克源头,乌克兰天生是民主主义的和平等主义的;与俄罗斯人不同,乌克兰人没有沙皇;与波兰人不同,乌克兰人没有贵族。圣西里尔和美多德兄弟会的成员们视乌克兰的哥萨克历史为宝贵的遗产,追求废除农奴制,并主张将帝国改造成为平等共和国的联邦,而乌克兰将是这些共和国之一。

---

[1] 此处原文有误。"Ukrainian"一词后缺少逗号。

这个社团的成员规模很小，存在期也不到一年。它的成员们很快遭到逮捕：科斯托马罗夫在自己的婚礼前几天被捕，舍甫琴科则在为参加友人婚礼来到基辅时被捕。帝国官僚在兄弟会的活动中嗅出了一种新的潜在危险倾向发端的气味，将这些嫌疑犯的观点描述为"分裂主义"。皇帝本人也将之称为来自巴黎（指那些流亡波兰的人）的宣传的结果。然而其他一些人相信兄弟会成员是帝国的忠诚子民，是为罗斯抵抗波兰影响的真正卫士——他们只是在本地的小俄罗斯爱国主义道路上走得太远了些，不应受到太重的惩罚。最终，政府官员决定对他们处以相对较轻的刑罚，以免让这个兄弟会引起太多注意，也避免让乌克兰爱国者（这是19世纪中叶政府人士口中出现的新名词）与波兰民族运动结成联盟。

俄国当局将兄弟会的理想描述为沙皇权杖下斯拉夫人的统一，却隐瞒了其真正的计划，使帝国最高层的官员都不得而知。科斯托马罗夫获刑一年，其他兄弟会成员受到入狱6个月到3年不等或国内流放的刑罚。所谓国内流放，一般指被送往偏远省份从事案头工作。皇帝尼古拉一世对舍甫琴科的处罚最重，派他到帝国军队中当了一名列兵，为期10年，其间不得从事素描、绘画和写作，这是因为皇帝对舍甫琴科在诗中和画作中对他和皇后的攻击感到震惊。舍甫琴科认为专制政府应当为他的同胞和祖国——不是俄罗斯，而是乌克兰——所受的苦难负责，因此他的作品对乌瓦罗夫的"官方民族主义"三要素中的两点——专制政府和民族——都进行了攻击，而他的东正教信仰和帝国推行的东正教信仰也不是一回事。

通过他们的写作和活动，科斯托马罗夫、舍甫琴科和圣西里尔和美多德兄弟会的其他成员拉开了今天被我们称为乌克兰国家构建事业的大幕。他们在历史上第一个利用文物研究者、民俗学者、语言学家和作家的成果来构造一个政治方案，而这个方案将导致一个民族社群的出现。在下一个世纪里，由圣西里尔和美多德兄弟会成员们提倡并在舍甫琴科饱含情感的诗歌中为更广大的人群所知的理念将深深地改造乌克兰和这片地区。今天这一改变最明显的标志就是基辅大学主楼前方的那座舍甫琴科纪念碑——它替换了这所大学的创立者尼古拉一世皇帝的塑像。

第 15 章

多孔的国界

1848年，即俄国当局取缔圣西里尔和美多德兄弟会之后一年，哈布斯堡帝国境内的乌克兰人在利维夫成立了他们的第一个政治组织——罗塞尼亚最高议会。加利西亚的乌克兰人自称罗塞尼亚人或卢森人，也以这样的名字在帝国为人所知。这个议会与1846年至1847年间存在于基辅的兄弟会有很大的差异：兄弟会从事地下活动，只有很少的成员，并被俄罗斯帝国当局摧毁；但最高议会则是在奥地利的加利西亚总督的帮助和鼓励下成立的，并拥有为数众多的成员和广泛的公众支持。

尽管这两个组织有各种不同，它们在创立时间上的巧合却暗示了乌克兰文化、民族身份认同和政治行动主义的发展。这一发展沿两条轨道进行：当其中一条轨道上的速度放慢或停滞时，另一条轨道上的运动仍能继续，甚至加速。乌克兰政治活动家们被俄国-奥地利边界分成两部分，却在民族构建过程中有着数不清的联系。19世纪，将乌克兰人分为两部分的边界已不仅是政治边界，也变成了一条宗教边界，将乌克兰（联合教会的）天主教徒与乌克兰东正教徒分开，然而上述的那些联系跨越了它。与两股互相竞争的帝国势力所期待的相反，两个乌克兰政治活动家群体之间的联系不仅没有中断，反而通过多种渠道得到了发展，这让这场运动的两个分支得以孕育一个关于乌克兰未来的共同图景。

这两个乌克兰政治活动家群体被政治边界分开，但在精神和国家理念上则能保持一致。他们之所以能突破自身的局限，得益于一个简单事实：两个帝国的政府对待乌克兰人这一少数民族的政策截然不同。其中最能彰显这种差异的，是两国对待它们从波兰-立陶宛联邦继承而来的联合教会的态度。与俄国当局不同，奥地利政府从未迫害联合教会信徒，也不曾尝试让他们与占统治地位的"母教会"（在奥地利即天主教会）"重新统一"。事实上，他们对联合教会信徒相当尊重，这一点从官方对这些信徒的新称呼——希腊（奉拜占庭仪轨的）天主教徒——就可以看出来。他们的波兰天主教同胞则被称为罗马天主教徒。奥地利政府还建立了一所神学院（先是在维也纳，后来在利维夫），为希腊礼天主教会的教士们提供教育。19世纪初，希腊礼天主教会将利维夫主教区升级为都主教区，让自己从留在俄罗斯帝国境内的各联合教会教区中独立出来。由于大多数世俗精英都倾向天主教和波兰文化，希腊礼天主教会的教士们就成了罗塞尼亚社群唯一的领袖群体，并将成为现代乌克兰民族运动的脊梁。

哈布斯堡王朝的统治者为何会采取这样的态度？吊诡的是，他们的理由竟和罗曼诺夫们如出一辙。两个帝国都将正在兴起的波兰民族主义视为心头之患，只是采取了不同的策略来对付它。俄罗斯帝国政

1.《马匹残骸前的奥列格》,维克托·瓦斯涅佐夫(Viktor Vasnetsov)作于1899年。诺夫哥罗德的奥列格(?—912),是古罗斯人(瓦良格人)王公,诺夫哥罗德的第二位大公,也被视为基辅的第一位大公

2. 《945年,伊戈尔大公向德列夫里安人索贡》,克拉夫季·列别杰夫(Klavdy Lebedev)作。英格瓦一世(?—945),古斯拉夫语称伊戈尔一世(Igor I),奥列格(赫尔吉)之后的诺夫哥罗德王公、基辅大公

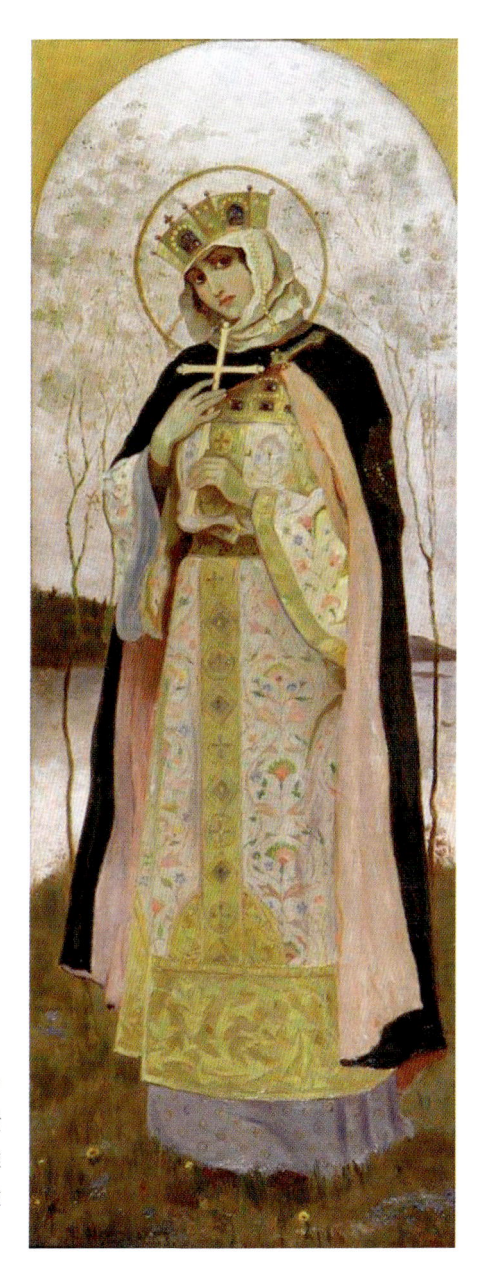

3. 奥丽哈（约890—969），在古诺斯语中读作"赫尔吉"，基辅大公英格瓦一世的妻子、斯维亚托斯拉夫·伊戈列维奇大公的母亲和摄政，俄罗斯东正教会最早追认的圣人之一

4.《斯维亚托斯拉夫从多瑙河回到自己在基辅的家中》，伊万·阿基莫夫（Ivan Akimov）作于 1773 年。斯维亚托斯拉夫一世（约 942—972），英格瓦一世和奥丽哈之子、基辅大公（945—972 年在位），他在 10 世纪 60 年代末进攻并消灭了哈扎尔汗国

5.《弗拉基米尔大公受洗》,维克托·瓦斯涅佐夫作于1890年。弗拉基米尔(约958—1015)击败其兄亚罗波尔克一世后成为基辅大公(980—1015年在位)。拜占庭人满足了弗拉基米尔的联姻要求,作为回报,他同意改宗基督教。他的受洗开启了基辅罗斯的基督教化过程,新的罗斯政治体不再与拜占庭开战,并开始接受来自地中海世界的影响

6. "恶棍"斯维亚托波尔克(1015—1019年在位)。弗拉基米尔在1015年去世后,其众子争夺统治权,有说法认为斯维亚托波尔克杀死弟弟后夺权

7. 《罗曼接待教皇的使臣》，尼古拉·涅夫耶夫（Nikolai Nevrev）作于 1875 年。罗曼·姆斯季斯拉维奇（约 1152—1205），加利西亚－沃里尼亚王公，1205 年在与波兰人的战斗中身亡。在那之前数年，继承了沃里尼亚公国的罗曼取得了邻国加利西亚的权力，成为基辅以西全部罗斯国土的统治者

8. 加利西亚的丹尼洛（1205—1264），罗曼之子，加利西亚－沃里尼亚王公。他在 1253 年加冕为罗斯国王

9.《卢布林联合》，扬·马泰伊科（Jan Matejko）作于 1859 年。14 世纪末，乌克兰地区被并入波兰王国和立陶宛大公国，这两个国家的双边关系开始决定乌克兰的政治、经济和文化生活。1569 年，两国达成卢布林联合，波兰 - 立陶宛联邦由此诞生，大部分乌克兰领土被归于波兰，白俄罗斯地区则留给了立陶宛。这是近代乌克兰版图形成的开端

10. 博赫丹·赫梅尔尼茨基（约 1595—1657），哥萨克国首任酋长（1648—1657 年在位）。他发动反抗波兰-立陶宛联邦的起义。起义导致波兰地主被驱逐，犹太人遭到屠杀，并创造了一个被称为酋长国的哥萨克国家

11. 伊凡·马泽帕（1687—1709 年在位），彼得大帝时代的左岸乌克兰哥萨克统领。1708年，俄罗斯人侵害哥萨克权利，马泽帕起兵反抗彼得一世，与率军来袭的瑞典国王卡尔十二世结盟。波尔塔瓦战役之后，卡尔十二世和马泽帕被迫逃离乌克兰，前往奥斯曼人控制的摩尔达维亚寻求庇护

12.《波尔塔瓦战役》,皮埃尔-德尼·马丁受俄国彼得大帝委托作于 1726 年,以纪念俄国的胜利。1709 年的波尔塔瓦战役被视为大北方战争的转折点:一场争夺波罗的海控制权的军事冲突在乌克兰战场上一决胜负,结果,瑞典失去了在北欧的霸主地位,俄国踏上跻身欧洲大国之林的道路,哥萨克国的自治权则被削减

13.《尼古拉·果戈理》,亚历山大·伊万诺夫(Alexander Ivanov)作于1847年。尼古拉·果戈理(1809—1852),乌克兰历史和文化的推动者,代表作有《死魂灵》《钦差大臣》等

14. 此为2009年果戈里诞辰200周年时俄罗斯发行的纪念邮票

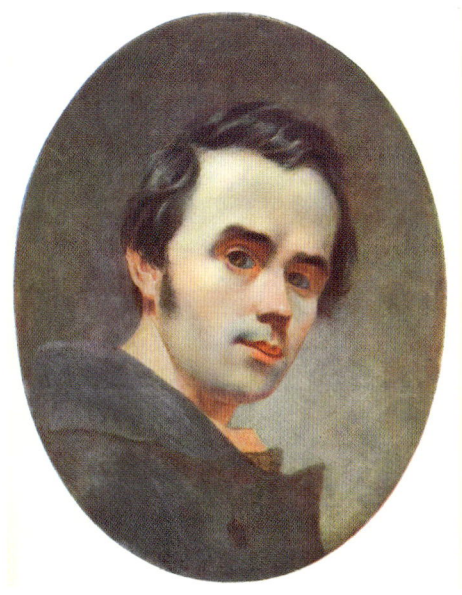

15.《舍甫琴科自画像》,分别作于 1841 年(左图)和 1860 年(右图)。塔拉斯·舍甫琴科(1814—1861),艺术家、诗人、作家,常被视为乌克兰民族之父

16.《扎波罗热哥萨克给土耳其苏丹回信》,列宾作于 1889—1896 年

17.《列宾自画像》,作于 1920 年。伊利亚·列宾(1844—1930),现实主义画家,以其史诗画作《伏尔加河上的纤夫》《扎波罗热哥萨克给土耳其苏丹回信》知名

18. 1854 年 10 月 25 日，巴拉克拉瓦战役中的英国轻骑兵冲锋。在这场战役中，由于情报传递失误，英军轻骑兵旅对错误的俄军炮兵阵地发起冲锋，伤亡 200 多人。这是克里米亚战争中的一次战役，战事于 1853 年因为法、俄争夺巴勒斯坦基督教圣殿的控制权而爆发。其实当时争的是奥斯曼帝国的未来，以及欧洲列强在该地区的影响力

19. 米哈伊洛·赫鲁舍夫斯基（1866—1934），杰出的历史学家，乌克兰革命议会（1917—1918）"中央拉达"主席

20. 安德烈·舍普提茨基都主教（罗曼·亚历山大·玛利亚·舍普提茨基）（1865—1944），乌克兰希腊礼天主教会首脑（1901—1944），加利西亚社会领袖。他曾将数以百计的加利西亚犹太人藏在自己的居所和修道院中。1942年2月，他还给党卫队（SS）领袖海因里希·希姆莱写信，抗议德国使用乌克兰治安力量来围捕和灭绝加利西亚犹太人，可惜这封信并没有起到作用

府取缔了联合教会,并出于保护帝国的俄罗斯民族不受波兰人"蛊惑"的目的,尽力阻止乌克兰人的民族运动。奥地利当局则不然:他们在国内培植罗塞尼亚民族运动以制约波兰人的宣传。他们从未尝试将罗塞尼亚人改造成日耳曼人,也无意干涉他们成为独特民族的发展过程。事实上,奥地利人还鼓励了这种发展,以使之能与发达而有组织的波兰民族运动相抗衡。

在革命之年——1848年,奥地利当局首先付诸实施的正是上述政策。其时,自由民族主义浪潮正在欧洲兴起,从巴勒莫到巴黎,再到维也纳,概莫能外。这对维也纳会议划定的各种边界和这些地区的政府都形成了挑战。1848年3月,受到巴黎革命鼓舞的匈牙利人提出了从哈布斯堡帝国独立出来的要求。他们将拿起武器为自由而战。波兰人紧随其后,先是在克拉科夫,后来又在利维夫掀起波澜,要求得到公民自由和自治权。这些诉求对维也纳政府和至少半数的加利西亚居民来说都难以接受。加利西亚省的450万居民中,大约一半是乌克兰人。波兰人占40%左右,还有近7%是犹太人。在所谓的东加利西亚(传统上的加利西亚地区),乌克兰人占据了绝对多数,而波兰人则在今天被称为西加利西亚、包括克拉科夫在内的"小波兰"占据多数。犹太人则散居在这个扩大之后的帝国省份各地。在东加利西亚的犹太人中,有约60%居住在城市和较小的市镇上。

加利西亚省以农业为主,经济发展程度低于哈布斯堡帝国的大部分地区。在瓜分波兰之后,皇帝约瑟夫二世将传统的波兰精英阶层从政府管理岗位上剔除出来,代之以帝国官僚(其中大多是来自波西米亚的日耳曼化捷克人),以建立一套新的行政体系。他还提高了这个省份人口的整体教育水平和文化水平，并保护农民不受其主人的欺凌。尽管约瑟夫二世剥夺了波兰精英们的政治权力，他刚开始时却没有对犹太人采取措施，任由他们保持自治权，作为他们缴纳所谓"容忍税"[1]的回报。到了1789年，约瑟夫二世颁布了《容忍法令》（Edict of Toleration），这是犹太人解放历程中的一个重大进步，但他同时也解散了犹太人的传统组织，禁止在公文中使用意第绪语和希伯来语，建起德语学校，还将犹太人纳入了服兵役的范围。当革命浪潮在1848年3月来到利维夫时，许多犹太人自愿加入了波兰人反抗帝国的队伍。不过，随着奥地利军队在俄军的帮助下镇压了匈牙利革命，波兰人恢复联邦的希望和犹太人对平等的期待也破灭了。

加利西亚居民中从革命中获益最多的是乌克兰人。他们很可能是对帝国忠诚度最高的人群，也是革命队伍中最不情不愿的参加者。由于波兰人最初的呼吁中没有提到本地乌克兰人和他们的诉求，乌克兰人对加入波兰人的反抗行动并不迫切。1848年4月，乌克兰人社群的领导者们（他们恰好全部都是联合教会的教士）向皇帝请愿，在请愿中宣示了他们的忠诚，要求帝国保护他们不受占统治地位的波兰人侵害，还要求使用罗塞尼亚语的权利。在奥地利的加利西亚总督弗朗茨·施塔迪翁[2]伯爵的许可和支持下，希腊礼天主教会的教士们创立了

---

1 Toleration tax，奥匈帝国对犹太人征收的一种税项，指犹太人需要缴税才能换来对他们的"容忍"。
2 Franz Stadion（1806—1853），19世纪中叶的奥地利政治家，曾任加利西亚总督、内政大臣和教育大臣等职。

他们的罗塞尼亚最高议会。利维夫的治安长官利奥波德·冯·扎赫尔[1]（后来那位作家的父亲）还批准了第一份乌克兰语报纸《加利西亚星报》（*Galician Star*）的出版。施塔迪翁将新议会的成立视为"抵消波兰影响、在加利西亚恢复奥地利统治的手段"。

在神职人员的领导下，罗塞尼亚最高议会的确成为制衡波兰民族革命的领导组织——波兰民族议会的有效力量。几乎在所有主要议题上，最高议会与波兰民族议会的诉求都不相同。如果说波兰人偏于激进，乌克兰人则高度保守。关于加利西亚的未来问题，波兰人想要的是整个省份的自治权，乌克兰领袖们却希望将之分割，恢复从前那个较小的加利西亚——乌克兰人在那里占据人口总数的70%。20万人在一份请愿上签名，要求对加利西亚省进行分治。他们的这个愿望没能实现，加利西亚仍保持完整。然而乌克兰人在这场革命中登上了舞台：他们有了自己的政治组织和报纸，被空前地动员起来。

最为革命性的进步无疑是农奴制的废除和农民们积极参与选举政治的开始。这两项进展在加利西亚的出现都是为了回应波兰人的革命要求，但其推出者则是奥地利当局。乌克兰人从中受益匪浅，因为这个省份的大多数农民是乌克兰人。在加利西亚的奥地利议会中，25名乌克兰议员中有16名是农民。布科维纳地区选出的5名议会代表更是均为农民出身。乌克兰代表被选入议会的事实给他们的社群带来了巨

---

[1] Leopold von Sacher（1797—1874），奥地利官员、博物学者。他是奥地利著名作家、小说《穿裘皮的维纳斯》的作者利奥波德·冯·扎赫尔-马索克（Leopold von Zacher-Masoch，1836—1895）之父。"马索克"是扎赫尔的妻子夏洛特·冯-马索克的姓氏。原文此处作 Leopold von Sacher-Masoch，疑为误将扎赫尔之子的名字与他本人的名字混淆了。

大的冲击,将哈布斯堡帝国中的乌克兰人引入了选举政治的世界,让他们学会了如何组织起来采取政治行动而不是造反(尽管农民起义仍时有发生)。

革命的结束意味着罗塞尼亚最高议会的终结(它在 1851 年被政府废除),但在 1848 年的事件中诞生的乌克兰民族运动并没有结束。在整个 19 世纪 50 年代和 60 年代的大部分时间里,同一个神职人员群体仍然领导着这场运动。他们被称为圣乔治会(St. George Circle,这个名字来自利维夫的希腊礼天主教会主堂)。他们的另一个名字"老罗塞尼亚人"则具有其族群色彩。这些领导着罗塞尼亚民族运动的希腊天主教主教和教士们忠于帝国,在政治和社会观点上都持保守立场,并将自己和哈布斯堡帝国内的同胞们视为一个独特的罗塞尼亚民族的成员。他们的主要敌人是波兰人,主要盟友则是维也纳。至于那些居住在俄奥国界另一侧的乌克兰同胞,或者说小俄罗斯人,似乎很少引起他们的注意。

虽然 1848 年革命推动了一个新的乌克兰民族的形成,它却没有回答这是一个什么样的民族的问题。罗塞尼亚最高议会领导者们所代表的"罗塞尼亚"选项中包括了各种可能性。于 19 世纪 30 年代出现在文学舞台上、被称为"罗塞尼亚三驾马车"的一批浪漫主义作家和诗人在身份认同上所做的选择则是这些不同可能性的最佳代表。"罗塞尼亚三驾马车"的领军人物是雅基夫·霍洛瓦茨基[1]、马尔基安·沙什科维奇[2]和

---

[1] Yakiv Holovatsky(1814—1888),出生于加利西亚的著名乌克兰历史学家、民族志学者、语言学家、诗人。

[2] Markian Shashkevych(1811—1843),出生于加利西亚的乌克兰希腊礼天主教会牧师、诗人、翻译家。

伊凡·瓦西列维奇[1]。他们都是利维夫神学院希腊天主教分院的学生。与欧洲其他民族的觉醒者一样，他们四处搜集民间传说，并痴迷于历史。他们的动力来自哈布斯堡帝国中其他斯拉夫民族文化活动，其理念则植根于第聂伯河地区那些乌克兰民族觉醒者的作品：伊凡·科特利亚列夫斯基的《埃内伊达》、俄罗斯帝国出版的乌克兰民歌集，还有哈尔基夫的浪漫主义文学。"三驾马车"的第一部也是最后一部年鉴于1836年出版于布达[2]，题为"卢萨尔卡德涅斯特洛瓦伊亚"[*Rusalka dnistrovaia*，即《德涅斯特河的水泽仙女》(*The Nymph of the Dniester*)]。

年鉴出版时，团体的三位领袖还将哈布斯堡帝国内的乌克兰人视为更大的乌克兰民族的组成部分。随着时间的推移，这一信仰将发生动摇，遭遇竞争。到了今天，三人中只有马尔基安·沙什科维奇被人们尊为加利西亚乌克兰文学的奠基者。沙什科维奇死于1843年，距1848年革命和随之而来的政治和知识界动荡还有一段时间。他的同侪伊凡·瓦西列维奇在1848年加入了亲波兰的罗塞尼亚议会，后来被乌克兰民族运动的领导者们视为叛徒。"三驾马车"中的第三位成员雅基夫·霍洛瓦茨基则在19世纪50年代成为加利西亚亲俄派（这些人把加利西亚的乌克兰人当作更大的俄罗斯民族的一部分）的领袖之一。因此，用后来的历史学术语来说，"三驾马车"这几位成员选择的道路恰与加利西亚的乌克兰民族运动中的三种倾向一致：乌克兰路线（沙什科维奇）、亲波兰路线（瓦西列维奇）和亲俄路线（霍洛瓦茨基）。

---

1 Ivan Vahylevych（1811—1866），出生于加利西亚的浪漫主义诗人、语文学家和民族志学者。
2 Buda，前匈牙利王国首都，今匈牙利首都布达佩斯位于多瑙河西岸的部分。

不同路线的选择与对书写乌克兰文本的字母的选择紧密相关。19世纪30年代和50年代,"字母战争"在乌克兰社群中两次引起了震动。这场"战争"中同样有三条路线:教会斯拉夫语所使用的传统西里尔字母、普通西里尔字母(类似俄罗斯帝国所使用的字母),最后还有拉丁字母。奥地利官方和波兰精英阶层倾向于使用后者,因为它让新生的乌克兰文学更为接近帝国的标准,在文化上也更易于波兰化。然而,政府在1859年试图在乌克兰语文本中引入拉丁字母时遭到了乌克兰人的联合反对。人们很快就发现,在加利西亚逐渐形成的新民族不会采用西里尔字母之外的任何文字。至于它应该是一个独立的整体,还是更大的俄罗斯民族或乌克兰民族的一部分,则尚未确定。

1859年发生在加利西亚的"字母战争"在帝国边界的另一边产生了强烈的反响。同一年,俄国当局禁止了用拉丁字母印刷的乌克兰语和白俄罗斯语文本的出版和进口。这一措施被视为一次反波兰的举动,其发起者是基辅的一名审查官员,名叫诺维茨基(Novytsky)。他在一份备忘录里称:加利西亚的奥地利当局正在试图通过使用拉丁字母,将"俄罗斯人"变成波兰人。他相信在俄罗斯帝国境内使用拉丁文本也会造成同样的效果。"当西部省份的农民们在当地遇到用波兰字母印刷的小俄罗斯语书籍,他们自然会更倾向于学习波兰字母而非俄国母。"诺维茨基写道,而这又将引领他们去读波兰书籍,暴露在波兰的影响下,使他们远离"俄罗斯文学的灵魂和潮流"。他所提倡的禁令几乎立刻就得到了执行。

这位审查者主要关注的是农民群体,当时农民已经快要得到解放。

农奴制在俄罗斯帝国境内被真正废除是在1861年，比加利西亚和布科维纳解放农奴晚了12年半。这次解放没有引发一次革命，但于1863年在俄罗斯帝国境内引起了一场波兰人的起义。与归属哈布斯堡王朝的乌克兰农民一样，俄国人统治下的乌克兰农民获得了个人自由，却只得到了很少土地，这使他们不得不在经济上依附贵族阶层。然而与被哈布斯堡王朝统治的乌克兰农民不同的是，被罗曼诺夫王朝统治的乌克兰农民既没有得到参与选举政治的权利，也不能成立自己的组织。他们不能获得大学的教席，也不能读到用母语印刷的书籍。更甚的是，帝国政府还禁止用"小俄罗斯方言"出版宗教类和教育类的作品。

俄罗斯帝国境内对所有乌克兰语出版物实际上的全面禁止发生在1863年夏天，正值当年1月开始的波兰人起义的中期。乌克兰农民阶层对帝国的忠诚再度面临危险。政府决定，当问题涉及乌克兰语言时，它首先需要考虑的是巩固帝国的俄罗斯民族统一，而这就要求将农民阶层隔绝于不受帝国欢迎的乌克兰爱国者群体的影响之外。"此前出版的小俄罗斯语著作的目标读者仅仅是南俄罗斯地区的受教育阶层，然而现在那些小俄罗斯民族性的宣传者已经将他们的精力转移到了未受教育的大众身上。以普及读写能力和教育为伪装，那些试图实现政治野心的人已经开始印刷识字课本、字母书、语法课本和地理课本等书籍。"帝国内政大臣彼得·瓦鲁耶夫[1]在一条禁止乌克兰语出版

---

[1] Petr Valuev（1815—1890），俄罗斯帝国政治家、作家。他在1861年至1868年间担任俄罗斯帝国内政大臣，从1862年开始兼管出版审查，在1863年7月13日向时任教育大臣发出了一条关于禁止乌克兰语出版物的秘密指令，但他本人并未担任过教育大臣。此处原文为"教育大臣"，与本书所附大事年表中对瓦鲁耶夫的职务也不符，有误。

物的指令中写道。这条禁令不光禁止了拉丁字母版的乌克兰语出版物，西里尔字母版的也未能幸免。瓦鲁耶夫禁令涉及的范围不包括虚构作品，但这类作品当时还非常少见。从1863年到瓦鲁耶夫离开其职位的1868年，乌克兰语出版物的数量从38种减少到仅存一种。

出版禁令最初只是一个临时措施，但在1876年5月变成了永久性的。皇帝亚历山大二世[1]在这个月颁布了一条被称为《埃姆斯上谕》(Ems Ukase) 的法令（他当时正在德国小镇埃姆斯[2]享受温泉）。这条法令比瓦鲁耶夫的禁令走得更远，它禁止了所有出版和从国外进口乌克兰语书籍的行为，还禁止了乌克兰语戏剧制作和乌克兰语歌曲的公开演唱。与瓦鲁耶夫禁令一样的是，《埃姆斯上谕》没有对公众公开。禁令在19世纪80年代变得松弛，关于戏剧和歌曲的规定被取消了，然而对出版或从国外进口任何乌克兰语书籍的禁令仍继续存在，直到四分之一个世纪之后才被废止。政府仍坚持那条被归于彼得·瓦鲁耶夫的准则——瓦鲁耶夫曾声称："任何独特的小俄罗斯语都不存在，不曾存在，也不能存在。"乌克兰语言、文化和身份认同被视为一种对帝国统一的威胁：它威胁到整个俄罗斯民族的整体性，其严重程度不亚于波兰的民族主义。

尽管亚历山大二世签署《埃姆斯上谕》时身处遥远的德国，这条法令的主要提议者和推动者却在基辅。米哈伊尔·尤瑟佛维奇[3]是来自

1　Alexander II（1818—1881），俄国沙皇（1855—1881年在位）。他是尼古拉一世的长子，在位期间实施了废除农奴制等重大变革。亚历山大二世于1881年3月13日遇刺身亡。

2　Ems，即今德国西部莱茵兰-普法尔茨州城市巴德埃姆斯（Bad Ems）。

3　Mikhail Yuzefovich（1802—1889），基辅教育区副总监、基辅考古委员会主席。他以其极端的俄罗斯民族主义立场闻名。

前哥萨克国波尔塔瓦地区的乌克兰人，曾就读于莫斯科大学的贵族寄宿学校（高中）。他在青年时代与普希金交好，也是一名诗人，曾担任军官在高加索地区作战并负伤。19世纪40年代，尤瑟佛维奇成为基辅教育界和文化界的重要人物：他取得了基辅教育区的一个领导职位，并积极参与基辅考古委员会的工作，主要负责从文献角度证明右岸乌克兰从来就是俄罗斯的一部分。从其政治和文化观点来看，尤瑟佛维奇持典型的"小俄罗斯主义"立场：他热爱乌克兰，认为自己是在为包括第聂伯河两岸的小俄罗斯的利益而工作；他也是温和的平民主义者，相信小俄罗斯农民阶层需要得到保护，以免受波兰贵族、犹太承租人和天主教（联合教会）教士的侵害；最后，他还是俄罗斯民族所有"部族"统一的信仰者。尤瑟佛维奇将帝国视为他所代表的小俄罗斯爱国主义的盟友和保护者，称得上是帝国的忠诚子民。

对那些从圣西里尔和美多德兄弟会时代起就被官方称为乌克兰爱国者的知识分子群体来说，尤瑟佛维奇既是他们的盟友，也是他们的对手。这种关系依时间和情况的不同而变化。尤瑟佛维奇在兄弟会成员被捕事件中扮演了关键的角色，其立场却更多地与兄弟会而非当局站在一边。他拒绝接受一名向他揭发兄弟会颠覆活动的学生提交的书面告密材料，后来又向米科拉·科斯托马罗夫发出警察即将前来搜查的提醒，并帮助科斯托马罗夫销毁了那些会被当成罪证的材料。尤瑟佛维奇不相信科斯托马罗夫及其朋友们的活动会对国家造成危害，而是把他们当成对抗在右岸乌克兰和沃里尼亚占统治地位的波兰文化的盟友。在尤瑟佛维奇的积极参与下，博赫丹·赫梅尔尼茨基纪念碑得以在基辅城中竖立起来，它也成了尤瑟佛维奇的信念与忠诚的证明。

纪念碑上最初的铭文如下:"致博赫丹·赫梅尔尼茨基——统一而不可分割的俄罗斯。"

纪念碑揭幕在1888年揭幕,此时尤瑟佛维奇已不相信乌克兰爱国者是一个无害的群体。1875年,他写了一份题为"关于所谓的乌克兰爱国者运动"("On the So-Called Ukrainophile Movement")的备忘录,并将之提交给帝国当局。在这份备忘录中,那些来自乌克兰爱国者阵营、与他观点对立的人被他冠以图谋将乌克兰从俄罗斯分裂出去的罪名。尤瑟佛维奇声称:瓦鲁耶夫禁令根本没有起到作用,只是让俄罗斯帝国内部和奥属加利西亚的乌克兰爱国者之间的联系变得更紧密,而后者正是波兰人的代言人,因此俄国必须采取更激烈的措施来制止乌克兰爱国者们的破坏活动。尽管包括基辅总督在内的本地官员们认为尤瑟佛维奇的控诉过于夸张,圣彼得堡当局却认同他的论证和逻辑——他们担心帝国统一受到威胁,也担心来自波兰人还有哈布斯堡王朝的各种可能阴谋。于是皇帝签署了那道上谕,不仅禁止了乌克兰语书籍的出版和进口,还为一份加利西亚报纸提供了补贴,因为这份报纸被视为一座在哈布斯堡帝国境内抵抗乌克兰爱国主义的堡垒。

被尤瑟佛维奇认为对帝国构成严重威胁的这些乌克兰爱国者是何许人呢?他们中有乌克兰国歌《乌克兰还没有灭亡》的词作者帕夫洛·楚宾斯基[1],也有基辅大学的古代史教授米哈伊洛·德拉霍玛诺夫[2]。以上两人都是基辅知识分子团体"基辅赫洛马达"("基辅社团")的成

---

1 Pavlo Chubynsky(1839—1884),19世纪乌克兰诗人、民族志学者。
2 Mykhailo Drahomanov(1841—1895),19世纪乌克兰政治理论、经济学、历史学、哲学和民族志学者。

员。这个团体的兴趣基本都集中于文化领域。楚宾斯基和德拉霍玛诺夫都不曾主张乌克兰应该脱离俄罗斯帝国，也没有亲波兰倾向。然而他们都对乌克兰民族运动的老一代小俄罗斯主义者领袖群体不满，因为那一代人未能推翻瓦鲁耶夫禁令。更重要的是，德拉霍玛诺夫和他的支持者将尤瑟佛维奇从基辅学术活动重镇基辅地理学会的领导位置上赶了下来，这是《埃姆斯上谕》出台的原因之一：尤瑟佛维奇进行了反击，并造成了纷争之初谁也没能预料到的后果。

《埃姆斯上谕》让乌克兰爱国者们变得更加激进，使得乌克兰爱国者和小俄罗斯主义理念支持者之间的代际矛盾变成了意识形态上的对立。对米哈伊洛·德拉霍玛诺夫而言尤其如此——他的大学教授资格被剥夺，随后离开俄罗斯帝国前往瑞士，定居于日内瓦。他在这里写下的一批作品使他成为19世纪最有影响力的乌克兰政治思想家。德拉霍玛诺夫也是第一个接受社会主义理念的人。在19世纪80年代，他为乌克兰民族的独特性大声疾呼，并宣扬一个包括乌克兰在内的欧洲联邦的理念。这一理念可以上溯到科斯托马罗夫的《乌克兰人民的起源之书》中的观点，但德拉霍玛诺夫心目中的联邦并不限于斯拉夫民族，而是包括整个欧洲。通过德拉霍玛诺夫的著作，乌克兰民族运动从圣西里尔和美多德兄弟会被摧毁的打击中恢复过来，开始重新思考其政治目标和其文化活动的含义。

德拉霍玛诺夫也是第一个以其观点对奥属乌克兰的局势造成巨大影响的政治思想家。尽管尤瑟佛维奇对乌克兰爱国者群体的指控大部分不属实，但其中也有符合事实的部分：这些人与加利西亚之间联系紧密，而瓦鲁耶夫禁令只起到了加强这种联系的作用。由于在俄罗斯帝国境内用乌克兰语出版著作完全没有可能，乌克兰爱国者充分利用了在加利西亚存在的机会。《埃姆斯上谕》在尤瑟佛维奇的检举启发下出台后，加利西亚对实现用乌克兰语出版著作的目标变得更具吸引力了。由于俄属乌克兰地区的文学出版遭到禁止，乌克兰最有名的文学家，包括作家伊凡·涅崔-列维茨基[1]和剧作家米哈伊洛·斯塔利茨基[2]在内，都在加利西亚出版他们的作品。《埃姆斯上谕》未能阻止乌克兰文学的发展，却造成了一种局面：大部分最杰出的作者身处俄罗斯帝国境内，他们的读者却在边界另一边的奥地利。这些作家无法与他们的读者直接接触，反之亦然。颇具讽刺意味的是，这种局面竟帮助推动了一种共同的文学语言和文化在帝国边界两侧的发展。

在东部乌克兰人发现加利西亚这个可以自由表达思想的地方和出版市场的时候，加利西亚本地的乌克兰人事实上已经分裂为两个相互竞争的群体：亲俄派和乌克兰爱国者派。1867年哈布斯堡帝国的宪法改革之后，这道裂痕变得十分明显。在输掉对意大利和普鲁士这两个新兴民族国家的战争之后，奥地利当局决定向帝国最好战的成员匈牙利人做出重大让步，以换取帝国的延续。"奥匈折中方案"[3]创造了一个被称为奥匈帝国的二元帝国。匈牙利王国拥有了自己的议会和更大的自治权，与帝国其他部分的关系仅系于皇帝个人以及共同的外交和军

---

1 Ivan Nechui-Levytsky（1838—1918），乌克兰著名作家，被视为乌克兰现实主义叙事的奠基者。
2 Mykhailo Starytsky（1840—1904），乌克兰作家、诗人、剧作家。
3 Austro-Hungarian Compromise，1867年奥地利帝国在其国际地位下降之际为避免帝国分裂而与匈牙利达成的妥协，其结果是奥匈帝国的产生。

事政策。然而匈牙利人并非哈布斯堡帝国中唯一受惠于折中方案的民族：波兰人和克罗地亚人也取得了自治权。令乌克兰人恐慌的是，他们成了波兰人自治权的牺牲品——维也纳将加利西亚省的统治权交给了本地的传统波兰的精英阶层。

乌克兰民族运动的领袖们感到自己遭遇了背叛：哈布斯堡家族惩罚了他们的忠诚，却奖励了那些不安分的民族。1867年的妥协方案为教会主教团和"老罗塞尼亚人"的主导地位敲响了丧钟，并使亲俄运动的力量得到增强。亲俄派的领袖们，包括希腊礼天主教会牧师伊凡·纳乌莫维奇[1]在内，宣称罗塞尼亚人的忠诚没有得到任何回报，而如果他们还想抵抗波兰化，就不得不改变对当局的态度。纳乌莫维奇还抨击了试图创造一个独特的罗塞尼亚民族的努力——在波兰人的强大政治和文化攻势下，这个民族事实上毫无获胜的可能性。在纳乌莫维奇看来，奥地利的罗塞尼亚人是更大的俄罗斯民族的一部分。他的支持者们将自己视为小俄罗斯人，声称俄罗斯书面语言其实是小俄罗斯语的一个翻版，一个"小俄罗斯人"在一个小时内就能学会它。然而这个目标被证明远没有那么容易达成：在尝试掌握俄语的过程中，亲俄运动的领导者们创造出了一种俄语和教会斯拉夫语的混合体，并尝试将它用于彼此交流和写作。

19世纪60年代晚期，亲俄派掌握了加利西亚和布科维纳大部分乌克兰人组织的控制权。在外喀尔巴阡地区，刚刚获得权力的匈牙利

---

1 Ivan Naumovych（1826—1891），加利西亚乌克兰牧师、议员，19世纪西乌克兰亲俄运动中的重要人物。

人实施积极的马扎尔化[1]政策，遏制了一切本地文化的发展。俄国政府则通过津贴和奖学金等方式支持亲俄派的活动，自然也引起了维也纳的疑虑。1882年，纳乌莫维奇被奥地利当局逮捕，被控叛国罪：他发起了一场农民请愿运动，要求在一个拥有希腊天主教传统的村庄建立东正教教区，这被视为一次亲俄宣传的尝试。加利西亚和外喀尔巴阡地区亲俄运动的其他领导人也与纳乌莫维奇一样遭到当局审判。他们最终被判定犯下了各种反对国家的罪行，并被送进监狱。此后，包括纳乌莫维奇本人在内的许多被诉者都迁往俄罗斯帝国。

1882年的审判之后还发生了其他针对亲俄派活动家的起诉。一方面，俄罗斯帝国当局四处追索那些对乌克兰人是大俄罗斯民族一部分的观点持异议者，另一方面，奥地利人却对支持这种观点的人进行迫害。奥地利官方对亲俄行为的镇压削弱了亲俄派运动，另一群活动家借机出现在加利西亚政治舞台的中心。这群人被称为平民主义者或乌克兰爱国者。他们的根源可以追溯到"罗塞尼亚三驾马车"及其主要理论家马尔基安·沙什科维奇，然而其直接传承则来自"普洛斯维塔协会"[2]（"启蒙会"）。该会成立于1868年，即奥匈折中方案之后一年。与亲俄派一样，乌克兰爱国者们相信从前那种倒向帝国政府的罗塞尼亚民族运动道路已经走到了尽头，而"老罗塞尼亚人"推崇的民族构建模式也没有出路。然而乌克兰爱国者们主张的前进方向与他们的对

---

1 Magyarization，即"匈牙利化"。马扎尔人为匈牙利人的别称。
2 Prosvita，乌克兰语为просвіта，1868年创建于加利西亚的利维夫，成员来自多个知识分子群体，宗旨为对抗当时的反乌克兰的殖民主义和亲俄主义潮流。到1913年年底，普罗斯维塔协会已经拥有77个分会。

手有很大区别：他们提出哈布斯堡帝国境内的罗塞尼亚人事实上是一个更大民族的一部分，但这个更大的民族并非帝国化的俄罗斯民族，而是就居住在国界另一边的乌克兰民族。这些乌克兰爱国者与罗塞尼亚民族运动的传统领导者——教士中的精英阶层——发生了分歧，并将自己描述为人民利益的捍卫者，这也是他们被称为"平民主义者"的原因。

加利西亚的平民主义者和他们的出版物成为俄罗斯帝国境内的乌克兰爱国者们的天然盟友。1873年，在哥萨克统领伊凡·斯科罗帕德斯基的后代伊丽莎白·米洛拉多维奇[1]的资助下，加利西亚的平民主义者们成立了他们自己的学会。为了强调它与俄属乌克兰的联系和它对联合所有乌克兰人的关注和追求，这个学会在后来以塔拉斯·舍甫琴科的名字命名。基辅的乌克兰爱国者们还帮助加利西亚的同人成立了为东西两个乌克兰人群体服务的乌克兰语报纸和杂志。在来自东方的援助下，加利西亚的乌克兰爱国者以一点一滴的方式，在与亲俄派的斗争中取得了胜利。他们在19世纪80年代中期夺取了布科维纳的罗塞尼亚人组织的控制权。在加利西亚和布科维纳这两个奥地利省份，来自俄属乌克兰的智力支持被证明是乌克兰爱国者运动兴起的关键因素。乌克兰民族运动的两个分支相互依存，以各自的方式受益于双方的合作。加利西亚的乌克兰人将基辅的乌克兰爱国者们的思想变得更加激进，让一个独立于泛俄罗斯帝国蓝图之外的乌克兰民族进入了他们的想象。

---

1 Yelyzaveta Myloradovych（1832—1890），俄国女伯爵、社会活动家。

19世纪最后一个十年到来之际,乌克兰仍被奥地利-俄罗斯之间的边界分为两部分,与一个世纪之前波兰被瓜分时代的情况一样。然而此时的乌克兰同时也以前所未有的方式联结在一起。这个新的联合并非源于教会的统一:东正教会与联合教会之间的分裂仍然存在,在俄国对其治下的联合教会信徒进行"重新统一"之后,这条分界线恰与帝国的边界重合。新的联合来自新的民族观念。那个认同哈布斯堡帝国统治、信仰希腊天主教的独特罗塞尼亚民族概念尽管在1848年的革命运动中得到加强,却只延续了20年,没能挺过哈布斯堡帝国向二元帝国的转型。从19世纪60年代开始,哈布斯堡帝国内部的民族运动就摆脱了宗教意义上的排他色彩。亲俄派和乌克兰爱国者派都与边界另一边的东正教同胞建立了联系。在这两个阵营中,人们都不怀疑哈布斯堡王朝治下的罗塞尼亚人与罗曼诺夫王朝治下的小俄罗斯人是同一个民族的组成部分。分歧只在于他们到底是哪个民族的组成部分,是泛俄罗斯民族还是泛乌克兰民族。

身处俄罗斯一侧的乌克兰活动家们同样分为两派:泛俄罗斯派和泛乌克兰派。他们也同样尝试回答奥匈帝国境内同胞们所面临的问题。在19世纪最后一段时间出现在奥匈帝国和俄罗斯帝国政治舞台上的那一代民族活动家将会给出他们的回答。这将是一个工业进步、城市化、读写能力普及和平民政治得到迅猛发展的时代。

第 16 章
前　进

1870年，威尔士企业家约翰·詹姆斯·休斯[1]率领8艘船从英国起航。船上装载着各种冶金机械，乘客有近100人，都是熟练的矿工和冶金工人。大部分工人与休斯一样来自威尔士。他们的目的地则是乌克兰南部、亚速海以北、顿涅茨河沿岸的草原。这支远征队打算在那里修建一座体系齐全的冶金工厂。"刚启动这些工作时，我一心致力于培训那些将留在这里的俄国工人。"休斯在后来写道。这项工程耗费了数年时间。在非专业的乌克兰和俄罗斯劳工们的帮助下，休斯和他的部下很快建起了冶铁厂和铁轨厂，还在工厂周围建起了一座小镇。这些工厂和小镇成为尤兹夫卡（今天的顿涅茨克）[2]的雏形。这座城市直到最近一段时间还拥有超过100万人口，是顿巴斯地区（顿涅茨河工业盆地）的主要中心城市。

休斯的到来标志着乌克兰历史中一个新时代的开端。这一地区的经济、社会结构和人口生态在19世纪末和20世纪初发生了巨大的转

1　John James Hughes（1814—1889），威尔士工程师、商人、顿涅茨克的开创者。
2　Yuzivka，亦作尤佐夫卡（Yuzovka），今乌克兰顿涅茨克市的原名。

变。转变源于迅猛发展的工业化进程：在经济扩张、城市化，以及俄罗斯农民（他们将为城市提供人力，并将成为工业无产阶级主力军）大量流入的过程中，东乌克兰和南乌克兰地区成为主要的受益者。同样的进程也发生在加利西亚——19世纪中叶开始，欧洲的石油工业在这里起步。快速的工业化和城市化是这一时期欧洲历史的普遍特征，而乌克兰在其中扮演了重要的角色。此后世代中的乌克兰经济、社会和政治图景都因这些进程而改变。

俄属乌克兰地区的最初变革始于1854年9月英法远征军登陆克里米亚。一年以前，俄法之间因争夺巴勒斯坦的基督教圣地而爆发了克里米亚战争，这次入侵正是那场战争的最新行动。此时奥斯曼帝国已日薄西山，它的未来和列强在其广大属地上的影响力成为战争双方争夺的目标。英法联军把俄罗斯帝国海军基地塞瓦斯托波尔看作对它们在地中海地区利益的威胁，将之团团围困。漫长的围城和军事行动给双方都带来了惨重的伤亡（在巴拉克拉瓦战役[1]中，英军轻骑兵旅的灾难性冲锋震惊了英国公众）。塞瓦斯托波尔最终在1855年9月落入入侵者之手。这成为俄罗斯历史记忆中抹之不去的伤痛和耻辱。双方签署了《巴黎和约》，正式结束了战争。条约禁止俄罗斯帝国在塞瓦斯托波尔或黑海沿岸任何地方拥有海军基地。

俄国在克里米亚战争中的失败在帝国政府和社会中引起了广泛的

---

[1] Battle of Balaklava，1854年10月25日发生在克里米亚城市巴拉克拉瓦（今塞瓦斯托波尔的一部分）的战役。在这场战役中，由于情报传递失误，英军轻骑兵旅对错误的俄军炮兵阵地发起冲锋，伤亡200多人。

反思。俄军曾在1814年征服巴黎，40年后竟在自己视为后院的土地上战败！俄国沙皇尼古拉一世受到战败的打击，于1855年3月驾崩，在位30年。他的去世让一次政策转向变得几乎不可避免。新君亚历山大二世实施了雄心勃勃的改革方案，希望赶上西方的步伐，让俄罗斯实现社会、经济和军事现代化。克里米亚战争期间，俄军只能用帆船对阵英法联军的蒸汽军舰，还不得不自沉其黑海舰队的舰只以阻止敌舰进入塞瓦斯托波尔港。现在，俄国无论如何都要拥有一支新式海军。此外它还需要铁路，因为在没有铁路的条件下将兵力、弹药和补给运到距帝国腹地千里之外的克里米亚这样的地方太过困难。令圣彼得堡难堪的是，在克里米亚修筑第一条铁路的不是俄国人，而是英国人——他们在围城期间建成了连接巴拉克拉瓦和塞瓦斯托波尔的铁路。

如果俄国还想保住克里米亚，就需要通往这个半岛和其海军基地的铁路。于是当局决定将阿拉斯加卖给美国人。那是帝国的另一个偏远角落，官员们认为它难以防守，很容易被英国人夺走。但俄国不会放弃克里米亚。此时克里米亚鞑靼人已经在向奥斯曼帝国迁移，俄国的舰队和要塞都已不复存在，但塞瓦斯托波尔成了大众瞻仰的目标，成了俄罗斯帝国的新圣地。帝国政府批准了连接莫斯科和塞瓦斯托波尔、途经库尔斯克和哈尔基夫的铁路修筑方案，但问题在于资金的匮乏。国库拿不出这笔钱，而俄国在1863年对波兰叛党的镇压又引发了类似后来的国际制裁的反应。法国政府说服当时法国重要的铁路建设投资者詹姆斯·迈耶·德·罗斯柴尔德[1]不要借钱给俄国，而打算

---

[1] James Mayer de Rothschild（1792—1868），德裔法国银行家、罗斯柴尔德家族法国分支的创始人。

承担修建工程的英国公司又无法从伦敦金融城获得足够的资金。莫斯科－塞瓦斯托波尔铁路被推迟到19世纪70年代才开工，但在乌克兰南部修筑铁路的念头已经深深植入了俄国政府、军队和商界精英的头脑中。

与后来连接莫斯科与塞瓦斯托波尔的铁路相比，本地的第一条铁路有些太过简陋。它从克里米亚西北部黑海海滨的敖德萨[1]通往波多里亚城市巴尔塔。这条新铁路建于1865年，比连接利维夫和普热梅希尔、克拉科夫和维也纳的铁路晚4年。与利维夫铁路不同的是，从敖德萨出发的这条铁路与政治、战略和政府都没什么关系。它存在的理由自始至终都是经济因素。在19世纪中期，乌克兰的出口额占整个俄罗斯帝国的75%。帝国以西伯利亚毛皮为主要出口产品的时代已经一去不复返，而西伯利亚石油和天然气的时代尚未到来，因此乌克兰的谷物填补了帝国预算表上的这块空白。波多里亚是帝国境内的主要产粮区之一，而敖德萨这座1794年建于从前诺盖鞑靼人定居点上的城市就成了连接帝国与欧洲市场的主要通道。

财源匮乏的帝国希望增加其出口额，这就需要有一条铁路，而修筑铁路又需要钱。敖德萨总督提议利用俄军中的刑徒营，打破了这个死循环。这不是帝国漫长的历史上第一次用免费劳力解决问题，也不是最后一次。在设想中，敖德萨－巴尔塔铁路是敖德萨－莫斯科铁路的第一段，应当经过基辅，将充斥着不安分的波兰贵族的第聂伯河右岸地区与帝国腹地连接起来，以此削弱华沙的影响。然而这个计划在

---

[1] Odesa，或Odessa，今乌克兰南部海港城市、敖德萨州首府。

经济上毫无意义，因为基辅地区及基辅城北的森林地区没有什么可供出口的产品。因此，梦想着巩固帝国政治统一的战略家们最终输给了追求利益的游说团。从巴尔塔出发的铁路没有经过基辅，而是经过波尔塔瓦和哈尔基夫，并将在哈尔基夫与后来的莫斯科－塞瓦斯托波尔铁路连通。后者在长期拖延之后，于1875年竣工。

1871年，法国在普法战争中战败后，俄罗斯帝国重新取得了在黑海拥有海军的权利，于是它在塞瓦斯托波尔建设自己的新海军。莫斯科－塞瓦斯托波尔铁路在这个过程中扮演了重要角色，然而其关键的重要性却是经济和文化意义上的。经济方面，这条铁路促进了地区贸易以及东乌克兰和南乌克兰的发展；文化方面，它以从前无法设想的各种方式，将遥远的克里米亚与帝国的核心地区连接起来，推动了俄罗斯对这个半岛的文化殖民过程。到了19世纪末，原来仅是黑海岸边一个小渔村的雅尔塔[1]已经成了帝国的夏都。皇帝和他的亲眷们在克里米亚海岸上建起华丽的宅邸，并对此地的东正教堂和修道院的建设提供支持。沙皇和皇族之外，为数众多的朝臣、高级和中级官员，以及（最后然而同样重要的）作家和艺术家也在克里米亚消夏。安东·契诃夫[2]在雅尔塔拥有一所朴素的房子。他在短篇小说《带小狗的女士》（*Lady with a Lapdog*）中刻画了那些来到这个克里米亚度假胜地的俄国游客的体验。俄国社会上层将克里米亚变成了他们视之为家的广袤帝国的一部分。

---

[1] Yalta，克里米亚半岛南岸城市，是黑海沿岸的疗养胜地，也是1945年雅尔塔会议的举办地。
[2] Anton Chekhov（1860—1904），俄国杰出的短篇小说家、戏剧家。

1894年，沙皇亚历山大三世[1]在雅尔塔附近利瓦季亚[2]的庄园中死去。人们用马车将他的遗体运到雅尔塔，再用船转运到塞瓦斯托波尔，然而从那里用铁路运回圣彼得堡。到他去世之时，铁路已经在乌克兰大地上纵横交错，将敖德萨、波尔塔瓦、哈尔基夫、基辅，还有莫斯科和圣彼得堡联结起来。从敖德萨坐火车出发，你还可以抵达利维夫，而基辅也与利维夫和华沙连通。第一条敖德萨－巴尔塔铁路长度仅有137英里（约220千米）。到了1914年，乌克兰境内的铁路总长度已经超过1万英里（约16 093千米）。铁路推动了经济发展，增加了流动性，也打破了旧的政治、经济和文化边界。在帝国最新获得的领土乌克兰草原地区，这一变化的影响比在其他地区更为深远。

曾经被游牧民族占据的草原地区如今已为士绅阶层所控制，并变成了欧洲的面包篮。此地什么都不缺，只缺有能力来开垦这些处女地的人手。尼古拉·果戈理的经典之作《死魂灵》[3]中的主角乞乞科夫试图通过将死去农民的"魂灵"卖给政府并将他们"迁"到此地的手段来解决这个问题。然而在现实中，"魂灵"越少而土地越多，就意味着农民阶层越富裕，而在整个帝国境内，南乌克兰地区的农民比其他任何地方的农民都过得好。在19、20世纪之交，包括克里米亚半岛及半岛以北草原地带的塔乌里达省[4]平均每户农民拥有40英亩（约

---

1 Alexander III（1845—1894），俄国沙皇（1881—1894年在位）、亚历山大二世的次子。他在位期间俄国没有发生国内战争且和平稳定，是俄罗斯帝国后期最繁荣的时期。

2 Livadia，今乌克兰克里米亚半岛上的城镇，位于雅尔塔以西3千米处。

3 Dead Souls，书中"魂灵"（俄语души）一词既可表示"灵魂"，也是用于人口的量词。乞乞科夫的生财之道是收购已死但尚未注销户口的农奴，即"死魂灵"，并将他们作为活农奴抵押给政府，骗取押金。

4 Tavrida gubernia，即陶里达省（Taurida Province），见本书第13章注。

16.2公顷）土地，而在波多里亚和沃里尼亚地区，每户仅有9英亩（约3.6公顷）。

许多世纪以来，定居人口占据的林草混交带和游牧人口占据的南方一直存在差异。基督教世界与伊斯兰教世界之间的界线以及奥斯曼－波兰－俄罗斯之间的国界让它变得更加明显。然而这一差异正在缓慢地成为历史。铁路将北方的产粮区与南方黑海沿岸的港口联结起来，也就成为乌克兰腹地与地中海和利润丰厚的欧洲市场之间的纽带。在乌克兰历史上大部分时间里受到游牧民族威胁的第聂伯河、德涅斯特河和顿河商路如今变得安全了，并为这一地区的经济复兴贡献着力量。维京人曾围绕第聂伯河－黑海贸易通道建起基辅罗斯国家，此时这条通道开始兑现人们对它的期许。第聂伯河险滩段成为剩下的唯一后勤障碍。

铁路建设还为高速的城市化进程提供了动力，并因此再度让南方受益。城市的膨胀成为乌克兰各地的普遍现象。到了19、20世纪之交，基辅已经是俄罗斯帝国的第三大城市，人口从19世纪30年代早期的2.5万增加到1900年的25万。然而即使是这样的增长，在南方的发展面前也黯然失色：1814年敖德萨同样只有2.5万人，到了1900年却已有45万居民。城市发展的很大一部分原因是快速的工业化，在这一方面南方仍然走在了前面。尤兹夫卡的人口在1897年之前的10年中就增加了超过5倍，达到接近3万人，并在接下来的20年中又翻了一番还多，在1917年的革命前达到7万人，突出显示了乌克兰东南部工业化和城市化之间的紧密联系。

尤兹夫卡的故事于 1868 年在伦敦发端。这一年，53 岁的成功商人、发明家和米尔沃尔钢铁公司[1]经理约翰·詹姆斯·休斯，也就是我们在本章开篇见证其离开英国的那个人，决定选定一条截然不同的人生道路。在遭到克里米亚战争的打击之后，俄国政府正忙于加强对进入帝国的海陆通道的防御。战争期间，英国和法国的舰队就曾从波罗的海上炮轰圣彼得堡的屏障——海岛要塞喀琅施塔得[2]。有意思的是，俄国政府打算为应对来自英国的可能攻击而加强防御，找来的帮手却是米尔沃尔钢铁公司。俄国将军、塞瓦斯托波尔保卫战英雄爱德华·托特列边[3]主持了谈判。休斯前往圣彼得堡安排这项工程。俄国人向休斯提供了在他们的帝国领土上修建冶金厂的特许权，而他则接受了这项挑战。

甫一抵达亚速海岸边的草原，这位威尔士人和他的团队就在奥维契（Ovechii）农庄落下了脚跟。奥维契是 17 世纪扎波罗热哥萨克人建立的一个小定居点，然而休斯对这一地区的哥萨克历史没什么兴趣。他买下这片土地并来到奥维契只有一个简单的原因：4 年前，俄国工程师们已经将此地划为建立冶金厂的理想地点，因为它距离铁矿、煤矿和水道都不远。政府曾试图在这里建起一座工厂，却因为缺少建筑技术和运营冶金厂的经验而没有成功。休斯则在这两方面都是专家。1872 年 1 月，他新建的冶铁厂就生产出了第一块生铁。19 世纪 70 年

---

1 Millwall Iron Works Company，1824 年创建于英国伦敦的一家钢铁制品公司，曾为英国海军舰船制造装甲和其他装备。
2 Kronstadt，今俄罗斯港口城市，位于圣彼得堡以西 30 千米处的科特林岛（Kotlin Island）上。
3 Eduard Totleben（1818—1884），德裔俄国陆军将军、军事工程师。

代中,他又建起了更多的高炉。这些工厂雇用了近1800人,成为帝国最大的金属生产企业。工人们聚居的地方渐渐被称为尤兹夫卡,其名得自创始人的姓氏("休斯夫卡")。这座钢铁和矿山之城将在1924年被更名为斯大林,在1961年再度更名为顿涅茨克。

休斯是极少数亲身迁居乌克兰的西方企业家中的一个,但从英国、法国和比利时前往乌克兰草原的熟练工人则成百上千。数以百万计的法郎和英镑从他们的祖国流向此地,他们则追随而至。为改造乌克兰南部地区提供金融资本的主要是法国、英国和比利时的银行家。在20世纪初,乌克兰超过50%的钢材、超过60%的生铁、70%的煤炭和所有的机械都由外国公司生产。俄国企业的资本和技术都相对有限,而且其中大部分都投入对莫斯科和圣彼得堡的工业潜力的挖掘中。

帝国有一样几乎可以无限量供应的资源:非熟练工人。卫生条件的改善和技术的进步让更多的婴儿存活下来,而活下来的人的寿命也变得更长了。一个村庄中的人口越多,就意味着每户人家拥有的土地越少。人口的相对过剩在农奴解放之后的数十年中成为乌克兰和俄罗斯村庄中的一大问题。在帝国姗姗来迟的工业革命意味着"过剩"的人口从此可以流向膨胀中的城市。从19世纪70年代开始,乌克兰南部勃兴的工业城镇就成了吸引数以十万计农民离开贫穷村庄的磁铁。大多数来到这里的人都来自俄罗斯的南方省份,因为那里的土壤远比乌克兰贫瘠,对土地的渴望也更加强烈。

尤兹夫卡提供的工作相当危险,但以当时的标准而言报酬甚为丰厚，吸引了许多俄罗斯农民来到此地。年轻的尼基塔·赫鲁晓夫[1]就是他们中的一员。1908年，14岁的赫鲁晓夫离开俄罗斯小村庄卡里诺夫卡[Kalinovka，位于从前哥萨克国的首府赫卢希夫东北面约40英里（约65千米）处]来到尤兹夫卡和他的家人会合。在将全家人搬到这里之前，赫鲁晓夫的父亲谢尔希是尤兹夫卡地区一条铁路上的季节工，后来又成了全职的矿工。谢尔希从未放弃攒够了钱之后买上一匹马回到卡里诺夫卡的梦想，他的儿子却没有这样的梦想。赫鲁晓夫热爱城市生活，成了一名矿山机械师。他在1917年革命期间加入布尔什维克，从此开始他辉煌的政治生涯。1957年斯普特尼克1号[2]发射和1962年古巴导弹危机时，苏联的领导人都是赫鲁晓夫。

在未来的苏联领导人中，尼基塔·赫鲁晓夫并不是唯一一个举家迁离某个俄罗斯村庄并受益于南乌克兰地区工业繁荣的。在赫鲁晓夫一家迁居之前几年，伊利亚·勃列日涅夫（Ilia Brezhnev）就来到了乌克兰工业城市卡缅斯克（今第聂伯罗捷尔任斯克）[3]。他的儿子列昂尼德·勃列日涅夫[4]于1906年出生在这座钢铁之城。他曾是赫鲁晓夫的得意门生，并最终继承了苏联的最高权力。赫鲁晓夫一家和勃列日涅夫一家都是俄罗

---

1 Nikita Khrushchev（1894—1971），继斯大林之后的苏联最高领导人，曾任苏共中央第一书记（1953—1964年在任）、苏联部长会议主席（1958—1964年在任）。
2 Sputnik，世界上第一颗进入地球轨道的人造卫星，由苏联于1957年10月4日在拜科努尔航天中心发射。
3 Kamenske，今第聂伯罗捷尔任斯克（Dniprodzerzhynsk），位于今乌克兰第聂伯罗彼得罗夫斯克州。
4 Leonid Brezhnev（1906—1982），继赫鲁晓夫之后的苏联最高领导人，曾任苏共中央第一书记（1964—1966年在任）、苏共中央总书记（1966—1982年在任）、苏联最高苏维埃主席团主席（1960—1964、1977—1982年在任）。

斯农民向南乌克兰的大迁移的参加者。这场迁移运动是这一地区城市中乌克兰裔人口比例下降的原因之一。1897年，俄罗斯帝国进行了它第一次也是唯一一次人口普查。此时帝国乌克兰诸省的乌克兰人数量为1 700万，俄罗斯人数量为300万，比例接近6∶1。然而在城市中，两个族群的人口数势均力敌——俄罗斯人略多于100万，乌克兰人略少于100万。俄罗斯人在主要城市和工业中心占据多数：他们在哈尔基夫超过60%，在基辅超过50%，在敖德萨则约为50%。

跻身于企业主阶层的乌克兰人不多，其中大多数又居住在乌克兰中部地区。19世纪下半叶，有赖于当地甜菜种植的糖业得到发展，让一些乌克兰企业主发了财。谢梅连科家族是这群人中的翘楚。这个家族的成员之一普拉东·谢梅连科[1]给从流放地归来的塔拉斯·舍甫琴科提供了帮助，并资助出版了舍甫琴科的作品《科布扎尔》的一个版本。（今天这个家族主要以雷内特·谢梅连科苹果为人所知。普拉东的儿子列夫是这种苹果的培植者，并以父亲的名字为它命名。）谢梅连科家族的出现并非常例，而是一个异数。在企业家群体中，俄罗斯人、波兰人和犹太人都远多于乌克兰人。

随着快速的工业化和城市化的出现，同样的族群比例也体现在产业工人阶层中。他们大都是俄罗斯人。犹太工匠们离开了从前归属波兰的乌克兰地区，来到东部和南部的中心城市，并在手工业中占据了主导地位。东部的哈尔基夫不在犹太人的"定居范围"（帝国允许犹太人定居的地区）之内，但乌克兰其他地方，包括敖德萨和卡特琳诺斯

---

[1] Platon Symyrenko，乌克兰著名企业家和慈善家。

拉夫（今第聂伯罗彼得罗夫斯克）[1]，都允许犹太人定居。沃里尼亚、波多里亚和南乌克兰地区的总人口中，犹太人的比例为12%到14%之间，但他们在小城镇中占据了多数。在大城市中，犹太人虽然不占多数，却也不可忽视：他们在敖德萨居民中占37%，在卡特琳诺斯拉夫则是第三大族群。

乌克兰人占据了乌克兰居民中的大半，但他们中的多数人都没有卷入工业化和城市化过程，这是为什么？在此，赫鲁晓夫一家和勃列日涅夫一家的故事仍然可以帮助我们理解这种状况。两个家庭都是从俄罗斯的库尔斯克省迁往乌克兰东南地区的。在19世纪下半叶，库尔斯克省农民户均拥有的土地不超过7英亩（约2.8公顷）。他们来到的地方属于卡特琳诺斯拉夫省，这里的农民户均拥有土地是25英亩（约10.1公顷），而且都是所谓的黑土，比库尔斯克地区的肥沃得多。如前所述，本地的农民生活状况远远好于俄罗斯帝国任何其他地区。这些农民倾向于留在家乡，而且通常也能负担得起。如果迫不得已，他们中的许多人也会选择到帝国东部的偏远草原地区重新定居，而不是到邻近的钢铁工业和矿业城镇去忍受20世纪早期工业的恶劣条件。

乌克兰中部和北部诸省的农民尤为符合上述情况。切尔尼戈夫省即是一例。这里的农民户均拥有土地不超过17英亩（约6.9公顷），且都相当贫瘠。另一位苏联领导人米哈伊尔·戈尔巴乔夫[2]的家族故事让我们得以一窥乌克兰人迁徙史中的这一面。20世纪早期，戈尔巴乔夫

---

1 Katerynoslav，今第聂伯罗彼得罗夫斯克（Dnipropetrovsk），乌克兰中南部第聂伯罗夫斯克州首府。
2 Mikhail Gorbachev（1931年生），苏联政治家、苏共中央总书记（1985—1991年在任）、苏联总统（1990—1991年在任）。

的外祖父潘捷列伊蒙·霍普卡洛（Panteleimon Hopkalo）从切尔尼戈夫省来到斯塔夫罗波尔[1]地区的草原上。1931年，戈尔巴乔夫在这里降生。以当时的情况而言，斯塔夫罗波尔及北高加索地区与乌克兰的环境相似程度几乎超过人们的想象。许多不愿迁往城市、希望寻找免费土地的乌克兰农民迁移到了更远的地方，直至俄罗斯的远东。在第一次世界大战之前的20年中，超过150万乌克兰人来到俄罗斯南部和东部边境定居，因为他们可以在这些地方获得土地。

农民迁徙浪潮受对土地的渴望驱动，是一个真正意义上全乌克兰范围内都在发生的现象。在俄罗斯帝国之外的奥属加利西亚、布科维纳和外喀尔巴阡，这种现象更加显著。20世纪初，东加利西亚的户均拥有土地数量仅为6英亩（约2.4公顷），比俄属乌克兰人口最为过剩的沃里尼亚省的户均数量还少3英亩（约1.2公顷）。此外，喀尔巴阡山脉中的土地通常比沃里尼亚和波多里亚的土地还要瘠薄得多。该地区的农民大量流失。"这片土地无法承载如此多的人口，也无法经受如此的贫困。"加利西亚的乌克兰作家瓦西里·斯泰法尼克[2]在其短篇小说《石头十字架》（*The Stone Cross*）中写道。这篇小说创作于1899年，灵感正来自加利西亚农民大批迁居北美的浪潮。仅在斯泰法尼克出生的那个村庄，就有500名农民为了寻求更好的生活而背井离乡。

在1914年之前，约有60万乌克兰人离开了奥匈帝国。他们来到

---

[1] Stravropol，今俄罗斯斯塔夫罗波尔边疆区首府。
[2] Vasyl Stefanyk（1871—1936），乌克兰散文作家和政治活动家，曾为奥地利议会成员。

美国的宾夕法尼亚和新泽西，那里的矿山和工厂雇用乌克兰移民；他们来到加拿大的马尼托巴、萨斯喀彻温和阿尔伯塔诸省，在那里农民们可以得到土地，在牧场上定居下来。乌克兰人不是唯一为了更好的生活来到北美的族群。来自加利西亚和布科维纳小镇的犹太人通常比他们来得更早。在第一次世界大战前的数十年中，约有35万犹太人离开加利西亚来到美国。原因很简单：与农民一样，奥匈帝国东部省份那些陷入贫困的小镇居民在经济上看不到希望。来自各族群和各宗教团体的移民为他们的新祖国在经济和文化上做出了巨大贡献。许多好莱坞明星和娱乐圈名人的祖上都是从加利西亚迁往美国的移民，比如杰克·帕兰斯（帕兰纽克）[1]的乌克兰父母，还有芭芭拉·史翠珊[2]的犹太祖父母。在1990年至1995年间担任加拿大总督的拉蒙（·罗曼）·纳蒂欣[3]的父母来自布科维纳，而安迪·沃霍尔[4]的父母则来自兰科[5]地区。

加利西亚是奥匈帝国最贫穷的省份。波兰商人、帝国议会和省议会成员斯坦尼斯拉夫·斯捷潘诺夫斯基[6]在其著作《加利西亚的悲惨状况》（*Galician Misery*，1888）中对这一现象进行了谴责。他在将加利

---

1 Jack Palance（1919—2006），原名弗拉基米尔·帕兰纽克，美国演员、歌手，在1992年获得奥斯卡奖男配角奖。
2 Barbara Streisand（1942年生），美国女歌手、演员、制片人。她是美国历史上唱片销量最大的音乐人之一，并曾两次获得奥斯卡奖。
3 Ramon (Roman) Hnatyshyn（1934—2002），通常被称为雷·纳蒂欣，加拿大政治家。
4 Andy Warhol（1928—1987），美国艺术家，波普艺术代表人物。
5 Lemko，即 Lemkovina，位于喀尔巴阡山脉地区的今波兰、斯洛伐克和乌克兰交界地带。在这里聚居的族群被称为兰科人。
6 Stanisław Szczepanowski（1846—1900），波兰经济学家、工程师、企业家。

西亚的劳动生产率和消费状况与欧洲其他地区比较时写道："每个加利西亚居民只能完成四分之一个人的工作，只能得到半个人的口粮。"工业化并未完全抛弃加利西亚，但它并未显著地增强这一地区的经济运势，也没能为本地人的生计带来多大改善。自古以来，在德罗霍贝奇[1]和鲍里斯拉夫[2]等城镇附近汩汩冒出地面的石油为当地居民带来的只有麻烦。直到 19 世纪中叶，这种令人恶心的黑色物质才第一次为当地的药剂师们所用——他们知道如何从中提取煤油。这一新发现的首批受益者中即包括利维夫综合医院的医生和病人们：1853 年，这所医院成为世界上第一座全部用煤油灯照明的公共建筑。

斯捷潘诺夫斯基是第一批采用蒸汽钻探的方法从加利西亚的石油中获得财富的企业家之一。他的工人们多为波兰裔移民。作为一名秉持波兰民族建构信念的理想主义者，斯捷潘诺夫斯基为他们提供医疗服务，并尝试改善他们的境遇，最后却破了产。在奥属加利西亚，生意和民族建构并不总是能协调一致。在 19 世纪最后数十年中，英国、比利时和德国公司都来到这里。它们采用的是加拿大工程师和企业家威廉·亨利·麦加维[3]首创的深钻技术。新的管理层取代了多为犹太人的小企业主。乌克兰和波兰农民（前者约占本地劳工人数的一半，后者约占三分之一）的非技术劳动力也不再受欢迎。到了 1910 年，本地的石油产量已经达到 200 万吨，占全球产量的 4%。当时最大的石油生产国则是美国和俄罗斯帝国。

1　Drohobych，今乌克兰西部利维夫州城市。
2　Boryslav，今乌克兰西部利维夫州城市，以石油为主要产业。
3　William Henry McGarvey（1843—1914），加拿大石油大亨。

石油为当地带来了更多的财富,也带来了更多教育机会。一所矿工学校在鲍里斯拉夫开办起来。那个年代修建的许多城市建筑至今尚存,让参观者回想起那段"过去的好时光"。然而就整体而言,石油繁荣对当地经济状况的影响甚为有限。作为这一繁荣进程的中心城市,鲍里斯拉夫的人口在19世纪下半叶增长了两倍,达到1.25万人。整个油田区的人口也是如此,在19世纪最后10年达到41.2万人。但在整个加利西亚范围内,这只不过是九牛一毛。地区首府利维夫的人口在1870年至1910年间从5万人增长到超过20万人。这个数字看似惊人,但若与经济发展给第聂伯乌克兰诸城市带来的影响相比,就不值一提。冶金繁荣的中心卡特琳诺斯拉夫的人口在50年多一点的时间里增长了11倍,到1914年达到22万人。乌克兰最大的城市是敖德萨,人口为67万。基辅紧随其后,拥有63万居民:这一数字差不多是19世纪中叶基辅人口的10倍。

尽管俄属乌克兰诸省和奥匈帝国治下乌克兰诸省的工业化和城市化水平不同,但在19世纪晚期和20世纪初,这两个乌克兰地区都经历了巨大的经济和社会转型。资本、商品和人口的流动速度越来越快,观念和信息也同样如此,这标志着现代社会的诞生。新的劳动分工改变了传统社会群体之间的相对重要性,并创造出新的社会群体,尤其是产业工人阶级,这导致一些地区的经济振兴,另一些地区却陷入衰退。乌克兰南部地区是变革的受益者之一:通过黑海诸港,其国际贸易额不断增长,而其工业基地也在迅速发展之中。

一条新的经济和文化分界线出现了,取代了那条划分乌克兰中北部农业地带和南部游牧民族地带的旧有边界。南方如今已是乌克兰工业和农业的动力之源。这里的农业人口仍记得扎波罗热哥萨克时代的光景,几乎没有经历过农奴制,并且比其他地区的经济状况要好。铁矿和煤矿的发现又把这一地区变成了勃兴的工业地带。乌克兰南方在俄罗斯帝国的行政管理下逐渐成熟起来。无论是族群意义上还是宗教意义上,这里的人口构成都比更北地区的更加多样化。此外,南方的城市化程度也是全乌克兰最高的。因此,在20世纪的政治、社会和文化乱象中,南方将成为整个乌克兰的先驱。

第 17 章

未完成的革命

1905 年 1 月 9 日是一个星期天。在这个寒冷的冬日清晨,近 2 万名工人和工人家属从圣彼得堡郊区出发,向市中心行进。35 岁的波尔塔瓦省人、毕业于圣彼得堡神学院神父格里高利·加蓬(Grigorii Gapon)引领着这支游行队伍。队伍前列的人抬着一张沙皇尼古拉二世的肖像,还举着教会的旗帜和圣像。人们口中吟唱宗教歌曲,其中还包括为沙皇所做的祷告。工人们希望向沙皇递交一份由加蓬神父起草的请愿书,希望沙皇能保护他们不受雇主的恶劣对待。

圣彼得堡的主要工厂都陷入了罢工,然而工厂主们拒绝满足工人提出的包括引入 8 小时工作制在内的要求。工人阶级是随工业革命而生的新社会现象,如今他们正请求沙皇承认其基本权利。"我们要求的并不多,我们要求的只是必需的权利,没有它们,生活就不成其为生活,就只是艰苦的劳动和无尽的苦难。"加蓬神父写道。然而请愿中也包括了一些政治要求,其中最主要的就是要求选举产生宪法会议。上一次有人向沙皇提出制定宪法的要求还是在 1825 年 12 月。那一次政府镇压了后来被称为十二月党人的军官们的叛乱,还用上了大炮。沙皇和他的政府认为，他们必须再一次展示决心，以免重蹈法国国王路易十六的覆辙：在他们看来，让路易十六在法国大革命中丢掉王冠和性命的，正是他的优柔寡断。

当示威者们接近沙皇的冬宫（如今的艾尔米塔什博物馆[1]所在地）时，军队开火了，当场打死100多人，受伤者超过500人。加蓬神父幸免于难，但他再也不会为沙皇祷告，也不再希望得到沙皇的保护。在当夜写下的控诉中，加蓬将沙皇称为畜生，并呼吁人们进行报复："同胞们，让我们向那受到人民诅咒的沙皇复仇，向他所有那些拥护帝制的恶毒爪牙复仇，向他的大臣们和不幸的俄罗斯国土上的强盗们复仇！"彻底的复仇要在13年后才会到来——布尔什维克们在1918年7月枪杀了沙皇尼古拉二世和他的家人——但沙皇宫廷希望避免的革命在此时就爆发了。这场革命将整个帝国，包括乌克兰诸省在内，推向了一个新的时代。这是一个平民政治的时代，其特点包括政党的创建、议会选举、男性公民获得普选权，以及政府越来越有赖于民族主义者的支持。

圣彼得堡的"流血星期日"之后3天，革命传播到了乌克兰。在星期三，也就是1905年1月12日，基辅南俄罗斯机械制造厂的工人们开始罢工。卡特琳诺斯拉夫、尤兹夫卡和顿巴斯其他地区的冶金工人们很快也加入了罢工。阶级斗争的火焰席卷了此前15年中的经济繁

---

[1] Hermitage Museum, 亦译作隐士庐博物馆，位于圣彼得堡的涅瓦河河畔，冬宫是这座博物馆的主要建筑。

荣地区。如果说 1905 年 1 月之前，工人们只是对更好的工作条件、更高的报酬和 8 小时工作制提出恳求的话，此时他们开始用罢工、示威和对当局的公开抵抗来支持自己的诉求。说到抵抗，那些人口过剩的贫穷村庄也并没有落在城市后面太远。农民们开始砍倒属于贵族的森林中的树木，并开始袭击贵族们的庄园。这样的袭击一共发生了超过 300 起，以第聂伯河左岸地区从前哥萨克国境内的农民最为踊跃。农民们期待沙皇发布诏书，将属于贵族的土地分配到他们手中。这个梦想没能实现。政府没有发出公告，而是派出军队镇压叛乱。1905 年 12 月，政府军在波尔塔瓦省的大索罗钦齐[1]——尼古拉·果戈理（乌克兰语读作米科拉·霍霍里）的出生地——打死了 63 名农民。而且，大索罗钦齐惨案远非孤例。

1905 年夏天，政府开始失去军人们（他们多为农民出身）的无条件支持。这一年 6 月，黑海舰队的"波将金号"战舰发生哗变。哗变首领和参与者中的大多数都是从乌克兰招募的水兵。由于水兵们的"波什"（甜菜汤）[2]中被加入了腐肉，这场原定于 10 月的哗变提前在 6 月爆发。根据一些记载，来自日托米尔地区的海军军士赫利霍里·瓦库连丘克（Hryhorii Vakulenchuk）用乌克兰语向他的战友们发出呼吁："我们还要做多久的奴隶？"在一名高级军官开枪打死瓦库连丘克之后，哗变的领导权传到了来自哈尔基夫地区的 26 岁水兵奥帕纳斯·马丘申科（Opanas Matiushenko）手中。叛军杀死了他们的指挥官，升起红旗，

1　Velyki Sorochyntsi，今乌克兰中部波尔塔瓦州城镇。
2　Borshch，即罗宋汤，是发源于乌克兰的一种浓菜汤。在东中欧地区，罗宋汤多以甜菜为主料。

从公海航向敖德萨，为正在这座城市举行罢工的工人提供支持。战舰和瓦库连丘克遗体的到来在敖德萨激起了新一轮的抗议、骚乱和与警察的冲突。

俄国的哥萨克部队封锁了从敖德萨城前往港口的通道，其中包括著名的"波将金阶梯"[1]。在谢尔希·爱森斯坦[2]的经典电影《战舰波将金号》(*Battleship Potemkin*，1925)中，"波将金阶梯"被描述为大规模杀戮和高度戏剧性事件的发生地。没有证据表明有人真的在这道阶梯上丧生，然而在全城范围内，的确有数以百计的人被警察和军队开枪打死。"波将金号"战舰最终离开了敖德萨，避免了与一支忠于政府的舰队遭遇，并航向罗马尼亚。哗变的水兵们在罗马尼亚向当地政府投降。他们的领导者马丘申科在欧洲和美国度过一段时间之后又回到了敖德萨，继续革命斗争。他最终遭到逮捕和审判，并在"波将金号"的基地塞瓦斯托波尔被处死。马丘申科早已成为革命的象征，却拒绝加入任何政党。他遇难时年仅 28 岁。

1905 年 10 月，工人们的罢工浪潮达到了顶峰。一场铁路罢工让整个帝国陷入瘫痪。在乌克兰地区，主要铁路枢纽如基辅、哈尔基夫和卡特琳诺斯拉夫等地的铁路工人都停止了工作。产业工人们也很快加入了他们。到了 10 月中旬，全乌克兰有 12 万工人罢工，整个帝国的罢工人数则接近 200 万。于是沙皇尼古拉二世改变了策略，向他的

---

1 Potemkin Stairs，亦被称为"敖德萨阶梯"，位于敖德萨市内，通向黑海岸边，共 192 级。在电影《战舰波将金号》中，爱森斯坦运用这道阶梯表现其电影蒙太奇理论，成功再现了 1905 年 1 月 5 日的"流血星期日"和波将金号起义两起历史事件。

2 Sergei Eisenstein（1893—1948），苏联导演、电影理论家、电影学中蒙太奇理论奠基人之一。

叛逆臣民做出了一个重大让步。在 10 月 17 日发布的诏书[1]中，尼古拉二世对基本的公民权利——信仰、言论和集会结社自由——给予了承认。这道谕令将男性公民的普选权引入了帝国，还规定在举行杜马（第一届俄国议会）选举的过程中将保证全社会所有阶级的代表权。至此，俄国距从绝对君主制向君主立宪制的转变仅有一步之遥。自由知识分子们也对尼古拉二世的诏书感到欢欣鼓舞。

诏书发布之后，欢庆的人们涌上乌克兰各大城市街头，其中最为兴奋的是犹太人群体。保守派的皇权支持者将犹太人视为革命的紧密同盟，并指责犹太人是工业化和快速的城市化开始以来本地人群遭遇的一切麻烦的根源。许多乌克兰城市中的欢庆活动最终以对犹太人的迫害（pogrom）告终。在乌克兰，或者在整个犹太人"定居范围"内（包括从前波兰-立陶宛联邦诸省和乌克兰南部），对犹太人的迫害并不是什么新鲜事。第一波大规模的迫害浪潮发生在 1881 年：亚历山大二世被革命者刺杀之后，人们将他的死亡归罪于犹太人。1903 年发生在今天摩尔多瓦境内的基希讷乌[2]屠杀持续了三天三夜，夺走了 49 人的生命，在美国媒体上引起了巨大的骚动，并触发了新一轮犹太移民浪潮。然而与 1905 年发生的迫害犹太人事件相比，从前的事件都黯然失色：当年 10 月，数百人在基辅、卡特琳诺斯拉夫和敖德萨发生的迫害犹太人事件中丧生，受伤者达到数千人，遭到毁坏的犹太人房屋和

---

1 即"十月诏书"，其正式名称为"对国家秩序的改善宣言"。
2 Chișinău，今摩尔多瓦首都。

企业则数以万计。

在基辅，对犹太人的迫害在一场示威后爆发。这次示威原本的目的是庆祝胜利，也为斥责沙皇的 10 月 17 日诏书不过是当局方面开出的空头支票。示威者们攻打市监狱，释放政治犯，污损基辅大学门前的尼古拉一世纪念碑，摘下大学主楼正面的帝国国徽，毁坏帝国国旗并代之以红旗，并要求绞死沙皇。保守立场的公众将这一切归罪于犹太人。第二天晚上，由外来工人、东正教狂热信徒和彻头彻尾的罪犯组成的团伙开始袭击犹太人和他们的财产。"来，拿去你们要的自由，拿去你们要的宪法和革命，拿去你们要的皇冠，还有我们沙皇的肖像！"一名袭击者高喊道。27 人在袭击中身亡，近 300 人受伤，约 1 800 座犹太人住宅和商铺被毁。基辅主要街道赫列夏季克大街上的 28 家犹太人商店中，只有一家幸免于难。

目睹了这起迫害事件后，20 世纪最著名的犹太作家之一肖洛姆·阿莱汉姆[1]离开了这座城市，也离开了这个国家，去往遥远的纽约。在他的最后一篇小说《卖牛奶的台维》(*Tevye the Dairyman*)中，对犹太迫害的预期成为一个重要的主题。这一主题在他创作的其他一些故事中也十分明显，百老汇经典剧目《屋顶上的提琴手》(*Fiddler on the Roof*) 即基于这些作品。在小说《卖牛奶的台维》和音乐剧《屋顶上的提琴手》中，基辅的警察都对犹太人抱有同情态度。实际上，一部分警察的确同情犹太人，但其他许多警察在迫害发生之时置身事外，

---

[1] Sholem Aleichem（1859—1916），原名肖洛姆·瑙莫维奇·拉比诺维奇（Solomon Naumovich Rabinovich），生于乌克兰的犹太作家，1906 年后定居美国。主要作品有长篇小说《斯杰姆别纽》《莺喉伊奥谢列》等。

鼓励暴力行为。基辅发生的情况看起来即是如此。到警察对迫害的实施者采取行动时,对犹太人的袭击已经持续了整整三天。

基辅的迫害犹太人事件在许多方面都成为乌克兰其他大城市中发生的情况的缩影。袭击的实施者通常是工人,他们刚从俄罗斯的贫穷村庄中迁移到这些城市。另有少部分是需要与犹太人竞争工作机会的乌克兰人,这些人认为自己受到城市和工厂中的官员和企业主的剥削和歧视。犹太人成为他们最软弱的猎物和"合法"的目标:通过对犹太人的袭击,袭击者可以宣示并捍卫自己的"真正俄罗斯人身份",以及对帝国的专制政体、东正教信仰和民族性等原则的忠诚。农民们则会加入对位于小城镇和大城市周边的犹太人财产的袭击。这些罪犯肆意地破坏了他们此前无法染指的财产。

暴徒们将革命事件与犹太人联系在一起。然而,领导那些庆祝沙皇发布诏书同时又对诏书感到不满的群众的,是来自各种政治组织的活动家,其中只有一部分是犹太人。弗拉基米尔·列宁领导的布尔什维克是俄国社会民主工党[1]中的激进派。他们走在了工人罢工和示威队伍的前列,并对沙皇诏书嗤之以鼻。布尔什维克的目标是通过全帝国范围内的罢工和起义来推翻帝国政府。孟什维克则是同一个党派中的另一个团体,他们反对列宁的发号施令,自行组织其宣传活动。同样非常活跃的还有俄国社会革命党[2],革命爆发之前,他们就在哈尔基夫、

---

[1] Russian Social Democratic Labor Party,亦称俄罗斯社会民主工人党或俄罗斯社会民主党,1898年成立于明斯克,是俄罗斯帝国国内许多革命组织的联合体。它在后来分裂为布尔什维克和孟什维克两派。

[2] Russian Party of Socialist Revolutionaries,20世纪初俄国的主要政党之一。1917年11月,该党在俄国历史上第一次民主选举中赢得了多数。

日托米尔、切尔尼戈夫和其他一些乌克兰主要城市建立了分支组织。许多犹太人加入社会民主党人、孟什维克和布尔什维克的队伍，但犹太人也有自己的政党。在1905年的革命事件中最为活跃的党派之一即是犹太劳工同盟，它是一个代表犹太工人和工匠的社会主义党派。

犹太人对革命的投入（他们通常团结在犹太劳工同盟的旗帜下）显示了少数民族和少数宗教团体在逐步开展的革命斗争中的重要性。然而，那些"全俄罗斯"的主要党派拒绝向帝国其他民族做出任何有意义的让步。犹太劳工同盟的领导人曾参与俄国社会民主工党的组织工作，但当列宁对他们这个组织的自主地位及其专属的犹太工人代表权提出质疑后，这些人就退出了社会民主工党。布尔什维克和大多数社会民主党人都相信工人运动统一而不可分割，正如俄罗斯帝国的统一而不可分割一样。社会革命党人则更为变通，承认文化自治的重要性，并愿意考虑在俄国建立联邦制度。然而这些让步还远远不足以让帝国内的少数民族不去组建他们自己的政党。

从19世纪90年代开始，俄奥边界两侧的乌克兰人就都忙于建立自己的党派。此时正是整个欧洲各路政治力量进入党派创建阶段的时代。他们走上街头，努力动员大众支持他们的政治目标。俄属乌克兰的第一个政党建立于1900年，其动员阶段始于哈尔基夫城。这一年，一群不愿加入那些全俄罗斯党派并寻求融合社会主义和民族主义理念的当地学生成立了他们自己的政党——革命乌克兰党。活动家们在乌克兰建起组织网络，并来到农民中间开展工作，呼吁他们起来反抗。

哈尔基夫律师米科拉·米可诺夫斯基[1]写出了一本题为"独立乌克兰"（*Independent Ukraine*）的小册子，在加利西亚出版。革命乌克兰党人将这本书中阐述的理想当作他们的纲领。通过这个纲领，俄罗斯帝国境内成立的第一个乌克兰政党宣布：他们的目标是乌克兰的独立。

"一出宏大历史悲剧的第五幕'民族斗争'已经上演，落幕很快就会到来。"米可诺夫斯基写道。这句话几乎是对不久以后的世界大战将造成的灾难的预言。米可诺夫斯基认为，"那些站起来反抗一切形式的外来统治、并在最近获得自由的民族指明了"一条摆脱列强对抗噩梦的道路。"我们知道，我们这个民族同样处于被奴役的地位。"他继续写道，随后就宣布了乌克兰民族解放运动的目标。作为一名律师，他还从法律和历史两方面进行论证，抨击1654年由博赫丹·赫梅尔尼茨基达成的俄乌协议。米可诺夫斯基声称赫梅尔尼茨基时代哥萨克军官们得到的权利和特权已被俄国蚕食，因此俄国早已违反了协议的约定。与从前的哥萨克军官们不同的是，米可诺夫斯基呼吁他的同胞们争取完全的解放，而不是去接受波兰人或瑞典人的保护。

这本小册子标志着俄罗斯帝国境内乌克兰政治思想的一次转折。乌克兰第一个政党将之作为纲领，更加发扬了米可诺夫斯基的理想。然而这个政党很快就因民族主义和社会主义孰先孰后的问题而分裂了。在接下来的17年中，米可诺夫斯基提出的乌克兰独立论题退居次位，在1918年1月另一场革命的火焰中才重登舞台。而在当下，即1905

1　Mykola Mikhnovsky（1873—1924），乌克兰政治和社会活动家。他是19世纪末20世纪初乌克兰独立运动的理论家和领袖，参与了多个乌克兰党派的创建与领导工作。

年革命时期,多数乌克兰政治家追求的都是在一个"自由"的民主联邦制俄国内部实现自治,而非完全独立。"斯比尔卡"(意为"同盟")[1]的成功正是这种情绪的证明。"斯比尔卡"是一个社会民主主义党派,脱胎于米可诺夫斯基的革命乌克兰党,但在成员构成上则是多族群的,并与俄罗斯社会民主主义者和犹太劳工同盟有着紧密联系。到了 1905年 4 月,"斯比尔卡"已经拥有 7 000 名成员。它是俄罗斯社会民主主义潮流的一条地方支流,这也是它获得成功的部分原因。

沙皇的十月诏书为乌克兰的政治舞台带来了更多变化。诏书的发布是沙皇为重夺政治主动权并分化反政府力量的孤注一掷,它将公民权利赋予俄国民众,并引入了男性公民的普选权。为表示对诏书的支持,君主主义党派"十月十七日同盟"[2]成立。10 月,自由派的立宪民主党[3]也应运而生。紧接着,持国家主义和反犹立场的俄罗斯人民同盟[4]在 11 月成立。乌克兰的政治光谱如今呈现三种不同色彩:第一种是"斯比尔卡"代表的社会主义者和社会民主主义者,以及其他一些"全俄罗斯"党派和团体;第二种是自由派的乌克兰爱国主义知识分子,他们组成了一个名称颇有误导性的"乌克兰激进民主党"[5],与俄罗斯立宪

---

1 Spilka,即 1904 年成立的乌克兰社会民主同盟。
2 Union of October 17,又称十月党,是俄罗斯帝国的一个非革命中间派政党,成立于 1905 年 10 月末。该党坚定拥护君主立宪制,受到自由派贵族、商人和部分官员的支持。
3 Constitutional Democratic Party,由自由主义知识分子、中产阶级和地方自治局人士组成,主张在俄国建立英国式的君主立宪制。
4 Union of the Russian People,右翼民族主义保皇党派,是俄国保皇派武装组织"黑色百人团"的重要成员。
5 Ukrainian Radical Democratic Party,1904 年成立于基辅,主张废除专制,实行立宪,追求在乌克兰设立自己的议会,并推广乌克兰语。

民主主义者展开合作；最后一种则是从前的"小俄罗斯主义"的继承者，他们构成了俄罗斯人民同盟等君主主义组织的核心。

就他们对乌克兰民族问题的关切而言，这三个阵营都植根于19世纪30年代到40年代间的乌克兰文化复兴，并都声称塔拉斯·舍甫琴科是他们的先驱。没有一个阵营有兴趣将舍甫琴科视为一名圣彼得堡艺术家和知识分子。所有人都将他想象成一个留着哥萨克式髭须、身穿农民式羊皮外套的"人民诗人"。舍甫琴科成了他们与广大农民接触的通行证；而在平民政治的新时代，这完全可能是一张通向胜利的门票。然而，三个阵营中只有一个，即乌克兰自由派，在与民众对话时使用的是舍甫琴科的语言。40多年的禁令之后，1905年革命让他们终于可以这样做。突破性事件发生在1905年2月：俄罗斯帝国科学院在这个月发布了一份备忘录，呼吁废除对乌克兰语出版物的禁令。学术界将乌克兰语（小俄罗斯语）视为一种独立的语言，而非仅是一种方言。

1905年10月，在尼古拉二世发布诏书的当天，官方对乌克兰语出版物的禁令也解除了。到了1905年12月，已有两家乌克兰语报纸得以出版，一家在卢布尼[1]，另一家在波尔塔瓦。1906年9月，乌克兰自由派在基辅开始出版第一份乌克兰语日报《拉达》(《会议》)[2]。1907年，他们开始发行第一本乌克兰语杂志。第一本乌克兰语学术期刊在下一年问世。此时总共已有9份乌克兰语报纸，发行量达到2万份。

---

1 Lubny，乌克兰中北部波尔塔瓦州城市。
2 Rada，乌克兰语作 Рада，意为会议、委员会、议会。

而这还只是开始：接下来的几年中，乌克兰语出版业出现了爆炸式的增长。其中最为风靡的形式是配有插图、风格幽默的小册子，在 1908 年至 1913 年间总印数达到近 85 万册，其次是印数为近 60 万册的诗集。事实证明，乌克兰农民更喜欢用他们自己的语言来讲笑话和朗诵诗歌。

针对乌克兰民众心灵和头脑的第一场竞争发生在 1906 年春天，第一届俄国国家杜马选举之际。社会民主党人没有参加选举，自由派得到很高的票数。民主主义者中的激进派与俄国立宪民主派合作，也为其成员和同情者在杜马中获得了数十个席位。来到圣彼得堡后，当选议员们立刻成立了"乌克兰人俱乐部"，以宣传乌克兰的文化和政治目标。95 名乌克兰议员中有 44 人加入了这个俱乐部。然而，第一届国家杜马没能存在多久：沙皇发现它过于倾向革命，在两个月后将之解散。第二届国家杜马选举在 1907 年年初举行。这一次社会民主党人也积极参加进来。斯比尔卡党获得 14 个席位，在所有乌克兰人党派中仅次于保皇派：后者赢得了近四分之一的民众投票。国家杜马中的乌克兰人组成了他们的第二个党团，成员为 47 人，其目标之一是让乌克兰语进入公立学校。这个党团同样短命：随着帝国内的革命活动逐渐衰退，沙皇得以再度将杜马解散。这届杜马存在于 1907 年 3 月到 6 月，比第一届的寿命只稍长一点。第二届国家杜马的解散成为革命结束的标志。

乌克兰活动家们在 1905 年至 1907 年间的行动——无论是组织议会党团，还是建立乌克兰教育和学术机构——在很大程度上都参照他们在奥匈帝国的同胞们所取得的成就。奥匈帝国在几十年前就进入了平民政治时代。俄奥之间的国界并未成为乌克兰民族解放运动的阻碍，反而是一个有利条件：当一方的情况恶化，另一方的活动家就会接过火炬，并向他们的同胞施以援手。从19世纪60年代开始，当第聂伯河地区的乌克兰人因乌克兰语出版禁令而遇到麻烦时，他们总是能得到加利西亚乌克兰爱国者的援助，也向对方提供支持。在19世纪与20世纪之交，加利西亚人相信帮助第聂伯乌克兰人是他们义不容辞的责任。

40岁的利维夫大学乌克兰史教授米哈伊洛·赫鲁舍夫斯基[1]是加利西亚经验向第聂伯乌克兰传递过程中的关键人物。他毕业于基辅大学，在1894年来到加利西亚，成为俄奥边界两侧乌克兰学术界的领袖。他开始写作其多卷本的《乌克兰-罗斯史》。这是从学术上构建一个完全不同于俄罗斯版本的乌克兰历史叙事的开山之作。赫鲁舍夫斯基还担任了位于利维夫的舍甫琴科学会主席，并将其改造成一个等同于国家科学院的机构——此时的乌克兰国家科学院尚付阙如。当他得知乌克兰人俱乐部在第一届国家杜马期间组成时，赫鲁舍夫斯基立刻离开了他在利维夫的学生们，前往圣彼得堡，为这个俱乐部编辑刊物，并担任乌克兰议员们的顾问。接下来几年中，赫鲁舍夫斯基将他在利维夫编辑的刊物《文学和学术先驱报》（*Literaturno-naukovyi visnyk*）迁往基辅，并仿照利维夫的舍甫琴科学会，在基辅创建了乌克兰学会。

---

1 见本书导言注。

"俄罗斯的解放"是革命前夕在俄罗斯帝国出现的泛自由派联盟的目标，但赫鲁舍夫斯基声称没有乌克兰的"解放"，这个目标就不会实现。他所追求的是一个存在于民主化的联邦制俄罗斯国家内部、民主而自治的乌克兰。赫鲁舍夫斯基呼吁乌克兰知识分子加入乌克兰人自己的政党，不要为实现那些"全俄罗斯"的政治目标而牺牲自己的民族诉求。他还尝试阻止俄罗斯自由派与波兰民族主义者可能结成的联盟——这一联盟将以牺牲乌克兰的政治和文化目标为代价。他提出：民族问题上不应有私相授受，所有民族都应受到平等对待。他的担忧在于：一旦俄国人和波兰人就将波兰语引入前波兰-立陶宛联邦境内学校的问题达成一致，会导致乌克兰语被这一地区的学校系统排斥在外，然后，在帝国西部省份，乌克兰乡村地区的俄罗斯化就会被乌克兰农民群体的波兰化取代。不过，随后发生的情况表明，这种威胁并没有变成现实。

赫鲁舍夫斯基在加利西亚的经历很好地解释了他的焦虑。在加利西亚的乌克兰政治舞台上占统治地位的是乌克兰民族民主党[1]，于1899年在赫鲁舍夫斯基和他的亲密盟友伊凡·弗兰科（加利西亚乌克兰人中最著名的作家）[2]帮助下成立。乌克兰民族民主党联合了激进的社会主义者和持乌克兰爱国主义的平民主义者，宣称其最高目标是乌克兰的独立（比米可诺夫斯基的革命乌克兰党提出这一口号

1　Ukrainian National Democratic Party，亦称罗塞尼亚民族民主党，1899年成立于利维夫，是波兰第二共和国时期（1918—1939）最大的乌克兰人党派乌克兰民族民主联盟的前身。
2　Ivan Franko（1856—1916），乌克兰诗人、作家、翻译家、政治活动家和学者。他是第一位用乌克兰语写作侦探小说和现代主义诗歌的作者。

更早)。他们的短期目标则包括将加利西亚分为乌克兰和波兰两部分,以及实现帝国内部各个族群的平等。这两项主张都令各个波兰人政党感到不快。罗曼·德莫夫斯基[1]领导的波兰民族民主党追求将乌克兰人融合到波兰文化之中,而未来的独立波兰国家的元首约瑟夫·毕苏茨基[2]领导下的波兰社会主义者则主张以联邦的方式解决乌克兰人问题。在波兰人和乌克兰人对加利西亚的不同设想之间,几乎没有什么调和的余地。

在1907年的帝国和加利西亚议会选举(奥匈帝国第一次基于男性普选权原则举行的选举)中,波兰人与乌克兰人之间的关系恶化到了不可修复的地步。乌克兰人在帝国议会选举中表现不错,却未能打破波兰人对加利西亚立法机构的控制:选举法本身就有利于波兰上层阶级,又受到波兰官员的操纵。选举的结果是乌克兰人的失败,以及双方之间导致数人死亡的暴力冲突。在大学校园里,分属两个民族社群的学生之间也严重对立,以至于赫鲁舍夫斯基感到去教授晚间课程时有带上一把手枪的必要。1908年4月,在一名乌克兰学生刺杀了波兰裔的加利西亚总督后,波兰人-乌克兰人关系更是降到了一个新的低点。

乌克兰民族民主党人未能实现他们的主要目标——分割加利西亚省,并在奥匈帝国内部取得乌克兰人的自治权,但在落实他们的教育

---

[1] Roman Dmowski(1864—1939),波兰政治家,波兰民族民主政治运动的开创者之一,曾担任波兰外交部长。他与下文中的约瑟夫·毕苏茨基并称为波兰20世纪最重要的政治人物。
[2] Józef Piłsudski(1867—1935),波兰政治家、波兰第二共和国国家元首(1918—1922年在任)和独裁者(1926—1935年在任)。

和文化目标方面做得不错。在19世纪90年代，乌克兰爱国者和波兰权力集团之间曾实现过一次短暂的和解。在此期间，乌克兰语被作为一种教学语言引入了加利西亚的学校。尽管在20世纪的头10年中波兰人－乌克兰人关系恶化了，乌克兰语的这一地位仍然得以保留。到第一次世界大战前夕，已经有2 500所学校使用乌克兰语教学。因此，对第一代普遍接受教育的加利西亚乌克兰人来说，用乌克兰语了解国际局势就成了自然而然的事。在加利西亚，这一简单事实将在未来的世代中成为一种强烈的乌克兰身份认同的基础。

在这场学校课表争夺战中，致力于推广某种形式的俄语的亲俄主义者们失败了。在对选票的争夺中他们同样一无所获。在1907年的选举中，乌克兰政治家们与犹太候选人结成了同盟（至少有两名犹太代表在乌克兰选民的支持下得以进入奥匈帝国议会）。波兰人试图帮助亲俄主义者，却没能成功。乌克兰人党派在帝国议会中斩获了22个席位，亲俄主义者只得到2个。在加利西亚，亲俄主义运动对乌克兰平民主义潮流已不再构成威胁。

1905年革命之后，俄罗斯帝国内的各乌克兰人党派面对的情况完全不同。可以确定的是，即使在乌克兰人群体中，这些党派的影响也在逐渐丧失。乌克兰语从未被允许进入学校，而随着革命的落幕，当局也开始对各种乌克兰人组织实施封杀，并骚扰甚至关闭乌克兰语出版物。与此相对，俄罗斯国家主义组织却可以不受约束地在乌克兰农民中进行自己的宣传。

通过对俄罗斯国家主义激进派进行动员，俄国保守派首相彼得·斯托雷平[1]的政府在帝国西部边境地区逐步赢得政治支持。国家主义倾向的候选人也在新选举法的帮助下赢得选举。与在帝国其他地区一样，俄罗斯国家主义组织在乌克兰也与俄罗斯东正教会的主教和神父们结成同盟，在乌克兰农民和城市居民中散布俄罗斯国家主义和反犹主义。俄罗斯帝国史上最臭名昭著的审判"贝里斯案"[2]就发生在基辅。此案中，一名犹太人被指控将一名基督徒男孩杀死献祭。在第一次世界大战前的年月中，沃里尼亚的波查伊夫修道院[3]成为俄罗斯国家主义和反犹主义的温床，而俄罗斯人民同盟在整个帝国的最大分支组织也以沃里尼亚为基地。该同盟和其他类似组织的成员宣称自己是在保护俄罗斯人（在乌克兰，则是指小俄罗斯人）不受波兰人和犹太人等"外国"剥削者的压迫。在他们的宣传中，这些"外国人"被描述为资本主义的吸血鬼和激进的革命者。

第三届国家杜马（1907—1912）的乌克兰选举结果证明了帝国俄罗斯国家主义的吸引力。在乌克兰的41名胜选者中，36人被认为是"真俄罗斯人"——这是当时用来定义俄罗斯国家主义者的名词。1911年9月，彼得·斯托雷平在基辅遭一名俄罗斯社会革命党人刺杀，但这并未让帝国政治有所改变。在第四届国家杜马选举中，俄罗

---

[1] Petr Stolypin（1862—1911），俄罗斯帝国首相（1906—1911年在任），以镇压革命势力和实行土地改革著称。

[2] Beilis affair，对被控杀死一名基督徒男孩的犹太人梅纳赫姆·门德尔·贝里斯（Menahem Mendel Beilis, 1874—1934）的审判，于1913年在基辅举行。贝里斯最终被判无罪，但审判之前的两年中，该案在俄国社会掀起了一场诋毁犹太人群体的潮流，并导致俄国的反犹政策在国际上广受批评。

[3] Pochaiv monastery，位于今乌克兰西部捷尔诺波尔州的波查伊夫，在历史上一直是乌克兰西部各东正教派的意识形态中心。

斯国家主义党派在乌克兰获得了70%的选票。这是一个令人震惊的结果，因为乌克兰人口中俄罗斯族的比例不超过13%。不光是选民中的大部分，就连以俄罗斯国家主义者身份赢得选举的人中的大部分也都是乌克兰族。俄罗斯国家主义者基辅俱乐部的创始人、第四届国家杜马高级成员阿纳托利·萨文科[1]就是一例。另一名乌克兰人季米特里·皮赫诺[2]则是俄罗斯人民同盟基辅支部的首脑。皮赫诺担任编辑的基辅报纸《基辅人》（*Kievlianin*）则成为这些国家主义组织的传声筒。小俄罗斯身份认同宣传者群体中的乌克兰独特性本已所剩无几，到了1905年革命期间，这种独特性更是在事实上已被激进的俄罗斯国家主义取代。

在不止一种意义上，1905年革命都是半途而废的，然而它仍是俄罗斯帝国内部乌克兰民族解放运动史上的一个转折点。它标志着乌克兰的活动家们第一次成功地将他们的理念传递到民众之中，第一次让自己的力量和受欢迎程度经受考验。这是他们史上第一次被允许用乌克兰方言向大众传达信息，并利用媒体传播自己的想法。他们在乌克兰全国各地组织乌克兰人俱乐部，创建普洛斯维塔协会。这种进入公众生活的突破是老一代乌克兰爱国者们难以想象的。这些活动家在短时间内就取得了巨大的成就。然而革命的结束，以及随后出现的、受到激进俄罗斯国家主义派别支持的官方政策倒退，让各个乌克兰人党派陷入了混乱和幻灭之中。在奥属乌克兰地区，乌克兰爱国者们击败

---

[1] Anatolii Savenko（1874—1922），俄国社会和政治活动家、律师、作家、记者。
[2] Dmitrii Pikhno（1853—1913），俄国经济学家、记者、民族主义政治家。

了"全俄罗斯"理念的主张者们，却未能打破波兰人党派对加利西亚政治的垄断。两个帝国中的乌克兰活动家都宣称自己的目标是乌克兰的独立。然而，如果不发生一些足以动摇帝国统治的经济、社会和政治基础的事件，他们连地方自治这样的成就都无法取得。乌克兰独立（甚至自治）梦想的实现需要一场巨大的政治地震作为前提。这场地震的第一轮震波发生于 1914 年 8 月。

IV

第四卷

世界大战

THE
WARS OF
THE WORLD

第 18 章
一个国家的诞生

    1914 年 6 月 28 日清晨，萨拉热窝城只听到了两声枪响。19 岁的学生加夫里洛·普林西普[1]用第一枪打伤了奥地利大公弗朗茨·斐迪南，用第二枪击中大公的妻子苏菲女公爵。大公和大公夫人都在午前不治身亡。然而这起事件的附加后果更为严重：普林西普在扣动那把勃朗宁手枪扳机的同时，也扣动了第一次世界大战的扳机。

    加夫里洛·普林西普是一个塞尔维亚民族主义者团体的成员，痛恨哈布斯堡家族，梦想在巴尔干地区建立一个统一而自由的南斯拉夫国家。奥匈帝国政府对此却有不同的想法：它希望维持帝国的存在，决定将大公遇刺事件当作一个向塞尔维亚开战的借口，对这个在帝国境内煽动起斯拉夫民族主义浪潮的国家施以惩罚。俄国站在了塞尔维亚一边，德国人支持奥匈帝国，而英国和法国则支持俄国。到了 8 月初，几乎整个欧洲都燃起了战火。全世界有多达 1 800 万军人和平民在这场

---

[1] Gavrilo Princip（1894—1918），塞尔维亚民族主义者。他在 1914 年 6 月 28 日在萨拉热窝刺杀了奥匈帝国王储斐迪南大公（Franz Ferdinand, 1863—1914）及大公夫人霍恩贝格女公爵苏菲（Sophie, Duchess of Hohenberg, 1868—1914）。

在当时被称为"大战"的战争中丧生，受伤者则超过2200万人。

长久以来，历史学家们一直对人类历史上这第一场全面战争的起因争论不休。他们通常会将之归结于两个军事阵营对世界的割裂，即英国、法国和俄国组成的三国协约（协约国）和德国、奥匈帝国及意大利（后来为奥斯曼帝国取代）组成的三国同盟（同盟国）。弗拉基米尔·列宁强调大国的对抗是为了争夺对市场和资源的控制。其他因素则包括欧洲大众政治的兴起，以及强调迅速动员和先发制人重要性的军事原则。以上所有因素都对冲突的爆发有所贡献，也正是这些因素使得参战各国无法提前结束战争，让这场屠杀延续了四年之久。

在对战争的潜在原因进行考察时，我们不应忽视普林西普在萨拉热窝开枪以及奥匈帝国决定开战的动机——日趋激进的民族主义与迅速衰落的多民族帝国之间愈演愈烈的矛盾。这场由一个激进民族主义者引发的战争对各大帝国造成了严重的损害。被战争压垮的不仅有奥匈帝国，还有奥斯曼帝国和俄罗斯帝国。前者彻底瓦解，后两者的君主制垮了台，失去了部分领土，以新的形态存活下来。而从战争中得益的则是众多民族解放运动：在从前不可战胜的庞大帝国的废墟上，他们开始建设自己的国家。尽管无论从哪个角度来说，乌克兰都算不上胜利者，但它仍是那些在这场战争中得到创建自己国家的机会的各民族中的一员。

在最初的几个月甚至一两年中，这场战争没有给少数族群的民族主义运动带来任何希望，反而掀起了拥护统治王朝和帝国权利的浪潮。俄国政府利用战争的爆发向乌克兰爱国者组织施加了更多限制。

政府官员们将乌克兰的活动家们称为"马泽帕党"(这个名字来自18世纪中联合瑞典与俄罗斯为敌的那位哥萨克统领[1]),并将他们视为哈布斯堡家族的潜在代理人。尽管这些人保证忠诚于帝国,政府仍旧封杀他们的组织团体,普罗斯维塔协会也未能幸免。政府还叫停了剩下的乌克兰语出版物,其中包括日报《拉达》——1905年革命所开启的自由主义时期的最后遗留。乌克兰领袖们将战争视为在俄罗斯人国家内部创建一个统一而自治的乌克兰国家的机会,然而政府的所有这些举动令他们的希望破灭了。乌克兰自由派宣布保持中立,拒绝支持战争的任何一方。激进的左派分子则倒向奥地利人,希望以此击败俄罗斯帝国。

俄罗斯帝国军队在战争之初取得了辉煌的胜利,在北方突入了普鲁士境内,在南方则进入了加利西亚和布科维纳。1914年9月初,俄军夺取了利维夫,又在年底之前控制了喀尔巴阡山脉的山口通道,并进入外喀尔巴阡地区。由于俄罗斯帝国对乌克兰人组织的新禁令,奥匈帝国境内的乌克兰活动家们也遭到打击。俄国对加利西亚和布科维纳的占领一直持续到1915年5月,时间长得足以表明罗曼诺夫帝国将为哈布斯堡帝国的乌克兰人带来什么样的未来。占领当局升起代表泛俄罗斯民族的重新统一和解放的旗帜,将此前已被边缘化的亲俄派重新带回加利西亚政治舞台的中央。俄国政府还用俄语取代了乌克兰语作为当地学校的教学语言,并将那座被奥地利人和犹太人称为伦贝格(Lemberg)、被波兰人称为勒沃夫(Lwów)、被乌克兰人称为利维夫

---

[1] 见本书第12章。

（Lviv）的城市改名为俄语的利沃夫（Lvov）。

尽管亲俄派受到俄国人支持，奥地利人却在战争甫一爆发就开始迫害他们。1914年9月4日，第一批被逮捕的亲俄派活动家抵达施蒂里亚州[1]格拉茨[2]附近的塔勒霍夫收容营地。其他数千名被捕的亲俄分子及其家属接踵而至。他们中有不少人是社群的领袖人物，如牧师、教师和受教育阶层，但大多数只是单纯的农民。在整个战争期间，塔勒霍夫收容了接近2万人，并获得了欧洲第一个集中营的不光彩名声。近3000名囚徒死于寒冷和疾病。今天，只有格拉茨机场附近的一条道路的名字——拉格尔街（Lagerstrasse，即营地街）——还能让我们回想起加利西亚和布科维纳亲俄派的这一段悲惨历史。其他亲俄分子则被送往位于今天捷克共和国境内的要塞特莱西恩施塔特（或称泰雷津）[3]集中营。加夫里洛·普林西普也是这座监狱的囚徒之一。1918年4月下旬，普林西普在这里死于肺结核，此时距他引发的那场战争结束还有半年多一点的时间。在加拿大，乌克兰人被政府视为"拥有敌国国籍的外国人"，其中近4 000人遭到关押，另外8万人则被要求定期向警方报到。由于他们都是最近从奥匈帝国移民到加拿大的，所以国籍都被定为"奥地利人"。

与亲俄派不同，奥匈帝国境内乌克兰民族运动的领袖们宣布忠于帝国君主。这也是他们的农民阶层支持者中大多数人的做法。战争爆

---

1 Styria，位于奥地利东南部，亦作施泰尔马克州（德语 Steiermark）。
2 Graz，奥地利第二大城市，施蒂里亚州州府。下文中的塔勒霍夫（Thalerhof）是格拉茨附近的一个村庄。
3 Theresienstadt，捷克语作 Terezin，即今捷克共和国西北部城市泰雷津。

发之前的年月里，这些农民最喜欢的歌谣就是关于皇帝弗朗茨·约瑟夫[1]之妻伊丽莎白皇后（茜茜）[2]的。这位在1898年遭一名意大利无政府主义者刺杀的皇后在歌中被称为"我们的夫人"，弗朗茨·约瑟夫则被称为"我们的父亲"。随着战争的爆发，乌克兰活动家们组建了乌克兰人最高议会，其名参照1848年革命期间成立的那个罗塞尼亚最高议会。这个议会催生了奥地利军队中第一支乌克兰人部队。当局从1万名志愿者中选出2 500人，组成一支被称为"锡奇步枪队"的军团——这个名字无疑指向扎波罗热锡奇和第聂伯哥萨克人的历史，表达出一种"全乌克兰"身份认同和加利西亚志愿者们的人心所向。

奥匈帝国乌克兰政治家们的政治蓝图有两重目标：第一，分割加利西亚，争取实现其乌克兰部分的自治；第二，在俄属乌克兰的基础上建立一个独立的乌克兰人国家。为了达成第二个目标，奥匈帝国乌克兰人不仅加入了帝国军队，还实施了将俄国战俘中的小俄罗斯人转变成乌克兰人的计划。实施这一计划最力的是乌克兰解放同盟。这一组织成立于维也纳，但大部分成员来自第聂伯乌克兰地区的移民，知道如何与自己的同胞对话。这个组织的成员之一将在未来成为20世纪二三十年代乌克兰激进民族主义运动之父。他来自南乌克兰，有一个俄语姓氏：德米特罗·东佐夫[3]。

---

1 Franz Joseph I（1830—1916），奥地利皇帝兼匈牙利国王（1848—1867年在位）、奥匈帝国第一位皇帝（1867—1916年在位）弗朗茨·约瑟夫一世。
2 Elizabeth Amalie Eugenie（1837—1898），弗朗茨·约瑟夫一世之妻、巴伐利亚女公爵，通常被家人与朋友昵称为茜茜（Si Si）。
3 Dmytro Dontsov（1883—1973），乌克兰民族主义者、作家、记者、政治理论家。他的激进思想对1929年成立的乌克兰民族主义组织（Organization of Ukrainian Nationalists，简称OUN）产生了巨大影响。

1915 年春末和夏天,一场德奥联合发动的攻势让奥地利人重新夺回加利西亚和布科维纳的大部分地区。其结果是亲俄派被完全从这一地区清除出去,与俄军一起向东撤退。"他们由各自的村长率领,拖家带口。和他们一起的,是他们的牛马和所有来得及带走的财富。"报纸《基辅思考》(Kievskaia mysl')这样描述亲俄派的逃亡。大部分逃难者在罗斯托夫和位于俄罗斯-乌克兰族群边界的顿河下游地区停下了脚步。这是亲俄主义运动作为一支主要政治力量的历史的终结:有幸免于进入塔勒霍夫集中营的亲俄分子如今都离开了自己的故乡,前往俄国。1916 年春天和夏天,在才华过人的阿列克谢·布鲁西洛夫[1]将军的指挥下,俄军发起了一场大规模攻势,重夺沃里尼亚、布科维纳,还有加利西亚的部分地区。然而这场攻势最终被证明不过是一个濒临经济和军事崩溃的帝国的回光返照。很快,与在哈布斯堡王朝治下的乌克兰地区一样,"全俄罗斯"理念在罗曼诺夫王朝的领土上也开始遭到攻击。

罗曼诺夫王朝(如果不是帝国本身的话)在 1917 年 3 月初走向终点。在此前的一个月中,彼得格勒(Petrograd,战争时期圣彼得堡的名称)[2]的食品短缺已经引发了工人罢工和军队中的兵变。国家杜马的领袖们说服被长年战争搞得心力交瘁的沙皇尼古拉二世放弃皇位。

---

[1] Alexiei Brusilov(1853—1926),俄国军人,曾任俄罗斯帝国军队总参谋长、俄罗斯共和国军总司令和苏维埃政府的骑兵总监。
[2] 第一次世界大战爆发后,为因应当时的"去日耳曼化"风潮,圣彼得堡被更名为彼得格勒。

他传位给他的弟弟[1]，但后者拒绝接受——杜马领袖们预测，如果他接受皇位的话，将导致一场新的叛乱。罗曼诺夫王朝就此落幕：来自街头的压力、士兵的叛乱和曾经忠诚的杜马的巧妙操纵在王朝的棺盖上敲下了最后一根钉子。随后杜马领袖们着手创建一个临时政府。这个政府的任务之一是举行选举，以产生一个决定俄罗斯国家未来的宪法会议。

彼得格勒发生的事变史称"二月革命"。这场革命出乎正处于焦头烂额之际的乌克兰人组织领袖们的意料。加利西亚乌克兰民族运动和第聂伯乌克兰 1905 年革命中的关键人物米哈伊洛·赫鲁舍夫斯基听到窗外的喧哗和喊声时，正在莫斯科公共图书馆写作一篇文章。他问图书管理员出了什么事，才知道发生了一场革命：莫斯科人正涌向克里姆林宫，打算夺取这座作为俄国国家象征的建筑。3月初，来自各乌克兰人政治和文化组织的代表们在基辅成立了一个协同机构，名为"中央拉达"[2]。他们选举赫鲁舍夫斯基为主席，并坐等他火速赶到基辅。下车伊始，赫鲁舍夫斯基就对年轻一代的乌克兰民族活动家群体表达了他的支持。这个群体主要由学生和20岁出头的专业人士组成。

赫鲁舍夫斯基在乌克兰民族运动温和派（如今被称为乌克兰进步主义者协会）中的老战友很少有人愿意加入年轻革命者们的阵营。他

---

1 此即指米哈伊尔·亚历山德罗维奇大公（Mikhail Alexandrovich, 1878—1918）。他是亚历山大三世的幼子和尼古拉二世的弟弟。
2 Central Rada，意为"中央会议"，在1917年4月至1918年4月期间为乌克兰人民共和国的革命议会。

们经历过1905年革命，了解革命总是被反革命潮流终结，因此宁愿向当局输诚，换取对方在文化空间内的让步。对他们来说，让乌克兰语成为教学语言是第一要务。赫鲁舍夫斯基不同意他们的看法，他认为现在已经不是争取教育改革的时代，是时候要求乌克兰在一个改革后的俄罗斯国家里的领土自治权了。对许多老一辈的乌克兰民族活动家来说，考虑到乌克兰与帝国政府打交道的艰辛历史，这个目标就算不是脱离现实，也太过野心勃勃。然而赫鲁舍夫斯基和他那些更年轻、更富有激情的支持者们对此有不同看法。

人们在3月开始行动起来，工作地点是基辅城里的教育博物馆地下的一个房间。他们创建了一个以杰出现代主义作家弗拉基米尔·维尼琴科[1]为首的总书记处，将之作为乌克兰的自治政府。维尼琴科用乌克兰语和俄语两种语言写作，是尼古拉·果戈理之后第一位在全俄罗斯范围内受到广泛阅读的乌克兰作家。新政府宣称对今天乌克兰的大片地区拥有管辖权，包括基辅、波多里亚、沃里尼亚、切尔尼戈夫和波尔塔瓦的帝国省份。它在7月被彼得格勒的临时政府承认为乌克兰地区政府。

这一切是如何发生的？乌克兰自治理念自1905年革命后就被边缘化，而俄罗斯自由派、社会民主主义者，以及来自"真俄罗斯"爱国者群体的大俄罗斯国家主义提倡者也都提出了各自的未来蓝图，乌克兰自治理念何以能在与它们的竞争中胜出？事实证明，在当时的革命

---

1 Volodymyr Vynnychenko（1880—1951），乌克兰政治家、作家，在1917年6月至1918年1月期间担任乌克兰人民共和国总理，于1919年流亡海外。

气氛中,"中央拉达"的年轻领袖们所鼓吹的杂糅自由民族主义和社会主义的观念是一种极有吸引力的意识形态。积极参与政治的民众开始将各乌克兰人党派宣传的领土自治视为摆脱各种淹没这个国家的军事、经济和社会问题的唯一办法。作为当时唯一能同时满足"土地"和"和平"这两种民众需求的机构,"中央拉达"脱颖而出。

士兵们希望尽早结束战争,因此大量士兵热情地支持"中央拉达"。当彼得格勒的临时政府忙于在东线战场发动一场新攻势,并恳求他们与英法盟军一起战斗到最后时,"中央拉达"却承诺将带来和平,因而成为饱受战火蹂躏的乌克兰实现和平的唯一希望。俄军中的"乌克兰化"部队(由从乌克兰诸省征召的新兵组成并在1917年中被派往前线乌克兰段的部队)宣布向"中央拉达"效忠。这样的新兵接近30万人,都是身着军装的农民,已经厌倦了战争。他们不仅一心思归,而且还希望能赶上对贵族土地的重新分配——这是"中央拉达"不顾来自地主阶层的强烈反对而做出的承诺。在政治上主宰着乌克兰农民阶层的乌克兰社会革命党恰好是"中央拉达"中的第一大政党,因此农民也成为"中央拉达"的坚定支持者。

"中央拉达"原本不过是一个持乌克兰爱国主义立场的各政治和文化组织的协调委员会。然而在1917年夏天,由于农民、工人和士兵等群体各自的全乌克兰代表大会纷纷向"中央拉达"派出代表,它已经成为这个国家的议会。少数族裔也采取了类似的行动。米哈伊洛·赫鲁舍夫斯基特意呼吁他的支持者们不要允许1905年那种对犹太人的迫害重演,并向犹太人、波兰人和俄罗斯人承诺让他们在一个与俄罗斯结成联邦的乌克兰共和国内获得文化自治。作为回报,犹太人的社会主义党派加入了"中央拉达"并支持乌克兰领土自治的立场,其他少数族裔的左翼代表们也同样如此。"中央拉达"的成员数量超过了800人,以致其领袖们不得不创设一个小规模的常务机构——"小拉达"——来协调这个新生革命议会的各项工作。

数十名乌克兰名流从彼得格勒和在1918年3月被布尔什维克们定为俄国新首都的莫斯科返回基辅,参与到新乌克兰的建设中。富有才华、享有国际声誉的艺术家赫奥尔希·纳尔布特[1]是这些人中的一员。他成了乌克兰美术学院的创建者,也成为乌克兰国徽和这个国家第一批纸币和邮票的主要设计者。国徽包括两个具有历史意义的图案(借鉴自基辅大公弗拉基米尔时代钱币的三叉戟和一个哥萨克人的头像),这是因为这个新生的国家宣称自己所继承的是基辅罗斯和哥萨克国。国徽上的蓝色和黄色则来自数百年来就将这两种颜色用于纹章的加利西亚。色彩的选择象征了世界大战东部战线两侧的乌克兰土地的统一。

在这个新生的乌克兰自治国家中,并非一切都如此美好。"中央拉达"没能建立起一套可以运作的国家机器,也没能利用向这个政府宣誓效忠的数十万官兵创建一支可靠的武装力量。发现自己手握议会大权的作家、学者和学生们沉浸在民族革命和砸烂旧国家机器的浪漫梦想中。到了1917年秋天,当"中央拉达"因无法兑现从前许下的承诺而开始失去对现实局势的控制时,一个运转有效的政府和一支忠诚军队的缺失就成了问题。"中央拉达"在各大城市的支持率下降到9到

---

[1] Heorhii Narbut(1886—1920),20世纪乌克兰杰出的图案设计家。

13个百分点（只有基辅除外，"中央拉达"在这里仍拥有25个百分点的支持率），权力逐渐转移到布尔什维克控制的苏维埃（代表会议）手中。由于"中央拉达"既没有带来土地，也没有带来和平，农村局势也变得越来越动荡不安。农民们开始自己发动起来，夺取国有的和贵族们的土地。

布尔什维克在彼得格勒发动的政变后来被称为"十月革命"，对乌克兰局势的发展造成了巨大影响。作为对政变的直接回应，"中央拉达"宣布成立了乌克兰人民共和国。这是一个自主而仍与俄罗斯保持联邦关系的国家。它还对东部和南部的土地——哈尔基夫省、赫尔松省[1]，以及塔夫里达[2]、库尔斯克和沃罗涅日[3]三省中乌克兰人聚居的部分地区——提出了领土要求。这样的行动宣告了"中央拉达"和布尔什维克之间短暂合作的终结，尽管他们此前还曾在基辅合力击败了忠于临时政府的军队。基辅的乌克兰政府与彼得格勒的布尔什维克政府之间的对立自此拉开序幕。

由工人、农民和士兵群体的代表创建的苏维埃是一种新的政府形式，各个政党都竞逐苏维埃的权力。取得对苏维埃的控制之后，布尔什维克掌握了俄国的大权。全俄苏维埃第二次大会[4]于十月革命期间在彼

---

1 Kherson gubernia，今乌克兰南部赫尔松州，位于克里米亚半岛以北。
2 Tavrida，俄罗斯帝国省份，包括克里米亚半岛以及第聂伯河下游与黑海和亚速海海岸之间的地区。
3 Voronezh，今俄罗斯西部沃罗涅日州。
4 俄历1917年10月25日，十月革命爆发的当天，布尔什维克召开了第二届全俄苏维埃大会，通过了向工农与士兵代表苏维埃移交权力的法令。

得格勒召开,并由布尔什维克及其盟友主导。会议承认了这场推翻临时政府的革命。布尔什维克打算在乌克兰采取相同的策略,宣布于1917年12月在基辅召开乌克兰苏维埃大会。然而大部分出席大会的代表都是支持"中央拉达"的农民,布尔什维克在基辅策划的革命失败了。

然而这对他们只是暂时的受挫。布尔什维克组织者们离开基辅,前往哈尔基夫。12月下旬,乌克兰东部工业地区的苏维埃大会在哈尔基夫召开。大会于1917年12月24日宣布成立一个新的国家——乌克兰苏维埃人民共和国。1918年1月初,来自俄罗斯的布尔什维克军队进入了乌克兰,以在哈尔基夫成立的那个虚构国家的名义向基辅进发。在俄国军官米哈伊尔·穆拉维耶夫[1]的率领下,这支军队搭乘火车,一路进军,夺取了许多主要的工业中心,并在这些地方得到被布尔什维克动员起来的工人团体的支持。"中央拉达"在事实上失去了对工业城镇的控制——它在这些地区得到自由派知识分子拥护,却没能赢得工人的支持。面对俄国的入侵,"中央拉达"少得可怜的军队也无法为它提供保护。在1917年夏天曾宣布支持乌克兰独立的那些部队已经被派往世界大战前线。此时"中央拉达"的领袖们发现:他们不得不宣布自己的国家从俄国完全独立出来,却又没有军队来保卫它。

1918年1月25日,"中央拉达"发布了其第四份也是最后一份通令(universal)——这是哥萨克时期对法令的称谓——宣布了乌克兰的

---

1 Mikhail Muraviev(1880—1918),俄国将军。他在十月革命后率领工人赤卫队进攻乌克兰,并攻下了基辅。1918年6月11日,穆拉维耶夫由于支持左翼社会革命党人对布尔什维克发动叛乱而被逮捕,并在拘捕时被枪杀。

政治独立。"乌克兰人民共和国就此成为一个属于乌克兰人民的、独立的、自由的主权国家，不臣服于任何人。"通令写道。在将通令草案向"中央拉达"提交时，米哈伊洛·赫鲁舍夫斯基强调了通令的两大要务：第一，促成与德国和奥地利的和约签署——只有独立国家才有这样的资格；第二，保护乌克兰不受布尔什维克入侵和赤卫队叛乱的破坏——后者是布尔什维克在主要工业中心组织起来的工人团体。然而这第四份通令的历史重要性远远超过了其紧急要务：它是自伊凡·马泽帕时代以来乌克兰与俄罗斯的第一次公开决裂。独立乌克兰国家的理念17年前才在第聂伯乌克兰地区被首次提出，如今已经获得了广泛的政治合法性。独立的精灵已经从帝国的魔瓶中逃离出来。

"我们希望与所有邻国和平友好地共存，包括俄罗斯、波兰、奥地利、罗马尼亚、土耳其，以及其他国家在内，但任何邻国都无权干涉独立的乌克兰共和国的命运。"通令写道。当然，表态很容易，要把这样的愿望变成现实则不同。俄军正从北方和东方两路向基辅会合，布尔什维克也在基辅城内的军械厂掀起了暴动——这座军械厂是基辅最主要的军事工厂，其建筑如今已成为基辅艺术中心和展览馆的场地。"中央拉达"缺乏可靠的部队，而布尔什维克又做出关于土地、和平和对社会进行革命性改革的承诺，吸引许多人投向他们。"中央拉达"发出了总动员的号召。在切尔尼戈夫地区的克鲁季[1]火车站，一支由约400名乌克兰学生和士官生组成的部队与来袭的布尔什维克军发生了交战，后者队伍中有波罗的海舰队水兵，也有一支来自彼得格勒的部

---

[1] Kruty，位于今乌克兰北部切尔尼戈夫州博尔兹纳区。

队。27名乌克兰战士落入敌手，并遭到枪杀——这是为了报复他们在面对布尔什维克军时长达5个小时不屈不挠的抵抗。在乌克兰人的历史记忆中，这27名战士成为第一批为民族独立事业付出生命的烈士。更多人将步上他们的后尘。

1918年2月9日，"中央拉达"放弃了基辅，向西撤退。同一天夜里，在今天波兰-白俄罗斯边界上的布列斯特镇，"中央拉达"的代表与同盟国（德国、奥匈帝国及其盟友）签订了和约。"中央拉达"在1917年夏天和秋天拒绝成立一支常备军，因此如今别无选择，只能向乌克兰国境之外寻求保护。乌克兰代表们向德国和奥地利请求军事援助，并很快得到对方同意：在漫长的战争消耗之下，同盟国的军队和经济都急需农业产品的支撑，而乌克兰早有"欧洲面包篮"的美誉。和约规定双方"相互交换各自盈余的……重要农业和工业产品"。为交换乌克兰的谷物，同盟国方将付出他们装备精良又训练有素的战争机器。和约签署之后不到10天，同盟国军就进入了乌克兰。到了3月2日，同盟国军已将布尔什维克逐出了基辅，"中央拉达"再次回到了教育博物馆大楼。在克鲁季战死的学生们以军葬礼的仪式被安葬在阿斯科尔德小丘（Askold's Mound），也就是传说中基辅第一位维京统治者的安息之地。

布尔什维克们一路后撤。他们无法在军事上阻挡人数约为4.5万人的德奥联军的进攻，于是转而尝试外交和法律手段。他们开始在乌克兰东南部地区创立各种只存在于纸面上的人民共和国，并宣告它们独立。于是，敖德萨、克里维伊里赫[1]、塔夫里达等"共和国"纷纷在 2 月和 3 月间宣布独立。然而同盟国对此毫无顾忌。在乌克兰军的协助下，他们甚至夺取了"中央拉达"从未主张过的克里米亚地区，不过并未将其并入以基辅为首都的那个乌克兰人民共和国。没过多久，布尔什维克就被完全逐出了乌克兰，并被迫承认乌克兰独立，以与同盟国达成他们自己的和约。

如今，新生的乌克兰国家不仅在法理上，也在事实上独立于俄国。然而其相对于同盟国（"中央拉达"曾承诺向同盟国提供 100 万吨谷物）的独立地位并非顺理成章。这一点在 1918 年 4 月下旬变得十分明显：德国军事当局不相信社会主义者占主流的乌克兰政府能兑现其"输送谷物"的计划，于是在"中央拉达"同意向盟军交付上述 100 万吨谷物和大量其他农产品不过数天之后，就将其解散。德国人主导的政变让帕夫洛·斯科罗帕德斯基[2]将军的政府得以上台。斯科罗帕德斯基是 18 世纪一名哥萨克统领的后裔，立场极为保守，代表着乌克兰地主阶层的利益。他宣布自己为这个新生国家的统领，以此来迎合民众的历史记忆。仿照从前的统领们的传统，他实施了独裁统治，其权力仅受外国势力——德奥军事指挥部——的约束。

在 1917 年的革命中，临时政府委任斯科罗帕德斯基指挥其新组建的乌克兰军团，这是一次为让战争继续下去而取悦于少数族群的绝望尝试。于是有俄国文化背景的斯科罗帕德斯基迅速地乌克兰化。他先

---

1 Kryvyi Rih，亦作克里沃罗格（俄语发音），乌克兰第聂伯罗彼得罗夫斯克州城市。
2 Pavlo Skoropadskyi（1873—1945），乌克兰军人、政治家，在 1918 年 4 月至 12 月间担任乌克兰统领，后逃亡德国。

是拥护乌克兰自治的理念，后来又转向支持乌克兰独立，并为之（也为其德国靠山）奉献终生，直至1945年4月在柏林死于盟军的轰炸。斯科罗帕德斯基的统治被证明是对乌克兰国家和体制建设的一次巨大促进。乌克兰第一次拥有了自己的银行和可以运转的财政系统。这位统领招募帝国时期的官僚们来管理各个部门，建立地方政府机构，并让帝国军官组建部队。在教育领域，乌克兰拥有了自己的科学院，有了第一座国家图书馆，也有了一座国家档案馆。此外，这个国家又出现了两所新大学，一所在卡特琳诺斯拉夫，另一所在卡缅涅茨-波迪尔斯基。尽管斯科罗帕德斯基本人从未完全掌握乌克兰语，他仍推动完成了"中央拉达"启动的计划，将乌克兰语引入学校系统，实现了乌克兰爱国知识分子们多年的梦想。

无论斯科罗帕德斯基在体制空间内有什么成就，其统治仍受到"中央拉达"的社会主义领袖们厌弃。这些人拒绝与新政府合作，将之视为被布尔什维克革命赶出俄国的俄罗斯保守派为自己创造的避难所，而他们的这种看法往往也有充分的理由。许多社会主义领袖转入地下，策划他们的政治回归。一场反对统领的暴动似乎就在眼前。斯科罗帕德斯基的政府在劳工阶层中最不受欢迎——他们的工作时间被延长到12个小时。农民同样不满，因为当局会没收他们收获的粮食。1918年夏末时，已有数千工人处于罢工之中，近4万名加入了武装自卫队——第一次世界大战后的乌克兰最不缺的就是受过训练的军事人员。德军派出部队对暴民进行惩罚，却只让情况变得更糟。到了秋初，当局已经陷入了垂死挣扎。它打算举起联邦的大旗，与一个非布尔什维克的俄罗斯结合。此举意在讨好协约国（因为协约国支持俄国统一的立场），却事与愿违。"中央拉达"那些社会主义领袖正在积极筹划推翻统领，而当局这种在形式上放弃乌克兰独立的做法让他们更加愤怒。不过，让斯科罗帕德斯基政府走向末路的最主要原因，是第一次世界大战的结束。

1918年11月11日，在巴黎以北的贡比涅森林[1]，德国统帅部代表与其法国和英国对手签署了停战协定。敌对状态的终结意味着德军和奥军将撤离乌克兰。三天后，也就是11月14日，以前"中央拉达"政府首脑弗拉基米尔·维尼琴科为主席的革命委员会"指挥部"（这个名字来自18世纪的法国革命政府）开始公开反对统领斯科罗帕德斯基。德奥军队在指挥部的允许下离开，随后，指挥部那支主要由叛乱农民和抛弃了统领的部队组成的军队在12月19日进入基辅。统领政府宣告落幕。这个作为战争产物且以交战国一方为靠山的政府最终被证明无法独立生存下去。乌克兰人民共和国又回来了，并顺手接管了其前任创建的各种机构，然而共和国政府对基辅的控制完全谈不上牢固。同年早些时候在德奥军队进攻下被迫退却的布尔什维克们此时正在准备重新夺取乌克兰。

在战线另一侧的加利西亚，第一次世界大战的终结催生了另一个乌克兰国家，它很快将被称为西乌克兰人民共和国。这个国家的创建始于1918年10月，紧随新帝卡尔一世[2]关于将奥匈帝国联邦化的公

---

1 The forest of Compiègne，位于法国皮卡第大区贡比涅市附近，距巴黎60千米。
2 Charles I（1887—1922），德语作 Karl I，哈布斯堡王朝与奥匈帝国的末代皇帝（1916—1918年在位）。他于1918年10月14日同意将奥匈帝国改为联邦制国家。

告。乌克兰领袖们主张加利西亚、布科维纳和外喀尔巴阡为乌克兰人的民族地区。此时奥匈帝国正在走向末日,其最后的举动就是在11月3日与协约国签署停战协定——此时美国也加入了协约国一方。身处维也纳和布达佩斯统治下的各个民族都急切地想要脱离帝国的牢笼。然而,帝国的二元君主制崩溃了,没能熬过11月,于是各民族领土主张之间的竞争变得不可遏抑。为争夺对加利西亚的控制权,乌克兰人和波兰人之间的冲突尤为激烈。尽管维也纳当局有过种种承诺,它仍未能将这个省份分为东西两半,其结果就是波兰人对整个加利西亚提出了要求。

1918年11月1日,乌克兰人首先发起了进攻,夺取了利维夫。这座城市被乌克兰人占主体的乡村包围,但市内人口的族群构成则以波兰人和犹太人为主。攻下利维夫的乌克兰人在同一天宣布了这个全新乌克兰国家的独立,然而波兰人做出了反击,在20天后重夺利维夫。以杰出律师和民间领袖叶乌亨·彼得鲁舍维奇[1]为首的西乌克兰人民共和国领导者们不得不将其机关东迁,先是来到捷尔诺波尔[2],后来又迁往斯坦尼斯拉维夫(今伊万诺-弗兰基夫斯克)[3]。这成为乌克兰人与波兰人之间一场漫长而血腥的战争的开端。1918年12月1日,东西两个乌克兰共和国的代表决定合作,组建一个统一的国家。双方都极度需要他们所能达成的最大程度的统一。两个共和国的未来都布满

---

1 Yevhen Petrushevych(1863—1940),乌克兰律师、政治家,在奥匈帝国瓦解后担任西乌克兰人民共和国总统(1918—1919年在任)。
2 Ternopil,今乌克兰西部捷尔诺波尔州首府。
3 Stanyslaviv,今乌克兰西部伊万诺-弗兰基夫斯克州首府伊万诺-弗兰基夫斯克(Ivano-Frankivsk)。

阴云。被许多人认为将终结一切战争的第一次世界大战在其落幕那一刻就点燃了新的战火。

奥地利试图维持自己对境内斯拉夫民族的控制，而俄国自居巴尔干人的泛斯拉夫民族保护者，并打算将其泛俄罗斯身份认同渗入奥匈帝国，从而引发了世界大战。两个帝国政府都成为输家。战争先是削弱，然后摧毁了中欧和东欧的帝国，同时社会革命又粉碎了旧的秩序。与欧洲其他地方一样，乌克兰从战争的废墟中出现时已经面目全非：其国土满布弹痕，经济崩溃，人口锐减，各种族群身份认同都处于躁动之中，相互敌对的意识形态变得比从前任何时代都多。然而帝国的崩溃赋予了乌克兰人一个新的身份，催生了一个拥有自己的政府和军队的乌克兰国家，并让乌克兰出现在欧洲政治版图上。战争造成的新政局让从前帝国边界两侧的乌克兰人有了一个清晰的政治目标——独立。在战争爆发之前，独立不过是一个幻想，然而它演变成为一种理念的一部分。这是一种为"中央拉达"的社会主义领袖们、斯科罗帕德斯基的保守派支持者们以及加利西亚的西乌克兰人民共和国战士们所共享的理念。然而，独立的目标在将乌克兰人动员起来的同时，往往会激起其他少数族群的反抗，也会带来与邻国的分歧。宣布独立是一回事，将它变成现实则是另一回事。为了独立，乌克兰人将不得不在不止一条战线上进行抗争。

第 19 章

破灭的梦想

1919 年 1 月 22 日是星期三,基辅迎来了一个晴朗的冬日,还有些霜,但没有下雪。我们知道这一点,是因为一个电影摄制组当天正在城里拍摄一次公共活动,这是对这座乌克兰首都的公共活动最早的拍摄之一。此时距"中央拉达"在其第四份通令中宣布乌克兰独立已有整整一年。部分前"中央拉达"领袖利用重新执掌权力的机会发布了另一份重要的公告,宣布将从前的俄属和奥属乌克兰地区统一为一个独立国家。他们选择那座基辅罗斯时代的大教堂[1]为群众集会、教堂仪式和阅兵式的背景,建起了一座从弗拉基米尔大街通往圣索菲亚广场的凯旋门。这些都是为庆祝统一而精心筹划的活动,而在短短几个月之前,在俄奥国界两边的乌克兰地区,统一还不过是一小群知识分子头脑中的一个梦想。

当索菲亚大教堂敲响午钟,摄像机的镜头中出现了欢欣的笑容、持花的女子,还有成群身着军装的男子。画面的中心被新的革命政府

---

[1] 指圣索菲亚大教堂。

"指挥部"的成员们占据。他们中为首的是一名留着山羊胡、身穿黑色皮大衣、头戴宽边羊毛帽的高个男子,那是从前"中央拉达"政府的总理、如今的指挥部首脑弗拉基米尔·维尼琴科。行进在他右边的是来自西乌克兰的代表们——从前哈布斯堡家族治下乌克兰地区的公民会议授权他们来完成两个乌克兰人国家的统一事宜。然而吸引摄像师最多关注的,不是维尼琴科,也不是西乌克兰人民共和国议会副主席列夫·巴金斯基[1]。在镜头中停留最久的是一名中等身材的中年男子。他和他身边大多数军官一样,头戴一顶羊皮帽。在影片的一个镜头中,他站在维尼琴科身边,口含一支雪茄;另一个镜头里他又在整理自己的腰带和制服。此人名叫西蒙·彼得留拉[2],是指挥部军队的最高"俄塔曼"[3],也就是总司令。

彼得留拉于 1879 年生于波尔塔瓦,在这段影片拍摄时年方 39 岁。与比他大半岁的约瑟夫·斯大林一样,彼得留拉在还是一名神学学校学生时就开始参加革命活动,并从底层逐步晋升,成为乌克兰社会民主工党的领袖之一。在 1905 年革命失败之后,彼得留拉担任了许多乌克兰语刊物和报纸的编辑——最先是在基辅,后来转至圣彼得堡,从 1912 年起则在莫斯科。1917 年,他先是作为乌克兰总军事委员会的主席,后来又作为"中央拉达"的军事事务总书记,担任俄军编制中乌

---

1 Lev Bachynsky(1872—1930),加利西亚乌克兰政治家、律师,曾任奥地利议会议员和西乌克兰人民共和国的国家拉达副主席。
2 Symon Petliura(1879—1926),乌克兰政治和军事人物、民族主义者,他同时也是一名作家和记者。十月革命之后,彼得留拉组织乌克兰人民共和国军与红军和白军双方作战,试图维持乌克兰的独立。他在失败后流亡欧洲,于 1926 年 5 月 25 日在巴黎被暗杀身亡。
3 Otaman(乌克兰语作 отаман)一词原指哥萨克军团的指挥官。

克兰部队的首脑。后来，这些部队中的一支被分出来交给未来的乌克兰统领帕夫洛·斯科罗帕德斯基来指挥。

在1919年1月22日拍摄于基辅的这部影片中，彼得留拉站在弗拉基米尔·维尼琴科身边，但两人并无对话。这并不是因为两位政治家的友好关系发生了破裂。两人的对立可以追溯到第一次世界大战前，当时他们都是乌克兰社会民主工党的领导人。维尼琴科有强烈的亲布尔什维克情绪，指责彼得留拉激怒了布尔什维克，导致对方对乌克兰的入侵。1917年12月，入侵发生前夕，彼得留拉被迫从政府辞职。尽管彼得留拉和维尼琴科联手领导了反对统领斯科罗帕德斯基的起义，这两位指挥部成员之间的矛盾仍未消弭。到了1919年3月，仍旧持亲苏维埃和亲布尔什维克态度的维尼琴科将退出指挥部，离开乌克兰，基本上等于退出了政治舞台。彼得留拉则将在1919年5月初被选举为指挥部首脑，并独揽大权。

彼得留拉的崛起有其重要的政治和军事原因。这一时期，不光是维尼琴科，1917年革命中另一巨头米哈伊洛·赫鲁舍夫斯基同样流亡国外。在乌克兰革命从议会阶段进入军事阶段之际，彼得留拉先后担任的政府军事事务主管和总司令这两个职位变得极为重要，从而使他脱颖而出。1919年年初乌克兰再度遭到布尔什维克的进攻时，彼得留拉已是政府中最重要的部长。1919年2月2日，即《统一法案》庆祝活动之后不到两个星期，指挥部被迫撤离了基辅，先是迁往文尼察[1]，后来又在卡缅涅茨-波迪尔斯基落下脚跟，建立了机关。卡缅涅

---

[1] Vinnytsia，今乌克兰中西部文尼察州首府。

茨－波迪尔斯基位于从前的俄奥边境、如今的西乌克兰人民共和国边界附近。

他们除了撤退之外别无他法，因为乌克兰军再一次被击溃了。彼得留拉在 1918 年年底反抗统领斯科罗帕德斯基时率领的农民部队几乎烟消云散：总共 10 万名农民战士里只有四分之一留在彼得留拉麾下，其他人则认为自己已经完成了任务，剩下的事应该交给他们帮助建立起来的政府，于是返回了各自的村庄。留下的人由各个"俄塔曼"指挥。"俄塔曼"一词在哥萨克时代意为"指挥官"，如今则指各路独立的军阀。彼得留拉的头衔"最高俄塔曼"反映出一个令人悲哀的现实：他所统率的，是一群桀骜不驯的军阀，而非纪律严明的军队。彼得留拉和他的军官们从未成功将这支义军改造成一支正规军。事实证明，乌克兰的政治家们是成功的反叛者，但在创建国家和组建武装力量方面只是三流水平。

乌克兰人民共和国的唯一可靠部队由加利西亚士兵们组成。他们原是在奥军中服役的乌克兰人，在第一次世界大战中被俄军俘虏，并在 1917 年的二月革命后加入乌克兰人民共和国的军队。事实证明，他们是这一时期历届乌克兰政府的军队中纪律最为严明的一支队伍。1919 年 7 月，彼得留拉得到了来自加利西亚的新援军：超过 5 万人的加利西亚乌克兰军渡过曾为哈布斯堡帝国和罗曼诺夫帝国界河的兹布鲁奇河[1]，加入了彼得留拉在波多里亚的部队。半年前，东西乌克兰在

1　Zbruch River，今乌克兰西部河流，为德涅斯特河的左支流，全长 244 千米。

基辅宣告统一，此时似乎终于结出了第一批果实。然而统一所面对的形势无疑十分严峻：彼得留拉的军队和加利西亚军都已处于溃败的边缘，后者正被前进中的波兰军队逐出加利西亚。

这样的情况是怎样发生的？其原因又是什么？尽管西乌克兰政府在1918年11月让利维夫落入波兰人之手，但它仍对东加利西亚大部分乌克兰人地区保持着有效控制。西乌克兰政府创建了一个行之有效的行政体系，并提出一系列改革措施，其中包括重新分配土地。这一政策让农民受益，并让整个乌克兰族群动员起来，团结在从波兰独立出来的理念周围。波乌战争的转折点发生在1919年4月：由约瑟夫·哈勒尔·冯·哈伦堡[1]将军率领的一支6万人的军队进入了加利西亚。哈勒尔的部队组建于法国，由波兰战俘组成（他们先前为奥地利一方作战），并由协约国加以武装，其部分军官还是法国人。这支部队被派往东部前线的目的是与布尔什维克作战，哈勒尔却将它用来对付加利西亚的乌克兰军。法国人提出了抗议，并发来质询电报，波兰人则一边向法国人保证这些乌克兰人都是布尔什维克，一边将装备不良的乌克兰军向东驱赶。1919年夏天，加利西亚乌克兰军撤退到兹布鲁奇河，并渡河加入了彼得留拉在波多里亚的部队。

加利西亚军兵力超过5万人，忠于彼得留拉的部队有3.5万人，再加上其他同盟"俄塔曼"部下的1.5万人，乌克兰武装部队成了一支强大的军事力量。此时乌克兰中部和东部地区已落入布尔什维克之手，而加利西亚人的到来让彼得留拉获得了重夺这些领土的机会。然而，事实

---

[1] Józef Haller von Hallenburg（1873—1960），波兰陆军中将。

证明，东西方乌克兰人的联盟并没有人们所期待的那样牢固。西乌克兰人民共和国的领导层持保守立场，难以在目标上与东乌克兰指挥部政府的左翼成员们达成共识。加利西亚指挥官们不能理解东部那些前叛军的松散军纪。在寻找可能的盟友的问题上，双方也无法保持一致。

除了基辅的乌克兰政府，前俄罗斯帝国其他地区的民族主义政府同样抵制布尔什维克 1917 年在彼得格勒发动的武装起义，尤以波罗的海地区和北高加索地区为甚。在俄罗斯南部，一些前帝国军官和顿河地区的哥萨克们联合起来，组成了白军[1]，为恢复前布尔什维克时期的政治和社会秩序而战。包括英国和法国在内的西方列强向邓尼金[2]将军率领的白军提供了支持。1919 年初夏，邓尼金在乌克兰开始向布尔什维克发起进攻。邓尼金在南乌克兰地区的出现和他向北发动的攻势向乌克兰政府及其武装力量提出了一个难题：他们是应该联合邓尼金进攻布尔什维克，还是回避跟他打交道呢？邓尼金的目标可不光是要取消乌克兰领袖们主张的社会革命，还包括重建一个统一而不可分割的俄罗斯国家。

加利西亚人和第聂伯乌克兰人对这个问题做出了不同的回答。西乌克兰人对与反布尔什维克和反波兰的白军结盟没有任何意见，东部人将加利西亚人憎恨的波兰人视为其反布尔什维克和反白军的潜在盟友，而那些"俄塔曼"甚至不反对加入红军。东西乌克兰人在理念和局势的驱使下走到了一起，却仍各自为政。8 月，当白军和加利西亚

1　The White Army，1917 年至 1922 年俄国内战期间的一个反布尔什维克军事联盟。
2　Anton Denikin（1872—1947），俄罗斯帝国将领、白军前期领袖，在失败后流亡海外。

部队同时进入基辅时,加利西亚人大方地撤退了,把这座城市留给了白军。这在彼得留拉与加利西亚军指挥官们之间造成了激烈的冲突。关系的最终破裂发生在1919年11月:一场大规模流行的斑疹伤寒几乎消灭了双方的军队,迫使剩下的加利西亚人加入了白军,而彼得留拉则与波兰人达成了协议。

1919年有一个美好的开始,让两个乌克兰国家都对未来抱有巨大的期望,却在灾难中走向尽头。这一年年底,乌克兰的武装力量已经不复存在,其国家地位也变成了泡影。东乌克兰人的失败源自他们的政治分裂和糟糕的组织,而加利西亚人之所以失败,则是因为他们的兵力和装备都弱于敌人,同时他们的东部同胞又没有施以援手。两个国家和两支军队的联合更多的是一个军事同盟,而非一个统一的国家或是一支统一的军队。长久以来,他们分属不同的国家、不同的政治和社会秩序,这严重地影响了双方精英阶层及各自支持者的政治和军事文化,尽管他们相信彼此属于同一个民族。不过,虽然遭遇了1919年的困厄,东西方乌克兰人仍未打算放弃这一信念。

乌克兰的军队退出了战场,乌克兰独立的梦想似乎也渐行渐远。此时竞逐乌克兰控制权的主要有三股势力:其一是波兰军队,他们控制着加利西亚,并进入了波多里亚和沃里尼亚,梦想着重建一个版图尽可能与被瓜分前的波兰-立陶宛联邦接近的波兰人国家。其二是以协约国为靠山的白军,他们从南乌克兰地区向北进军,突入俄罗斯境内,其蓝图是重建一个沙皇时代那样的统一且不可分割的俄罗斯国家。其三是布尔什维克们,他们的远景理想是世界革命,迫在眉睫的目标则是在军事上自保——正如弗拉基米尔·列宁所公开承认的那样,没有乌克兰提供的煤炭和面包,他们就无法做到任何一点。

1919年在乌克兰厮杀的各路势力和军队中,布尔什维克留下了最深的痕迹,控制基辅的时间也最长——从2月到8月,他们都占据着基辅,12月又再度回到这座城市。然而,控制了首都和乌克兰草原上的各大工业城市并不意味着掌握了整个乌克兰:乡村地区仍在反抗新来的布尔什维克统治者。许多自由派和社会主义者在原则上接受苏维埃权力,但不愿为之牺牲他们建国的梦想。农民的情况也是一样:他们对布尔什维克做出的土地分配承诺坚信不疑,到头来却因被迫上缴他们的收成而对布尔什维克不满。1919年12月,在击败邓尼金并重夺基辅之后,布尔什维克们决定从前一年犯下的错误中吸取教训。

弗拉基米尔·列宁亲自就"1919年教训"对其支持者们做出了阐释。他认为此前布尔什维克忽视了民族问题。于是,布尔什维克军在1919年年末和1920年年初重归乌克兰时,打着乌克兰社会主义苏维埃共和国的旗号,与乌克兰人沟通时也使用他们的母语。他们在乌克兰摒弃了"俄罗斯化",代之以让民族革命适应乌克兰文化的政策。他们将入党的大门向乌克兰左派敞开,这一举动让人想起当年帝国当局吸收地方精英的做法。这些前社会革命党成员早已接受以苏维埃的方式组织未来的乌克兰国家的理念,因其主要刊物《波罗特巴》(*Borot'ba*,意为"斗争"),被称为"波罗特巴党"[1]。他们以个人身份

---

1 Borotbists,亦作"斗争党",存在于1918年至1920年间的乌克兰左翼民族主义政党。波罗特巴党于1920年3月解散,其成员多被吸收入乌克兰共产党(布尔什维克)。

加入布尔什维克后,为该党提供了其急需的讲乌克兰语的干部和文化精英。同样,农民们最终也被融合了,并得到了长久以来一直被许诺给他们的土地:1920年春,布尔什维克推迟了在从贵族手中没收得来的地产上建立大型集体农庄的计划,允许农民们分掉他们的前主人的土地。

新策略奏效了。布尔什维克得以在1920年建立起对乌克兰中部和东部地区的控制,将最后一个真正的威胁拒之门外。1920年4月下旬,在彼得留拉残军的支援下,约瑟夫·毕苏茨基的波兰军队从沃里尼亚和波多里亚战线发起了一次向基辅的进军。毕苏茨基的目标是在波兰和苏维埃俄国之间建立起一个能起到缓冲作用的乌克兰国。波军的进攻一开始十分顺利。5月7日,彼得留拉再次作为乌克兰政府首脑进入了基辅。然而这一次他身边没有了加利西亚盟军,这是他为得到波兰人的支持所必须付出的代价。这一代价本身并无太多实际价值,却有着巨大的象征意义:最高统领同意承认波兰人对加利西亚的控制,这成为压垮两个乌克兰国家之间困难重重的关系的最后一根稻草。

彼得留拉的成功并不长久。苏维埃发起了反击,迫使波乌联军于6月13日退出基辅。在这场战争中苏俄最有名的骑兵指挥官谢苗·布琼尼[1]的率领下,苏俄的第一骑兵军突破波乌联军的防线,对撤退中的敌军进行了拦截,并在他们阵地后方进行打击。红军在整条战线上——不光是乌克兰,还有白俄罗斯——全面推进,每天向前移动20英里(约

---

1 Semen Budenny(1883—1973),苏联军人,曾参与第一次世界大战、俄国内战、波苏战争、苏芬战争和第二次世界大战。布琼尼在1935年成为苏联最早的五名元帅之一。

32千米),很快迫近了利维夫。时任红军某段前线政委的约瑟夫·斯大林决意攻下利维夫来让自己声名远扬。具有讽刺意味的是,不仅是波兰人,乌克兰军——彼得留拉从东乌克兰带来的部队——在面对红军对利维夫的进攻时同样选择了坚守。他们最终成功地守住了利维夫。这一场胜利成为导致苏俄在对波兰的战争中最终失败的重要因素。

战争的走向在1920年8月中旬再度发生转折。在获得协约国的援助,并得到英国和法国军官(其中包括后来的法国总统夏尔·戴高乐)为其担任顾问后,波兰军队在华沙城郊那场被称为"维斯瓦河奇迹"[1]的战役中击败了红军,遏止了红军的进攻。在苏俄一方,斯大林是需要为这场"奇迹"负责的人之一:他鼓动布琼尼违抗其上级的命令去攻打利维夫,而不是向华沙进军。红军节节败退。到了10月,也就是双方签署停战协议的时候,波兰和苏俄的边界在北段已经深入白俄罗斯,在南段则深入乌克兰境内。波兰人再度控制了乌克兰的沃里尼亚,以及波多里亚的部分地区。不过,虽然取得了以上利益,波兰人建立一个以基辅为首都的乌克兰缓冲国的努力却没能成功,同样落空的还有乌克兰人重获独立国家地位的梦想。此外,"维斯瓦河奇迹"也终结了苏俄将其革命之火传播到欧洲腹地的计划。

波苏战争最有名的记述者莫过于敖德萨出生的俄国犹太作家伊萨克·巴别尔[2]。在作为布琼尼第一骑兵军的一员参加战斗的过程中,他

---

1 Miracle on the Vistula,即1920年8月中旬至下旬的华沙战役。
2 Isaac Babel(1894—1940),苏联犹太小说家、戏剧家和翻译家,以短篇小说集《红色骑兵军》知名。他于1939年被诬为间谍,次年被秘密处决。

坚持记日记，并在后来利用这些日记创作了一部题为《红色骑兵军》（*Red Cavalry*）的短篇小说集。布琼尼指责这部小说集扭曲了他麾下士兵的英雄形象，因为它描述了战争的残酷、红军骑兵的暴力，以及乌克兰犹太人在无休无止的战争中所遭受的苦难。在差不多整整三年时间里，各路军队彼此厮杀，战线如拉锯一般移动。在第一次世界大战之后，乌克兰平民还未从灾难中得到一丝喘息之机，就又陷入了新的恐怖和毁灭之中。在所有族群中，犹太人的命运最为悲惨：他们遭到来自所有势力的打击，不论是红军、白军、乌克兰军，还是各路军阀。

对犹太人的迫害在乌克兰乃至整个"定居范围"内并不是什么新鲜事，然而此时犹太人需要面对的是全副武装的迫害者。迫害造成的伤亡急剧增加，仅在乌克兰就超过了3万人。从前对犹太人的迫害不外以下几种原因：掠夺欲、经济冲突、基督教中的反犹太教主义，以及近代的反犹太人潮流，然而现在又多了一种原因：革命年代的意识形态和政治。在这种新的视角下，犹太人一方面被视为资本主义剥削者而遭到共产主义者和社会主义宣传家的仇视，在另一阵营又被视为布尔什维克主义的热情支持者。

对犹太人的大规模迫害始于第一次世界大战的最后一年，也就是德国和奥匈帝国军队进入乌克兰的1918年春天。然而迫害实施者并非挺进中的德国人或"中央拉达"的军队，而是败退的布尔什维克们。他们怀有革命的正义感而非基督徒的狂热，认为自己对诺夫霍罗德-西沃斯基[1]和赫卢希夫（从前哥萨克国的都城）犹太人的打击就是对资

---

1 Novhorod-Silversky，今乌克兰北部切尔尼戈夫州古城。

产阶级的进攻。1919年春，当彼得留拉的军队在布尔什维克的进攻下向西退却时，乌克兰部队同样实施了对犹太人的屠杀，其中最严重的一次发生在普罗斯库里夫（今赫梅尔尼茨基）[1]，导致近1 700名犹太人丧生。这一年晚些时候，心思主要放在劫掠上、对各种口号没有多少兴趣的军阀们又率领他们军纪涣散的部队对犹太人定居点进行了洗劫。到了秋天，邓尼金的军队打着"痛揍犹太人，挽救俄罗斯"的反犹新旗号，也对犹太人展开了屠戮，其中规模最大的行动发生在基辅以南的小城法斯蒂夫[2]，造成近1 000名无辜者的牺牲。总体而言，在所有对犹太人的迫害行动中，约20%系白军所为，红军的比例约为10%，军阀们约占25%，而彼得留拉的部队约占40%。后者在战争期间实施了最多的反犹屠杀。白军则是唯一一支有组织的军队，其士兵对犹太人的屠杀都得到了上级军官的明确授意。加利西亚的乌克兰战士们成为仅有的未参与反犹屠杀的群体。

乌克兰犹太村庄的居民们也组织起自卫部队。他们在抵御军阀势力方面卓有成效，但面对大规模的军队时则无能为力。也有大量犹太年轻人加入了红军。红军的政治领袖列昂·托洛茨基[3]出生于乌克兰，常被视为犹太布尔什维克主义的象征，然而红军在犹太人中的受欢迎的程度远非托洛茨基一人所能代表。犹太革命家们从前就积极参与了

---

1 Proskuriv，今乌克兰西部赫梅尔尼茨基州首府赫梅尔尼茨基（Khmelnytskyi）。
2 Fastiv，今乌克兰基辅州城市，位于基辅以南63千米处。
3 Leon Trotsky（1879—1940），即列夫·托洛茨基，俄罗斯帝国 - 苏俄 - 苏联时代的革命家、军事家和政治理论家。他是布尔什维克的主要领导人之一，也是十月革命指挥者和苏联红军缔造者之一。他在列宁去世后逐渐失势，后流亡海外，并于1940年被苏联特工刺杀于墨西哥。

社会民主主义运动，或加入孟什维克[1]，或加入布尔什维克。此外，就实施反犹屠杀的次数多寡而言，红军似乎是对犹太人最为友好的，因此吸引了许多犹太年轻人。从这个角度来说，伊萨克·巴别尔的经历在敖德萨的犹太年轻人中并不算出奇：他先是在列宁的秘密警察机构契卡[2]中待了一小段时间，后来又作为一名政委和随军记者加入了布琼尼的骑兵军。

1919年的反犹屠杀终结了革命初期形成的乌克兰人－犹太人同盟，也让西蒙·彼得留拉成为乌克兰反犹主义的恐怖象征。1926年，流亡巴黎的彼得留拉被前红军士兵沙洛姆·施瓦茨巴尔德[3]枪杀，让他的这一形象更加得到了强化。许多人相信施瓦茨巴尔德是在苏俄秘密警察的指派下刺杀了这位乌克兰移民政治领袖，但施瓦茨巴尔德本人声称刺杀是他的自发行动，是为他那些在乌克兰反犹屠杀中死去的犹太亲属复仇。巴黎的一个法庭无罪开释了这名刺客。

彼得留拉真的应该为那些反犹屠杀负责吗？他在革命前是一个社会民主主义者，又在左翼的指挥部中担任领导人，无论从其观点还是政治背景来看，彼得留拉都是一名国际主义者。他与米哈伊洛·赫鲁舍夫斯基和中央拉达的其他领袖们一样，认为犹太人是乌克兰人反抗民族压迫和社会压迫事业中的天然盟友。这一立场在他向其部属发出的命令中也有所体现。"是时候认识到全球的犹太人，包括他们的儿

---

[1] Menshevik，俄国社会民主工党的一个派别，意为"少数派"，与布尔什维克的意思相对。1921年，苏俄政府宣布孟什维克非法。
[2] Cheka，苏俄时期的情报机构，创建于1917年12月20日。契卡于1922年被改组为国家政治保卫局（格别乌）。
[3] Sholom Schwartzbard（1886—1938），俄裔法国犹太诗人，以在1926年刺杀彼得留拉闻名。

女,他们的妻子,都和我们一样,被剥夺了民族自由,身受奴役之苦了。"彼得留拉在1919年8月签署的一道命令中这样写道,"我们不应让他们与我们疏离——千百年来他们一直和我们生活在一起,分享我们的命运和不幸。我在此严正下令:任何煽动你们去迫害犹太人的人,都将被逐出我们的军队,并将被视为祖国的叛徒而接受审判。"

在彼得留拉的意识中,攻击犹太人等于背叛乌克兰。问题在于,尽管他发出了命令,但他极少或并不急于惩罚那些反犹行为的实施者。"俄塔曼"伊凡·塞米申科(Ivan Semesenko)的部队是1919年2月普罗斯库里夫反犹屠杀的执行者,而彼得留拉在1920年3月才下令对塞米申科进行审判和处决。这一惩处来得太晚,未能在反犹迫害达到高潮时对他的军队产生更广泛的影响。由于彼得留拉对其军队的控制力有限,他并不愿意真正执行自己的命令。乌克兰军队参与反犹迫害的理由与其在争取独立的斗争中失败的理由是一样的:这支军队纪律涣散,缺乏组织。彼得留拉这种持社会主义立场的乌克兰领导人是在农民革命的大潮中涌现出来的,然而从乌克兰民族解放运动的角度而言,农民革命来得太早了。在他们的国家陷入革命浪潮、外国干涉和内战之前,乌克兰的活动家们从来没有机会对农民大众展开工作,没能在农民中普及社会主义的基本理念。在第一次世界大战前夕,有机会在乌克兰进行自由宣传的党派都是小俄罗斯理念的鼓吹者和各种俄罗斯国家主义组织,而反犹主义是他们的理念中的关键元素。右岸乌克兰地区在第一次世界大战之前是俄罗斯国家主义的堡垒,在1919年也是最骇人听闻的反犹屠杀的发生地。

唯一一个曾经尝试约束部队不去参与反犹屠杀并在自己的农民军队伍中对反犹主义进行了斗争的军阀是涅斯托尔·马赫诺[1],而他也只取得了有限的成功。马赫诺身材不高,而且很瘦弱,留着唇髭和一头长发。他曾是从前俄罗斯帝国规模最大的"私人"部队的指挥官,富于领袖魅力,其部属在全盛时有4万人。马赫诺出身农家,在政治立场上是一名无政府主义者,在乌克兰的各路军阀中最具理想主义色彩。他的根据地和活动区域是南乌克兰的胡利艾波勒[2],此地位于顿巴斯的煤矿和克里维伊里赫铁矿之间,是典型的农业地带。在19世纪和20世纪之交,一条铁路将上述两个地区连接起来,与莫斯科－塞瓦斯托波尔铁路相交于亚历山德罗夫斯克(今天的扎波罗热)[3],此地正离马赫诺的故乡不远。铁路的位置让马赫诺和他的军队成为争夺的焦点。

马赫诺手下的农民战士们对他的无政府主义原则和梦想并不买账,也看不上那群受意识形态驱动而围绕在他们的"巴特科"(*bat'ko*,即"父亲",这是他们根据农村的家长制传统对马赫诺的称呼)身边的无政府主义者。农民们反对任何形式的国家控制(这种态度正吸引了马赫诺身边的无政府主义理论家),并希望没收并重新分配土地。与早期近代的扎波罗热哥萨克们一样,在从前的哥萨克－鞑靼人边境地区活动的马赫诺军与北方的各个乌克兰政府保持着距离,并经常与他们作战。尽管绝大多数马赫诺的战士都是乌克兰族,而马赫诺对乌克兰民

---

[1] Nestor Makhno(1888—1934),俄国内战期间的乌克兰无政府主义革命家和游击武装领导人。他于1921年流亡海外,于1934年死于巴黎。
[2] Huliaipole,亦作古利艾波列(俄语发音),今乌克兰东南部扎波罗热州城市。
[3] Aleksandrovsk,今乌克兰东南部扎波罗热州首府扎波罗热。

族解放的目标也并不陌生（他那个做教师的妻子就是这一目标的积极宣传者），这位军阀的无政府主义革命理想大体上仍旧是国际主义的。

在对乌克兰展开争夺的所有势力中，被马赫诺视为潜在盟友的只有布尔什维克。马赫诺帮助布尔什维克击败了他们的大敌——彼得·弗兰格尔[1]将军率领的白军，让克里米亚成为后者残部的最后阵地，然而布尔什维克却立刻对马赫诺反戈一击。弗兰格尔政权是在不到三年的时间里克里米亚地区的第八个政府——第一个则是克里米亚鞑靼人在1917年12月25日成立的克里米亚人民共和国。在两次大规模向奥斯曼帝国移民的浪潮之后，鞑靼人还占克里米亚半岛总人口的近30%（其余人口则包括俄罗斯人、乌克兰人、希腊人、保加利亚人、犹太人和其他一些民族的代表）。鞑靼人的共和国是伊斯兰教组织建立世俗国家的最早尝试之一，这是上一代克里米亚鞑靼人中的活动家们开展的各种文化和教育活动的结果。这些活动家以伊斯梅尔·伽斯皮拉里[2]为首，他也被称为现代克里米亚鞑靼民族之父。然而，克里米亚人民共和国很快就夭折了。1918年1月，半岛的控制权落入布尔什维克手中，他们宣布成立独立的陶里达（克里米亚）共和国，不过很快又被乌克兰军和德军侵占。

在德国占领时期，克里米亚保持了对乌克兰的独立地位，但统领斯科罗帕德斯基在1918年9月宣布对克里米亚半岛实施经济封锁，迫

---

1 Petr Wrangel（1878—1928），俄罗斯帝国军官，俄国内战后期担任俄罗斯南部白军指挥官，后流亡法国。
2 Ismail Gaspirali（亦作 Ismail Gasprinski，1851—1914），克里米亚鞑靼教育家、政治家，被视为俄罗斯帝国最早一批穆斯林知识分子之一。

使克里米亚政府作为自治地区加入了乌克兰。这一状态也未能持续多久：随着德国人的撤军，以出身犹太教伽来特派[1]的自由主义政治家所罗门·克里姆[2]为首的新政府上了台。克里姆政府的司法部长是弗拉基米尔·纳博科夫[3]，正是那位著名作家的父亲。然而此时布尔什维克已经在进军途中。1918年7月，他们在乌拉尔山中处死了尼古拉二世和他的家人。1919年4月7日，罗曼诺夫皇族的幸存者们逃离他们位于雅尔塔附近的庄园，搭乘英国的无畏级战舰"马尔伯勒号"前往西方避难。从1919年6月开始，克里米亚就落入了白军之手，先是由邓尼金将军掌管，在邓尼金于1920年4月辞职后，又成为弗兰格尔将军的地盘。

弗兰格尔声称自己是南俄罗斯地区政府的长官，然而他实际控制的区域只有克里米亚半岛以及半岛以北的一小片草原。他与他的部长们希望光复整个俄罗斯帝国，然而这个目标在嘴上说起来比实现起来容易得多。尽管他背后有协约国的支持，弗兰格尔在与布尔什维克的战争中仍节节败退。1920年11月8日，红军及其盟友马赫诺的部队从大陆开始了对克里米亚的攻势。他们冒着严寒涉过锡瓦什潟湖[4]的浅水，对白军位于彼列科普地峡［宽4英里（约6千米），是连接半岛与大陆的

---

1 Karaite Judaism 或 Karaism，犹太教教派之一，以《塔纳赫》（《希伯来圣经》）为本，不承认任何口传的律法如《塔木德》等经籍。
2 Solomon Krym（1864—1936），克里米亚政治家、农学家。
3 Vladimir Nabokov（1870—1922），弗拉基米尔·德米特里耶维奇·纳博科夫，俄国记者、犯罪学家、政治家，俄裔美国著名作家弗拉基米尔·弗拉基米洛维奇·纳博科夫之父，于1922年在柏林被一名右翼君主主义者刺杀。
4 Syvash lagoon，也被称为腐臭之海、腐海或懒海，位于克里米亚半岛东北部、亚速海西岸，由一系列浅湾组成。

桥梁]¹的工事发起猛攻。11月17日，他们进入了雅尔塔城。弗兰格尔将军将其残部撤退到伊斯坦布尔。被遗弃在前线的近5万名军官和士兵惨遭屠戮，这也是这场战争中最大规模的屠杀行动。然而，这并不是这场血腥的革命战争中最后一次屠杀，而只是一支序曲，预示着布尔什维克对这个广袤国家的统治的来临。乌克兰大部分地区都将成为这个国家的一部分。

1921年3月，俄罗斯联邦²、苏维埃乌克兰³和波兰三方在拉脱维亚的里加签署和约，确定了一条新的波兰－苏俄边界。根据这份和约，波兰不仅保有加利西亚，还取得了从前归属于俄国的沃里尼亚。此时的乌克兰不再像第一次世界大战之前那样只分属于两个国家，而是被四国瓜分：1918年被罗马尼亚占领的布科维纳仍在布加勒斯特手中，而战败的匈牙利不得不把外喀尔巴阡地区交给新成立的国家捷克斯洛伐克。乌克兰人西面的邻居——捷克人、斯洛伐克人、波兰人和立陶宛人——此时都拥有了自己的独立国家。然而，除了在一个由俄罗斯领导的政治体内的自治权外，为创建自己的国家不断努力的乌克兰人几无所获。

为什么会有这样的结果？原因多种多样。其中之一就是那些更强大、侵略成性又声称对乌克兰土地拥有主权的邻国的存在，然而最关键的因素在于乌克兰民族解放运动的不成熟，以及独立国家理念在分

---

1 Perekop isthmus，连接欧亚大陆和克里米亚半岛的窄长陆地，宽5至7千米。
2 Russian Federation，全称俄罗斯苏维埃联邦社会主义共和国，是苏联的第一个加盟共和国。
3 Soviet Ukraine，即乌克兰社会主义苏维埃共和国，1937年改名为乌克兰苏维埃社会主义共和国，是苏联的第三个加盟共和国。

属于哈布斯堡帝国和罗曼诺夫帝国的乌克兰地区的姗姗来迟。尽管乌克兰身份认同和全俄罗斯身份认同之间的分歧在1918年的奥属加利西亚已不存在，在第聂伯乌克兰地区，这种分歧却贯穿了整个战争和革命。地方主义是乌克兰各地不同历史轨迹的产物，也是存在于奥属乌克兰和第聂伯乌克兰地区的一大障碍：在奥属乌克兰，加利西亚、布科维纳和外喀尔巴阡的民族建构机制各不相同；在第聂伯乌克兰，乌克兰国家理念在前哥萨克国和波属右岸乌克兰地区受到的支持远较东部和南部的草原地区为多。城市地区，尤其是有大量非乌克兰人口居住的大城市，均不属于乌克兰人的独立追求所能涵盖的范围——这种追求几乎完全依赖于农民群体的支持。

考虑到乌克兰民族解放事业所背负的各种限制，我们需要回答另一个重要问题：这一民族运动尚处于襁褓之中，在19世纪和20世纪之交才第一次形成独立的政治目标，迟至1918年才真正认同这个目标，那么，在这片被从前的帝国势力和其他更发达的民族运动主宰的政治版图上，乌克兰民族运动何以能走得这么远？第一次世界大战和两个帝国的崩溃带来的革命性冲击为1917年和1918年的乌克兰民族运动创造了意想不到的机遇，而乌克兰民族运动也充分利用了这些机遇。乌克兰人的民族解放事业诞生于第一次世界大战的血腥旋涡之中，诞生于远比从前更成熟的独立斗争之中。尽管它没能在奥属乌克兰和第聂伯乌克兰大地上成功建立一个能有效运转的国家，却已让独立统一国家的理想成为新乌克兰信念的核心。

第 20 章

共产主义与民族主义

在两次世界大战之间的时期（1918—1939），乌克兰人成了民族问题仍有待解决的最大欧洲民族。乌克兰不能独立成为一个国家，其土地分属于欧洲四国——布尔什维克的俄国、波兰、罗马尼亚和捷克斯洛伐克。其中苏维埃乌克兰在 1922 年成为俄罗斯领导下的苏联的一部分，包括乌克兰中部和东部地区。根据 1921 年的里加和谈结果，苏维埃乌克兰与波兰的共同边界位于沃里尼亚和波多里亚，与罗马尼亚之间则以德涅斯特河为界。前协约国同盟在 1920 年的巴黎和会中承认了这后一条乌克兰与罗马尼亚的边界，但苏俄当局对它提出了挑战。

每一个控制着乌克兰国土的政府都以各自的方式尝试解决乌克兰问题，使用了从融合到镇压等各自不同的策略。在东欧地区，共产主义和民族主义这两种意识形态和信仰体系的竞争贯穿了整个 20 世纪。与其他许多地区一样，在乌克兰，民族主义和共产主义不仅相互冲突，也会以民族共产主义这样的杂糅形式来寻求相互妥协。对乌克兰人政治认同和文化认同的动员方式各有不同，导致各种旨在替代第一次世界大战前的自由主义和社会主义诉求的乌克兰民族理念浮出了水面。

其中两种新理念最具影响力：其一是苏维埃乌克兰（乌克兰社会主义苏维埃共和国，或乌克兰 SSR[1]）的苏维埃版民族共产主义；其二则是主要植根于波属加利西亚和沃里尼亚的激进民族主义。20 世纪乌克兰历史在很大程度上将由这两种类型的乌克兰身份认同之间的关系所定义。

1922 年 12 月，乌克兰社会主义苏维埃共和国（它将在 1937 年更名为乌克兰苏维埃社会主义共和国）——那个包括乌克兰中部和东部地区的政治体——与俄罗斯联邦、白俄罗斯共和国和外高加索共和国[2]正式达成协议，组成苏维埃社会主义共和国联盟（苏联）。当时斯大林担任俄国共产党中央委员会新设立的总书记职务，他希望乌克兰和其他共和国加入俄罗斯联邦，在联邦内各自保留自治地位。乌克兰的共产主义领袖们对此表示拒绝。这些人中有老一代的布尔什维克，也有那些相信社会革命本身就意味着民族解放的社会主义者——他们相信建立一个主权苏维埃共和国联盟是达成这两个目标的最好办法。列宁支持乌克兰方面的立场，因为他的梦想是世界革命，在其蓝图中，中国、印度、德国、法国和美国都将加入联盟。

联盟的创立充分考虑了乌克兰的诉求，直接目的在于接纳乌克兰人，排斥波兰人，并限制俄罗斯人。莫斯科当局认为乌克兰人是其治下

---

1 Ukrainian Socialist Soviet Republic，简称 Ukrainian SSR，以区别于苏联（Union of Soviet Socialist Republics）的简称 USSR。
2 即外高加索社会主义联邦苏维埃共和国，是苏联的第四个加盟共和国，存在于 1922 年至 1936 年间，后分裂为亚美尼亚、格鲁吉亚和阿塞拜疆三个加盟共和国。

最不安分、最叛逆的少数族群——以西蒙·彼得留拉为代表的乌克兰领袖已经被证明拥有发动大规模农民起义的能力，同时也认为俄罗斯国家主义者的诉求对这个多民族国家的统一是一个威胁。波兰则是毫无疑问的敌人，在西方的支持下很可能对联盟发起另一场进攻，并将乌克兰的一部分从联盟夺走。于是，身处联盟条约所代表的联邦主义和占统治地位的共产党所代表的集权主义之间，乌克兰享有事实上的自治权，其拥有的特权可能比第一次世界大战前数十年间乌克兰主流政治家们乃至1917年革命初期"中央拉达"领导人们所梦想的更多。

在自称"人民专政"的苏维埃当局建立的政治和法律框架内，乌克兰将把其民族建构的这一新阶段变成现实。20世纪20年代初，当局试图巩固其对这个被战争、革命和内乱摧毁的国家的控制，允许部分市场元素通过"新经济政策"这道后门重新进入其高度集中的苏维埃经济体系。在政治和文化领域，苏维埃领导人也在寻找各种能让自己保住罗曼诺夫帝国遗产的新方法。对这后一个问题，他们在 korenizatsiia(本土化)[1] 政策中找到了临时的解决办法。这种政策重视非俄罗斯的边缘地区的经济建设，以及对本地文化的支持和发展。1923年4月，即苏联成立一年多之后，在莫斯科召开的第十二次党员代表大会[2]决定将本土化列入党和政府的官方政策。

培养忠诚的地方精英阶层是莫斯科打算利用本土化政策达成的目标之一。罗曼诺夫王朝曾通过将地方精英阶层纳入帝国体制的办法来

---

[1] 亦作 korenization，俄语为 коренизация，意为"本土化"。
[2] 指1923年4月17日至25日举行的俄罗斯共产党（布尔什维克）的第十二次代表大会，原文作第十三次，疑有误。

开疆拓土。这一手段在革命时代已不再适用。对地方革命精英的笼络始于1920年,即允许前社会革命党中的波罗特巴派[1]成员加入乌克兰共产党之时。然而这种做法损害了党在意识形态上的统一性,因此未能继续。此外,乌克兰本土的共产主义精英在数量上也不足以保证布尔什维克统治的稳定性。20世纪20年代中期,苏维埃乌克兰的总人口数不到3 000万,其中乌克兰人约占80%,俄罗斯人不足10%,犹太人约占5.5%。党员的族群构成却与此大相径庭。1922年,在总计约5.5万名乌克兰共产党员中,俄罗斯人以53%的比例占据绝对多数,乌克兰人却几乎不足24%,与其他所有族群代表(这些代表又以犹太人为主)占比差不多。这个新的政权在乌克兰农民眼中与外国统治者没什么两样。莫斯科的共产党当局希望改变这种看法,以建立对乌克兰农民阶层的控制。

乌克兰共产党领导层中有一派是民族共产主义者。他们将革命视为让俄罗斯统治下的少数民族获得社会解放和民族解放的手段,提出:要弥合以无产阶级为主的城市与小资产阶级的农村世界之间的鸿沟,党必须接受占乌克兰人口主体的族群的语言和文化,而在乌克兰,这一主体族群就是乌克兰人。由于共产主义意识形态很大程度上还只是一种城市现象,农村在共产主义者对乌克兰化问题的思考中就会被视为一种主要的阻力,正如其在革命时期和内战时期所表现出来的那样。乌克兰的民族共产主义者主张的策略与公元第一个千年末期拜占庭的改宗劝导者们的做法相似:通过接受本地语言和文化来实现推广新信

---

[1] 见本书第19章。

仰的目标，只是此时的新信仰变成了共产主义。最终拜占庭策略压倒了坚持所有真信徒都应使用同一种通用语的罗马帝国策略：民族共产主义者们主张的立场变成了党的官方路线。然而这仍不足以改变他们的艰难处境。

最大的阻力来自乌克兰共产党本身——它的大部分党员都不是乌克兰人。根据一份报告，在所有乌克兰公务员中，娴熟掌握乌克兰语者的比例为44%，而在担任公务员的乌共党员中，这一比例仅为18%。以亚历山大·舒姆斯基[1]为首的乌克兰民族共产主义者们要求以更强硬的手段来推行乌克兰化。舒姆斯基本人希望让乌克兰裔的乌克兰政府首脑弗拉斯·丘巴尔[2]担任乌共总书记，取代斯大林的门生拉扎尔·卡冈诺维奇[3]。后者是出生于乌克兰的犹太人，却一直未能熟练掌握乌克兰语。舒姆斯基还要求斯大林在工人中推行语言上的乌克兰化。一开始，乌克兰化政策的推广范围仅限于乌克兰族，而乌克兰的俄罗斯人以及其他族群则不在其内——这些族群也自有其本土化方案。因此，乌共十分不情愿在俄罗斯裔或高度俄罗斯化的工人阶级中推行一种很可能受到他们抵制的语言政策。舒姆斯基在这场斗争中完全处于劣势。

斯大林拒绝撤掉卡冈诺维奇，声称这一提议不合时宜。尽管在1924年1月列宁去世后，斯大林正在争夺党的控制权，而作为苏联最

---

[1] Oleksandr Shumsky（1890—1946），乌克兰民族共产主义领袖，曾为波罗特巴党左翼领导人。
[2] Vlas Chubar（1891—1939），乌克兰共产主义革命家、苏联政治家、1932—1933年间乌克兰大饥荒的责任人之一。他在1939年的"大清洗"中被处决。
[3] Lazar Kaganovich（1893—1991），苏联政治家、斯大林的门生。他在1961年因反对赫鲁晓夫的去斯大林化政策而被开除出党。

大党组织的乌克兰共产党的忠诚对他来说至为重要,他的态度仍十分强硬。对在工人阶级中推行乌克兰化的问题,斯大林同样拒绝让步。"在保持一定速度的条件下,我们为人民服务的党机关、国家机关和其他机关可以而且需要乌克兰化。但是决不能从上面使无产阶级乌克兰化。"斯大林在 1926 年 4 月给乌共政治局——乌克兰最高的布尔什维克领导层——的信中写道。对将乌克兰文化与俄罗斯文化区别开来的呼声,斯大林的批评态度尤为严厉,并将这种呼声与俄罗斯裔乌克兰作家米科拉·赫维列沃依(原名尼古拉·菲季列夫)[1] 的作品联系起来。"正当西欧各国无产者和他们的共产党都对'莫斯科'、对这个国际革命运动和列宁主义的堡垒深表同情的时候,正当西欧各国无产者都怀着赞美的心情仰望飘扬在莫斯科的旗帜的时候,乌克兰共产党员赫维列沃依却号召乌克兰活动家'尽快地'摆脱'莫斯科'。"斯大林写道。[2]

  斯大林决意从乌克兰民族共产主义者中夺回主动权,命令他的亲信卡冈诺维奇亲自领导乌克兰化运动,对舒姆斯基关于乌克兰化步调太慢的焦虑做出回应。卡冈诺维奇遵命而行,将 1926 年前推行的乌克兰化转变为一种有效得多也全面得多的政策。1927 年,卡冈诺维奇成功地在乌共党代会上用乌克兰语做了发言。关于在教育机构以及对工人阶级的文化宣传工作中使用乌克兰语的问题,他也采取了更强硬的

---

1 Mykola Khvyliovy(1893—1933),乌克兰作家、诗人。他在 1933 年因反对斯大林的乌克兰政策而自杀。
2 本段两处引文出自《斯大林全集》第八卷(中共中央马克思恩格斯列宁斯大林著作编译局,1954 年)第 136—138 页。

立场。卡冈诺维奇在 1928 年被召回莫斯科。他的波兰裔继任者斯坦尼斯拉夫·科肖尔[1]延续了他的路线。根据官方统计，1926—1927 学年乌克兰高等教育机构中使用乌克兰语教学的比例为 33%，到了 1928—1929 学年，这一比例已提高到 58%。到了 1932 年，乌克兰语报纸在全部乌克兰报纸中的比例已从 1926 年的 30% 提高到 92%。1932 年 6 月，面向矿工发表的演说有 75% 都使用乌克兰语。

尽管乌克兰化是乌克兰本土化政策的核心，但本土化涉及的并非只有乌克兰族。犹太人、波兰人、希腊人和保加利亚人的民族自治地区在乌克兰纷纷建立起来。在这些地区，出版社用民族语言印刷书籍，学校也使用民族语言来对学童进行教育。然而，这一政策的效果大体上仍局限于农村地区。在城市中，少数族裔俄罗斯化的速度比乌克兰化的速度更快。1926 年，62% 的哈尔基夫乌克兰裔居民将乌克兰语作为自己的母语，但只有 41% 的犹太人这样做。一些犹太知识分子——如出生于涅斯托尔·马赫诺的都城胡利艾波勒的格里高利·科尔内尔（赫里茨科·科尔内连科）[2]——欢迎乌克兰化，并选择使用乌克兰语写作，然而更多人则选择俄语，将之视为更直接的通往现代性的途径。许多人离开乌克兰前往莫斯科，在那里取得了更显赫的成就。分别来自乌克兰两个最著名犹太重镇敖德萨和别尔基切夫[3]的作家伊利亚·伊利夫（法因兹尔

1　Stanislav Kosior（1889—1939），波兰裔苏联政治家，曾担任乌克兰共产党总书记、苏联副总理、苏共政治局委员等职务，在"大清洗"中被处决。他被认为是 1932—1933 年乌克兰大饥荒的主要责任人之一。

2　Grigorii Kerner（1863—?），亦作 Hrytsko Kernerenko，乌克兰最早的用乌克兰语写作的犹太作家之一。

3　Berdychiv，今乌克兰北部日托米尔州首城市。

贝格)[1]和瓦西里·格罗斯曼[2]选择的就是这条道路。

斯大林对乌克兰化的支持只是暂时的和战术性的。他相信俄罗斯人和乌克兰人根本就是同一个民族。苏共在20世纪20年代末决定限制乌克兰人创造一种完全独立文化的野心,因为俄罗斯人是最大的族群,其支持至关重要。

1929年,苏联秘密警察展开了一系列逮捕行动。乌克兰知识分子领袖们成为在哈尔基夫举行的公审的主要目标:他们被控属于所谓"乌克兰解放同盟"。检方指控他们与流亡海外的乌克兰人和波兰政府接触,密谋掀起一次以建立独立的乌克兰国家为最终目的的起义。排在这份"密谋者"名单前列的,是乌克兰科学院负责学术事务的秘书长、曾任"中央拉达"第二把手的谢尔赫·叶夫列莫夫[3],以及曾任乌克兰人民共和国总理的弗拉基米尔·切希夫斯基[4]。后者还是乌克兰自主东正教会[5]的领袖之一。该教会独立于莫斯科牧首区,被检方认定为密谋者组织的一个分支机构。这些指控均为不实,但被告中则有15人被判处死刑,192人被处以不同形式的监禁,另有87人被判国内流放。这场审判直接打击了站在乌克兰化运动最前沿的知识分子群

---

1 Ilia Ilf(1897—1937),苏联犹太作家阿诺尔多维奇·法因兹尔贝格的笔名。
2 Vasilii Grossman(1905—1964),苏联犹太作家。
3 Serhii Yefremov(1876—1939),乌克兰政治家、文艺批评家、历史学者。他原姓奥赫里缅科(Okhrimenko),叶夫列莫夫为其笔名。他于1939年死于弗拉基米尔中央监狱。
4 Volodymyr Chekhivsky(1876—1937),乌克兰政治家,曾任乌克兰人民共和国总理和俄罗斯国家杜马成员。他于1937年在狱中被枪决。
5 Ukrainian Autocephalous Orthodox Church,乌克兰三大东正教会之一,由受1917年二月革命和随后乌克兰独立影响而脱离乌克兰正教会的部分人士在1921年成立。

体,并透露出一个信号:党的政策正在发生变化,它的打击对象不再是俄罗斯霸权沙文主义,而是变成了地方民族主义。乌克兰民族共产主义者们,包括颇有影响力的教育部长米科拉·斯克里普尼克[1]在内,向莫斯科提议针对俄罗斯"霸权沙文主义"进行一次类似的审判,却没有成功。

语言和文化上的乌克兰化运动没能改变共和国东部和南部工业地区的文化。这一状况在乌克兰的新首都哈尔基夫表现得最为明显。从1926年到1939年,哈尔基夫居民中将乌克兰语当作自己母语者的比例仅仅从24%增长到32%。考虑到对这座城市进行乌克兰化的巨大努力,这样的增长微不足道。然而更让人忧虑的是,这段时间内哈尔基夫的人口从41.7万增加到了83.3万,几乎增长了一倍,而其中乌克兰人所占的比例也从39%增长到了49%,将俄语当作自己母语的居民比例却保持不变,仍为64%。实现这座城市的乌克兰化是乌克兰文化事业的需要,然而在做到这一点之前,乌克兰化政策的势头就遭到了遏制。这一失败将对乌克兰东部地区的自我认同造成深远的影响。然而,乌克兰化政策也在乌克兰社会中留下了另一道印记:它创造出一种局面,让越来越多的乌克兰城市居民宣称自己的民族身份是乌克兰人而非俄罗斯人,尽管他们在大多数时候都使用俄语。说俄语的乌克兰人的数量越来越多,在说乌克兰语的乌克兰人和说俄语的俄罗斯人之间形成了一条关键的文化纽带。事实上,这三个群体共同拥有一种由乌

---

1 Mykola Skrypnyk(1872—1933),乌克兰布尔什维克领导人、乌克兰教育委员会主席。他是苏维埃乌克兰时期文化领域乌克兰化运动的领袖人物,在1933年7月开枪自杀。

克兰语和俄语杂糅而成的通用方言——"苏尔日克"（surzhyk）[1]。

在 20 世纪 20 年代，苏联领导人在邻国的乌克兰人群体中积极展开秘密行动，试图动摇并削弱这些多民族的东欧国家。另一方面，法国以及其他西方列强则打算将这些国家变成阻止布尔什维克主义向欧洲扩散的缓冲区。苏维埃乌克兰的领袖们将自己的共和国描述为一个乌克兰版本的新"皮埃蒙特"[2]，一个将为暂时处于外国资产阶级统治之下的乌克兰人带来民族解放和社会解放的国家。"皮埃蒙特"这个词源于意大利统一运动时期——在统一的意大利民族国家诞生过程中，皮埃蒙特地区走在了其他地区的前列。波兰人首先将"皮埃蒙特"这个比喻用于加利西亚，乌克兰人紧随其后——这两个族群都将加利西亚视为各自民族运动的中心。乌克兰布尔什维克们再次拾起了这个概念。随着乌克兰化运动的进行，将苏维埃乌克兰描述为乌克兰民族性的灯塔十分容易，因为西方的许多乌克兰人地区开始意识到自己正处于事实上的被占领状态，并在几乎所有社会生活和文化生活方面遭到压迫。

波兰人统治下的加利西亚的政治和文化局势最为艰难。加利西亚的总人口数约为 500 万，其中乌克兰人有近 440 万。《凡尔赛和约》《里加和约》以及波兰宪法保证波兰境内的乌克兰少数民族享有法律上的平等权，并有权开办自己的学校，在公共领域使用乌克兰语。然而现

---

1 *Surzhyk*，在乌克兰部分地区及其周边使用的各种乌 - 俄混合语的统称。
2 Piedmont，今意大利西北部的一个大区。皮埃蒙特在 18 世纪成为撒丁王国（亦称皮埃蒙特 - 撒丁尼亚王国）的一部分，并在后来成为 1859 年至 1861 年间意大利统一运动的发祥地。

实的情况与新生的波兰国家承诺尽到的国际义务并不一致。波乌战争的惨痛记忆宛如昨日：波兰当局在战争期间和战争结束后关押了近7万名乌克兰人。乌克兰人抵制当局在加利西亚的各种机构，自己开办地下大学，并对当局的1920年普查和1922年选举置若罔闻。然而，1923年3月之后，这些战术不再有效：巴黎和会创立的大使会议[1]做出决议，承认了波兰对加利西亚的统治。加利西亚的乌克兰人原本指望来自西方的干涉可以改善他们的处境，这一决议却让他们彻底失望，让他们不得不靠自己的最大努力来适应这种新的政治局势。

大使会议认为乌克兰人将会得到某种形式的自治，因而做出了上述决议。然而乌克兰人自治并未变成现实。新生的波兰人国家的民族政策打算不仅在政治上，也在文化上实现对少数族群的同化。波兰于1926年从共和国转变为某种形式的独裁政权，其当局将少数族群——除了乌克兰人，还有白俄罗斯人、德意志人和犹太人——视为对波兰政权稳定的最大内部挑战。1924年通过的所谓"格拉布斯基法"（*Lex Grabski*）即体现出对在加利西亚占多数的乌克兰人的歧视。这条法案得名于波兰教育部长[2]。他在教育系统内限制乌克兰语的使用，并启动了将乌克兰语学校转变为波兰语-乌克兰语双语学校的政策。

语言成为在文化上对少数族群实行波兰化的政策中的关键因素。1910年，东加利西亚的人口中乌克兰人占65%，波兰人占21%。到

---

[1] Conference of Ambassadors，是协约国在第一次世界大战后创立的盟国间组织，由法国外交部长和英国、意大利、日本驻法国大使组成，后被纳入国际联盟。
[2] 指斯坦尼斯拉夫·格拉布斯基（Stanislaw Grabski, 1871—1949），波兰经济学家，曾在20世纪20年代两度担任波兰教育部部长。

了 20 世纪 30 年代初，这一地区乌克兰人——或者说将乌克兰语视为自己母语的人——的比例已经下降到 59%，而波兰人比例则上升到 29%。这种变化的部分原因在于当局鼓励波兰语学校并打压乌克兰语学校的教育政策。1930 年，加利西亚的乌克兰人地区共有 58 所波兰语高中（gymnasiums），而乌克兰语高中只有 6 所。尽管乌克兰人创办私立高中，却仍在数量上处于劣势：在同一年，该地区的私立波兰语高中为 22 所，而私立乌克兰语高中只有 14 所。新教职几乎都被波兰人获得。在加利西亚的 1.2 万名教师中，只有不到 3 000 人是乌克兰人，其余则都是波兰人。近 600 名乌克兰教师因无法在家乡找到工作而被迁移到波兰人聚居地区。

统计数据中波兰人口的增长不仅源于官方对波兰语的支持，也因为政府鼓励波兰人向东加利西亚——如今被称为"小波兰"——地区移民的政策。波兰独立后不久，其领导集团就决定分割大土地拥有者的地产，将之分配给普通农民。在加利西亚和波兰的其他乌克兰人聚居区，这样的改革意味着拥有土地最多的波兰地主遭受损失，而乌克兰农民阶层将从中受益。为了解决这个问题，政府又引入了对迁居到加利西亚的波兰退伍军人和农民的优待政策。同样的政策也在沃里尼亚施行。沃里尼亚从前属于俄罗斯帝国，这里的波兰人口比例向来低于从前属于奥匈帝国的加利西亚地区。然而政府将从土地改革中获得的可分配土地的 40% 都分给了新来的波兰定居者。在两次世界大战之间的时期，有近 30 万波兰人迁移到波兰境内加利西亚、沃里尼亚和帕得拉夏等乌克兰人地区。

乌克兰人在加利西亚的村庄中占绝对多数，犹太人则在这一地区的小城镇人口中占 70% 以上，然而局势的进一步发展却让他们离开这一地区，甚至离开这个国家。应为这一不断增长的移民浪潮负主要责任的，是经济的停滞不前以及政府对东部边境地区的忽视。加利西亚的石油产量从第一次世界大战前夕的最高点下降了 70%，然而除了小规模的林业和农业之外，没有其他产业来填补石油产业的衰落。到了 20 世纪 30 年代末，加利西亚乌克兰人地区的工人数量还没有超过 4.5 万人。为了改善自己的处境，乌克兰族农民们尝试恢复奥匈帝国时期曾经出现过的合作化运动。奶业联盟是这场运动中最成功的合作组织，其不光在本地竞争中胜出，还将产品出口到捷克斯洛伐克、奥地利、德国和其他欧洲国家。几乎所有乌克兰族农民都加入了奶业联盟。然而，合作化组织所能做到的也只是缓解乌克兰人聚集的乡村地区的困厄。在城镇中，工作机会仍然极为稀少，而缺少耕地的农民 [大约半数农场只拥有不到 5 英亩（约 2 公顷）耕地] 往往别无选择，只能离开这个国家。

在两次世界大战之间的时期，足有 20 万名乌克兰农民离开了波兰。他们中的许多人去了美国。在 20 年代中期美国关闭移民窗口之后，他们又转投加拿大和阿根廷。大约同样数量的犹太人也离开了波兰，其中许多人（数量约为 7.5 万）[1] 去了巴勒斯坦，其他人则前往阿根廷和美国。犹太人移民的驱动力来自经济状况的恶化（大部分生活在加利西亚和波兰其他地区的犹太人都处于贫困状态）和日益严重的反犹主义——波兰民族主义者对犹太人店铺的抵制和对犹太社区的攻击即源于这种潮流。波兰国家元首约瑟夫·毕苏茨基曾尝试抑制反犹主

---

1 原文作"其中大部分人"（most of them），与前述 20 万人的规模不符，疑有误。

义,然而在他去世后,20世纪30年代下半叶波兰各地发生了许多骚乱和冲突,导致数十名犹太人死亡和数百名犹太人受伤。波兰政府请求西方列强和这些国家的犹太社群帮助在波兰陷入贫困的犹太人或者接受犹太难民,打算以这样的方式"解决""犹太人问题"。然而西方各国政府对此根本无动于衷。

20世纪20年代波兰当局在乌克兰人地区实施的经济和文化政策与同一时期苏维埃乌克兰的布尔什维克们所追求的目标恰好相反。波兰政府没有寻求快速的工业发展,而是以农业为根本;它也没有尝试将乌克兰人纳入国家体制,而是鼓励他们离开,并促使波兰人——不光是波兰管理者,还有波兰定居者——流入这一地区。然而波兰拥有一个苏联从来不曾拥有的条件——基于民主选举原则的政治体系。即使在1926年约瑟夫·毕苏茨基发动政变之后,波兰仍然保留了政治多元主义和宗教宽容等元素,让乌克兰人得以建立自己的政党、教会和文化组织。

在加利西亚的乌克兰国家于1919年失败之后,希腊礼天主教会重新成为加利西亚地区主要的民族机构,教会领袖安德烈·舍普提茨基[1]都主教则被普遍承认为民族领袖。前一种状况不是什么新鲜事(至少从1848年革命开始,教会就曾履行过这种职能),然而舍普提茨基成为民族领袖这件事却甚不寻常。他是一个罗塞尼亚贵族世家的后裔,其家族早在18世纪就曾为该教会贡献过一位都主教。在不止一代人之

---

[1] Andrey Sheptytsky(1865—1944),乌克兰希腊礼天主教会都主教(1901—1944)。他出身于罗马天主教家庭,但在青年时期加入了希腊礼天主教会。

前，他的家族在文化上就已经波兰化，所以舍普提茨基生下来就是一名罗马天主教徒。在他于20世纪初取得希腊礼天主教会主教团中的最高职位后，乌克兰社群中的许多人认为他投身希腊礼天主教会是波兰人企图夺取本地区最后的乌克兰"全国"机构控制权的阴谋。然而舍普提茨基本人却更多地自认为是奥匈帝国的忠诚子民，而非波兰之子。他尽了最大努力保护他的教会及其成员不受新生的波兰国家的波兰化政策影响。由于波兰语越来越普及，而当局又拒绝将民族作为人口普查的一个分类，宗教（在此特指希腊天主教）就成为两次世界大战之间加利西亚乌克兰人身份认同的主要标志之一。

两次世界大战之间，在第一次世界大战前就深有根基的党派全国民主同盟[1]成为加利西亚政治舞台上的主角，其领袖来自奥匈帝国时期的乌克兰全国民主党[2]。1929年，由叶乌亨·科诺瓦列茨[3]上校（他在1918年至1919年曾积极参与东乌克兰地区的独立斗争）领导的地下网络"乌克兰军事组织"[4]被改组为政党"乌克兰民族主义组织"（OUN）[5]，令加利西亚政坛进入了一个新时代。这个新组织从其前身那里继承了乌克兰独立和民族统一的目标，也继承了为实现这些目标而采取的秘密组织方式和恐怖主义战术。它的新特点则是一种激进的民族主义意

---

[1] 指乌克兰全国民主联盟（Ukrainian National Democratic Alliance），波兰第二共和国时期（1918—1939）最大的乌克兰人政党，存在于1925年至1939年间。
[2] Ukrainian National Democratic Party，奥匈帝国时期至波乌战争时期西乌克兰的主要乌克兰人政党。
[3] Yevhen Konovalets（1891—1938），奥匈帝国和乌克兰人民共和国军人、乌克兰民族运动领袖之一。他在1938年在鹿特丹被苏联间谍暗杀。
[4] Ukrainian Military Organization，1920年至1929年间活动于波兰东部乌克兰地区的乌克兰人抵抗组织，主张通过武装斗争争取乌克兰独立。
[5] Organization of Ukrainian Nationalists，1929年建立于维也纳、活动于波属西乌克兰地区的右翼乌克兰人政党，在1940年分裂。至今乌克兰仍有许多政党声称是该党的继承者。

识形态，这一点为那些在 1918 年至 1921 年间参加乌克兰独立战争的前辈们所无。这种新的理念唾弃战前那些乌克兰民族运动领袖们的自由派民族主义立场：乌克兰民族主义组织指责他们将自己的斗争局限于语言问题，培养出一种失败主义文化。乌克兰民族主义组织宣称民族优先于一切其他价值，并致力于创造一种"新人"。出生于东乌克兰的前社会民主党人德米特罗·东佐夫是这种意识形态的始作俑者。他从未加入乌克兰民族主义组织，但他的写作塑造了乌克兰民族主义组织的新一代领导人和活动家。

在乌克兰政治舞台上，乌克兰民族主义组织至多也不过是一支边缘力量，然而它几乎立刻就在这个舞台上表现出一种远超其实际政治分量的影响力。1934 年 6 月，乌克兰民族主义组织名声大噪，因为其成员刺杀了波兰内政部长布洛尼斯拉夫·皮尔拉基[1]，称他在"平乱行动"（Pacification，1930 年秋天针对乌克兰激进分子的一系列镇压行动）中扮演了关键角色。而在皮尔拉基遇刺之前的 1933 年，作为对 1932—1933 年间苏维埃乌克兰发生的饥荒的报复，一名苏联外交官也在利维夫遇刺。两次刺杀的策划者是同一个人——利维夫理工学院的 25 岁学生、于 1933 年 6 月成为加利西亚乌克兰民族主义组织领导人的斯捷潘·班德拉[2]。在班德拉被波兰警方逮捕并被起诉后，公众对他和乌克兰民族主义组织的理念有了更多的了解。班德拉因皮尔拉基遇刺事件在华沙受审。对他的第二场审判则于 1936 年在利维夫举行，这一次是因为

---

1 Bronislaw Pieracki（1895—1934），波兰军人、政治家、内政部长（1931—1934 年在任）。
2 Stepan Bandera（1909—1959），乌克兰政治家，西乌克兰民族主义运动和乌克兰民族主义组织领导人，与纳粹德国关系密切。1959 年，班德拉在慕尼黑被克格勃间谍刺杀身亡。

利维夫一所高中德高望重的乌克兰校长在1934年7月（班德拉被捕之后）遇刺身亡——乌克兰民族主义组织认为这位校长与波兰警方合作。

在利维夫审判的总结陈词中，班德拉解释了为何他和他的同志们不仅不惜夺取他人的生命，也不惜牺牲自己的生命："乌克兰民族主义组织非常珍视其成员的生命，但在我们看来，我们的理念是如此伟大，为了它的实现，仅仅牺牲个人的生命是不够的，还需要牺牲成百上千人的生命。"班德拉口中的"理念"即是指乌克兰的独立。因为他在皮尔拉基遇刺事件中扮演的角色，班德拉被判处死刑，但在后来被改判为终身监禁。他将在1939年9月重获自由——德国和苏联对波兰的侵略让波兰监狱陷入混乱，也让包括班德拉在内的许多囚犯大摇大摆地走出了监狱大门。

"乌克兰民族主义组织"明显植根于加利西亚，然而在20世纪30年代，它开始渗透到加利西亚之外的乌克兰地区，尤其是从前的俄国省份沃里尼亚。沃里尼亚的族群关系显著不同于加利西亚。根据1931年的普查数据，68%的沃里尼亚人把乌克兰语当作自己的母语，17%的人选择波兰语，另有10%选择意第绪语。第一次世界大战之前，沃里尼亚曾是俄罗斯国家主义的温床。当地农民缺乏明显的民族身份意识，还将俄罗斯人民联盟及其兄弟组织的成员选入俄国国家杜马。在被纳入波兰后，这个省份成为波兰集中殖民化的目标，同时也成为两种乌克兰民族建构路线的擂台。这两条路线都属于乌克兰人，然而前一种成型于加利西亚，有强烈的反波兰色彩，后一种在文化和语言上仍旧是乌克兰的，但在政治上则忠于波兰当局。

波兰政府竭尽全力将沃里尼亚隔离在加利西亚民族主义的"有害"影响之外。它建立了所谓的"索卡尔[1]边界"(其名得自加利西亚与沃里尼亚边界上的一个小镇)以限制加利西亚乌克兰人组织的活动超出其边界。乌克兰希腊礼天主教会也被禁止向沃里尼亚、波利西亚、帕得拉夏或霍尔姆地区派遣代表,因为这些地方的希腊天主教徒从属于波兰罗马天主教会。在索卡尔边界以北,政府禁止普罗斯维塔协会开展活动,也限制来自加利西亚的文学作品的流传。乌克兰民族主义组织在沃里尼亚发展其网络的活动更是被政府严加禁止。

索卡尔边界最坚定的支持者和推行者之一是亨里克·约瑟夫斯基[2]。他曾担任波兰政府内政部长,并在1928年到1938年间担任沃里尼亚总督。他是波兰人,却出生于基辅,在基辅接受教育,并在西蒙·彼得留拉的乌克兰政府中出任内政部副部长。1921年,约瑟夫斯基成为彼得留拉-毕苏茨基联盟的支持者。作为毕苏茨基的总统办公厅首脑和内政部长,他还主导了波兰-乌克兰融合计划——他认为:只要将沃里尼亚屏蔽于加利西亚的"有害"影响之外,这样的融合就能变成现实。约瑟夫斯基与所谓"好乌克兰人"密切合作——这些人是彼得留拉流亡政府在波兰的代表,也是他在第聂伯乌克兰时的战友——在沃里尼亚培植出一种忠于波兰的乌克兰民族主义版本。他支持一个独立于莫斯科、归属于华沙都主教区和君士坦丁堡牧首区的乌克兰东正教会,也在选举中支持那些立场温和的乌克兰政治家,其中

---

[1] Sokal,今乌克兰西部利维夫州小城。
[2] Henryk Józewski(1892—1981),波兰政治家、艺术家,曾在乌克兰人民共和国和波兰第二共和国担任职务。

包括彼得留拉的外甥斯捷潘·斯克里普尼克[1]。斯克里普尼克曾担任波兰议会议员，在后来成为一名东正教主教，并将在1991年乌克兰独立之后被选为独立于莫斯科的乌克兰东正教会[2]的牧首。

沃里尼亚境内的民族主义思潮和反波兰思潮不仅来自加利西亚的乌克兰民族主义组织成员，也来自苏维埃乌克兰的那些西乌克兰共产党（CPWU）[3]的追随者。后者人数远多于前者。20世纪30年代中期，CPWU拥有约1 600名成员，乌克兰民族主义组织只有800人。两个群体都向乌克兰农民们兜售一种杂糅了社会革命和民族革命的意识形态产品。到了30年代末期，当局同时加强了对共产主义者和民族主义者的镇压。自然被捕的共产主义者也远比民族主义者为多：警方逮捕了近3 000名共产主义组织的支持者，却只逮捕了约700名民族主义者。尽管苏联在30年代大肆实行政治清洗，在1939年9月苏联入侵波兰前夕，沃里尼亚青年们仍然收听苏联广播，并对苏维埃乌克兰充满憧憬。

约瑟夫斯基对苏联的影响进行了反击。他尝试封锁布尔什维克对波苏边境的渗透，并镇压了沃里尼亚亲苏农民的暴动。他还从苏联的乌克兰化政策中得到启发，打算将沃里尼亚变成一个乌克兰的"皮埃蒙特"。约瑟夫斯基支持在沃里尼亚创办乌克兰语学校，这与波兰政府在加利西亚实行的教育政策截然不同。他还推动乌克兰语成为波兰－乌克兰双语学校中的必修课程。随着约瑟夫斯基在1938年辞去总督职务以及1935年毕苏茨基死后波兰官方对少数族群的态度普遍趋于强硬，

---

1 Stepan Skrypnyk（1898—1993），乌克兰东正教会主教。他在1990年被乌克兰自主东正教会牧首推选为第一任基辅及全乌克兰牧首，称姆斯季斯拉夫一世。
2 此即乌克兰自主东正教会。
3 Communisty Party of Western Ukraine，缩写为CPWU。

沃里尼亚的实验终结了。尽管约瑟夫斯基做出了种种努力，他仍然未能阻止民族主义思潮在沃里尼亚的扩散。这个省份在 1914 年前深受俄罗斯帝国主义潮流影响，约瑟夫斯基对乌克兰语言和身份认同的宽容反而帮助它变成了一座有着强烈反波兰色彩的乌克兰民族主义堡垒。

无论是国内（比如波兰境内的索卡尔边界）还是国际的（以两次世界大战之间时期的国界为代表）障碍都被民族主义者和共产主义者们打破。两次世界大战之间时期罗马尼亚境内乌克兰人的状况即证明了这两个群体无视国际边界的能力。这段时期有近 100 万乌克兰人生活在罗马尼亚北部的布科维纳、南部的比萨拉比亚[1] 和马拉穆列什[2] 等地区。与同时期的波兰一样，罗马尼亚对不同的乌克兰人群体也采取了不同政策。

罗马尼亚政府对从前在彼得留拉军中服役的老兵表示欢迎，还允许前俄属乌克兰地区（尤其是比萨拉比亚南部）创办乌克兰语学校。然而针对前奥属乌克兰地区的官方政策就完全不同，因为这些地方的族群动员程度要高得多。在从前属于奥匈帝国的北布科维纳，独裁倾向日趋严重的罗马尼亚当局对乌克兰人文化和政治活动的限制较之波兰政府在加利西亚实施的政策有过之而无不及。除了实行以牺牲乌克兰农民的利益为代价、鼓励罗马尼亚人到当地定居的农业改革外，当局还对乌克兰人进行大规模的罗马尼亚化，将他们当作忘记了自己母语

1　Bessarabia，指德涅斯特河、普鲁特河、多瑙河和黑海之间的三角地带，今分属于摩尔多瓦和乌克兰。
2　Maramureș，东欧地理、历史和民族地区，位于喀尔巴阡山脉东北部蒂萨河沿岸，今分属于罗马尼亚和乌克兰。

的罗马尼亚人来对待。罗马尼亚语成为北布科维纳唯一的公务和教育用语,就连东正教的祷文(东正教在本地占统治地位)也被要求使用罗马尼亚语而非教会斯拉夫语。

罗马尼亚当局在乌克兰人中极不受欢迎。他们开始寻找更能代表自己的意识形态和政党。如果说南比萨拉比亚对共产主义宣传的态度更为开放,北布科维纳则成了适合民族主义思想传播的土壤。北布科维纳最大的乌克兰政党全国民主党竭尽所能地发展各种文化组织,并在议会中维护乌克兰族群的利益。他们在20世纪20年代末期取得了一些成功,但大部分时候都无法改变政府的决策。这导致立场更为激进的群体的出现,其中就包括乌克兰民族主义组织成员群体——乌克兰民族主义组织于1934年在布科维纳建立了其第一个分支机构。民族主义者们大部分都是学生。他们很快就在比萨拉比亚和马拉穆列什积极活动起来,出版了广受欢迎的报纸《自由报》(*Svoboda*)。在其于1937年被罗马尼亚当局禁止之前,这份报纸的订户数已经达到7 000。这一年,官方的镇压措施让民族主义者们不得不转入地下活动。直到第二次世界大战爆发时,他们的地下组织仍然存在。

20世纪20年代以及30年代早期,在对另一个欧洲国家——捷克斯洛伐克——国界的渗透上,共产主义者的成绩比民族主义者更加出色。前哈布斯堡帝国的瓦解让约50万生活在外喀尔巴阡地区(奥匈帝国中匈牙利的一部分)的乌克兰人来不及决定自己是要做俄罗斯人、乌克兰人,还是另一个独立的族群罗塞尼亚人。他们与19世纪下半叶的加利西亚罗塞尼亚人面临相同的选择,但他们的选择过程更为漫长,也更为艰难。1919年，这一地区自愿加入了新成立的泛斯拉夫国家捷克斯洛伐克，并从此被称为下喀尔巴阡罗斯（Subcarpathian Rus'）。捷克斯洛伐克政府一度在民族身份问题上保持中立，但逐渐也开始支持发展一种政治中立的罗塞尼亚身份认同。较之奥匈帝国时期企图对当地人口进行"马扎尔化"的布达佩斯当局，这也算得上是一种进步。布拉格当局还支持当地的经济发展——这一地区的经济以农业为主，停滞不前，在制造业产出方面仅占全国的2%。然而，与波兰和罗马尼亚的政府一样，捷克斯洛伐克政府把大部分管理职位都交给了捷克人和斯洛伐克人而不是乌克兰人，并且也在这里推行再定居计划，把许多土地都留给外来的定居者。

在两次世界大战之间的时期，捷克斯洛伐克是东欧唯一一个不仅在口头尊奉民主价值，也在现实中践行民主价值的国家。在外喀尔巴阡地区问题上，这就意味着自由和公平的选举。由于本地艰难的经济状况、农民手中土地的匮乏，以及随之而来的、越来越紧张的社会矛盾，从布拉格当局赋予的民主自由上获益最多的是持共产主义立场的激进左翼党派：1924年，共产主义者获得了40%的选票。外喀尔巴阡地区的民族建构者们则陷入了令人绝望的分裂境地。亲俄、亲乌和罗塞尼亚这三种不同的乌克兰民族身份的支持者们相互竞争，其中最强大的是亲俄派和亲乌派。亲乌的普罗维斯塔协会在这一地区建立了96个阅读室，而亲俄的杜赫诺维奇协会[1]则有192个阅读室。亲俄派把持

---

[1] Dukhnovich Society，得名自奥匈帝国卢森（Rusyn）牧师、作家、社会活动家亚历山大·杜赫诺维奇（Alexander Dukhnovich，1803—1865）。杜赫诺维奇被视为卢森民族的启蒙者。

了东正教会，而亲乌派则渗透到传统上由亲匈牙利群体控制的希腊东正教会。现代乌克兰身份认同在外喀尔巴阡地区属于后来者，但在20世纪20年代已成为当地最为活跃的政治力量。它将外喀尔巴阡地区与其他乌克兰人地区联系起来，团结到各有特色却又紧密相连的现代乌克兰民族建构事业中。

在两次世界大战之间时期占据着部分乌克兰土地的所有政权里，只有莫斯科的共产党当局允许乌克兰民族事业拥有某种形式上的国家地位，并对乌克兰文化的发展给予支持。共产党的乌克兰民族建构事业不仅在苏维埃乌克兰，也在周边拥有大规模乌克兰族群的东欧国家中拥有广泛的吸引力。然而，民族共产主义这种解决乌克兰问题的手段在执行中遇到了巨大的困难。在东欧地区，共产主义乌克兰的支持者需要跨越各种各样的障碍：各国政府的反共和反乌克兰政策、来自寻求与现政权和平共处的主流乌克兰人党派的反对，还有来自崛起中的激进乌克兰民族主义理念的竞争。不过，民族共产主义失败的最主要原因在于20世纪30年代苏维埃政权的戏剧性政策变化。这些变化将原本被想象为共产主义"皮埃蒙特"的苏维埃乌克兰变成了共产主义"庞贝"[1]：斯大林主义的火山喷发之时，乌克兰民族建构者们对莫斯科的革命政权曾经抱有的憧憬灰飞烟灭。

---

1 Pompeii，古罗马城市，在公元79年8月24日维苏威火山喷发时被摧毁。此处与前文中意大利统一运动发祥地皮埃蒙特相对，代表两种相反的命运。

第 21 章

斯大林的堡垒

1929 年 12 月 21 日是斯大林的 50 岁诞辰,这一天苏联举国庆祝。弗拉基米尔·列宁的接班人们长达 10 年的斗争终于产生了一名新的最高领袖,苏联国内和国外的人们对这一点都再无怀疑。在通往胜利的岁月中,斯大林将党的总书记这一原本处于次级地位的职务变成了苏联最有权势的角色:他用党的机器接管了政府及其专政机构国家政治保卫局(格别乌,秘密警察的委婉说法)[1]。

此前的和平年代中从未有过这种一切系于一个人的思想、行为和冲动的情况。斯大林的权力和影响力超过了列宁,也超过了包括彼得一世在内的所有帝国时代的统治者。尽管将 20 世纪 30 年代苏联发生的一切都归于斯大林一人未免有失偏颇——他也经常被动地因应局势,而非主动改变局势——但无疑这一时期苏联的所有重大决策都是由斯

---

1 Chief Political Directorate,此处应指苏联人民委员会国家政治保卫总局(俄语 Объединённое государственное политическое управление при СНК СССР,缩写为 ОГПУ,拉丁字母转写为 OGPU),它于 1923 年 11 月 15 日由国家政治保卫局(GPU,音译"格别乌")改组而来。是苏联在 1923 年至 1934 年的秘密警察机构。后文中的"格别乌"均指 OGPU。

大林及其身边的助手小圈子做出的。这些助手大都服从于斯大林的权威和智慧。随着时间推移，他们往往变得不再敢对领袖发出反对的声音，因为整个30年代中，对这位领袖的个人崇拜与日俱增。在他们眼中，革命政权正遭到外部的西方资本主义世界和国内占人口大多数的农民（他们认为农民的思想是小资产阶级式的）的围攻，而斯大林是革命政权存续下去的最大希望。

在《真理报》[1]为斯大林诞辰出的特刊中，大量出自斯大林忠诚助手笔下的文章不仅将他誉为卡尔·马克思、弗里德里希·恩格斯和弗拉基米尔·列宁开创的事业的继承者，还将他称为"社会主义工业化和集体化的组织者和领袖"。第一个名词"社会主义工业化"，指一种苏式的工业革命，即由政府出资、由国家运营、旨在为工业生产带来革命性增长的计划，其中重工业、能源产业和机械制造产业的发展处于优先地位。第二个名词"集体化"，指建立国有集体农庄。国有集体农庄的土地来自革命战争期间及之后分配给农民的小块土地（这一争取农民支持布尔什维克事业的方法在当时取得了成功）。20年代末期，这两项计划齐头并进，实质上标志着新经济政策的终结：新经济政策将国家的管控限制在部分关键产业，并在农业、轻工业和服务业领域允许市场经济元素的存在。

在苏联领导层看来，工业化与集体化方案，外加肃反运动（为培训新一代干部以取代旧的管理和官僚阶层而制定的一系列政策），是保证共产主义政权在充满敌意的资本主义国际环境中生存的最好办法。

---

[1] *Pravda*，苏共党报。

这三套方案是布尔什维克将一个传统农业社会改造为现代工业强国的蓝图中的核心要素。整个20世纪20年代，苏联的领导人一直对应该以什么样的步调来实现他们的设想争论不休。一开始就明确的一点是，他们只能依靠国内的资金来支持工业化，而所谓社会主义资本积累的唯一国内来源就是农业，换句话说，就是农民阶层。斯大林最初支持的是"自然的"、进化式的工业化，但是他后来改变了立场，坚决主张以更快的速度实现经济和社会转型。

乌克兰是人口第二多的苏联加盟共和国，虽然只占苏联领土的2%多一点，却拥有全国人口的近20%。在克里姆林宫看来，乌克兰的农业产量和潜力让它成为工业化的资金来源，而其东部和南部已有的工业潜力又让它成为合适的投资地区。然而，由于资源完全被中央掌握，乌克兰的领导层不得不靠说服莫斯科来为乌克兰的城市争取投资，而这些资金原本就是从乌克兰的村庄中抽走的。在第一个五年计划（1928—1933）中，乌克兰的表现还不错，获得了全国总投资中的约20%，与其人口在整个苏联中所占的比例相称。然而1932年之后，乌克兰开始遭到克扣：资源的分配开始朝乌拉尔地区和西伯利亚的工业化倾斜——这些地区位于苏联更东部，距离危险的波苏边界更远。而大部分分配给乌克兰的资金又都流入离边境更远的东南部传统工业地区。第聂伯河右岸地区仍然以农业为主——投入这里的资金基本都花在了红军防线的修筑上。

第一个五年计划中，在乌克兰启动的最大规模的建设项目无疑是第聂伯罗赫斯[1]，即位于第聂伯河险滩下端的第聂伯河大坝和水电站。工程地址位于亚历山德里夫斯克[2]。为了纪念当地的哥萨克历史，也为表达对哥萨克神话在革命年代中的重要性的承认，此地在1921年被改名为扎波罗热，意为"险滩下游之地"。扎波罗热原是一座寂静的小城，如今却成为一个重要的工业中心。水电站成为工业化的顿巴斯地区和克里维伊里赫地区主要的能源提供者，其周边建起了各种冶金综合项目。除了生产电力之外，大坝还将增加第聂伯河的水深，淹没了险滩，完全打开了这条河流的航道，从而解决了阻碍本地经济发展的一个主要障碍。第聂伯河水电站成为苏联第一个五年计划的样板，而扎波罗热的人口也在10年中增加了3倍，从1926年的5.5万人增长到1937年的24.3万人。

与其同时代的大多数马克思主义者一样，列宁相信技术的变革力量。苏联的宣传机构声称第聂伯河水电站是迈向共产主义的第一个重要进展，然而位于权力顶层的那些人很清楚，他们不仅需要苏维埃的统治，还需要资本主义式的效率才能达成目标。"俄国人的革命胆略和美国人的求实精神结合起来，就是党的工作和国家工作中的列宁主义的实质。"[3] 斯大林在1924年如此断言。一些美国顾问住在拥有两座网球场和一座高尔夫球场的"美国花园城市"中的新砖房里，向第聂伯河水电站的管理者和工程师们提供美国的专业经验。这些美国顾问中为首的是土

---

1 Dniprohes，乌克兰语作 ДніпроГЕС，是第聂伯河上最大的水电站，位于今乌克兰东部扎波罗热州。
2 Oleksandrivsk，即今乌克兰东部扎波罗热州首府扎波罗热（Zaporizhia）。
3 《斯大林全集》第六卷（中共中央马克思恩格斯列宁斯大林著作编译局,1946年），第164—165页。

木工程师休·林肯·库珀[1]上校。他在尼亚加拉大瀑布上的多伦多水电站和田纳西河谷管理局[2]的威尔逊水坝工程上一鸣惊人。库珀是自由企业的支持者，曾在国会面前作证反对美国政府直接介入各种经济工程。在他为第聂伯河水电站工程的服务范围进行谈判之前，布尔什维克就向库珀的账户中存入了5万美元。他立刻接受了对方的邀请。

斯大林希望用来与美国人的求实精神结合的"俄国人的革命胆略"让数以万计的乌克兰农民来到了第聂伯河水电站。这些农民并无技能，却迫切地需要养家糊口。大坝和水电站建筑工程雇用的工人从1927年的1.3万人增长到1931年的3.6万人。尽管苏联政府放弃了早期那种所有门类工人报酬相同的政策（顶层管理者的收入达到非技术工人收入的10倍，而技术工人的收入也是后者的3倍），工人流动率仍然高得惊人。农民们要成为工人，除了必须学习技术，还不得不学会遵守上工时间，不得随意休息，还有服从上级命令。这对许多刚刚来到这座共产主义建设工程上的新人而言，并不那么容易做到。仅在1932年，第聂伯河水电站管理局就雇用了9万名工人，同时裁掉了6万人。

1932年5月1日，在长达5年的建设之后，工程师们对水电站的水轮机和发电机进行了第一次测试。这些设备由美国公司制造，其中包括纽波特纽斯造船及船坞公司[3]和通用电气公司。同年10月，这座全新的工厂正式启动并投入运营。它的原计划投资是5000万美元，

1　Hugh Lincoln Cooper（1865—1937），美国军人、著名的土木工程师。
2　Tennessee Valley Authority，成立于1933年5月，是美国大萧条时期罗斯福新政中专门负责解决田纳西河谷问题的机构。
3　Newport News Shipbuilding and Drydock Company（NNS & DD），美国规模最大的私人造船厂，位于弗吉尼亚州的纽波特纽斯，创办于1886年。

然而竣工时投资已经增长了 8 倍。苏联名义上的国家元首、最高苏维埃主席米哈伊尔·加里宁[1]亲临现场主持竣工仪式。人们发表讲话，对共产主义大加赞扬。过后不久，库珀上校和其他 5 名美国顾问都被颁发了劳动红旗勋章[2]，以表彰他们对共产主义建设事业的贡献。

第聂伯河水电站的建设在不止一个意义上创造了历史。这是乌克兰的工业发展开始以来工人群体第一次主要由乌克兰人而非俄罗斯人构成——乌克兰人占了约 60%，而俄罗斯人只有 30%。任何人只要在 1932 年 10 月离开第聂伯河水电站工地，到周边的乡村考察一番，就不难发现这一转变的原因：乌克兰乡村地区即将迎来那场人为造成的饥荒。

20 世纪 20 年代末，乌克兰的村庄开始变得不再宜于村民们居住，与革命前的俄罗斯村庄中发生的情况一样，甚至更加严重。这不是因为土壤的贫瘠或气候的恶劣，而是因为政治氛围的急剧转变。转变让乌克兰的乡村变成了农民的地狱，迫使他们背井离乡，去往第聂伯河水电站工地这样的地方。这是强制集体化政策带来的后果：这种政策在榨干乡村一切可用资源的过程中，将农民赶出了他们的自然栖居地。

1929 年秋，在乌共前总书记拉扎尔·卡冈诺维奇（他在前一年被召回莫斯科，负责农业部门）的支持下，苏联开始实施对土地和家庭

---

1 Mikhail Kalinin（1875—1946），苏联政治家、革命家。从 1919 年 3 月开始直至 1946 年去世，他一直担任苏俄和苏联名义上的国家元首。
2 Order of the Red Banner of Labor，设立于 1920 年，授予在社会主义建设中表现杰出的个人和劳动者班组，等级相当于军事上的红旗勋章。

的集体化,并要求这项政策得到全面执行。这场席卷了整个苏联的运动对粮食产区造成了最大的冲击,而乌克兰正是最主要的粮食产区之一。数以万计的格别乌官员、党的干部以及普通党员来到乡下,强迫农民们加入集体农庄。这意味着农民必须放弃他们自有的小块土地、马匹和农具。1930年3月的官方报告显示全部可耕地中已有70%实现了集体化,比前一年增长了10倍还多——那时只有不到6%的土地属于集体农庄和国有农场。大部分农民在胁迫之下加入集体农庄,然而仍有许多人反抗。到了1930年春天,乌克兰乡村地区已被农民暴动的浪潮吞没。仅在1930年3月,官方就记录了超过1 700次农民暴动和抗议。骚乱者杀死了几十名苏维埃政府官员和积极分子,并攻击了更多的人。在乌克兰邻近波兰边境的地区,整村整村的人暴动起来,朝边境进发,逃离集体化政策的高压。

具有战略重要性的边境地区的农民们暴动起来,而农村的动荡浪潮还在向苏联其他地区蔓延。政府开始出动军队和秘密警察对付骚乱者。他们的主要目标是富裕农民阶层——这些农民没有加入集体农庄的动力,往往成为反对农民财产强制集体化的抗议领袖。当局不仅将反抗领袖逮捕起来送进监狱,还将所有被定性为"库尔库勒"(俄语为"库拉克")[1]——这个词原指富裕的农民,后来其意义扩展到包括农村人口中所有不属于最贫困阶层的人——驱离乌克兰,强迫他们到别的地方定居。1930年,有多达7.5万个家庭被指控为"库尔库勒",从而被苏维埃政府驱逐出乌克兰,迁往哈萨克斯坦和西伯利亚的偏远地区。

---

[1] Kurkul',乌克兰语 куркуль 的拉丁字母转写。俄语为 кулáк,拉丁字母转写作 kulak。

政府将许多人送上火车，送往遥远的森林地区，并任由他们在那里死于疾病和营养不良。

然而农村的反抗浪潮太过巨大，仅凭镇压无法消弭。当局决定在战术上退却。1930年3月，斯大林发表了一篇文章，将强制集体化归咎于地方官员的过度狂热。文章的标题为《胜利冲昏头脑》，可谓意味深长。党内积极分子们将这篇文章解读为党发出了停止集体化的命令。在接下来的几个月中，半数此前被集体化的土地回到了离开集体农庄的农民手中。然而退却仅仅是暂时的。到了1930年秋天，强制集体化运动再度启动。这一次农民们大部分选择了消极形式的抵抗，包括拒绝栽种超出生存所需的谷物和其他农产品，宰杀家畜以防止它们被国家征收，以及逃离村庄。许多逃离者去往扎波罗热等工业中心，在那里加入新的社会主义无产阶级。

面对这种新形式的农民抗争，当局拒绝承认失败，转而指责农民故意破坏，称他们企图让城市陷入饥饿，进而损害工业化进程。当局宣布农民们私藏谷物，并提高了对农民的征粮额，无论他们是参与了集体化还是拒绝加入集体农庄。乌克兰对莫斯科的经济计划而言至关重要，因而受到当局特别的严苛对待。到了1932年中，70%的乌克兰家庭已经被集体化，而同期全苏联的集体化程度只有60%。这个加盟共和国的谷物产量占苏联全国总量的27%，却被要求上缴占全国总量38%的粮食。新政策对乌克兰林草混交带人口最稠密的农业地区造成了打击。饥荒在1932年冬季和第二年春季来到乌克兰，大量人口食不果腹。

数以十万计的乌克兰人陷入了饥荒。1932年仅在基辅地区就有超过 8 万人饿死。位于基辅西南面的城市比拉采尔科瓦和乌曼[1]周边的甜菜产区受到的打击尤为严重。乌克兰政府首脑弗拉斯·丘巴尔在 1932 年 6 月承认：过度的征收让农民们没有粮食可以充饥，正是饥荒发生的原因。他在给斯大林的信中写道："鉴于粮食征收计划在整体上无法完成——最基本的原因在于乌克兰全国的产量减少，而在收割时又有巨大的损失（这是集体农庄低下的经济组织水平以及来自中央和地区的管理严重不足造成的）——我们采取了一套方案，征收个体农民生产的所有谷物——包括他们储备的种子在内，并对集体农庄的几乎全部产出实施征收。"

按照丘巴尔的说法，在饥荒中受到打击最大的，是那些未参加集体化的个体农民。由于无法缴足征粮份额，他们的财产也被没收。排在次位的则是家庭人口众多的集体农庄成员。到了 1932 年 3 月和 4 月，数以百计的村庄中有成千上万人忍饥挨饿，垂死挣扎。1932 年 5 月，一名来自基辅的共产党中央委员会代表在乌曼地区随机挑选了 7 个村庄。仅在当月，这些村庄就登记了 216 起饿死人的事件，还有 686 人被认为将很快死去。这位党员干部写信到哈尔基夫（乌克兰社会主义苏维埃共和国首都），向他的上级们报告说："已有近百人死亡。每天的死亡人数为 8 至 12 人。总计 600 个家庭里，有 100 个出现了浮肿现象。"丘巴尔请求斯大林向乌克兰提供饥荒援助。但斯大林拒绝承认饥荒的真实性，甚至禁止官方文告中使用"饥荒"这个词。

对其政策的失败，斯大林不仅归咎于农民对集体化和粮食征收额

---

[1] Uman，乌克兰中部切尔卡瑟州城市。

度的抵制，也归咎于乌克兰党员干部群体的暗中违抗。

这位克里姆林宫的主人无疑是在担忧其政权的未来命运。他一刻也没有忘记波兰人和乌克兰人的军队在1920年春天对基辅发起的突然进攻。前乌克兰社会革命党人在那次进攻中加入了约瑟夫·毕苏茨基和西蒙·彼得留拉的进攻部队。斯大林担心1920年的事件会以更大的规模重现。20世纪30年代初，乌克兰共产党党员人数已经接近50万，其中60%都是乌克兰裔——这一点要感谢乌克兰化政策。如果毕苏茨基再度来犯，这些干部还会对斯大林保持忠诚吗？斯大林对这一点表示严重怀疑。1932年7月，苏联与同一个毕苏茨基签署了一份互不侵犯条约，确保接下来的3年中不会遭到来自西面的进攻。在斯大林看来，对乌克兰的粮食进行征收，让那些抵制集体化的农民得到教训，对那些拒绝服从他的命令的人控制的乌共机关进行清洗，从而"确保不失去乌克兰"，现在正是时候。

斯大林在1932年8月写给卡冈诺维奇的信中包括了一份关于如何防止"失去"乌克兰的详尽计划。他建议用新的干部来替换时任的乌共和乌克兰政府领导人，以及乌克兰秘密警察的负责人。"我们应该把目标定为将乌克兰变成一座真正的苏联堡垒，一个真正的模范共和国。"他写道。11月，斯大林向乌克兰派出一名全权代表，接管了那里的秘密警察机关。12月，他把一个讨论粮食征收的政治局会议改成了抨击乌共领导集体的会场，批评他们不仅没能完成征粮份额，还歪曲党的乌克兰化路线。"中央委员会和人民代表苏维埃注意到，"在斯大林授意下出台的会议决议称，"在乌克兰的许多地区，布尔什维克的民族政策没有得到正确的执行。相反，乌克兰化政策只是被机械地实施，没有考虑到每个地区的具体特点，没有对乌克兰族的布尔什维克干部进行仔细挑选。这使得资产阶级民族主义分子、彼得留拉分子和其他敌人轻易地取得合法伪装，建立起他们的反革命分支和组织。"

这份政治局决议宣告了乌克兰人定居的北高加索地区和远东地区乌克兰化运动的终结，也成为对乌克兰境内的乌克兰化政策及其执行干部进行批判的基础。它导致数以千计的党员干部被免职或逮捕。乌克兰负责教育的人民委员、全国乌克兰化运动的主要推动者米科拉·斯克里普尼克也因此自杀。斯大林指责国内外的乌克兰民族主义者是乌克兰农民破坏党的政策，私藏粮食，从而损害工业化运动的罪魁。对乌克兰农民的攻击与对乌克兰文化的攻击双管齐下。当苏共政治局发布这份关于粮食征收和乌克兰化的决议时，饥荒现象刚刚开始在乌克兰出现。饥荒不仅源于当时对待乌克兰农民和党机关的错误政策，也是源于民族政策调整的结果——这一调整在农民对粮食征收的抵制与民族主义之间画上了等号。

1932年12月，斯大林派遣卡冈诺维奇和苏联政府首脑维亚切斯拉夫·莫洛托夫[1]前往乌克兰，确保完成那份不现实的征粮计划。在来自莫斯科的全权代表的领导下和格别乌的威胁下，乌共干部从正忍饥挨饿甚至濒临死亡的农民手中夺走了他们能夺走的一切。当局通过切断基本生活物资——诸如火柴和煤油——来惩罚那些无法完成征粮份额的村庄。遭到没收的不光是粮食，还有家畜，以及一切可以被当作食物的东西。新饥荒造成的第一批人员死亡在1932年12月发生。到

---

[1] Viacheslav Molotov（1890—1986），苏联政治家，曾担任苏联人民委员会主席（1930—1941年在任）和外交部长（1939—1949、1953—1956年在任）。

了1933年3月,饥饿导致死亡已经成为大规模的现象。乌共的领导们如梦初醒,向哈尔基夫和莫斯科发出了雪片一样的援助请求。援助物资到来了,然而数量不足,也来得太晚,无法挽救数百万在死亡线上挣扎的饥饿农民。大部分牺牲者死于当年春末和夏初,也就是食物供应完全断绝的时候。很多人的死亡原因是吃野草和未成熟的蔬菜——经历了几个月的饥饿之后,他们的胃无法消化这些粗粝的食物。

受灾最严重的是基辅州和哈尔基夫州的稀树草原地区。这两个地区在此前的春天已经遭遇了饥荒,农民们身体过于虚弱,无法正常播种,又几乎没有任何物资,因此成为第一批饿死的人。截至1933年年底,基辅州和哈尔基夫州的人口已经分别减少了近100万人。而乌克兰草原上的主要产粮州敖德萨和第聂伯罗彼得罗夫斯克则各自损失了超过30万人。受影响较小的顿巴斯工业地区在1933年也有17.5万人饿死。干草原地区由于没有在前一年遭遇饥荒,损失较稀树草原地区为小。即使情况真的变得过于糟糕,这些地区的农民也可以前往扎波罗热、克里维伊里赫和顿巴斯地区的建筑工地避难。此外,在1933年春,莫斯科当局向乌克兰南部提供救援粮的意愿也比对中部地区大得多:莫斯科需要更多的粮食,而让主要产粮区的居民能够活下来收割作物是达到这一目的的唯一办法。至于其他人,则可以任由他们自生自灭——这一点也变成了现实。最终,在乌克兰总计有近400万人死于这场饥荒,死亡人数超过了全部人口的十分之一:从1932年到1934年,每8个人中就有1个饿死。

饥荒让苏维埃乌克兰变得面目全非。苏联政府从乌克兰的党和政府机关中清洗了那些不愿站到自己同胞对立面的干部,从而成功地把乌克兰保留在自己的控制之中。在总计500多个地方党委书记中，有超过一半人在1933年上半年被撤职，其中许多人遭到逮捕和流放。剩下的人则会无条件服从。这些人才是苏联政府希望——至少是暂时希望——留下的干部。有幸在饥荒中活下来的农民都得到了教训：只有加入集体农庄才有活路，因为集体农庄缴纳的税赋更低，也是仅有的在1933年春天得到政府救助的农庄。对绝大部分家庭和土地的集体化如今都已完成，并极大地改变了乌克兰乡村的经济结构、社会结构以及政治结构。

乌克兰大饥荒（乌克兰语称之为"霍洛多摩尔"[1]）是不是一场早有预谋的、针对乌克兰及其人民的种族灭绝？2006年11月，乌克兰议会对这个问题给出了肯定的答案。部分其他国家的议会和政府也通过了类似的决议，然而俄罗斯政府却发起了一场国际行动，抨击乌克兰的主张。围绕乌克兰大饥荒性质产生的政治斗争和学术争论延续至今，其焦点在很大程度上已经转变为对"种族灭绝"的定义。然而在对1932—1933年饥荒部分关键事实及其解读方面，一种广泛的共识正在形成。大部分学者都同意这场饥荒的确是由官方政策导致的人为现象。尽管北高加索、伏尔加河下游和哈萨克斯坦也发生了饥荒，但只有乌克兰的饥荒是由明显具有民族色彩的政策所导致。饥荒发生于斯大林决定终止乌克兰化政策之后，并与乌克兰共产党干部遭到的打击同步发生。这场饥荒给乌克兰社会留下了深重的创伤，让它在未来数代人的时间里都失去了公开抵抗苏联当局的能力。

---

1 Holodomor，乌克兰语作 Голодомóр，意为"饥荒"。

斯大林将乌克兰变成了一个"模范苏维埃共和国"。1934年，乌克兰首都从哈尔基夫迁回基辅，此时基辅的知识分子阶层受到清洗的沉重打击，已经不再对乌克兰的苏维埃政权构成威胁。这次迁都标志着乌克兰从一个自治的、经常有自己想法的共和国向一个单纯苏联省份的转型最终得以完成。

正如克里姆林宫的主人所期待的那样，乌克兰成了苏维埃工业化和集体化的范本。到了20世纪30年代末，乌克兰的工业产量较之1913年已经增长了8倍。这一成就仅比苏联最大的共和国俄罗斯略微逊色。农业部门的集体化已经完成。98%的农村家庭和99.9%的可耕地成了集体财产。问题在于，完美无瑕的集体化数据掩盖了农业部门令人失望的成绩。1940年，乌克兰的粮食产量为2 640万吨，仅比1913年多出330万吨，也就是说农业生产的增长幅度还不到13%。受到大饥荒和集体化摧残的乡村地区无法跟上工业城市高速成长的步伐。尽管乌克兰经历了快速的工业化和现代化，却为这一"跃进"付出了沉重的代价。从1926年到1937年，苏维埃乌克兰的人口从2 900万下降到2 650万，在1939年才回升到2 800万多一点。

来自不同族群背景的许多乌克兰人都死于"大清洗"。"大清洗"指1936年至1940年间席卷了整个苏联的多次逮捕、处决和流放浪潮，其中尤以1937年为甚。从1937年到1938年，乌克兰有27万人遭到逮捕，其中近半数被处决。"大清洗"与斯大林在30年代的其他许多政策有着相同的目标——确保苏维埃政权的延续、确保斯大林的最高领袖地位。斯大林那些仍然在世的前盟友和前敌人都遭到处决，其中包括列夫·加米涅夫[1]、格里高利·季诺维也夫[2]和尼古拉·布哈林[3]。在大饥荒期间向斯大林展示了忠诚的乌克兰党、政府和秘密警察等机关领导人同样难逃厄运。当局需要的是温顺且对之前的失误一无所知，从而能效忠领袖的新干部。除乌共干部群体之外，遭受打击最重的是非布尔什维克党派的前成员们和少数民族群体。乌克兰是一个位于边境地区的共和国，拥有为数众多的少数民族。当局无法信任这些族群对苏维埃政权的忠诚。因此乌克兰再一次成为严苛审查的对象。波兰裔和德裔族群排在敌人名单的前两位。在遭到逮捕的人中，近20%是波兰裔，而德裔则占约10%。这两个族群在总人口中所占比例不足1.5%，却被苏联当局当作为其当时主要敌人（波兰和德国）服务的潜在间谍和"第五纵队"。

1938年，斯大林认为一场战争即将到来，将他的新干将尼基塔·赫鲁晓夫派往乌克兰执行最后的镇压措施，以让这个共和国为战争做好准备。赫鲁晓夫的任务与他的前任们一样——将乌克兰变成一座社会主义的堡垒。"同志们，"赫鲁晓夫在1938年6月乌共党代会上宣布，"我们将不遗余力，确保全苏联共产党（布尔什维克）中央委员会和斯大林同志交给我们的任务和指示——将乌克兰变成一座敌人无法攻破的堡垒——得以光荣完成。"接下来的几年中，这座乌克兰要塞

---

1 Lev Kamenev（1883—1936），苏联政治家、革命家，苏共早期重要领导人。他在1926年被打倒并被逐出党中央，在1936年被枪决。

2 Georgii Zinoviev（1883—1936），苏联政治家、革命家，苏共早期重要领导人。他与加米涅夫一样在1926年被逐出党中央，并在1936年遭枪决。

3 Nikolai Bukharin（1888—1938），苏联政治理论家、革命家、经济学家，苏共早期重要领导人。他在1926年协助斯大林打倒了季诺维也夫和加米涅夫，在1929年被逐出中央政治局，在1938年被捕并执行枪决。

的强度将受到考验。

1938年10月,已经残缺的捷克斯洛伐克(当时这个国家正遭到希特勒的宰割)政府任命乌克兰活动家、主教奥古斯丁·沃罗申[1]为自治的外喀尔巴阡地区政府首脑。外喀尔巴阡地区即从前的下喀尔巴阡罗斯,如今被改名为喀尔巴阡-乌克兰。在将外喀尔巴阡地区中匈牙利人聚居部分(连同这一地区的两大城市中心乌日霍罗德[2]和穆卡切乌[3])转交给匈牙利之后,捷克斯洛伐克政府做出了这一任命决定。新的外喀尔巴阡地区政府取代了一个短命的亲苏派政府,将乌克兰语定为其官方语言。这个政府还创建了自己的准军事部队,以抵抗来自匈牙利和波兰的民兵进攻。这些部队被称为喀尔巴阡锡奇,其名来自加利西亚的"锡奇步枪队"和第聂伯乌克兰的锡奇哥萨克人。其成员多是乌克兰民族主义组织的年轻人。他们来自波兰,为创建一个乌克兰人国家的事业而战斗。

1939年年初,欧洲各国外交部中泛起传言,称希特勒打算将喀尔巴阡-乌克兰当作进攻苏维埃乌克兰的跳板,进而将所有乌克兰人聚居地区"重新统一"起来。当年1月,希特勒向来访的波兰外交部长约瑟夫·贝克[4]表示他将进攻苏联,将从苏联夺得的乌克兰领土用来交换但泽[5]和连接波兰与波罗的海的走廊地带。贝克拒绝了这一提议。希

---

1 Avgustyn Voloshyn(1874—1945),乌克兰政治家、作家、乌克兰希腊礼天主教会主教。他担任了仅存在一天(1939年3月15日)的喀尔巴阡-乌克兰国总统。
2 Uzhhorod,今乌克兰西部外喀尔巴阡州首府。
3 Mukacheve,今乌克兰西部外喀尔巴阡州城市。
4 Józef Beck(1894—1944),波兰第二共和国外交部长、毕苏茨基的亲信。
5 指1920—1939年间的半独立的但泽自由市,受国际联盟保护,但与波兰结成关税同盟。

特勒无视贝克的立场,决定至少暂时不对斯大林使用乌克兰这张牌。1939年3月,希特勒的军队开进布拉格,终结了捷克斯洛伐克的存在。他决定不建立一个独立的乌克兰人国家,而是把外喀尔巴阡地区送给他的盟友匈牙利。这一决定让外喀尔巴阡地区的自治政府陷入了震惊和失望。

3月15日,也就是希特勒的军队进入布拉格的那一天,喀尔巴阡-乌克兰议会宣布独立。这个新国家选择蓝色和黄色作为国旗的颜色,并将《乌克兰还没有灭亡》定为国歌。然而独立宣言没能阻挡匈牙利军队的步伐。匈牙利人在进入这一地区时没有遇到捷克斯洛伐克军队的抵抗。唯一与他们作战的是喀尔巴阡锡奇部队。"800万捷克人向德国屈服,没有丝毫抵抗,然而成千上万的乌克兰人却站了出来,与数千名匈牙利士兵作战。"当时的一名乌克兰记者写道。喀尔巴阡锡奇总共拥有约2 000名战士。双方差距悬殊,乌克兰人的抵抗力量很快就被击溃。沃罗申主教的政府逃离了这个国家。许多活下来的乌克兰民族主义组织成员在返回加利西亚的途中被匈牙利部队或波兰边防军抓获。这是这些乌克兰民族主义战士经历的第一场战火洗礼,更多的战斗即将到来。

斯大林对外喀尔巴阡地区的局势变化感到十分焦虑,以致在1939年3月于莫斯科举行的一次党代会上嘲讽了关于德国人支持乌克兰独立的看法。大片的乌克兰人地区处于苏联之外,可能会被希特勒用于挑战斯大林对苏维埃乌克兰的控制权,这成为第二次世界大战前夕斯大林的"堡垒建设者"们考虑的主要问题。他们的防御性壁垒上似乎出现了一道裂缝——来自乌克兰民族统一主义的威胁。

第 22 章

希特勒的"生存空间"

在其作品《我的奋斗》(*Mein Kampf*)中,希特勒描述了他对世界未来的设想。这本书写于巴伐利亚的兰茨贝格[1]监狱,当时希特勒因为参与了 1923 年 11 月的慕尼黑啤酒馆政变[2],正在该地服刑。在囚室中,这个前哈布斯堡帝国子民发誓要对抗所谓犹太人主宰世界的阴谋,并提出建立一个能为雅利安种族在东欧提供"生存空间"(*Lebensraum*)的德意志帝国。希特勒只在监狱里待了一年。1933 年,希特勒成为德国总理,他的纳粹党也掌握了大权,这让他拥有了足够的资源来实现自己的计划。希特勒于 1923 年首次提出的理念对整个世界造成了深远的影响。然而,就这些理念所造成的毁灭性冲击和悲剧性后果而论,很少有地方能与乌克兰比肩——希特勒心目中"生存空间"的中心正是乌克兰。

德国人的"生存空间"理念并非希特勒首创。它在第一次世界大战

---

1 Landsberg,即莱希河畔兰茨贝格(Landsberg am Lech),今德国巴伐利亚州西南部城市。
2 Munich Beer Hall Pustch,德国纳粹党于 1923 年 11 月 9 日在慕尼黑的贝格勃劳勒啤酒馆发动的失败政变。

前已经成型，设想了德国在全球各地攫取领土的前景。德国在第一次世界大战中的失败令其突破英国控制的海路进行殖民扩张的计划变得不可能，于是希特勒发现：只有东欧还有扩张的空间。"在欧洲通过军事斗争来扩大领土，比在海外发动战争夺取地盘要更加现实。"他在《我的奋斗》中写道。1918年的《布列斯特-立陶夫斯克条约》[1]承认了处于德奥军队占领下的乌克兰从俄国独立出来，为德国向东扩张提供了一种可能性。然而希特勒对东方的民族建构毫无兴趣。他的目标不在于此，而是打算消灭远至伏尔加河的所有现存人口，将东欧（尤其是乌克兰）的肥沃土地变成德国定居者的家园。"健康的农民阶级是民族共同体的基础。我们亟须采取足以维持这样一个阶级存在的政策。这种需求太过重要，无论如何强调都不过分。"希特勒在《我的奋斗》中写道，"我们社会中现存的许多罪恶完全源于城市人口和农业人口的比例失调。"

希特勒心目中的德国人农业乌托邦不仅需要攫取更多的土地，还需要对新的领土进行去城市化和去人口化。他对东欧的设想与由布尔什维克们引入、由约瑟夫·斯大林推行的计划完全不同。两名集权者都打算使用暴力手段来建设他们的乌托邦，也都需要乌克兰的国土、沃野和农业来达成目标，然而他们对待城市和当地人口的态度则相去甚远。在1941年到1944年被纳粹德国占领的3年中，乌克兰将会从现实中认识到这种差异，并对两个强权之间的不同程度做出评估。在1914年之前，乌克兰享有"欧洲的面包篮"的美誉，同时也是欧洲犹

---

[1] Treaty of Brest-Litovsk，常被简称为《布列斯特条约》，是苏俄政府在1918年3月3日与同盟国在今白俄罗斯的布列斯特-立陶夫斯克签署的和约。和约终止了俄国与同盟国的战争状态，承认芬兰、乌克兰和白俄罗斯的独立。

太人口最为稠密的地区之一。因此,它将成为德国扩张主义的首要目标,也将跻身于纳粹德国的主要受害者之列。从 1939 年到 1945 年,乌克兰将损失近 700 万公民(其中近 100 万是犹太人)。这个数量比其战前人口的 16% 还要多。只有白俄罗斯和波兰(希特勒的"生存空间"中的另外两个国家)的人口损失比例超过乌克兰。

在《我的奋斗》中,希特勒设想了与英国结盟击败法国、与俄国立约摧毁波兰的前景。在这份蓝图中,最终俄国(或者说苏联)将向希特勒提供他想要的东西:定居所需的土地和丰富的自然资源。这些土地和资源将让德国变成一个大陆帝国,而英国海军将无法动摇帝国与其殖民地之间的联系。与英国的联盟从未变成现实,然而在 1939 年秋天,希特勒的确与苏联达成了协议,并摧毁了波兰。

1939 年 9 月 1 日,德国向波兰发动进攻,拉开了第二次世界大战的帷幕。此时希特勒和斯大林已经基于不到 10 天前签署的《莫洛托夫-里宾特洛甫条约》[1]就瓜分波兰领土达成了一致。斯大林延迟了苏联参战的时间,因为他担忧英国和法国的反应,同时也受到正在蒙古上演的苏日冲突困扰。德国外交官们打出了乌克兰这张牌,以促使苏联早日进攻波兰。他们宣称,如果苏联继续拖延对波兰的入侵,德国将别无选择,只能在约定划归苏联的土地上建立新的国家,而加利西亚和沃里尼亚出现一个由德国撑腰的乌克兰人国家是斯大林最不愿意

---

[1] Molotov–Ribbentrop Pact,苏联外交部长维亚切斯拉夫·莫洛托夫和德国外交部长约阿希姆·冯·里宾特洛甫(Joachim von Ribbentrop, 1893—1946)于 1939 年 8 月 23 日在莫斯科签署的协议,即著名的《苏德互不侵犯条约》。

在这一地区看到的事。斯大林最终派遣军队越过了波兰边界。他的军队所打的旗号是为乌克兰和白俄罗斯"同胞"们提供保护。

1939年10月初,遭到两大强邻夹击的波兰军队已经不复存在。苏联俘虏了大部分波兰普通士兵,随后又将他们释放。然而波兰军官们则遭遇了不同的命运。苏联将近1.5万名波兰军官被扣押在三个羁留营中,其中一个在乌克兰,另两个在俄罗斯。1940年春天,这些被俘军官中的大部分人会在斯摩棱斯克附近的卡廷森林(Katyn Forest)和其他屠杀地点被杀害。然而,最初很少有人猜到苏联人的意图,那些非波兰族群尤其如此。苏联红军在机械化程度上无法与德军相比,却展示出远远高于波兰军队的装备水平。他们拥有新式坦克、飞机和现代化的枪械,这些都是斯大林的工业化努力的成果。许多人没有想到的是,苏军官兵多半着装粗劣不堪,伙食也相当糟糕,以致波兰商店中相对丰裕的食品和货物就让他们大吃一惊。当地人发现苏联军官都受到意识形态的灌输,没有什么修养,也没什么头脑。在接下来的许多年里,他们都会反复讲述红军军官的妻子们把睡衣当成晚礼服,穿着它们上剧院的传说。然而前波兰国家的非波兰裔族群却已经准备好接受这群武装精良的土包子"解放者"——只要后者承诺改善他们的生活,而这些"解放者"一度似乎也真的会这样做。

红军在加利西亚和沃里尼亚夺取了利维夫和其他重镇之后,就开始在当地举行苏维埃式的选举,组成了西乌克兰国民大会。大会旋即请求基辅和莫斯科将加利西亚和沃里尼亚并入苏维埃乌克兰。新获任命的乌克兰共产党第一把手尼基塔·赫鲁晓夫坚持认为:包括布列斯特城在内的北波利西亚也应划归乌克兰,然而斯大林决定将这片土地交给白俄罗斯共和国。新政权允许当地乌克兰人和犹太人进入政府机关，担任教育、医疗以及其他在波兰人统治时期他们无法获得的职位。他们对待本地犹太人还算得上友善，但往往拒绝那些被德国人逐出波兰的犹太人进入边境。当局发动了一场全面的乌克兰化运动，要求那些使用波兰语的大学、学校、剧院和出版社都改用乌克兰语。他们还将大地主的地产收归国有，分配给贫苦农民。各个共产主义和左翼党派组织的成员本就有浓厚的亲苏倾向，如今这种倾向变得更加强烈。

然而苏维埃政权与当地乌克兰人之间的蜜月关系没能持续多久。在前波兰共和国，有组织的宗教是乌克兰身份认同的制度基础，然而苏维埃政权对其从无好感。它没收了希腊礼天主教会的地产，并试图限制传统教会（包括东正教会和希腊礼天主教会在内）在公共生活中扮演的角色。苏维埃当局对待西乌克兰共产党的前领导人和普通成员的态度更加令人震惊：这些人往往被怀疑为民族主义者，并最终成为苏维埃秘密警察关注的对象。同样的怀疑很快就落到了那些在本地政府和教育机构中升至高位的乌克兰干部头上。

占领当局在 1940 年对当地人群展开了大规模的逮捕和驱逐。驱逐的目的地包括极北地区、西伯利亚和中亚。在当局的"人民之敌"名单上，两次世界大战之间来到这里的前波兰政府和警察机构官员、波兰政党党员和武装定居者占据了前列。1940 年 2 月，斯大林的秘密警察机构内务人民委员部[1]执行了对第一批近 14 万波兰人的大规模驱逐

---

1 此即"NKVD"（俄语 Народный комиссариат внутренних дел，拉丁字母转写为 Narodnyi Komissariat Vnutrennikh Del），成立于 1934 年，解散于 1946 年，是斯大林时代主要的政治警察机构，其下辖的国家安全总局是克格勃的前身。

行动。近 5 000 名被流放者在途中死于寒冷、疾病和营养不良，没能抵达他们的流放地。从 1939 年秋天开始，到 1941 年 6 月德国进攻苏联为止，苏联秘密警察将总共近 125 万人驱逐出了乌克兰。内务人民委员部还对乌克兰民族主义组织的成员展开搜捕。包括斯捷潘·班德拉在内的乌克兰民族主义组织领袖们逃往德国占领的波兰地区。斯大林将这些人视为对其政权明显而紧迫的威胁。

1940 年 5 月，巴黎落入了德军之手，令斯大林大为吃惊。他开始认为希特勒会很快将矛头转向东方，对苏联展开进攻。苏联当局必须将对其新获领土的控制变得更加稳固，消灭那些潜在的"第五纵队分子"。他同时决定对《莫洛托夫－里宾特洛甫条约》划给他的东欧势力范围进行全面占领。这些地区包括爱沙尼亚、拉脱维亚和立陶宛等波罗的海国家，也包括了含比萨拉比亚和布科维纳在内的罗马尼亚部分地区。1940 年 8 月，这位苏联领导人将有大量乌克兰人定居的南比萨拉比亚和北布科维纳并入了苏联。与其早些时候在加利西亚和沃里尼亚实施的政策一样，苏联当局在这些地区实行土地国有化，提拔非罗马尼亚裔的干部，并对各种机关进行乌克兰化。逮捕和放逐接踵而至。

斯大林开始防范来自希特勒的攻击。他认为进攻会在 1942 年发生，然而德国人的行动比他的预计早了一年，令这位苏联领导人措手不及。希特勒急需苏联的资源，包括乌克兰的小麦和煤炭。在他与英国作战时，这样的需要变得愈发紧迫。英国已经成为不列颠群岛上的困兽，但它的身后是更大的美国——世界上最强大的经济体。德意志帝国最优秀的经济学家们坚持认为入侵苏联无法解决德国的任何问题，只会让德国经济流血，然而希特勒不顾他们的劝阻，悍然对苏联发动了进攻。此外，德国军方高层更倾向于与苏联而不是与西方作战，希特勒乐得满足他们的愿望。

1940年12月，希特勒签署了准备向苏联开战的直接指令。行动代号是"巴巴罗萨"[1]，其名得自那位领导了第三次十字军东征的12世纪日耳曼人国王和神圣罗马帝国皇帝。巴巴罗萨最后淹死在一条河里，因为他身穿重甲，却选择涉水过河，而不是跟他的部下一样使用桥梁。这无疑是一个不好的兆头，然而此时"巴巴罗萨计划"的知情者们并不在意历史上的先例。与在他之前的巴巴罗萨一样，希特勒已经准备好走一条捷径，并不惮于承担风险。计划制定者们的目标是在一场不超过3个月的战役中击败苏联人，将他们驱赶到伏尔加河以东。希特勒希望他的军队首先夺取列宁格勒，随后拿下顿巴斯的煤矿，最后再攻下莫斯科。德国国防军在没有为士兵们配备冬衣的情况下就把他们送往前线。这个策略最终被证明是个错误，不过它在短时间内起到了误导斯大林的效果——斯大林不相信德国人在没有做好冬季战役准备时就发动进攻，因此在德国人入侵时毫无防备。

1941年6月22日凌晨，入侵行动在北至波罗的海、南至黑海的战线上展开。德国及其盟友（包括罗马尼亚和匈牙利）投入了380万兵力。德国南方集团军的攻击目标是乌克兰。他们从波兰境内的驻地

1　Barbarossa（1122—1190），即神圣罗马帝国皇帝弗雷德里克一世（1155—1190年在位）。"巴巴罗萨"这个名字来自他企图统治的意大利北部诸城，意为"红胡子"。他于1189年发动第三次十字军东征，在1190年溺毙于今土耳其境内的格克苏河。

出发,沿着喀尔巴阡山脉北麓和普里皮亚季沼泽之间的古道进军。罗马尼亚人则在更南方发动攻势,他们进入乌克兰的路线位于喀尔巴阡山脉南麓和黑海之间。5 世纪的匈人和 13 世纪的蒙古人都曾通过这些路线入侵中欧,此时的入侵者则反向而行。他们脚下仍是那些未经铺设的道路,但这次扬起烟尘的不再是骑兵,而是机械化部队。德国人在苏联前线上集中了约 4 000 辆坦克、超过 7 000 门火炮,空中则有 4 000 多架飞机执行掩护任务。制空权几乎全在德国人手中,因为大部分苏联战机还未能起飞,就被突袭的德国空军炸毁。

红军在苏联西部边界上的兵力人数大致与德国相当,坦克、大炮和飞机的数量则比德国人多出不少。然而苏联人的装备在先进程度上与德军的新式装备无法相比。此外,率领苏军加入战斗的军官们也缺乏经验(他们刚刚取代了那些被斯大林清洗掉的富有经验的指挥官),以致出现了指挥官遗弃自己的部队的情况。士兵们也士气不振——他们中有许多人是在饥荒和集体化运动中劫后余生的农民。德国人利用突袭优势,以惊人的速度攻占苏联领土,给后撤中的苏联部队造成巨大伤亡,这让苏军的士气每一天都变得更加低落。苏联在《莫洛托夫 – 里宾特洛甫条约》签署后获得的新领土曾被斯大林视为他的胜利,如今却被证明是个陷阱。在德军入侵之前一个月,斯大林为保卫新的国界,已经将自己的军队调拨到此前 10 年内修筑的防线以西。现在苏军不得不保卫一条根本来不及设防的边界。与闪电战战术制定者们所设想的一样,德军的装甲部队撕破了苏联人的防线,将苏联红军团团包围,并在红军后方大肆破坏。

红军指挥官们在西乌克兰的卢茨克、布罗德[1]和里夫涅发起了一场大规模反攻，将他们全部的坦克编队送上了战场，却被一支小得多的德国国防军坦克部队以策略击败。此后局势每况愈下。德国国防军在三个星期之内向东挺进了300至600千米。苏军不仅将他们刚刚占领的加利西亚和沃里尼亚拱手相送，还丢掉了右岸乌克兰的大片土地。苏军的2 500多辆坦克和近2 000架飞机在战斗中被摧毁。人员伤亡则难以估计。8月，德军部队在波多里亚城市乌曼附近包围并俘虏了超过10万名红军战士。然而，下一个月在基辅附近德国人又取得了他们的最大胜利。考虑到基辅重要的象征意义，斯大林不顾包括总参谋长格奥尔基·朱可夫[2]在内的红军将领们的建议，拒绝从基辅地区撤军，因而导致了也许是整个战争期间苏联所遭遇的最大军事失败。

红军部队的指挥官是出生于切尔尼戈夫地区的米哈伊洛·基尔波诺斯[3]将军。红军面对德国的机械化部队，虽然竭力抵抗，却无能为力。1941年9月19日，基辅落入德国人之手。第二天，基尔波诺斯将军在洛赫维察[4]附近阵亡。在基辅包围圈中，德国国防军围困并俘虏了超过66万名红军战士。10月，同样的命运降临到南乌克兰梅利托波尔[5]和别尔迪扬斯克[6]之间的10万名红军头上。另外10万人于11月

1　Brody，今乌克兰西部利维夫州城市。
2　Georgii Zhukov（1896—1974），苏联军事家、政治家、元帅。他被认为是第二次世界大战中最优秀的将领之一。
3　Mykhailo Kyrponos（1892—1941），苏联红军上将，在苏德战争爆发后担任西南方面军司令，在1941年9月的基辅战役中阵亡。
4　Lokhvytsia，今乌克兰中北部波尔塔瓦州城市。
5　Melitopol，今乌克兰东南部扎波罗热州城市。
6　Berdiansk，今乌克兰东南部扎波罗热州城市。

在克里米亚的刻赤附近投降。截至当年年底,红军已经被迫放弃了几乎整个乌克兰,超过 350 万名官兵成为战俘。撤退中的苏军采取了焦土战术,从他们即将离开的地区带走工业设备、牲畜、给养和人口,总计将约 550 座大型工厂和 350 万名熟练工人带往东方。

在 1941 年夏天,许多乌克兰居民欢迎德国人的到来,盼望就此终结苏联占领当局在战前岁月中实施的高压政策。不仅新近被苏联控制的西乌克兰地区如此,就连中乌克兰和东乌克兰也是一样——那里的人们从未原谅饥荒和集体化造成的恐慌。一些人期待"民族社会主义"可以带来真正的社会主义,另一些人则只希望能够提高生活水平。由于人们从苏联政府领到的薪水连买双鞋都不够,我们也就不难理解他们会怀有错误的期待,会想象"从欧洲来的"德国人将会改善他们从莫斯科的掌控下"解放"出来的人们的生活。许多人还记得第一次世界大战之前的奥地利人,也记得 1918 年德国人对乌克兰的占领——跟斯大林的高压政策相比,当时的德国人算得上是相当温和。一些人将德国人的再次到来视为恢复乌克兰国家的前奏——正如统领帕夫洛·斯科罗帕德斯基统治时期那样。不论他们出于何种原因相信德国的占领会带来更好的生活,怀着这种期望等待德国人到来的人们很快就被证明犯了错误,而且往往是致命的错误。

担任德国东部占领区事务部长的是阿尔弗雷德·罗森贝格[1]。他是

---

[1] Alfred Rosenberg(1893—1946),纳粹德国理论家,在 1946 年的纽伦堡审判中以战犯身份被判处绞刑。

一名波罗的海德意志人[1]，在包括莫斯科在内的多个地方接受过教育，是德国关于乌克兰的计划的始作俑者。他打算支持乌克兰人、波罗的海人、白俄罗斯人、格鲁吉亚人和其他苏联民族对独立国家地位的追求，以打击苏联。在他的设想中，一个独立于俄罗斯的乌克兰政治体可以和波罗的海联邦、白俄罗斯和芬兰一样，成为第三帝国的傀儡。事实上，罗森贝格手下的专家甚至鼓吹将乌克兰领土拓展到伏尔加河。然而罗森贝格在这场政治角力中输给了德国安全部队首脑和后来的内政部长海因里希·希姆莱[2]、国会议长和航空部长赫尔曼·戈林[3]，以及其他急于实施他们的种族理念，急于从新征服领土上榨取最后一点经济资源的纳粹领袖们。1918年的《布列斯特-立陶夫斯克条约》中关于由德国控制包括乌克兰在内的东欧诸国的设想在1941年夏天被另一种模式取代。这种模式植根于希特勒的《我的奋斗》，其特点是殖民肢解和殖民剥削。

德国人将他们控制下的乌克兰领土分割为三个部分：加利西亚被并入曾经的西加利西亚和华沙地区，组成一个被称为"总督府"[4]的行政区；从西北部的沃里尼亚到东南部的扎波罗热之间的大部分乌克兰

---

1 Baltic German，指波罗的海东岸地区的德裔居民。
2 Heinrich Himmler（1900—1945），纳粹德国重要头目，曾担任内政部长和党卫队领袖，被认为对欧洲犹太人、同性恋者、共产党人和罗姆人的大屠杀负有主要责任。他在第二次世界大战末期企图与盟军单独媾和失败，服毒自杀。
3 Hermann Göring（1893—1946），纳粹德国重要头目，曾担任空军总司令、盖世太保首长、国会议长和普鲁士总理等职务，并曾被希特勒指定为接班人。他在1946年纽伦堡审判中被判绞刑，但在行刑前服毒自杀。
4 General Government，全称波兰被占领区总督府，简称总督府，指德军所占领的波兰领土中未直接与德国合并的部分。

地区加上平斯克[1]和霍梅尔[2]周边的白俄罗斯南部地区组成了乌克兰总督辖区[3];而在东乌克兰,从北方的切尔尼戈夫到南方的卢甘斯克和斯大林城(Stalino,即尤兹夫卡,也就是后来的顿涅茨克)仍属于军事管理区,因为这里过于靠近前线,无法设立民事管理机构。德国人对加利西亚和沃里尼亚进行了分割,并将沃里尼亚并入第聂伯乌克兰,这反映出德国人对这一地区的观念仍基于18世纪晚期建立起来的那条俄国–奥匈帝国边界。这样的划分并非那些先前深受苏联之苦的乌克兰人的唯一失望之处。他们很快就会发现:1941年的德国人和1918年的德国人没有丝毫共同点。

第一批在纳粹统治下尝到失望滋味的人是乌克兰民族主义组织的成员们。1940年,就在其最激进的领袖之一斯捷潘·班德拉于1939年9月大摇大摆走出波兰监狱之后不久,乌克兰民族主义组织发生了分裂。班德拉掀起了一场反对老派组织骨干的运动,很快成为乌克兰民族主义组织最大派别和最激进成员群体的领袖。1941年2月,他的组织与德国军事情报机构(阿勃维尔[4])达成协议,在支持者中组建起两支特别行动队。其中一支代号为"夜莺"(Nachtigall),是在当年6月29日首批进入利维夫城的德军部队之一。第二天,"夜莺"参加了班德拉派乌克兰民族主义组织成员举行的宣告乌克兰独立的活动,这为德国人与班德拉支持者之间的合作画上了句号。对乌克兰有完全不同

1　Pinsk,今白俄罗斯西南部布列斯特州城市。
2　Homel,今白俄罗斯东南部霍梅尔州城市。
3　Reichskommissariat Ukraine,第二次世界大战中纳粹德国占领乌克兰后在当地设置的管理政权。
4　Abwehr,意为"防御",是存在于1921年至1944年间的德国军事情报机构。

计划的德国人开始清算这些前盟友，逮捕了包括班德拉本人在内的数十名班德拉派成员，并要求班德拉谴责独立宣言。班德拉拒绝了，随后被送往萨克森豪森[1]集中营。班德拉在那里度过了第二次世界大战中的大部分时间。他的两名兄弟同样被逮捕，并死于奥斯威辛[2]集中营。

一夜之间，乌克兰民族主义组织的班德拉派从德国人的忠诚盟友变成了他们的敌人。以安德里·梅尔尼克[3]上校为首的乌克兰民族主义组织温和派试图利用德国人与其竞争对手之间的冲突，向乌克兰中部和东部地区派出自己的远征队，在那里建立组织网络，对占领当局对乌克兰骨干分子的选拔施加影响，并在当地人群中进行教育和宣传活动。1941年年底，随着德国占领当局对乌克兰总督辖区的控制愈加严密，这一派的活动也戛然而止。纳粹警察在基辅和其他乌克兰城镇枪杀了数百名乌克兰民族主义组织成员。到了1942年年初，乌克兰民族主义组织的两个派别都陷入了与德国人的冲突之中。

对于乌克兰中部和东部居民而言，纳粹对待苏联战俘的做法则释放出另一个信号，再度证明1941年的德国人与1918年的德国人没有任何共同点。如果说1918年的德国人仅仅是占领者，1941年的德国人则是不把被征服者当人看的殖民者。

1　Sachsenhausen，位于德国勃兰登堡州奥拉宁堡的纳粹集中营，在1936—1945年间主要用于关押政治犯。
2　Auschwitz，纳粹德国时期最主要的集中营和灭绝营，位于今波兰南部小镇奥斯威辛。
3　Andrii Melnyk（1890—1964），20世纪乌克兰民族独立运动中的军事和政治人物，乌克兰民族主义组织中梅尔尼克派的领袖。

战前，斯大林曾拒绝签署1929年的《日内瓦公约》[1]：这份公约对如何对待战俘做出了规定，然而苏联是一支革命力量，不愿遵守资本主义者制定的行为规范。他在1941年夏天改变了主意，然而为时已晚。德国人不同意向苏联战俘提供他们给予西方战俘的待遇。德国人对待西方战俘还有几分尊重，承认对方的军阶，为他们提供医疗服务，也提供定量的食物和衣物，却拒绝给予苏联战俘任何上述优待。此外，并不是每个愿意投降的人都能活命——许多人被直接枪杀。1941年6月6日，也就是德国入侵苏联之前两个多星期，德军总部已经下令各部对俘获的红军政委、政治军官、内务人民委员部人员和犹太人执行当场枪决。不能证明自己的割礼与犹太教无关的穆斯林往往因此送命，而被俘红军指挥官遭到处决的情况也时有发生。活下来的人则被送往各个临时集中营。这些集中营有时是废弃的工厂，有时是学校，有时则只是用带刺铁丝网圈起来的空地。

在被迫前往这些集中营的死亡行军中，看守会射杀那些因负伤、生病和疲劳而无法继续行走的俘虏。当地人努力为疲惫的战俘送来食物，并尽自己所能帮助他们。人们这样做，是因为他们自己的儿子、丈夫或父亲也在战前被征入红军，很可能正经历着同样的苦难，而他们期待也会有别人喂饱和帮助自己的亲人。进入集中营之后，俘虏们往往得不到食物和饮水，陷入饥饿，甚至饿死，最终导致人吃人的惨剧。那些靠着一点点可怜的配给勉强活下来的人又难逃疾病的魔爪。

---

[1] 《日内瓦公约》是1864年至1949年间在日内瓦缔结的关于人道对待战争受难者的一系列国际公约和议定书的总称。

纳粹的宣传将苏联战俘描述为一群野蛮人，然而他们所得到的待遇堪称真正的野蛮。意识形态的差异只是其中的一部分原因。德国人从未打算接收数十万乃至上百万战俘。在战争开头的几个月里，死掉的战俘越多，德国国防军的压力就越小。直到1941年11月，第三帝国经济上的管家们才开始考虑把战俘当作劳动力来使用的问题——当时德国正面临劳动力的短缺。在整个战争期间，东线战场上的战俘有60%死于牢狱之中。

与其他受苏维埃统治的苏联西部民族成员一样，乌克兰人在战俘营中受到的待遇普遍要好于俄罗斯人和穆斯林。一开始德国人甚至允许他们离开，认为他们不像俄罗斯人那样有威胁性。基于这样的考虑，纳粹在1941年9月发布命令，允许释放战俘中的乌克兰人、白俄罗斯人和波罗的海人。如果他们是来自某一特定地区，或是有亲人来认领，这些囚徒就可以离开集中营（以致一些妇女将陌生人认作自己的丈夫）。这一政策在11月被废除，然而也许有数万（甚至数十万）被征入红军队伍并在1941年夏秋之际被俘的乌克兰人因此得以渡过劫难，与家人团聚。到了战争后期，乌克兰人、白俄罗斯人和波罗的海人也比俄罗斯人更容易被召入治安部队接受训练，以保卫那些因本地居民被清除而被德国定居者占据的东欧土地。当第三帝国领导层意识到那应许给德国人的东欧殖民天堂的到来已经无限期延迟之后，纳粹还让其中一些人担任了位于波兰的集中营和灭绝营的看守。

在纳粹占领区这个扭曲的世界里，大屠杀将曾是苏联战俘的人从受害者变成了加害者。在最臭名昭著的奥斯威辛集中营，第一批死于毒气室中的人就是苏联战俘——德国人在1941年9月用他们来测试齐克隆 B 型毒气[1]的效果。后来，又是那些从战俘营中招募来的卫兵（他们在特洛尼基[2]受训，被称为特洛尼基人）帮忙把抵达集中营的犹太人送进毒气室。先期抵达的囚犯中被挑出来的犹太人则负责对死者的衣物进行收集分类。在集中营里，活下来往往也意味着参与对同类的毁灭。德国占领之下的乌克兰就是一座规模更大的集中营。与在那些真正的集中营里一样，在乌克兰，抵抗与合作、受害与共谋之间的分界线并不清晰，然而也不是完全无法分辨。每个人都做出了自己的选择，而活下来的人必须在战后面对自己的抉择。许多人能够坦然，一些人永远生活在痛苦之中，然而几乎每个人都为幸存者的负罪感所折磨。

被纳粹占领期间的乌克兰发生了无数恐怖的事件，然而大屠杀无疑是其中最骇人听闻的事件。许多成为受害者的犹太人根本没有抵达奥斯威辛或其他灭绝营。在由德国占领当局组建的地方警察的帮助下，海因里希·希姆莱的"别动队"[3]在这些犹太人生活的城市或村镇外将他们枪杀。在德国国防军从撤退的苏军手中夺取的地区，枪决的做法从 1941 年夏天开始得到全面执行。到 1942 年 1 月，也就是纳粹高官们在柏林郊区的万湖[4]讨论如何协同实施"最终解决方案"（彻底消灭欧

---

1 Zyklon B，德国化学家弗里茨·哈勃发明的氰化物化学药剂，原为杀虫剂。第二次世界大战中纳粹德国曾在奥斯威辛集中营使用它进行大屠杀。
2 Trawniki，波兰东部村庄。第二次世界大战期间纳粹德国在这里设立了特洛尼基集中营。
3 Einsatzgruppen，意为"特别行动队"，是纳粹党卫军中执行行刑任务的组织。
4 Wannssee，柏林西南部地名，因 1942 年 1 月 20 日在此举行的讨论"犹太人问题最终解决方案"的万湖会议而著名。

洲犹太人)¹时，纳粹别动队已经杀害了近100万犹太男女和儿童。他们在光天化日之下执行这样的行动，有时甚至公开行刑，而且行刑地点几乎都在当地非犹太居民能听见枪声的距离之内。乌克兰和其他苏联西部地区发生的大屠杀不仅毁灭了当地的犹太族群及其社会生活（与整个欧洲范围内一样），还重创了目击者的心灵。

每六个死于大屠杀的犹太人中就有一个来自乌克兰，总计达近100万人。其中最著名也是牺牲者最多的，无疑是发生在基辅郊外的巴比亚尔²（乌克兰语发音为"巴比恩亚尔"，意为"老妇谷"）的屠杀事件。在德国和当地警察的帮助下，第三别动队的第4a特遣队（Sonderkommando 4a of Einsatzgruppe C）在两天之内用自动武器枪杀了33 761名基辅犹太居民。这起枪杀事件发生于1941年9月29日和30日，下令者是基辅的军事长官库尔特·埃伯哈德³少将。战争结束后，此人在被美国人关押期间自杀。

埃伯哈德下令实施这场大屠杀的用意在于打击苏联特务的破坏活动。9月19日，即基辅落入德国人之手5天之后，苏军撤退前埋下的炸弹被引爆了，摧毁了基辅城中的几座标志性建筑。不出意料，当时的德军指挥部正设于这些建筑中，因此爆炸导致不少德国高级军官丧生。纳粹在宣传中声称德国人在东方的战争是为了打击犹太人社群——这些宣传者指的是苏维埃政权，因为他们将犹太人的起源与其

---

1 Final Solution，德语为Die Endlösung，是第二次世界大战期间纳粹德国针对欧洲犹太人的系统化种族灭绝计划。
2 Babi Yar，基辅郊区山谷。1941年9月29日至30日，3.3万多名犹太人在这里被杀害。
3 Kurt Eberhard（1874—1947），纳粹德国党卫军和陆军军官。他在1945年11月被捕，于1947年9月自杀。

部分早期领袖的共产主义思想联系了起来。在德国当局眼中，苏联特务与犹太人之间有着直接的联系，并且他们已经在利维夫、克列梅涅茨以及其他西乌克兰城镇让这种联系显露无遗。在离开这些城市向东撤退之前，苏联的内务人民委员部射杀了数百名囚犯，其中许多人是当地乌克兰人和波兰人。当时德国人曾鼓励实施对犹太人的迫害，以"反击"苏联人的暴行。然而，从8月开始，德国人改变了政策。党卫队（SS）领袖海因里希·希姆莱业已授权对犹太妇女、儿童进行屠杀，对犹太社群实施整体毁灭。反犹迫害已经不够了。犹太人必须灭亡。

"基辅城区及周边的犹太人！"9月底在基辅城中散发的一张传单上写道，"你们必须在星期一（9月29日）早上8点之前，带上自己的财物、文件、细软和御寒衣物到多洛霍兹希茨卡大街的犹太公墓旁集合。未能到场者将被处死。"此时基辅的犹太市民大都是妇女、儿童和老人，因为男丁们已被征召入伍。他们以为这次集合是为了迁居，不会受到伤害。第二天是犹太人的赎罪日（Yom Kippur）[1]。响应传单号召的人们被带到犹太墓地大门口，被勒令交出他们的文件和细软，并脱光衣服，随后被枪杀在一条山谷的斜坡上——每10人一组。巴比亚尔大屠杀在历史上有着特殊的地位，因为它是欧洲首次对一个主要中心城市的全部犹太人社群采取的灭绝行动。然而，在巴比亚尔大屠杀之前和之后，都有许多规模惊人的屠杀事件发生。8月底，一支德国治安部队枪杀了2.3万多名犹太人，其中大多数都是来自匈牙利统治下的外喀尔巴阡地区的难民。10月，第聂伯罗彼得罗夫斯克的

---

[1] 希伯来历提斯利月第十天，是犹太人一年中最重要的圣日。信徒们会在当天全日禁食。

近 1.2 万名犹太人在城郊的一个山谷中被枪杀,屠杀的发生地在后来成为第聂伯罗彼得罗夫斯克大学的校址。12 月,哈尔基夫的约 1 万名犹太人遭到了同样的命运。他们遇难的地点是哈尔基夫拖拉机厂——苏联工业化事业的明珠。

罗马尼亚的独裁者扬·安东内斯库[1]夺回了斯大林在 1940 年迫使他交出的北布科维纳和比萨拉比亚,并将敖德萨和波多里亚的一部分置于自己掌控之下。他对犹太人的蔑视和野蛮程度与他的纳粹主子如出一辙。1941 年 10 月,在苏联人炸毁敖德萨的罗马尼亚军事指挥部驻地建筑,杀死一名罗军高级指挥官之后,安东内斯库为了反击,对巴比亚尔大屠杀如法炮制,下令处死了 1.8 万名犹太人。在罗马尼亚人占领敖德萨及周边地区期间惨死的当地犹太人总数约为 11.5 万到 18 万之间。此外,还有约 10 万至 15 万名布科维纳和比萨拉比亚犹太人死于罗马尼亚对希特勒的大屠杀的效仿。与居住在总督府地区的波兰犹太人一样,大多数加利西亚犹太人在纳粹下令修建的贫民窟中度过了几个月的隔绝生活之后,在 1942 年纷纷死去。在德国治安长官们的命令下,他们被犹太人和乌克兰人组成的治安部队聚集起来,送往各个灭绝营。当地人往往会试图从自己的犹太邻居们的不幸遭遇中牟利,或向当局告发他们,或抢夺他们的财产——这样的行为与其说出于反犹主义,不如说出于贪婪。不过,大多数人只是选择袖手旁观。

在乌克兰发生的对犹太人的大屠杀还有一点与中欧和西欧的大屠

---

1 Ion Antonescu(1882—1946),罗马尼亚军人,在 1940 年至 1944 年间任罗马尼亚总理,是罗马尼亚事实上的独裁者。他在 1946 年被枪决。

杀不同：在这里，试图搭救犹太人的人不仅会被逮捕，还会遭到处决，他们的家人也不能幸免。虽然如此，仍有许多人努力搭救他们的犹太邻人。截至今日，以色列国已经将超过 2 500 名乌克兰公民认定为"国际义人"，因为他们在大屠杀期间保护了犹太人。这份名单并不完整，还在增长之中。乌克兰天主教会的都主教安德烈·舍普提茨基就是被这份名单漏掉的人之一。他曾将数以百计的加利西亚犹太人藏在自己的居所和修道院中。1942 年 2 月，他还向希姆莱写信，抗议德国使用乌克兰治安力量来围捕和灭绝加利西亚犹太人。这封信并没有起到作用。代希姆莱向这位都主教传话的人告诉舍普提茨基：如果不是因为年迈，他也难逃被枪决的命运。几个月之后，舍普提茨基发布了他最著名的一封主教信——《不可杀人》，就人类生命的尊严进行了讨论。这封信在所有乌克兰天主教堂中被人们诵读，并被视为他对大屠杀的谴责。舍普提茨基的名字没能出现在"国际义人"名单上，因为他在 1941 年夏天曾欢迎德国人接管已被苏联人占领两年的加利西亚。无论舍普提茨基和他的同胞们对德国统治抱有何种期待，这些希望都很快就成为泡影。

在希特勒的乌克兰"生存空间"中，占领当局的残酷程度根据地区的不同而有差别。罗马尼亚人根本不想要敖德萨及其周边地区，只想用它来交换匈牙利手中的北特兰西瓦尼亚，因此他们只管从南乌克兰地区掠夺一切他们能得到的东西。相比之下，德国人的政策在某种程度上更为温和，而生活在军管区和前奥属乌克兰地区的乌克兰人得到的待遇也更为人道。

乌克兰总督辖区的情况最为糟糕。纳粹的乌克兰总督埃里希·科赫[1]正是乌克兰纳粹占领当局所犯下的一些最可怕罪行的罪魁祸首。科赫时年45岁,是东普鲁士地区的纳粹党首脑。他身材粗壮,言语粗野,留着希特勒式的唇髭,以残暴和办事果决闻名。在乌克兰时,他被委以掠夺这一被征服地区的资源并削减其人口的任务。他对待当地乌克兰人的态度与欧洲殖民者对待其海外殖民地上的黑人和亚洲人的态度没有两样。科赫曾言:"这些低劣民族永远不值得任何一个德国士兵为他们牺牲。"他不希望乌克兰人接受超过小学四年级程度的教育,并关闭了大学和其他15岁以上学生就读的学校。"如果我发现有哪个乌克兰人竟有资格和我坐在同一张桌子旁,我必定让他死在枪下。"他曾在某个场合这样说道。他的部下们也的确枪杀了许多人,其中一些处决就发生在巴比亚尔山谷,也就是几个月前德国人屠杀了近3.4万名基辅犹太人的地方。到1943年11月德军对基辅的占领结束时,在巴比亚尔死于纳粹屠刀之下的冤魂又增加了6万人,其中包括苏联战俘、乌克兰民族主义者、苏联地下党员和罗姆人。

科赫将他的总部设在沃里尼亚的里夫涅城。这里在两次世界大战期间属于波兰。在20年多一点的时间里,里夫涅已经是那个被称为"乌克兰"的政治体的第三个首都:苏联人在20世纪20年代选择了高度俄罗斯化的工业城市哈尔基夫,而不是被他们视为"民族主义堡垒"的基辅;德国人则偏爱地处乡野的里夫涅,而不是那个规模庞大、如

---

[1] Erich Koch(1896—1986),德国纳粹党官员,曾任东普鲁士纳粹党总管(1928—1945年在任),并在1941年至1943年间担任乌克兰总督。

今已严重苏维埃化的基辅。陷于封锁和饥饿中的基辅出现了1933年以来的第一场饥荒。纳粹的"生存空间"想象包括对乌克兰的田园化，也包括对乌克兰各大中心城市的清除——否则他们就不得不供养这些城市人口，并导致第三帝国及其军队所需的资源流失。因此纳粹的政策正是让这些城市陷入饥饿：一旦城市居民被饥饿驱往乡下，就能成为一支生产力量，不仅能养活自己，还能为帝国提供粮草。德国人没有触动那些集体农庄，而是从这种榨取农村人口资源的苏联发明中牟利。他们拒绝对大型企业实行私有化，而是通过新设立的银行、新发行的殖民地货币和价格控制来规划残存的乌克兰经济。至于人口的流动，他们则使用身份证制度来管理。

从1942年开始，纳粹对乌克兰资源的掠夺就不再限于农产品，而开始包括强迫劳动。就在这个月，第一列运送所谓"东方工人"（*Ostarbeiter*）的火车离开基辅前往德国，车上都是受到工作承诺、优越生活和游历欧洲等机会诱惑的乌克兰年轻人。"德国在召唤你！美丽的德国在欢迎你！"基辅一家报纸上的广告如是说。一份海报的标题是"高墙已经倒塌"，描绘了乌克兰人通过那道将苏联同欧洲隔绝开来的高墙上的裂缝向外张望的画面，地平线上是德国城市的天际线。"斯大林在你们周围筑起了一道高墙，"海报上这样写道，"他很明白，任何人只要看到墙外的世界，就会完全明白布尔什维克政权的可悲状况。现在高墙已经打开，去往更新更好未来的道路已经开放。"对年轻一代来说，这是一个离开乡村去看世界的机会。许多人表露出了他们的兴趣，甚至是热情。

然而这些广告被证明是个陷阱。无论这些年轻的乌克兰男女是在德国人的工厂还是家庭里做工,他们最终都成了奴工:他们被迫戴上写着"OST"[1]字样的牌子,被德国当局和德国社会中许多人视为低等人。他们在德国受到血汗剥削的消息传到乌克兰后,占领当局每个月征召4万名乌克兰劳工的任务愈发难以完成,于是他们开始随意抓捕当地人,将他们强迫送往德国。从1942年到1943年,总计有近220万乌克兰人遭到逮捕,并被押送去德国。其中许多人死于营养不良、疾病,以及盟军对他们所在的兵工厂和军需厂的轰炸。那些幸存下来并在1944年年底和1945年被红军解放的人(战争结束时,只有12万人被登记为流散人口)往往被视为叛徒,其中一些人被直接从德国人的集中营送往苏联人的古拉格[2]系统集中营。乌克兰并非德国人实施奴工抓捕行动的唯一苏联地区,但它无疑是这些"猎场"中最大的一个。整个战争期间,德国人从东欧占领区掠往德国的所有"东方工人"中,乌克兰公民占了近80%。

到了1943年夏天,原来那个在乌克兰建设德国农民天堂的计划几乎已成泡影。1942年夏秋之际,希特勒在乌克兰逗留了不少时间。利用苏联战俘的苦役,德国工程师们在乌克兰文尼察附近的松林中为希特勒建起了他最东的一座指挥部,其代号为"狼人"[3]。1943年春天,希特勒仍在这里逗留,然而他在当年9月15日最后一次离开"狼人",再也没有回来。这一天,他下令乌克兰的德军后撤到第聂伯河防线。一周后,苏军从基辅以北渡过第聂伯河,第一次打破了希特勒的东方

---

[1] 上文中"东方工人"(Ostarbeiter)一词的缩写。
[2] Gulag,苏联"劳改营管理总局"的简称。
[3] Werwolf,意为"狼人",是纳粹德国的元首总部之一。

防线。德国人将在 1944 年春天从这一地区撤离时将"狼人"的整个地下结构全部炸毁。

那个关于征服与"生存空间"的幻梦已经破灭，然而它释放出的恐怖仍未消散。乌克兰成为数以百万计的乌克兰人、俄罗斯人、犹太人和波兰人的坟场（此处仅仅列出了最大的几个受难族群）。大部分乌克兰犹太人在大屠杀中死去。在南乌克兰和沃里尼亚定居的德意志人和门诺派教徒也消失无踪——如果他们没有在 1941 年被苏联人遣送出境，如今也只能跟随撤退的德国国防军逃之夭夭。沃里尼亚和加利西亚的波兰族群也受到乌克兰民族主义者的攻击。红军在 1943 年 7 月的库尔斯克会战中取得胜利，随后开始挺进乌克兰。此时苏联领导层面对的，是一个与他们在 1941 年夏天和秋天匆忙抛弃的乌克兰完全不同的国家。城市变得空空荡荡，其中的工业企业已被夷为平地。

活下来的人将红军视为解放者，热烈地欢迎他们。然而苏联官员们却不信任这些幸存者的真诚。欢迎者在敌人的统治下活了下来，在苏联掌控之外生活了那么长时间，这足以让他们对斯大林主义的体制产生怀疑。东正教信徒们已经习惯了希特勒带给他们的唯一自由，即信仰自由。那些原先不太从民族角度定位自身的人也开始转变——毕竟，在纳粹占领期间，族群问题往往可以决定一个人的生死。以上这些情况都对取得战争胜利的共产党政权构成威胁。直到 20 世纪 80 年代，苏联公民仍需要填写各种各样的表格，回答诸如自己或自己的亲属有无在德占区生活过之类的问题。此类问题在表格上紧挨着那些关于个人犯罪记录的问题。

第23章

胜利者

苏联军队于1943年11月6日从撤退的德军手中夺回了基辅。时年49岁的乌克兰第一方面军（进入基辅城的部队集群）政治委员尼基塔·赫鲁晓夫中将大喜过望。作为战前乌克兰的共产党首脑，他对基辅及其周边地区十分熟悉，他的进城路线也是战前他往返自己乡间别墅时走的那条路。赫鲁晓夫发现基辅城中的建筑几乎没有变化（与1941年撤退时的苏联人不同，德国人并没有炸掉这些建筑）然而整座城市却完全被遗弃了，因为他在前一天曾下令炮轰这座城市以促使德国人加速撤离。

尽管苏联人在1941年试图炸毁基辅城中心的歌剧院，它却奇迹般地幸存了下来。当赫鲁晓夫在乌克兰共产党领导人的陪同下走近这座建筑时，他看到一名男子高叫着向他跑来，口中喊着："我是最后一个犹太人！我是基辅最后一个活着的犹太人！"赫鲁晓夫努力让这名男子平静下来，然后问他是怎么活下来的。"我妻子是乌克兰人，"男子答道，"她把我藏在阁楼上，给我送来食物并照顾我。"此时人们开始从藏身之处走出。几分钟过后，另一名基辅市民，一名留着大胡子的老人，上前拥抱并亲吻赫鲁晓夫。赫鲁晓夫在后来的回忆中表示当时他"受到极大感动"。在1941年夏天，许多人只希望当局的战士打败仗，然而这些战士在归来时却成了拯救者。幸存者们的态度发生了改变，他们把红军战士不仅当作胜利者也当作解放者来欢迎。这种改变与其说是由于苏联人在归来后做了什么，不如说是由于德国人在占领期间做了什么。那些持不同意见的人，包括乌克兰知识分子中的很大一部分，都已经随着德国人离开了。

在接下来的一年中，红军将会把乌克兰其余领土从德国人的占领下解放出来，然而直到盟军在1945年5月取得对德国的最后胜利，苏联人才真正完全地控制了这些地区。苏联政府将会在1945年6月划出一条新的乌克兰西部边界，不仅并入了《莫洛托夫-里宾特洛甫条约》中苏联主张的土地，还并入了两次世界大战之间时期属于捷克斯洛伐克的外喀尔巴阡地区。这是一种无情的、典型苏联式的胜利者正义。

从1941年9月让基辅落入德国人之手开始，尼基塔·赫鲁晓夫就一心想着重返这座城市。1942年春天，红军遏制了德国人向莫斯科的进军之后不久，赫鲁晓夫就力主在乌克兰发动一场旨在夺取乌克兰旧都哈尔基夫的反攻，并向工业中心第聂伯罗彼得罗夫斯克推进。反攻的号角在1942年5月12日吹响。苏联坦克编队冲破敌军防线，越过哈尔基夫，进入了左岸乌克兰的草原地区。然而，苏军向西南方向继续前进时几乎没有遇到任何抵抗，这时他们才意识到自己掉进了德国人的圈套。德军的部队已经合拢，形成了前一年里让红军吃尽苦头的那种包围圈。赫鲁晓夫央求斯大林停止进攻，却遭到拒绝。此时无论怎样补救,都已无济于事。在一场持续18天的灾难性作战中,苏军损失了28万人。这些人或阵亡,或失踪,或被俘。当斯大林向赫鲁晓夫问起德国人公开的20万战俘这个数字是不是谎言时,赫鲁晓夫回答说数字大体准确。斯大林将这场失利归罪于他。然而当斯大林拒绝赫鲁晓夫的提议,拒绝终止那次无望的作战行动时,正好有别的政治局委员在场。只是因为这一点,赫鲁晓夫才逃脱了可能被处决的厄运。

对乌克兰的争夺漫长而血腥。1943年2月,红军在斯大林格勒击败了上百万人的德军及其盟军,扭转了战争的局势。斯大林格勒战役甫一结束,红军就继续进攻,从德国人手中重夺库尔斯克、别尔哥罗德和哈尔基夫。然而德国陆军元帅埃里希·冯·曼施泰因[1]发动了反攻,夺回哈尔基夫和别尔哥罗德,并击溃了苏军52个师的部队。直到1943年8月23日在库尔斯克取胜之后,红军才又一次夺回了哈尔基夫。9月8日,苏军在斯大林城(从前的尤兹夫卡和未来的顿涅茨克)上空升起了红旗。在接下来的几个月里,苏军夺取了左岸乌克兰的其余地区。他们的战线长度超过1 400千米,将希特勒为阻止苏军攻势而在右岸乌克兰建立起来的防线"东墙"撕开了多个缺口。红军在战场上投入了250万兵力,德军则有125万人。战斗的过程异常激烈。根据保守的统计数字,苏联在这次战役中死伤人数超过100万,而德军的损失也超过50万人。平民人口的损失同样惊人,然而没有人去进行统计。

作为乌克兰被占领区的共产党首脑,赫鲁晓夫深深地涉足德军后

---

1 Erich von Manstein(1887—1973),德国陆军元帅,纳粹德国国防军中最著名的指挥官之一。

方的游击队建设之中。纳粹在占领区的政策激起了人们的怨恨、愤怒,最终导致了反抗,并驱使人们加入抵抗组织的队伍。城市中出现了众多抵抗团体,而乡村则是大规模游击组织的天然庇护所——他们对占领者发动了长期的消耗战争。生态学是导致这种情况出现的关键因素:草原无法为抵抗战士们提供很好的掩护,因此他们选择基辅以北和切尔尼戈夫地区的林地、沃里尼亚北部的森林和沼泽,以及喀尔巴阡山脉的丘陵地区作战。让这些游击者联合在一起的,除了他们的活动区域之外,还有他们宣传的乌克兰爱国主义和对纳粹占领的仇恨。然而,意识形态以及从前的苏联-波兰分界线又让他们分裂:在这条线以西,游击队组织的领导力量是民族主义者,共产党人则在东部的游击队组织中占据统治地位。

按照常规,共产党游击队的组织者是苏联的秘密警察。他们从一个被称为"乌克兰游击运动参谋部"的机构接受命令和给养。这个机构受一名内务人民委员部的将军领导,是莫斯科的"游击运动中央参谋部"的组成部分。乌克兰游击者最著名的领袖之一是西迪尔·科夫帕克[1],他曾在战前担任一个市政府的长官。科夫帕克早在1918年德国占领乌克兰期间就有游击队指挥官的经历,并毕业于内务人民委员部开办的一所专门训练游击战干部的学校。苏联游击队从1942年年初开始活动,在战线后方和占领政府的各个中心地区对德军部队发起攻击。随着时间推移,以及斯大林格勒战役之后红军的向西推进,苏联游击队的人数和活动范围也扩大了。如果说1942年只有5 000名游击

---

[1] Sydir Kovpak(1887—1967),苏德战争时期乌克兰抵抗力量的杰出领袖。

战士,到了 1944 年,他们的人数已经增长了几乎 10 倍。

德国人试图对付日渐高涨的游击运动——游击战不仅对德国对乌克兰的控制构成挑战,也扰乱了通信和给养运输。于是他们开始使用恐怖手段对当地人群实施统治,其中包括焚毁那些被占领当局认为受到游击队控制或被怀疑支持游击队的村庄。当德国人自己的人手不足时,他们开始依靠从当地人群中招募的治安部队。治安部队成员很少有人是因为意识形态而加入,其中有许多还是寻求免于被占领当局迫害甚至处决的前共产党员和共青团员(Komsomol)。对立的两个阵营中都有当地人,因此游击战往往演变成野蛮的仇杀,而游击队员和治安警察的亲属们则为他们亲人的选择付出了最惨痛的代价。随着战争的天平在 1942 年向不利于德国的方向偏转,越来越多的治安警察转投游击队阵营。有时甚至难以分辨一个人到底是通敌者还是抵抗战士。这是一场漫长的战争,许多人在战争期间都发生了角色的转变。

夺回基辅之后,赫鲁晓夫立刻投入了对当地的治理工作,将前苏维埃政权控制的领土重新整合为乌克兰苏维埃社会主义共和国(乌克兰 SSR),并将战前还不受苏维埃政权控制的地盘再次纳入。这是一项冗长而艰巨的任务,将会占据他大部分的时间和精力。到了 1944 年年初,战线已经推进到到第聂伯河以西。3 月,苏军已经夺回了右岸乌克兰,并越过战前的国界进入了罗马尼亚。10 月,红军翻过喀尔巴阡山脉,夺取了外喀尔巴阡地区。官方宣传将这一胜利誉为重新统一乌克兰国土的最后一步。没有人提到这些土地也许应该归还给匈牙利或捷克斯洛伐克。毕竟,在夺取西乌克兰的战斗中,超过 50 万名红军战士献出了生命。

"在将德国人向西驱赶时,我们遭遇了乌克兰民族主义者这一宿敌。"赫鲁晓夫在讲述 1944 年至 1945 年间他为将西乌克兰重新纳入苏维埃统治而付出的努力时回忆道。苏维埃当局往往将这些民族主义者统称为"班德拉分子",因为民族主义反抗行动几乎由乌克兰民族主义组织中斯捷潘·班德拉的派别全盘主导。"班德拉分子"逐渐被用来指任何在班德拉支持者控制的乌克兰反抗军(UPA)[1]中作战的人员。这个称呼在不止一层意义上具有误导性。首先,并非所有乌克兰反抗军战士都认同民族主义理念或属于乌克兰民族主义组织。其次,在 1941 年夏天被德国人逮捕之后,班德拉从未回到乌克兰,对这支以他的名字命名的武装力量也没有实质上的控制力。他成了一名象征意义上的领袖和徒有其名的民族之父,然而在战争中的大部分时间里都身陷德国人的监牢之中,随后又作为一名移民生活在联邦德国。

乌克兰反抗军在 1944 年夏天的巅峰时期拥有近 10 万名战士。他们在苏军战线后方作战,扰乱红军的通信,攻击那些远离前线的红军部队。这支军队有一批指挥官,其中最优秀的莫过于曾担任"夜莺"部队长官的罗曼·舒赫维奇[2]。与舒赫维奇一样,乌克兰反抗军的许多指挥官都在作为辅助警察部队成员时接受过德国人的训练。他们在 1943 年年初离开了这些部队,却带走了武器。乌克兰反抗军将德国人

---

1 Ukrainian Insurgent Army,存在于 1942 年至 1956 年间的乌克兰民族主义者的准军事组织,后来成为游击队,曾与纳粹德国、苏联、捷克斯洛伐克和波兰各方作战。
2 Roman Shukhevych(1907—1950),乌克兰政治家、军事领袖。他在第二次世界大战期间担任与纳粹合作的"夜莺"部队指挥官,后成为乌克兰反抗军最高司令和乌克兰民族主义组织领袖之一。1950 年,他在利维夫附近遭到苏联国家安全部特工逮捕时开枪自杀。

视为自己的首要敌人，然而1943年的大部分时间里他们的作战对象都是波兰反抗军。在沃里尼亚与加利西亚地区，乌克兰人与波兰人之间的仇怨由来已久，此时更因对彼此意图的猜疑越来越强而恶化，终于在1943年春天和夏天导致了大规模的种族清洗行动，其中包括焚毁村庄和大批屠杀无辜平民。

苏联在1943年2月的斯大林格勒战役中取胜后不久，西迪尔·科夫帕克率领的苏联游击队就进入了沃里尼亚，引发了乌克兰人与波兰人之间的冲突。他们从沃里尼亚的一些波兰定居者那里获得支持，因为后者将苏联人视为共同对抗乌克兰人的潜在盟友。关于乌克兰民族主义组织领导层是否鼓励过，以及在何种程度上鼓励过乌克兰人对波兰村庄进行攻击，乌克兰和波兰的历史学家们至今仍争吵不休。可以确信的是，这场种族清洗大部分的受害者都是波兰人。据估计，在加利西亚和沃里尼亚死于波兰人行动的乌克兰人数量大约在1.5万到3万之间，而波兰死难者的数量则在6万到9万之间，是前者的两到三倍。德国人并未积极地参与到乌克兰人与波兰人的冲突中，却煽动双方继续厮杀，有时还向双方战斗人员提供武器——即使他们无法控制乡村地区，至少还可以让敌人保持分裂。此外，德国人还受益于乌克兰反抗军对挺进中的红军的作战。

乌克兰反抗军所取得的重大胜利之一是杀死了苏军的重要指挥官尼古拉·瓦图京[1]将军。1944年2月29日，瓦图京结束了与部下的

---

[1] Nikolai Vatutin（1901—1944），苏联红军大将，曾担任沃罗涅日方面军司令和西南方面军司令，曾参与指挥斯大林格勒战役、库尔斯克会战、第聂伯河战役和基辅战役等。他于1944年2月29日在前线遭乌克兰民族主义者伏击，重伤去世。

会议，从曾是纳粹德国乌克兰总督辖区首府的里夫涅返回，在途中遭到乌克兰反抗军战士的伏击并受伤，随后在4月中旬于基辅去世。赫鲁晓夫出席了瓦图京的葬礼，并将他的这位朋友安葬在基辅的政务中心。战后，他为瓦图京的纪念碑想出了一条碑文："乌克兰人民纪念瓦图京将军。"赫鲁晓夫相信这条碑文会激怒乌克兰民族主义者，然而莫斯科的共产党官员们却将之视为同一种乌克兰民族主义的宣言。赫鲁晓夫直接请示了斯大林，后者同意了他继续原来的方案。这条乌克兰语碑文被刻在了1948年竖起的瓦图京纪念碑上。这座纪念碑至今仍伫立在基辅市中心，成为乌克兰对第二次世界大战记忆的众多标志之一。

在第二次世界大战中，乌克兰人加入的阵营不止一个。他们中的绝大部分人加入了红军一方作战。莫斯科从乌克兰征召的各族士兵总计超过700万人——每5名或6名苏联士兵中就有1名是乌克兰人。战争爆发之初被征召的乌克兰人超过350万名，战争进行期间又有差不多同样数量的乌克兰人被征入伍。许多在德国人的进攻和囚牢中幸存下来的士兵获得释放，与家人团聚，却在红军重夺他们居住的地区后很快被迫再次入伍。他们逐渐被称为"黑衣军"，这是由于他们中的大多数人被征后立刻被投入战场，没有正规的制服，没有接受训练，没有弹药，甚至连武器都没有。由于曾生活在德占区，他们被指挥官们视为叛徒和可牺牲的力量。"黑衣军"中的大部分人在期待已久的"解放"之后不久，就战死在他们家乡的村镇郊外。

在将乌克兰人征召入伍并送上战场这个问题上，苏联人从无疑虑，德国人却长期拒绝从被自己征服的领土上补充常备军兵员。不过德国人欢迎他们成为辅助力量，即 Hilfswillige（志愿者），简称 Hiwis。约有100万苏联公民加入了德国人的志愿者辅助部队，其中乌克兰裔和乌克兰居民约占四分之一。斯大林格勒战役之后，德国人开始遭遇人员短缺，开始改变上述政策。新组建的非德国人部队直接受海因里希·希姆莱监督，成为希姆莱的野蛮治安力量党卫队（SS）中军事部门党卫军[1]的一部分。党卫军中包含了几乎所有欧洲民族成员组成的部队，有法国人、瑞典人、俄罗斯人，也有乌克兰人。战争期间，近2万名乌克兰人在被称为"加利西亚师"的党卫军第十四掷弹兵师中服役。

加利西亚地区的德国总督奥托·冯·瓦赫特[2]是建立加利西亚师计划的推动者。作为一名维也纳人，他使用了从前奥地利人支持乌克兰人打击波兰人的伎俩。在他统治期间，加利西亚的乌克兰语学校数量出现了增长。其德意志政权在当地禁止政治组织，搜捕乌克兰民族主义组织成员，但对乌克兰人的福利、文化乃至学术机构表现出了宽容。这一点与乌克兰其他所有地区的情况截然不同。瓦赫特相信乌克兰人足够忠诚，可以被委以武器。然而在柏林有许多人对他们的忠诚度和种族性质持怀疑态度。最终，德国领导层决定将这个师称为"加利西亚师"，而非乌克兰师，这是因为他们认为加利西亚人是从前奥地利的臣民，较之广义的乌克兰人，是一个更"文明"、更可靠的族群。柏林不仅用从前的俄奥分界线来划分乌克兰人，还沿用从前奥地利人的方

---

[1] Waffen-SS，纳粹德国党卫队下属的准军事部队，是希姆莱的精锐力量。
[2] Otto von Wächter（1901—1949），奥地利律师、纳粹德国政客，在第二次世界大战期间先后担任克拉科夫地区总督和加利西亚地区总督，后被任命为法西斯意大利的德国军事政府首脑。

式来执行对乌克兰不同地区的政策。加利西亚师只能由加利西亚人组成，其代号和标志都与乌克兰和乌克兰人无关。

加利西亚师征召志愿者的计划在 1943 年 4 月被宣布，并立刻在民族主义者地下组织中造成了分裂：班德拉派激烈反对加入加利西亚师，然而班德拉的对手安德里·梅尔尼克上校的支持者们却对之表示支持。包括天主教会主教们在内的主流乌克兰政治领袖们也陷入了分裂。支持成立加利西亚师的人与决定创建它的德国人一样，考虑到的是加利西亚在奥地利人统治期间的历史。在 1918 年，奥军中的乌克兰军团让乌克兰人得以训练自己的干部，并得到他们后来在独立战争中使用的武器。乌克兰社群中许多人认为历史将会重演。他们中很少有人喜欢德国人对乌克兰人的统治，支持纳粹理念的人则更少。在斯大林格勒战役和库尔斯克战役之后，还对德国人统治下的未来抱有信心的人更是一个也没有。除了出于实际的算计之外，让乌克兰政治家和德国当局走到一起的，就只剩下他们共同的反共产主义立场。

加入加利西亚师受到乌克兰主流政治家的支持，并且为乌克兰年轻人提供了一个逃往森林地区加入班德拉派抵抗组织和坐等即将到来的苏联占领之外的选择，因此在将自己的儿子送进这支部队的父母眼中成为一个不那么糟糕的选择。现实很快就会让他们中的许多人感到后悔。加利西亚师在德国人手中受训，并受德国人指挥。1944 年 7 月，他们在加利西亚城镇布罗德首次经历了战火的考验。这是一次洗礼，也是一次葬礼。加利西亚师与另外 7 个德国师一起陷入了苏军的包围。德军的损失高达近 3.8 万人，其中 1.7 万人被俘。加利西亚师原有近 1.1 万人，在这一战中几乎被完全消灭，只有约 1 500 人逃出。布罗迪之战标志着加利西亚师作为一支战斗部队的终结。当年晚些时候，在补充了新的兵员之后，加利西亚师先是被调往斯洛伐克，随后又被调往南斯拉夫同游击队作战。历史的确重演了，然而却是以一场闹剧（如果不是悲剧的话）的形式：1918 年身着奥地利军服的乌克兰部队帮助乌克兰获得独立的故事已成为记忆中的陈迹，在 1944 年让位给乌克兰人佩戴纳粹党标志镇压其斯拉夫同胞的解放运动这一现实。

1944 年 7 月 27 日，红军重夺了利维夫。夺取这座城市和西乌克兰地区为尼基塔·赫鲁晓夫和苏维埃乌克兰的领导层带来了一系列新的挑战。对利维夫的最大担忧是这里可能出现一个向远在伦敦的波兰流亡政府效忠的波兰市政府。赫鲁晓夫匆匆赶往这座被撤退的德国人抛弃的城市。"我们担心一些地方组织可能在此崛起，并反对苏维埃的统治，"他在后来回忆道，"我们必须尽快行动，让我们的人掌管这座城市。这也正是我们做到的。"在 1944 年，利维夫是一座以波兰人为主的城市，处于以乌克兰人为主的乡村地区的包围之中。它成了斯大林与受到西方同盟国支持的波兰流亡政府之间争夺的焦点。赫鲁晓夫在利维夫建立起苏维埃行政机构，意味着斯大林不打算满足波兰人保有这座城市的希望。

夺取利维夫之前两天，斯大林就已经强迫波兰民族解放委员会（一个由苏联人创建的候补共产党政府，旨在代替伦敦的波兰流亡政府）的成员们同意了将来的波兰国家边界。这条边界大致基于 1939 年的莫洛托夫 – 里宾特洛甫分界线，将利维夫划入了苏联一侧。此前几天赫鲁晓夫寄来的一封信为斯大林的这一努力提供了帮助。那位乌克兰共产党首脑不仅希望将利维夫和其他莫洛托夫 – 里宾特洛甫分界线移动的地区纳入他的共和国,还想取得霍尔姆城(波兰语作海乌姆)。这座城市位于一个乌克兰人占主导地位的区域,赫鲁晓夫的妻子尼娜·彼得雷芙娜·库哈尔丘克[1]即来自这一地区。斯大林用赫鲁晓夫的要求对他的波兰傀儡发出威胁,让对方明白如果不同意放弃利维夫,他就进而索求霍尔姆。波兰人屈服了,留下了霍尔姆,放弃了他们对加利西亚首府的要求。红军在1944年7月23日夺取了霍尔姆,这是苏联人在莫洛托夫 – 里宾特洛甫分界线以西攻下的第一座城市,也成为附庸于莫斯科的波兰政府的第一个政府所在地。

9月,共产党人主导的波兰政府和赫鲁晓夫领导的苏维埃乌克兰政府签署了关于新边界和人口交换(以使新的国界不仅成为政治边界,也成为族群边界)的协议。这一协议背后的想法很简单:波兰人应该去往莫洛托夫 – 里宾特洛甫边界以西地区,而乌克兰人应该到边界的东面来。为了让未来的边界安定,为了去掉那些少数民族,从而杜绝苏联境内任何民族统一运动的可能性,斯大林不仅急于移动国界,也急于对人群进行迁移。尽管民族主义者们也打算让战前的国界与族群边界变得一致,斯大林却比他们走得更远:他调整族群边界来适应自己用武力建立起来的国界。

1945年2月,当美国总统富兰克林·德拉诺·罗斯福和英国首相温斯顿·丘吉尔来到雅尔塔同斯大林商谈战后世界的未来时,这位

---

[1] Nina Petrivna Kukharchuk(1900—1984),赫鲁晓夫的第三任妻子尼娜·彼得雷芙娜·赫鲁晓娃的原名。

苏联领导人坚持要求沿着莫洛托夫－里宾特洛甫分界线建立苏联与波兰之间的新边界。两位西方领导人同意了，给业已在进行之中的人口迁移补上了合法性。斯大林还确保拥有新的西部边界的乌克兰和白俄罗斯成为联合国成员，使新的苏联边界变得更加合法。在击败德国并终结欧洲的敌对状态之后，美国、英国和苏联的领导人们又于1945年夏天参加了波茨坦会议。这次会议同意了斯大林的要求，将从前属于德国的西方土地划归波兰，以补偿波兰在东方的领土损失。莫斯科将超过750万德意志人从新成立的波兰国家领土上驱逐出去，腾出土地让东部来的波兰人定居。早在红军夺取德国东部土地之前，苏联就开始了将波兰人向西输送的工作。正因如此，在1944年9月，那些居住在利维夫、原本要前往布雷斯劳（波兰语作弗罗茨瓦夫）的波兰公民才会被临时"安置"在卢布林附近的前马伊达内克[1]纳粹集中营和灭绝营里。过了一段时间之后，他们才到达位于前德国领土的最终目的地。

乌克兰人与波兰人的地下组织之间的战斗已经公开化，种族清洗现象也随之出现。因此，许多波兰人和乌克兰人对离开家乡没什么意见——就算不能保住财产，至少还能保住性命。仍有一些人拒绝离开，不过这不要紧，斯大林和他的波兰代理人已经迫不及待要用上内务人民委员部在战争期间取得的大规模人口驱逐经验，来达成他们创造"无少数民族"国家的目标。苏联官员把驱逐行动称为"遣返"。然而"被遣返者"却是虚构出来的——许多遭到驱逐的人不是返回家乡，而

---

[1] Majdanek，今波兰东部城市卢布林附近的村庄，在第二次世界大战期间曾为纳粹集中营所在地。

是从家乡被赶走。仅在乌克兰，就有约 78 万波兰人被"遣返"到莫洛托夫－里宾特洛甫边界以西。从白俄罗斯和立陶宛被迁移到新生波兰国家境内的人口大约也是这个数目。被驱逐者中包括近 10 万名在大屠杀中幸存下来的苏联犹太人。这些人大多数被重新安置在斯大林取得西方领导人勉强同意后划给波兰的前德国领土上。

波兰人和犹太人向西而去，乌克兰人则向东而来。从 1944 年到 1946 年两年间有近 50 万乌克兰人从莫洛托夫－里宾特洛甫边界以西被驱往乌克兰苏维埃社会主义共和国。差不多在同一时间里，由于与民族主义地下组织同谋或仅仅是有嫌疑，西乌克兰地区有超过 18 万乌克兰人遭到逮捕，被送往西伯利亚和苏联内陆地区。另有 7.6 万乌克兰人在 1947 年 10 月也遭到流放。流放行动的主要目的在于削弱乌克兰民族主义抵抗力量。战争结束之后很长时间里，这些抵抗者仍在西乌克兰坚持斗争。尼基塔·赫鲁晓夫后来曾声称斯大林已经准备好将所有乌克兰人迁往东方，然而他们的数量实在是太多了。

然而，全体驱逐对波兰的共产党政权来说是个可行的选项，只是在规模上要小一些。1947 年，在一次代号"维斯瓦河"的行动中，波兰人从自己的东部边境地区赶走了仍留在波兰境内的所有当地乌克兰男女和儿童，共计 14 万人，并用波兰人取代了他们。他们把这些被驱逐者从家乡赶走，安置到波兰西部和北部的前德国领土上。由于当地人口混杂的族群和宗教状况，波兰－乌克兰的边界一度错综复杂，此时却开始变成一条清晰的苏联－波兰边界，一侧是波兰人，另一侧是乌克兰人。由于犹太人遭到灭绝，波兰人和德意志人遭到驱逐，在其历史中大部分时间里都是一个多族群地区的乌克兰也开始成为一个乌克兰族和俄罗斯族共享主导地位的国家。

斯大林实行人口大迁移的目的不是要满足民族主义者的要求，而是要打击民族主义，并强化自己对边境地区的控制。他封锁苏联边界的手段不仅是设立新的界线和边防哨兵，还有针对资本主义西方的漫长对抗。他把乌克兰通往欧洲的大门关得比两次世界大战之间时期更紧，甚至可以说比历史上任何时期都紧。纳粹占领期间的现实已经粉碎了乌克兰知识分子群体加入欧洲的梦想。德国人带到乌克兰的欧洲以殖民帝国的面目出现，驱动这个帝国在乌克兰的代理人的则是种族、剥削和灭绝"低劣人种"（*Untermenschen*）等概念。苏联人对这种新近的对西方的失望加以利用，为冷战期间的宣传添砖加瓦。在很长一段时间里，他们都会不断将乌克兰抵抗者称为"德意志-乌克兰民族主义者"，以将乌克兰民族主义与德国法西斯绑定在一起。

为抹杀由来已久的文化边界，苏联当局同样投入了大量精力。1946年3月，内务人民委员部通过其代理人召集了一次乌克兰天主教会特别会议。与会者被迫解散教会，加入俄罗斯东正教会。这次会议没有主教出席，因为主教们早在一年前就被内务人民委员部逮捕。雅尔塔会议之后不久，苏联就做出了摧毁乌克兰天主教会的决定，并在三巨头会议所确定的国界内实施。由于此时外喀尔巴阡地区尚未正式成为苏维埃乌克兰的一部分，乌克兰天主教会得以在那里继续存在了3年时间，直到1949年冷战开始时才被取缔。苏联怀疑天主教会在整体上都受梵蒂冈和西方势力的指使。一切体制上、宗教上和文化上与西方的联系都必须被切断，由此造成这个长久以来一直充当天主教西方和东正教东方之间桥梁的团体的毁灭。短短几年之内，超过500万名乌克兰天主教徒成了名义上的东正教徒。

到了 1945 年,通过武力手段获胜的苏联将其边界深深推进到欧洲中东部腹地。苏联人剽窃了乌克兰民族主义的蓝图,将名义上的乌克兰共和国加以扩展,囊括原属波兰、捷克斯洛伐克和罗马尼亚的各个乌克兰人传统聚居地区。

这些领土要求对乌克兰的苏维埃政权构成了新的挑战。1917 年革命之后,通过承认乌克兰对往往为俄罗斯人所聚居的乌克兰东部和南部工业中心的主张,苏联当局已经将第聂伯乌克兰与苏联绑定在一起。在夺取了两次世界大战之间时期归于波兰、罗马尼亚和捷克斯洛伐克的前奥匈帝国乌克兰人聚居地区之后,斯大林又将发展成熟的自治、议会民主、社群和民族自组织传统带进了乌克兰,而这些传统在乌克兰中部和东部地区并不存在。此外,乌克兰的苏维埃当局还要面临一种新的意识形态威胁——激进民族主义。这种潮流以拥有良好政治组织和自己的游击武装的乌克兰反抗军为代表。

苏维埃乌克兰和苏联对上述新领土的完全纳入包括经济、社会和文化等各方面的整合,需要数十年的时间才能完成。莫斯科还需要将民族主义反抗组织驱入地下,最终消灭他们,才能平定这些地区。仅这一过程就延续到 20 世纪 50 年代。这些地区要实现完全苏维埃化,还必须经历集体化和工业化的过程,此外还必须向这些地区的年轻人灌输苏式马克思主义的常识。然而,即使在很长时间之后,苏联新获得的这些领土与欧洲中西部地区之间的历史联系仍未断绝。苏联边界的西进让那些此前不属于苏联的乌克兰地区变成了国内的边境。在数十年的时间里，当局在这些地方实施的政策都与乌克兰其他地区的政策不同。

苏联使用乌克兰这张牌的目的不仅在于使其对这一地区的占有合法化，还在于在这里实现苏维埃化。莫斯科重拾其20年代的乌克兰化政策，允许这一地区在政治和文化上实现乌克兰化后加入苏联社会。然而，由于对当地骨干群体不抱信任，当局对他们的吸纳进展相当缓慢，因此不得不从乌克兰的中东部地区调来乌克兰人。这拖延了整个地区的完全融合。同时，以乌克兰文化换取政治忠诚的做法也让乌克兰其他地区的俄罗斯化进程慢了下来。这种勉强的乌克兰化，以及前奥匈帝国（以及后来的波兰）境内高度发达的民族动员历史传统，再加上对民族主义反抗运动的记忆，让西乌克兰（尤其是加利西亚）在后来的整个苏联时期都成为乌克兰民族文化和政治运动的中心。

V

第五卷

独立之路

THE
ROAD TO
INDEPENDENCE

第 24 章

第二个苏维埃共和国

1945 年 4 月的旧金山会议[1]承认了乌克兰的联合国成员地位,并将之视为创始成员。这将乌克兰的国际地位提高到与加拿大和澳大利亚等英国自治领,乃至比利时和巴西等主权国家比肩的程度。尽管如此,此时乌克兰距离取得国家独立以与其联合国成员地位的要求相称,还有接近半个世纪的路要走。在这条道路上,乌克兰为瓦解各个帝国并在帝国的废墟上创立新的民族国家做出了贡献。这一进程让全世界的独立国家数量从 1945 年的 70 个增加到今天的 190 多个。

尽管乌克兰拥有了联合国席位,地位也有了提高,但战争结束之际的乌克兰一片凋敝。从地图上看,乌克兰似乎已经跻身于战争的主要受益者之列——其领土增加了超过 15%——然而这个共和国实际上却是战争的最大受害者之一。它失去了多达 700 万人口,占其总人口的 15% 还多。在剩下的 3 600 万乌克兰人中,约 1 000 万人流离失所,约 700 座城镇和 2.8 万个村庄已成废墟。乌克兰损失了 40% 的财富和

---

[1] San Francisco Conference,指 1945 年 4 月到 6 月在美国旧金山举行的联合国国际组织会议。会议的目的是起草《联合国宪章》。

超过80%的工农业设备。1945年，这个共和国的工业品产量只有第二次世界大战前水平的四分之一，而农业产量也不过战前水平的40%。

乌克兰的工业基地已被苏联的焦土战术、德国人的去工业化和去城市化政策以及两军的激烈交战摧毁。在某些地区，乌克兰的建设甚至几乎需要从零开始。西方的顾问们建议说修建新厂比修复旧厂更容易，然而当局决定重建其在30年代曾为之付出巨大牺牲的工厂。与从前一样，苏联将重工业置于优先地位。在克里姆林宫看来，其他领域都没有那么紧迫。

到了1948年，苏联与英美之间的战时同盟已经为莫斯科与西方之间的冷战取代。与西方在伊朗、土耳其和希腊的前哨一样，苏联对欧洲中东部地区的控制也变得岌岌可危。由于苏军已经部署在西至德国的地区，乌克兰不再像两次世界大战之间时期那样是一个紧邻西方敌人的边境共和国，然而其在整个苏联工农业生产力上的重要性仍和第二次世界大战之前一样巨大。为了应对许多人眼中共产主义东方和资本主义西方之间迫在眉睫的冲突，乌克兰必须生产武器、食品和士兵。对乌克兰人而言，这就意味着大量的枪炮和少得可怜的黄油。到了1950年，乌克兰已经恢复了其经济潜力，但它的农业生产拖了后腿，直到60年代才重新达到战前水平。

重建破碎的经济、重新安置受到震惊和创伤的社会，以及重建党对战争期间一度落入德国人及其盟友之手的地区的意识形态和政治控制，是战后的第一个十年中乌克兰的主旋律。在西乌克兰，也就是那些从前属于波兰、罗马尼亚和捷克斯洛伐克的省份，由于德国入侵之前苏维埃的统治只维持了不到两年时间，所谓恢复党的控制事实上是引入党的控制。这段时间里，20世纪30年代建立起来的政治、社会和经济模式在整个乌克兰范围内得到（重新）执行。斯大林在其生命的最后几年里不再热衷于实验——斯大林主义在其晚期显然已经耗尽了革命激情。斯大林及其助手们所做的大部分政治、社会和文化决策都受到刚刚结束的战争和针对西方国家的备战（克里姆林宫相信战争很快就会到来）的影响。

扎波罗热的第聂伯河水电站是战前苏联工业化的巨制之一，也是被苏联政治金字塔顶层人士赋予高度优先地位的重建项目。苏军在1941年撤退时，曾炸毁扎波罗热水坝的一部分。在1943年，当德国人打算完成苏军的未竟工作时，苏联人却挽救了这座大坝的残留部分——他们的间谍剪断了用来引爆炸药的线路。大坝和水电站的重建成为新任扎波罗热地区共产党首脑、未来的苏联领导人列昂尼德·勃列日涅夫的工作重点。勃列日涅夫在1946年来到扎波罗热，发现这座水电站和那些环绕它修建的工业企业已成为一片瓦砾。"砖块和钢铁的缝隙里长出了青草。野狗的狂吠声从很远之外就能听见。周遭除了废墟一无所有。烧焦的树枝上挂着乌鸦的窝巢。"这是勃列日涅夫对1946年夏天他参观扎波罗热工业基地时的第一印象的回忆，"在内战之后我也曾看到过类似的景象，然而当时最令人恐惧的是那些工厂的死寂，此时它们却已完全化为瓦砾。"

根据一个政府委员会的报告，此时的扎波罗热市没有电力供应，也没有自来水。超过1 000栋公寓楼、74所学校、5家电影院、2所大学和239家店铺被彻底摧毁。然而莫斯科将勃列日涅夫派往扎波罗热的主要目的并不于重建城市，而是让那座水电站和被称为扎波罗热斯塔尔的钢铁厂重新运转起来。勃列日涅夫以创纪录的时间完成了任务。1947年3月，扎波罗热水电站开始发电。同年9月，钢铁厂生产出第一批钢材。为了奖励勃列日涅夫的功劳，克里姆林宫在1947年11月将勃列日涅夫从扎波罗热召回，提升他为邻近的第聂伯罗彼得罗夫斯克地区（乌克兰经济的主要引擎之一）共产党的第一把手。勃列日涅夫离开扎波罗热时，此地已经在生产电力和钢材，然而仍是一片废墟。这就是乌克兰的战后重建模式——工业企业优先。民众的苦难甚至死亡则被置之不理。

在其首次出版于1978年的回忆录中，勃列日涅夫提到了当时城市中的艰难形势，却对乡村的状况不置一词。1946年和1947年，乡村地区再次出现了规模堪比1932年和1933年的饥荒。近100万人在这场饥荒中死去。受灾最重的是乌克兰南部，包括勃列日涅夫领导的第聂伯罗彼得罗夫斯克和扎波罗热地区。毫不意外，由于他自己身处高位，勃列日涅夫对当局这桩导致数十万公民饿死的新罪行缄口不言。另一名高官则拒绝保持沉默，他就是当时勃列日涅夫的上级尼基塔·赫鲁晓夫。赫鲁晓夫的回忆录通过地下渠道流入西方，并于70年代在美国出版，然而苏联读者直到80年代晚期才能读到它。（与之相较，勃列日涅夫的回忆录在70年代的印数就达到近1 500万册。）赫鲁晓夫在回忆录中不仅描述了饥荒的景象，还描述了共和国领导层在救助受难者时所表现出的无能——在影响乌克兰人生死的问题上，莫斯科仍是唯一的决策者。

正如他对30年代和40年代发生的许多其他事件做出的解释一样，赫鲁晓夫将这场新的乌克兰饥荒归咎于斯大林。在这件事上，他无疑是找对了目标。1946年夏天，乌克兰发生了半个世纪以来最严重的干旱，然而莫斯科当局仍从被战争和糟糕收成破坏的乌克兰乡村征粮。各个城市的再次工业化和苏联控制的东欧地区此时都需要粮食。斯大林向东欧输粮数以百万吨计，以使这些地区新成立的共产党政权保持运转。为阻止即将到来的灾难，赫鲁晓夫直接向斯大林提出请求，要求像对城市居民一样给农民发放配给卡。他的请求被置若罔闻。此外更有人开始散布流言，指控赫鲁晓夫支持乌克兰民族主义，因为他对他的共和国及其民众表现出了过度的保护。赫鲁晓夫很快就失去了斯大林的宠信，并遭到降职。尽管他仍保留了乌克兰政府首脑的职务，却失去了乌克兰共产党第一把手的位置。他的新上司、乌共党委第一书记职务的接任者是拉扎尔·卡冈诺维奇——20年代乌克兰化政策的推行者和30年代大饥荒的责任人之一。

卡冈诺维奇将自己在乌克兰的新使命视为加强莫斯科在意识形态上的控制。新古典主义诗人、乌克兰作家协会主席马克西姆·雷利斯基[1]成为卡冈诺维奇的意识形态政治迫害的主要受害人。他在媒体上被指控为乌克兰民族主义者，并在1947年秋天被撤职。尽管斯大林很快就将卡冈诺维奇召回莫斯科，赫鲁晓夫也夺回了他的党内职务，对乌克兰文化界人物的攻击仍在继续。这是斯大林的意识形态领域负责人安德烈·日丹诺夫[2]发起的全国性运动的一部分。日丹诺夫给苏联的作家和艺术家们扣上"资产阶级个人主义""思想不纯"和"向西方献媚"

1　Maksym Rylsky（1895—1964），乌克兰诗人，曾获列宁奖和斯大林奖。
2　Andrei Zhdanov（1896—1948），斯大林时期主管意识形态的苏联主要领导人之一，曾被斯大林属意为其继承人。

等罪名。日丹诺夫发起的这场运动的受害者包括俄罗斯讽刺作家米哈伊尔·左琴科[1]和乌克兰讽刺作家奥斯塔普·维什尼亚[2]。作家们在作品中只能描述一种冲突：好和更好之间的冲突。这等于捆住了讽刺作家的手脚。对意识形态异见者的搜寻范围从作家群体扩大到音乐家和历史学家群体。在乌克兰，迫害"民族主义者"的行为在 1951 年达到顶峰：这一年，《真理报》对杰出诗人弗拉基米尔·索休拉[3]写于 1944 年的爱国诗歌《热爱乌克兰》（"Love Ukraine"）发动了批判。当局寻求强化对从前德国占领区的控制，因此在战争期间有助于动员乌克兰爱国主义反抗德国侵略的作品如今被贴上了民族主义的标签。

苏联将 1941 年到 1945 年间的苏德战争称为"伟大的卫国战争"。由于苏联政权在战争中没有倒下，并击退了侵略者，因此这场战争为当局赋予了新的合法性。然而战争同样改变了苏联的政治版图，让民众获得了革命年代以来从未有过的政治力量。莫斯科重建意识形态统一性及中央集权水平的努力只取得了部分成功，在乌克兰这样的共和国尤其如此。进入 50 年代之后很长时间，乌克兰民族主义者对苏维埃政权的反抗仍在继续。西乌克兰（尤其是加利西亚和沃里尼亚）在战后多年仍处于事实上的军事占领状态，并受到与乌克兰其他地区不同的对待。

直到 20 世纪 50 年代，乌克兰反抗军仍在加利西亚乡间挑战苏维

---

[1] Mikhail Zoshchenko（1894—1958），苏联讽刺作家。他对社会现象的讽刺使他在 20 世纪 20—30 年代广受欢迎，但自 1946 年日丹诺夫批判后，他的作品不能出版，只能从事翻译工作。
[2] Ostap Vyshnia（1889—1956），原名帕夫洛·胡本科，乌克兰讽刺作家。
[3] Volodymyr Sosiura（1898—1965），乌克兰抒情诗人。

埃的统治,比东欧其他苏占区任何武装反抗力量坚持的时间都长得多。在 1947 年左右,乌克兰反抗军的指挥官们改变了战术,将大型部队拆分为不超过 50 人的小部队,后来又进一步拆分为不超过 10 人的小组。他们避免与人数优势巨大的苏军进行大规模军事对抗,保存力量,等待在他们看来随时可能发生的苏联与西方之间的新战争。与此同时,这些小规模反抗军部队仍为苏维埃当局带来麻烦。他们攻击共产党的代表,攻击国家机器,并破坏当局的农业集体化努力和当局通过教育系统实施的对当地的苏维埃化。当局则以镇压手段做出回应,其中包括对数十万被怀疑支持地下组织的乌克兰人的流放。

直到 1950 年春天,苏联安全部门才追查到乌克兰反抗军总司令罗曼·舒赫维奇的下落,并将他杀死。另一名指挥官接替了舒赫维奇的位置,然而在接下来的几年中,有组织的抵抗运动遭到大面积摧毁,而小股的地下部队彼此之间也失去了联系。一些反抗队伍设法穿过波兰和捷克斯洛伐克国境来到西方,在联邦德国加入斯捷潘·班德拉领导下的流亡民族主义者群体。1951 年,为了搜集情报,英国和美国开始将班德拉组织和其他民族主义组织的成员空投回乌克兰。作为回应,苏联加强了对班德拉和其他在德国的乌克兰流亡者领袖的暗杀努力,并在 1959 年秋天取得成功:一名苏联间谍用一支填充了氰化物的喷枪杀死了班德拉。刺客于 1961 年叛逃到西方,承认了其刺杀班德拉和在 1957 年刺杀另一名乌克兰流亡者领袖的行为。他在联邦德国法庭上的证词充分证明:杀害流亡者领袖的命令出自苏联政府的最高层。

在斯大林时代的最后几年中,乌克兰民族主义者——无论是真正的还是仅仅只是受到怀疑的——并非苏联宣传机构和秘密警察的唯一打击目标。就在这段时间里,苏联犹太人在苏联的敌人名单上进入了前列。在20世纪30年代的斯大林主义清洗行动中,犹太人就是受害者之一,然而直到40年代晚期,他们才作为一个整体成为打击目标。这一转折与冷战的开始和以色列国的建立同步发生。此时苏联的犹太公民开始被怀疑为两面派,与西方站在一边反对他们的苏维埃祖国。

1948年1月,苏联犹太人领袖之一、著名演员和艺术指导所罗门·米霍埃尔斯[1]被杀害。当年年底时,维亚切斯拉夫·莫洛托夫的妻子波利娜·热姆丘任娜[2]被投入了监狱。热姆丘任娜出生于乌克兰南部,是米霍埃尔斯的积极支持者。苏联媒体向所谓"世界主义者"("犹太人"的隐语)宣战,将许多犹太人从党的机构和安全机构驱逐出去。乌克兰犹太人成为这场歧视运动的主要目标之一。1952年,随着许多犹太医生的被捕,这场反犹运动达到了新的高潮。这些犹太医生与他们的斯拉夫同事们一样,被控谋害包括安德烈·日丹诺夫在内的苏联领导人,而事实上日丹诺夫在1948年死于自然原因。直到斯大林去世,这场反犹运动才被终结。苏联领导层为这场运动踩了刹车,并从监狱里释放了那些幸存下来的医生。然而,反犹主义仍在莫斯科、基辅和其他苏联中心城市的权力机关中阴魂不散。

约瑟夫·斯大林于1953年3月5日去世。他的去世宣告了苏联历史上最恐怖的年代的终结。他推行的政策将在接下来数代人的时间内

---

1 Solomon Mikhoels(1890—1948),苏联犹太演员、莫斯科国家犹太剧院的艺术指导。他在第二次世界大战期间担任犹太反法西斯委员会主席,在1948年被斯大林下令暗杀。
2 Polina Zhemchuzhina(1897—1970),苏联犹太裔女政治家,莫洛托夫之妻。

对其继任者们和他们领导下的国家产生影响。反犹运动正是这些政策的诸多方面之一。去斯大林化将成为斯大林的继承者尼基塔·赫鲁晓夫主政时期的重要特征。然而，这位乌克兰共产党前领导人需要花费很长时间，才能完全掌握党和国家的权力，进而开辟其反斯大林主义的路线。

尼基塔·赫鲁晓夫登上苏联权力之巅的历程始于1949年12月。当时斯大林将正在利维夫与民族主义地下组织作战的赫鲁晓夫召回莫斯科，并将他此前担任过的莫斯科地区共产党首脑职务交还给他。盛大的斯大林七十周年诞辰庆祝活动在赫鲁晓夫抵达莫斯科之后几天举行。在官方庆典上，斯大林让赫鲁晓夫坐在自己身边，而另一边则安排了从中国来访的贵宾毛泽东。

斯大林去世后，赫鲁晓夫很快成为4名最有权力的苏联领导人之一。1953年6月，他策划了对其最危险的竞争者、安全机构首脑拉夫连季·贝利亚[1]的逮捕行动。1955年2月，他除掉了贝利亚曾经的盟友、苏联政府首脑格奥尔基·马林科夫[2]。1957年6月，他又粉碎了斯大林的前助手维亚切斯拉夫·莫洛托夫和拉扎尔·卡冈诺维奇的反抗。1958年3月，赫鲁晓夫成为苏联共产党和苏联政府的首脑。他的成功离不开他在乌克兰的代理人的帮助：由于俄罗斯共产党人没有自己的

---

1 Lavrentii Beria（1899—1953），苏联共产党高级领导人，长期担任内务人民委员部首脑。他在斯大林去世后的权力斗争中失败，遭到撤职并被秘密处决。
2 Georgii Malenkov（1902—1988），苏联共产党高级领导人，在斯大林去世后曾短时间担任苏共中央书记处排名第一的书记，并于1953年3月5日至1955年2月8日期间担任苏联部长会议主席。他在1957年被解除一切职务，并在1961年被开除党籍。

党组织[1]，乌克兰共产党就成了全苏联最大的共产党组织（以人口计），因此在苏共中央委员会中拥有最多的票数。

赫鲁晓夫慷慨地回报了他的乌克兰代理人，将他们召回了莫斯科。第一个回到莫斯科的是阿列克谢·基里琴科[2]。他是革命之后第一个担任乌克兰共产党第一把手的乌克兰人。1957年，基里琴科成为苏共中央委员会书记和苏联权力第二大的人。赫鲁晓夫的门生们还包括扎波罗热和第聂伯罗彼得罗夫斯克的前党委书记列昂尼德·勃列日涅夫——他成了最高苏维埃主席，也就是赫鲁晓夫统治下的苏联名义上的国家元首。乌克兰党组织的另一个贡献是尼古拉·波德戈尔尼（乌克兰语作米科拉·皮德霍尔尼）[3]。他曾经担任乌共中央的第一书记，在1963年被赫鲁晓夫提拔进了苏共中央委员会。以上这些人以及赫鲁晓夫的其他几十名门生也都将自己的代理人从乌克兰提拔到中央。斯大林在其生涯的大部分时间里都依赖来自高加索地区的干部，赫鲁晓夫依赖的则是从乌克兰来的人。通过将乌克兰共产党的干部提拔到莫斯科的实权岗位上，赫鲁晓夫让乌克兰共产党精英阶层成为俄罗斯共产党[4]的新搭档以及管理苏联这个多民族帝国的政府首脑。这个阶层的成员们取得了对中央决策的影响力，也在乌克兰内部事务的决策上获得了更多自主权。

1　1990年之前，俄罗斯没有独立的共产党组织，其地区党务由苏共中央直接负责。
2　Oleksii Kyrychenko（1908—1975），苏联政治家，在1957年至1960年间担任苏共中央委员会书记。
3　Nikolai Podgorny（Mykola Pidhorny，1903—1983），乌克兰裔苏联政治家，曾在1957年到1963年间担任乌克兰共产党中央委员会第一书记，1965年至1977年间任苏联最高苏维埃主席团主席。
4　此即苏共。

从 1954 年 1 月的全苏联佩列亚斯拉夫会议（1654）[1] 300 周年庆典开始，乌克兰逐步在苏联各加盟共和国的序列中取得了仅次于俄罗斯的光荣地位。这次会议批准将哥萨克国置于莫斯科沙皇的保护之下。党的官方宣传机构将它歌颂为"乌克兰与俄罗斯的重新统一"。这一口号植根于 19 世纪俄罗斯帝国那套"罗斯的重新统一"话语——它需要专制的俄罗斯国家的努力和保护才能实现。莫斯科的中央委员会正式批准了一份特别文件——《关于乌克兰与俄罗斯重新统一 300 周年的决议》（"Theses on the Tercentenary of the Reunification of Ukraine with Russia"），对这一口号在新形势下的意义做出了解释。这份文件以将俄罗斯人视为"苏联所有民族的领导力量"（这是 1945 年 5 月斯大林在庆祝苏德战争结束的宴会上祝酒时创造的说法）的斯大林主义政策为基础。它将乌克兰人提升为苏联第二重要的民族。根据这份文件的说法，俄罗斯人和乌克兰人是不同的民族，却因为历史和文化的缘故紧密联系在一起。

苏联当局下令为该纪念日建造一批纪念碑，并用"乌克兰与俄罗斯重新统一 300 周年"这些冗长而别扭的字眼为许多机构命名，其中包括第聂伯罗彼得罗夫斯克的一所大学。颇具讽刺意味的是，这所大学由统领帕夫洛·斯科罗帕德斯基在 1918 年创建，其时俄军已被赶走，乌克兰正处于德国控制之下。最为大方的象征性姿态则是俄罗斯联邦管辖的克里米亚半岛在 1954 年 2 月被移交给了乌克兰。此前 10 年，克里米亚鞑靼人由于被指控全体与德国人合作，被迁出了克里米

---

[1] 见本书第 10 章。

亚。尽管官方宣传机构竭力把克里米亚半岛的移交描述为两个民族兄弟情谊的证明,这一行动的真实原因却没有那么浪漫。关键的原因在于地理因素。克里米亚半岛与俄罗斯之间被刻赤海峡隔开,却通过交通线与乌克兰本土连接在一起。战争、德国的占领和克里米亚鞑靼人被驱逐等事件破坏了克里米亚半岛的经济,其重建需要来自乌克兰的帮助。

克里米亚在 1950 年向国家上缴的粮食、烟草和葡萄数量分别只有 1940 年的五分之一、三分之一和二分之一。从俄罗斯联邦来到克里米亚半岛的定居者们无法适应当地的环境,对当地经济的重建也没起到什么作用。当赫鲁晓夫在 1953 年访问这个半岛时,沮丧的定居者们将他的轿车团团围住,要求得到援助。赫鲁晓夫从克里米亚直奔基辅,开始关于将克里米亚移交给乌克兰的谈判——他认为乌克兰有责任帮助这个陷于经济困境中的地区,也相信乌克兰的农业专家们知道该如何对付干旱和在干草原地区种出粮食。赫鲁晓夫在乌克兰的代理人和莫斯科的同僚向他提供了支持。到了 1954 年 2 月,乌克兰、俄罗斯和全苏联的最高苏维埃已经签署了移交协议。

克里米亚成了乌克兰的一部分。这是乌克兰领土第一次也是最后一次基于地理和经济考虑而非出于族群因素的扩张。在克里米亚的 120 万居民中,俄罗斯人占了 71%,乌克兰人只有 22%。新的安排以及来自乌克兰政府的投资和技术对这个半岛不无裨益。从 1953 年到 1956 年,克里米亚的葡萄酒产量增长了一倍,发电量则增长了近 60%。不过,克里米亚经济的主要增长发生在下一个 10 年中,其原因是北克里米亚运河的修建——这条运河的第一期工程在 1963 年完成。

随着工程在接下来的年头里继续推进，这条运河让第聂伯河总水量的30%得以进入克里米亚，灌溉了超过6 000平方千米的农业用地。此外运河还成为费奥多西亚、刻赤和苏达克的用水来源。

苏共第二十次党代会于1956年2月在莫斯科举行。赫鲁晓夫在这次会议上发表的秘密讲话为苏联及其加盟共和国的命运开启了一个新纪元。这位新领导人抨击约瑟夫·斯大林掀起的对党员的清洗运动违反了社会主义法治原则。他并没有提到数百万非党员所受到的迫害，没有提到1932年和1933年的大饥荒，也没有提到对许多民族进行的整体人口迁移。随着赫鲁晓夫讲话启动的去斯大林化运动不断推进，许多乌克兰前领导人——如斯坦尼斯拉夫·科肖尔、弗拉斯·丘巴尔和米科拉·斯克里普尼克——都获得了政治平反。乌克兰的克格勃（国家安全委员会，是苏联秘密警察机构的新名字）和乌克兰总检察院重新审查了近100万件政治恐怖受害者的案件，平反了近30万人。被控持乌克兰民族主义立场、参加民族主义者地下组织和与德国人合作等罪名的人所受的起诉和判决则仍然有效。不过，仍有数以万计的乌克兰民族主义地下组织成员从古拉格系统中被释放出来，那些幸存在世的乌克兰天主教会主教和神父们也同样获释。这些人一经获释，克格勃就对他们中的大多数实施了监控。

赫鲁晓夫本人也是一名信徒——他相信共产主义是一种更高级的社会形态。他在20世纪60年代初公开向他的人民和全世界宣布：共产主义社会的基础将在接下来的20年中奠定。用当时的马克思列宁主义的话语来说，这就意味着生产大量消费品的能力，而当时苏联正处于消费品供应短缺之中。赫鲁晓夫还在党内通过了一份新的共产主义建设纲领。对这一确定了共产主义天堂降临日期的世俗宗教的推动与对传统宗教进行的斗争同步进行。战后在去斯大林化过程中，赫鲁晓夫对宗教团体实施了新的压迫政策，承诺在共产主义到来之前消灭宗教，还保证会在不远的将来在电视上播出最后一名宗教信仰者的镜头。20 年代和 30 年代的反宗教运动得以复兴，成千上万的东正教堂、清真寺、犹太会堂和祈祷所遭到关闭。从 1960 年到 1965 年，乌克兰的东正教会数量从 8 207 个下降到 4 565 个，减少了接近一半。乌克兰东部和中部的宗教组织受到的打击最为严重。当局在加利西亚则更谨慎，不想因为关闭太多教会而驱使新改宗的东正教信徒们转投处于地下状态的乌克兰天主教会。

许多人都明白对共产主义即将到来的预言不过是一种宣传手段，然而斯大林式恐怖统治的结束、某些类别的政治犯的获释以及揭露斯大林执政时期阴暗面的作品得以出版（其中包括曾在 1945 年至 1953 年间沦为古拉格囚犯的亚历山大·索尔仁尼琴[1]的作品）等现象都制造出一种被称为"赫鲁晓夫解冻"的相对自由的气氛。在乌克兰，"赫鲁晓夫解冻"的标志是在斯大林统治晚期作品被禁的一批作家和艺术家重归公众视野，其中包括乌克兰最著名的电影制作人亚历山大·多夫任科[2]——他终于得以结束自己在莫斯科的流放状态，回到家乡重新开

---

[1] Aleksandr Solzhenitsyn（1918—2008），苏联 - 俄罗斯著名作家、1970 年诺贝尔文学奖获得者，苏联时期最著名的持不同政见者之一，其作品有《古拉格群岛》和《癌病房》等。
[2] Oleksandr Dovzhenko（1894—1956），苏联电影编剧、制片人和导演，被视为苏联早期最重要的电影制作人之一和苏联电影蒙太奇理论的先驱之一。

始工作。在 40 年代和 50 年代曾遭到批判的诗人马克西姆·雷利斯基和弗拉基米尔·索休拉也重新活跃起来。他们促进了新一代乌克兰诗人的成长，其中包括伊凡·德拉奇[1]、维塔利·科罗迪奇[2]和莉娜·科斯坚科[3]等"60 年代"诗人中的领军人物。这一代诗人不断寻求突破社会主义—现实主义文学和文化的限制。

面对那些感到焦虑的干部，党的新路线则被包装成向"列宁主义原则"的回归。这意味着许多东西，其中包括终结对党政机关的清洗和某种程度上的权力去中心化。这两项转变都令各地区和各共和国精英阶层的力量得到增强。乌克兰的干部们非常欢迎这样的新机遇。各地建立了负责经济发展的地方委员会（另一项向 20 年代政策的回归），这让乌克兰的当权者掌握了位于本国境内企业的 90% 以及全部农业设施。较之他们的前任，此时的当权者独立于中央的程度大大提高了。从 50 年代初开始，乌克兰的管理者们就变成了当地官员，几乎不再有来自俄罗斯或其他苏联加盟共和国的党政官员流入。地方干部们互相之间连接成一种裙带网络，而党机关第一把手的位置则由他（当时的党机关中很少有女性身影）对其上级的个人忠诚决定。乌克兰共产党的这张网络一直延伸到克里姆林宫，由此变得比苏联其他加盟共和国中的网络更加稳定和独立。

赫鲁晓夫的改革促进了苏联工业的惊人发展，也让苏联社会的城

---

[1] Ivan Drach（1936 年生），乌克兰诗人、编剧、文学评论家和政治家，乌克兰人民运动的创立者之一。
[2] Vitalii Korotych（1936 年生），乌克兰作家、记者。
[3] Lina Kostenko（1930 年生），乌克兰女作家、诗人，1987 年舍甫琴科奖获得者。

市化程度不断提高。他提出的五层廉价公寓（后来被称为赫鲁晓夫公寓）建设计划改变了每一座苏联城市的天际线，让数以十万计的市民得以从临时居所和狭小的社区公寓搬进配备了暖气、自来水和室内厕所的独立公寓。在赫鲁晓夫时代，尽管大部分国家资源都流向了对哈萨克斯坦的处女地和西伯利亚自然资源的开发，乌克兰仍是新的工业增长最大的受益者（同时也是受害者）之一。

在20世纪50年代和60年代，第聂伯河上又出现了三座新的水电站，改变了自然的河水流向，形成了巨大的人工湖，淹没农田和附近的矿山，并永久性地改变了当地的生态。为生产农业杀虫剂和大众消费品而建起的化工项目增强了乌克兰的经济实力，却也增加了乌克兰生态系统的压力。乌克兰还深深地参与到苏联的核计划和太空计划中。这两项计划都是伴随了几乎整个冷战时期的军备竞赛的产物。铀矿在1648年博赫丹·赫梅尔尼茨基与波兰王室军队之间的第一次战役发生地附近的城镇若夫季沃季被发现并得到开采。欧洲最大的导弹工厂则兴建于附近的城市第聂伯罗彼得罗夫斯克。乌克兰对苏联实现进入太空的突破同样贡献巨大。作为对这一贡献和乌克兰在苏联加盟共和国序列中象征性地位的认可，第一名搭乘苏联火箭进入太空的非俄罗斯宇航员就是乌克兰人。这名宇航员名叫帕夫洛·波波维奇[1]，出生于基辅地区。他在1962年首次进入太空，并在1974年再次实现太空之旅。

可以预见，苏联的太空计划发展和军工项目并未为民众带来多

---

[1] Pavlo Popovych（1930—2009），苏联宇航员。他是苏联第四位和全球第八位进入太空的宇航员。

少福利，反而让他们在20世纪60年代初濒临饥荒。这次食品短缺的直接原因是苏联农业生产遭遇了一系列旱灾。这一次，政府不再像1932—1933年间和1946—1947年间那样继续出口粮食，而是决定从国外进口粮食，从而避免了重复上述时期的灾难。这一举动成为与斯大林时代分道扬镳的标志。通过大幅提高农业产品的收购价（其中粮食价格提高了7倍），赫鲁晓夫努力减轻农民们的困境，增加集体农庄的生产效率。他还将加入集体农庄的农民们的自留地削减了一半，认为这样可以让他们免于家中的额外劳动，有更多的时间和精力从事集体农庄的耕作。

然而赫鲁晓夫出于善意的政策没能带来他期待的结果。他继续保留着集体农庄应该种植什么作物以及如何种植的决定权，努力推动玉米产量的增长，然而玉米无法在莫斯科的共产党官僚们所选定的地区生长，最终也没能长出来。赫鲁晓夫试图让农民获得更多休息时间，却因此削弱了自留地上的农业产出。从1958年到1962年，农民们个人拥有的家畜数量从2 200万头下降到1 000万头，减少了一半多。旨在增加生产力、提高乡村地区生活水平的改革反而让城市中的农业产品价格飞涨：黄油的价格增长了50%，肉类价格则增长了25%。50年代成为许多城市居民记忆中失去的天堂，而农民们则更喜欢60年代。

1964年10月，赫鲁晓夫身边小圈子的成员们（包括他来自乌克兰的门生列昂尼德·勃列日涅夫和尼古拉·波德戈尔尼在内）通过一场政变将赫鲁晓夫赶下了台。赫鲁晓夫为苏联带来改革，却没有多少苏联公民为他说好话。他们反而充分利用赫鲁晓夫的去斯大林化政策提供的机会，公开对这位被推翻的领袖和他的经济政策提出抱怨，因为他的经济政策让商店的货架空空如也，让农业产品的价格居高不下。

苏联的新领导人们发动政变的部分原因在于担心赫鲁晓夫会将经济困境归咎于他们，并剥夺他们的权力。他们决定放慢脚步，废除了地区经济委员会，在莫斯科重建全国性的政府部门，将之作为苏联经济的主要管理机构，从而回到了20世纪30年代建立的中央计划经济模式。不过他们并未触动处于高位的农业产品收购价格，由此将农业从斯大林时代的收入来源变成了一个不断需要新补贴的经济黑洞。集体农庄中的农民们的生活从来不易，此时也有了小小的改善，然而他们的生产效率并未能提高。此外，新领导人们一直没有恢复农民的自留地份额，而是继续压制农业领域中个人的积极性。与赫鲁晓夫一样，他们将提高民众的生活水平作为官方目标，却又担心私有财产和个人积极性带来的威胁。

赫鲁晓夫下台了，接替他成为党的第一把手的是缺乏理想主义色彩的列昂尼德·勃列日涅夫，这使得赫鲁晓夫的"共产主义明天"宣传运动逐渐降温，斯大林时代那种对公共讨论的管制也得以恢复，高压政治卷土重来。作为转变的信号，新的领导层逮捕了两名在西方出版作品的作家——安德烈·西尼亚夫斯基[1]和尤里·丹尼尔[2]，并以从事反苏活动的罪名起诉他们。逮捕发生在1965年秋，即赫鲁晓夫被解职之后一年。1966年年初，这两名知识分子被分别判处7年和5年苦役。

1　Andrei Siniavsky（1925—1997），俄罗斯作家，苏联时代的持不同政见者。
2　Yulii Daniel（1925—1988），苏联作家、诗人、翻译家，持不同政见者。

这场审判意味着"赫鲁晓夫解冻"寿终正寝。

在乌克兰，逮捕行动始于 1965 年夏天，比上述事件还要早上几个月。基辅和利维夫的年轻知识分子在"解冻"时期开始进行文学和文化活动，如今却成为克格勃的目标。乌克兰持不同政见者运动的早期活动家叶乌亨·斯维尔斯丘克[1]在后来将他们的活动定性为一场为"年轻的理想主义……对真理和正直的寻觅……以及对官方文学的拒斥、抵抗和反对"所驱动、主要发生在文化领域的运动。这些年轻知识分子关注乌克兰民族及其文化的命运，使用马克思列宁主义的语言进行论争，不断挑战赫鲁晓夫的去斯大林化和"重归列宁主义"运动所设定的限制。这一点在乌克兰持不同政见者运动第一批"萨姆维达夫"（samvydav，俄语读作 samizdat，意为"自行出版"）作品之一《国际主义还是俄罗斯化？》（*Internationalism or Russification?*）中表现得尤为明显。这篇文章写于 1965 年针对乌克兰持不同政见者的第一次逮捕行动之后不久，作者是年轻的文学批评家伊凡·久巴[2]。文章认为斯大林主义的苏维埃民族政策已经脱离了列宁主义方向，成为国际主义的敌人，并为俄罗斯沙文主义所绑架。

当局在政治上越来越僵化，对各种形式的反对也越来越不能容忍。然而，在乌克兰，"赫鲁晓夫解冻"却并未随着第一批年轻知识分子的被捕而结束，并在某些方面一直持续到 20 世纪 70 年代初期。这一点至少在乌克兰民族共产主义的复兴上体现得十分明确。这场复

---

[1] Yevhen Sverstiuk（1928—2014），乌克兰文学和社会批评家，苏联时期的持不同政见者。
[2] Ivan Dziuba（1931 年生），乌克兰文学批评家、社会活动家，苏联时期的持不同政见者，曾任乌克兰文化部长（1992—1994 年在任）。

兴运动拥有一位强有力的支持者——乌共中央第一书记、苏共中央政治局成员彼得罗·谢列斯特[1]。谢列斯特出身于乌克兰东部哈尔基夫地区的一个农民家庭，在 20 年代加入共产党。与同时代的民族共产主义者们（米科拉·斯克里普尼克就是其中之一。他不仅获得平反，还在 60 年代的乌克兰受到纪念）一样，谢列斯特相信自己的主要任务不是听从莫斯科的命令，而是推进乌克兰的经济发展，并支持乌克兰的文化。此时俄语给乌克兰语造成的压力与日俱增：从第二次世界大战前开始，乌克兰语学校的学生数量就不断下降，而俄语学校学生所占的比例却从 1939 年的 14% 升高到 1955 年的 25%，在 1962 年更是超过了 30%。

这样的数据让彼得罗·谢列斯特感到不安。他主导了一场新的乌克兰身份认同建构运动。这种身份认同以乌克兰在击败德国侵略中做出的贡献和其在苏联中提高的地位为傲，将对社会主义实验的忠诚、乌克兰本土爱国主义和对乌克兰历史文化的推崇融为一体，堪称 20 世纪 20 年代形成的苏维埃身份认同和两次世界大战期间在波兰、罗马尼亚乃至外喀尔巴阡地区形成的民族认同的结合。尽管苏维埃元素在这种身份认同中仍占据主导地位，却也不得不做出调整，在文化上变得比在别的情况下更有乌克兰色彩，变得更加自信。

这一时期莫斯科的政治局势与 20 年代颇有相似之处，让谢列斯特得以回归民族共产主义理念，并在赫鲁晓夫下台后仍长期保有实践这

---

1 Petro Shelest（1908—1996），乌共中央第一书记（1963—1972 年在任）、苏共中央政治局成员（1964—1973 年在任）、苏联部长会议副主席（1972—1973 年在任）。

种理念的能力。与 20 年代一样，60 年代有许多政治派系参与到对党和政府的控制权的争夺中，来自乌克兰共产党干部的支持在莫斯科变得十分重要。当时勃列日涅夫集团正面临以克格勃前首脑亚历山大·谢列平[1]为首的干部集团的竞争，谢列斯特乐意以向勃列日涅夫提供支持来为乌克兰换取有限的政治和文化自治权。这一非正式的合作关系在 1972 年走向终点。其时勃列日涅夫已经将谢列平边缘化，决定开始对付谢列斯特。后者在 1972 年被调往莫斯科。尽管谢列斯特仍是位于莫斯科的苏共中央政治局委员，却因他的著作《啊，乌克兰，我们的苏维埃故乡》（*O Ukraine, Our Soviet Land*）而被批判为倒向民族主义，因为这本书充满了对乌克兰历史和乌克兰在社会主义时期的成就的骄傲之情。

勃列日涅夫以他的忠实党羽弗拉基米尔·谢尔比茨基[2]替代了谢列斯特。谢尔比茨基来自勃列日涅夫的家乡第聂伯罗彼得罗夫斯克地区。第聂伯罗彼得罗夫斯克派在莫斯科和基辅排挤了其他乌克兰干部，对党和国家机器的控制越来越牢固。随着谢列斯特离开乌克兰，他的追随者遭到清洗，而乌克兰知识分子群体也受到攻击。"民族共产主义"作品《国际主义还是俄罗斯化》（*Internationalism or Russification*）的作者伊凡·久巴由于他在 1965 年的这篇作品，被判 5 年劳改外加 5 年国内流放。米哈伊洛·布莱切夫斯基[3]和其他许多研究 1917 年之前的乌

---

1 Aleksandr Shelepin（1918—1994），苏联政治家、苏共中央委员会政治局成员、克格勃首脑（1958—1961 年在任）。
2 Volodymyr Shcherbytsky（1918—1990），苏联时期的乌克兰政治家，曾任乌克兰苏维埃社会主义共和国部长会议主席（1965—1972 年在任）和乌共中央第一书记（1972—1989 年在任）。
3 Mykhailo Braichevsky（1924—2001），乌克兰考古学家、历史学家。

克兰历史尤其是"民族主义"的哥萨克时期的历史学家和文学学者被逐出了乌克兰科学院等机构。克格勃补上了它在彼得罗·谢列斯特掌管乌克兰时无力完成的任务。然而，高压措施所能做的仅限于此，并且总会结束。下一次，当乌克兰共产党精英阶层和乌克兰知识分子建立起反抗莫斯科的共同阵线时，他们已经不再需要团结在重归列宁主义理想的口号之下。

第 25 章

再见，列宁

1982 年 11 月 15 日，乌克兰和苏联其他加盟共和国的公民们都紧紧盯着他们的电视机屏幕。每个频道都在播放一条从莫斯科发出的消息：苏联领导人、众多外国和国际组织的代表以及数以万计的莫斯科人都聚集在红场上，送别列昂尼德·勃列日涅夫——一个统治这个超级大国长达 18 年的乌克兰人。他身患慢性病已经有相当长一段时间，几天前在睡梦中死去。许多从不知有其他领导人的电视观众难以相信"列昂尼德·伊里奇·勃列日涅夫，为了世界和平不知疲倦的战士"——这是官方宣传机构对他的颂词——就这样走了。他的老人政治冻结了苏联社会向上的活力，让所有改变的希望破灭，似乎拥有让时间停止的力量。对此，官方使用的术语是"稳定"。很快勃列日涅夫时代就将被人们称为"停滞时期"。

在 1966 年到 1985 年的 20 年间，乌克兰的年度工业增长率从 8.4% 下降到 3.5%，而表现向来不佳的农业的增长率则从 3.2% 下降到 0.5%。这还只是官方数字，在一个充斥着虚假报道的时代里没有太多意义。现实的情况更为严峻。苏联越来越依赖其通过向海外出售石油和天然气获得的硬通货。在 70 年代初,当苏联和西方的工程师们还在忙于修建将天然气从西伯利亚和中亚送往欧洲的管道时,产自乌克兰达沙瓦[1]和谢别林卡[2]的天然气被运往中欧而不是国内消费者家中,以换取硬通货。随着这些气田的枯竭,乌克兰很快就会成为一个天然气进口国。

赫鲁晓夫曾向苏联民众承诺他们将会生活在共产主义时代。这一承诺从未变成现实,并已被当局的宣传家们彻底遗忘。苏联人生活水平的下降有如自由落体,仅仅当世界油价高企时才会稍微减缓。到勃列日涅夫去世之时,精英阶层和大众中的虚无情绪达到了前所未有的水平。这种虚无主义不仅针对共产主义,也针对"发达的社会主义"——这个词取代了共产主义成为官方对苏联社会形态的定义。随着勃列日涅夫的灵柩被放进克里姆林宫围墙附近新开掘的墓穴,克里姆林宫的钟楼报出下一个时辰,礼炮也齐声鸣放,宣布一个时代的终结和新时代的到来。激进的改革尝试、急剧的经济下滑和强大苏联在政治上的分崩离析都将在这个新时代出现。在这个崩解过程中,乌克兰将走在前列,迎来自己以及其他那些不那么具有决定性的苏联加盟共和国的独立。

在那些站在列宁墓前的主席台上为已故的勃列日涅夫致悼词的苏共中央政治局委员中,有一个人显得与众不同,他就乌克兰共产党的第一把手弗拉基米尔·谢尔比茨基。此时是 11 月,天气寒冷,然而

---

1 Dashava,今乌克兰西部利维夫州城镇。
2 Shebelynka,位于今乌克兰东部哈尔基夫州。

满头银发的谢尔比茨基为了表达对勃列日涅夫的敬意，一直没有戴上帽子。谢尔比茨基在其政治生涯大部分时间里都是勃列日涅夫的代理人，因此有理由感到悲伤。在勃列日涅夫意外辞世之前，克里姆林宫内部已有传言说勃列日涅夫会在即将到来的中央委员会全会上宣布辞职，将权力移交给谢尔比茨基，以此保证第聂伯罗彼得罗夫斯克派在这个国家的领导集团中的优势地位。谢尔比茨基是第聂伯罗彼得罗夫斯克本人人，在被调往基辅前就是第聂伯罗彼得罗夫斯克的共产党首脑。然而勃列日涅夫死在了全会召开之前。新任的党的第一把手是克格勃前首脑尤里·安德罗波夫[1]。安德罗波夫与第聂伯罗彼得罗夫斯克派毫无瓜葛，很快就会对勃列日涅夫的党羽们展开腐败调查。

葬礼之后，谢尔比茨基将会返回乌克兰，在那里韬光养晦，以求平安渡过这段叵测的时间。身体状况良好的他此时才64岁，在政治局成员中算得上是年轻人。他的直接竞争对手们年龄都比他大，健康状况也不佳。此外，在他执掌乌克兰共产党最高权力的时期，谢尔比茨基已经建立起一个忠于自己的代理人群体。安德罗波夫于1984年2月[2]去世，而他的继任者康斯坦丁·契尔年科[3]于1985年3月病逝。谢尔比茨基活到了他们去世之后，然而此时他攀上莫斯科权力之巅的机会已经过去了。由尼基塔·赫鲁晓夫建立、由勃列日涅夫加强的俄罗斯－乌克兰上层之间的合作关系此时几乎已经荡然无存。新的苏联领导人米哈伊尔·戈尔巴乔夫在1985年3月上台。他精力过人，与乌克

---

[1] Yurii Andropov（1914—1984），苏联政治家、苏共中央总书记（1982—1984年在任）。
[2] 原文作12月，有误。
[3] Konstantin Chernenko（1911—1985），苏联政治家、苏共中央总书记（1984—1985）。

兰共产党机构没有任何关联。戈尔巴乔夫的父亲是俄罗斯人,母亲是乌克兰人。他在俄罗斯人和乌克兰人混居的北高加索地区长大,从小就对乌克兰民歌耳熟能详,然而他首先是一位苏联爱国者,对俄罗斯之外的任何加盟共和国都没有特别的感情,并将勃列日涅夫的盟友们在各加盟共和国创建的代理人网络视为对他的权位和他上台伊始就启动的改革计划的威胁。

那条在此前30年中不断将乌克兰干部向莫斯科输送的传送带很快就停止了运行。戈尔巴乔夫从俄罗斯各地区调来新人,其中包括后来击败他的鲍里斯·叶利钦[1]。1986年12月,戈尔巴乔夫打破了自斯大林去世以来中央与各加盟共和国之间的默契——每个加盟共和国的共产党首脑都必须是本地人,且须来自本地第一民族。他将俄罗斯人根纳季·科尔宾[2]"空降"到哈萨克斯坦,替换了忠于勃列日涅夫的哈萨克人丁穆罕默德·科纳耶夫[3]。与叶利钦一样,科尔宾是斯维尔德洛夫斯克(今位于乌拉尔山区的工业城市叶卡捷琳娜堡)的党组织培养出来的官员,与哈萨克斯坦从无关系,也不曾在那里工作。他的任命让哈萨克学生们走上街头,掀起了苏联战后历史上第一次民族主义暴动。

1986年4月,距基辅不到70英里(约113千米)的切尔诺贝利核电站发生爆炸,在乌克兰造成了世界历史上最大的技术灾难。此后不久,莫斯科的新领导集团与乌克兰领导层之间的裂痕就公开化了。提

---

1 Boris Yeltsin(1931—2007),苏联和俄罗斯政治家、俄罗斯首任总统(1991—1999年在任)。
2 Gennadii Kolbin(1927—1998),苏联政治家,哈萨克苏维埃社会主义共和国共产党中央委员会第一书记(1986—1989年在任)。
3 Dinmukhamed Konayev(1912—1993),苏联政治家,哈萨克苏维埃社会主义共和国共产党中央委员会第一书记(1964—1986年在任)。

议将核能带到乌克兰的是乌克兰科学家和经济学家，而当时担任乌克兰共产党首脑的彼得罗·谢列斯特希望为乌克兰迅速发展的经济提供新的电力，在60年代努力鼓吹这一方案。1977年切尔诺贝利核电站开始并网发电时，包括"60年代"领军人物之一伊凡·德拉奇在内的乌克兰知识分子都对乌克兰进入核能时代表示欢迎。对德拉奇和其他乌克兰爱国者而言，切尔诺贝利意味着乌克兰向现代化更进了一步。然而，德拉奇和其他热情的核能鼓吹者没有留意到：这个项目的运行权力掌握在莫斯科手中，而电站大部分的技术人员和管理人员都来自乌克兰之外。乌克兰从切尔诺贝利获得电力，却对核电站内部事务几无发言权。与苏联其他所有核设施以及乌克兰大部分工业企业一样，这座核电站归属苏联政府部门管辖。这座核电站与在这里发生的那次事故都以俄语对附近那座城市的拼写命名，并为世界所知——也就是切尔诺贝利（Chernobyl、俄语 Чернобыль），而非乌克兰语的乔尔诺贝利（Chornobyl、乌克兰语作 Чорнобіль）。

1986年4月26日，由于一次失败的涡轮机测试，切尔诺贝利核电站第4号反应堆发生了爆炸。直到此时，乌克兰领导人们才突然意识到他们对自身的命运以及这个共和国的命运多么缺乏掌控。一些乌克兰官员被邀请加入中央政府负责处理事故后果的委员会，却几乎没有发言权，只能听从莫斯科以及莫斯科派出的现场代表的指令。他们负责组织核电站周围30千米范围内居民的重新安置工作，却不被允许将事故的规模和它对自己同胞健康的威胁告知全体乌克兰人。这个加盟共和国的政府对乌克兰命运掌控权的有限程度在1986年5月1日早上变得昭然若揭。这一天发生了风向改变，原本向北和向西的风向转为向南，使辐射云飘向乌克兰首都。这座城市拥有超过200万人口，而辐射状况正在发生快速变化。考虑到这一点，乌克兰当局试图说服莫斯科取消原计划的国际劳动节游行，却没能成功。

5月1日，当党的组织者们让组成队列的学生和工人走上基辅大街，准备开始游行时，共和国领导人中有一位非常引人注目地缺席了，那就是弗拉基米尔·谢尔比茨基。这是他漫长的政治生涯中第一次在五一节游行时迟到。当他乘坐的豪华轿车最终出现在基辅的主要街道和游行的核心路段赫雷夏蒂克大街时，乌克兰共产党的领导人们发现谢尔比茨基流露出明显的不安。"他告诉我：要是你搞砸了这次游行，就请直接退党吧。"这位乌克兰共产党第一把手对他的助手们说。没有人不明白这句话里那个没被提到名字的"他"是谁——整个国家里只有一个人有资格威胁将谢尔比茨基开除出党，那就是米哈伊尔·戈尔巴乔夫。尽管辐射水平正在快速上升，戈尔巴乔夫仍旧命令他的乌克兰下属照常执行任务，以向全国和全世界显示一切都在掌握之中，而切尔诺贝利的爆炸也不会威胁到民众的健康。谢尔比茨基和其他乌克兰共产党领导人很清楚事实并非如此，却觉得除了听从莫斯科的命令之外别无选择。游行按原计划举行，他们只能将它从四个小时缩短到两个小时。

切尔诺贝利核电站第4号反应堆的爆炸和部分熔毁将约5 000万居里的辐射量释放到大气中，这相当于500颗广岛原子弹释放出的辐射量。仅在乌克兰就有超过5万平方千米的土地受到辐射污染，比整个比利时的面积还要大。光是反应堆周围的隔离区面积就达2 600平方千米。爆炸发生后一周之内，有9万多居民从隔离区被疏散出来，其中大部分人从此再也不能回到自己的家。近5万名核电站建筑工人和运营人员居住在普里皮亚季城。这座城市至今仍处于遗弃状态，成为一座现代的庞贝城和苏联最后岁月的纪念碑。在普里皮亚季城中建筑物的墙上，至今仍能看到弗拉基米尔·列宁和共产主义建设者们的肖像，也能看到赞美共产党的口号。

在乌克兰，有2 300个定居点和超过300万人受到辐射尘的直接影响，因依赖第聂伯河和其他河流水源而受到这场爆炸威胁的人口则有近3 000万。这次事故对乌克兰北部的森林地带也是一场灾难。这里是乌克兰最古老的定居区域，千百年来当地居民一直在这里躲避来自草原的入侵者。现在这些曾让人们免于游牧民族伤害、曾为1932—1933年大饥荒幸存者提供食物的森林却变成了毁灭之源。树叶成了辐射源，而辐射这一看不见的敌人让人无从躲避。这是一场世界级的灾难，而乌克兰是除了毗邻的白俄罗斯之外对这场灾难感受最为痛切的地区。

辐射影响了从党的领导层成员到普通大众的每一个人，因此切尔诺贝利核事故让乌克兰党内和社会各界对莫斯科及其政策的不满急剧增长。当乌克兰共产党的领导人动员乌克兰人面对这场灾难的后果并打扫中央留下的烂摊子时，许多人不禁要问自己：为何他们要拿自己和自己家人的生命来冒险？他们在餐桌旁抱怨中央的失败政策，向他们信任的人吐露失望情绪。然而乌克兰的作家们不愿保持沉默。在1986年6月的一次乌克兰作家协会会议上，许多在10年前曾为核能的到来欢呼的人，开始将它谴责为莫斯科用来控制他们的国家的工具。伊凡·德拉奇是引领这场攻击的人之一。他的儿子是基辅一所医学院的学生,在事故后不久就被派往切尔诺贝利——没有接受合格的培训,也没有防护设备——并因受到辐射而中毒。

切尔诺贝利的灾难让乌克兰觉醒了,让人们开始思考诸如加盟共和国与中央的关系和共产党与民众的关系这样的基本问题,并促成了勃列日涅夫时代的多年死寂之后的第一场公共大讨论——这个社会正在努力夺回自己的发言权。"60年代"的领军人物站在了这场运动的最前列,他们中包括作家尤里·谢尔巴克[1]。谢尔巴克在1987年年末成立了一个环保团体,后来发展成为绿党。环保运动将乌克兰视为莫斯科行为的牺牲品,因此成为戈尔巴乔夫改革时期乌克兰最早的民族动员形式之一。克里姆林宫的新主人不仅让乌克兰共产党领导层与他疏远,还让拥有民主思想的知识分子和充满民族意识的知识阶层动员起来反对身为统治上层的前者。结果证明,乌克兰的这两个彼此冲突的群体——共产党体制内集团和新生的民主反对派——将会在对莫斯科统治集团尤其是戈尔巴乔夫的反对中找到共同利益。

米哈伊尔·戈尔巴乔夫在许多方面都称得上是"60年代"的领军人物。他的世界观在很大程度上受到赫鲁晓夫的去斯大林化运动的影响,也受到苏联和东欧的自由派经济学家和政治学家在60年代宣传的社会主义改革理念启发。1968年"布拉格之春"[2]的主要理论家之一兹

---

1 Yurii Shcherbak(1934年生),乌克兰作家、编剧、政治家、传染病学家,曾任乌克兰环保部长(1991—1992年在任)和乌克兰驻以色列、美国和加拿大等国大使。
2 Prague Spring,发生于捷克斯洛伐克,始于1968年1月5日的政治民主化运动。"布拉格之春"导致苏联及华约成员国于当年8月20日入侵捷克斯洛伐克。

德涅克·姆利纳日[1]正是戈尔巴乔夫50年代在莫斯科大学法学院读书时的室友。戈尔巴乔夫与他的顾问们希望对社会主义进行改革，让它变得更有效率，"对用户更友好"，或者如1968年苏联入侵之前布拉格人所说：要创造一种有人性面孔的社会主义。

戈尔巴乔夫首先从"加快"苏联经济发展着手。这不需要根本性的改革，却强调对现有机构和资源进行更有效率的利用。然而此时的苏联经济能加快的只有衰落的速度。正如勃列日涅夫时代的一个笑话所说："我们曾站在深渊边缘，不过从那以后我们向前跨越了一大步。""加速"的话语很快就让位于"改革"政策，这要求莫斯科的各部放弃决策权，并且不像赫鲁晓夫时代那样将之转交给各地区和各加盟共和国，而是交给各个独立的企业。这令中央的官僚机构和各地的领导人感到头痛，而戈尔巴乔夫的"公开化"政策更让他们寝食难安。如今下层也可以对他们发出批评，并且受到莫斯科媒体的鼓励。"改革"政策在一开始让这位新领导人和他的改革派观点获得了来自知识分子和城市知识阶层的支持。这些人已经受够了勃涅日涅夫时代对公共生活的控制和官方宣传中的谎言。

戈尔巴乔夫的改革为从社会下层进行政治动员创造了机遇。在乌克兰，那些60年代和70年代的异议者刚刚从古拉格系统中被放出来不久，就成为利用这种新的政治和社会气氛的先锋。1988年春，他们建立起"改革"时期乌克兰第一个公开的政治组织——乌克兰赫尔

1　Zdeněk Mlynář（1930—1997），捷克斯洛伐克政治家、"布拉格之春"运动的领导者之一。他是时任捷克斯洛伐克共产党第一书记的杜布切克的有力支持者和智囊。

辛基同盟[1]。这个同盟的大部分成员此前都属于勃列日涅夫时代的乌克兰赫尔辛基小组,包括其领导者、在莫斯科接受律师训练的律师列夫科·卢基扬年科[2]在内——他在监狱里和国内流放中度过的岁月超过四分之一个世纪。乌克兰赫尔辛基小组是一个创建于1976年的持不同政见者组织,以监督苏联政府履行1975年夏天在芬兰首都赫尔辛基召开的欧洲安全与合作会议所确定的人权义务为己任。如果说赫尔辛基小组和后来的赫尔辛基同盟的许多成员在60年代时都还是马克思主义者,期待恢复"列宁路线"的民族政策的话,那么1972年彼得罗·谢列斯特被调离乌克兰和同期发生的逮捕行动则让他们的共产主义理想彻底破灭。赫尔辛基运动为乌克兰的持不同政见者们提供了一种新的意识形态,即人权理念,其中包括个人和民族在政治和文化领域的权利。

在"改革"时期的头几年,对民族文化尤其是语言的保护是业已被动员起来的乌克兰社会关注的焦点之一。乌克兰第一个真正意义上的大众组织就是乌克兰语言(保护)协会。这个协会创建于1989年,而到了当年年底,它已经拥有15万会员。乌克兰知识分子们认为乌克兰民族的根本——乌克兰的语言和文化——正在受到威胁。其中语言受到的挑战尤其突出。根据1989年的普查结果,乌克兰5100万人口中有73%是乌克兰族,然而这部分人中只有88%声称乌克兰语为他

---

1 Ukrainian Helsinki Union,乌克兰共和党的前身。"赫尔辛基"一词来自1975年37个国家在芬兰首都赫尔辛基的欧洲安全与合作会议上达成的《赫尔辛基协议》。1976年创立的乌克兰赫尔辛基小组(Ukrainian Helsinki Group)和1988年创立的乌克兰赫尔辛基同盟都主张苏联政府应实现《赫尔辛基协议》中对人权的保护。

2 Levko Lukianenko(1927年生),乌克兰政治家,苏联时代的持不同政见者。

们的母语,而将乌克兰语当作常用语言的更是只有40%。造成这种情况的主要原因是城市化进程——当乌克兰人从乡村迁入城市,他们在文化上就被俄罗斯化了。截至80年代,大部分乌克兰城市的人口仍以乌克兰人为主(像顿涅茨克这样以俄罗斯人为主的城市是极为少见的例外),然而,除了位于西乌克兰的利维夫之外,所有乌克兰主要城市的常用语言都是俄语。乌克兰语言协会希望逆转这一进程,将那些不常说乌克兰语却自称乌克兰人并认为自己的子女应当说乌克兰语的人当作首要的宣传目标。这是一场艰苦的战斗。

到了80年代晚期,苏联往往被描述为一个不仅未来不明确、连过去也不明确的国家。与其他非俄罗斯民族一样,乌克兰人努力尝试恢复被苏联官方史学和宣传掩盖数十年之久的历史。米哈伊洛·赫鲁舍夫斯基的历史著作重新进入了公共空间,印数达到数十万册,成为这场"恢复"运动的起点。作品得到重印的还包括20年代的一批作家和诗人——他们是所谓"被砍头的乌克兰文艺复兴"的代表人物,其中许多人没能活过30年代的恐怖时期。与在俄罗斯和其他加盟共和国一样,记忆协会[1]在乌克兰也成为挖掘"大清洗"时代斯大林政权的罪行的领导者。在这一方面,乌克兰知识分子们有许多独一无二的属于他们祖国的故事要讲。其中第一个故事就是此前被当局完全掩盖的1932—1933年大饥荒,第二个故事则是乌克兰民族主义组织和乌克兰反抗军战士们在40年代末和50年代初进行的武装抵抗苏联运动。

---

[1] Memorial Society,在多个苏联加盟共和国活动的历史和人权组织,致力于记录和公开苏联时期的历史,同时也关注俄罗斯和其他苏联加盟共和国的人权问题。

大饥荒是乌克兰东部记忆的一部分，而民族主义抵抗和暴动则是西乌克兰的特征，然而某一历史叙事想象的复活却能将东部和西部联合起来，那就是关于哥萨克历史的故事。彼得罗·谢列斯特在1972年被调离之后，当局曾对历史学家和作家群体中所谓的"亲哥萨克派"进行了一次清洗，将对哥萨克历史的兴趣等同于民族主义思想的表达。此时，随着官方历史世界观的崩溃，哥萨克神话重回公众视野。没错，正如勃列日涅夫的宣传家们所认为的，这一神话的确与民族主义思想紧密相关。

乌克兰活动家们——其中许多人来自加利西亚和西乌克兰——在1990年夏天组织了一场"东进"，即对第聂伯河下游地区扎波罗热和哥萨克遗迹的一次大规模朝圣活动，旨在"唤醒"这个加盟共和国东部地区民众的乌克兰身份认同。活动取得了巨大的成功，将成千上万的民众动员起来，并普及了另一版本的乌克兰历史——与那个在仍旧十分亲共的南乌克兰地区占统治地位的版本不同。第二年，原本反对这次"东进"的当局决定加入日渐崛起的哥萨克神话潮流，在东乌克兰和西乌克兰都举办了哥萨克历史纪念活动，却没能收获期待中的政治红利。党和党的信用正在急剧崩溃之中。

"得有多白痴才会想出'改革'这个词？"第一次听说这个词时，谢尔比茨基对他的下属们说道。戈尔巴乔夫在一次对基辅的访问中要求经过克格勃筛选的民众向地方领导层施加压力。谢尔比茨基当时在场，他转向自己的助手，指向自己的脑袋，暗示戈尔巴乔夫头脑混乱，并问道："那他到底还有什么人可依赖呢？"1989年9月，戈尔巴乔夫认为自己已经足够强大，可以对勃列日涅夫政权在政治局中的最后遗老——谢尔比茨基本人——发动进攻了。他在当月来到基辅,告知当地共产党领导层:苏共中央政治局已经表决同意将谢尔比茨基赶出政治局。于是乌共中央委员会也别无选择,只能免去谢尔比茨基的第一书记职务。不到半年,谢尔比茨基选择了自杀:他无法面对自己政治生涯的终结,也无法面对他一生维护的那个政治和社会体制的终结。

在不止一个意义上,1989年都是乌克兰政治历史上的一个转折点:首先,随着第一次半自由的苏维埃议会选举,大众政治得以兴起;其次,第一个大众政治组织"人民改革运动"[1]得以出现,这个被简称为Rukh(运动)的组织的成员数量在1989年秋天就达近30万,到1990年年底又翻了一倍还多;最后,曾被斯大林政权赶入地下的乌克兰天主教会也在这一年被合法化,其成员数以百万计。1990年,新的乌克兰议会选举更是戏剧性地改变了乌克兰的政治版图。民主派代表们组成了被称为"人民会议"的党团。尽管"人民会议"的成员仅占议会代表总数的四分之一,却改变了乌克兰政治的基调。同年夏天,乌克兰议会追随波罗的海诸加盟共和国议会和俄罗斯议会的脚步,宣布乌克兰为主权国家。这次宣言并未确定乌克兰退出苏联,却将乌克兰法律置于苏联法律之前。

中央无力制止各加盟共和国对自己主权的确认。苏联改革之父戈尔巴乔夫此时自身难保。共产党上层已经离他而去,中央和各加盟共和国的知识阶层也不再支持他。他的经济改革让整个经济体系失去了

---

[1] The Popular Movement for Perestroika,乌克兰右翼政党,现名"乌克兰人民运动"。

平衡，让产量数据出现螺旋下降，并让已经很低的生活水平进一步恶化。共产党巨头们认为这场改革威胁他们的权力，被他们认为注定失败，并将进一步让他们的地位难保，因此对之十分不满。另一方面，知识分子们则认为这场改革还不够激进，实施得也过于缓慢。具有讽刺意味的是，这些相互敌对的群体将戈尔巴乔夫，进而将整个中央视为共同的敌人。对主权和最终的完全独立的追求成为这些在乌克兰政治光谱中处于对立的势力实现合作的平台。

由于历史的原因，乌克兰各个地区出现了不同的大众动员模式。在加利西亚、沃里尼亚以及（某种程度上的）布科维纳——也就是基于《莫洛托夫－里宾特洛甫条约》（Molotov-Ribbentrop Pact）被划归苏联的地区——大众动员模式更接近在第二次世界大战初期遭苏联吞并的波罗的海诸国的模式。在这些地区，从前的持不同政见者和知识分子打着民主民族主义的旗号，成为运动的领导者，并取得了地方政府的控制权。在乌克兰其他地区，共产党中的精英集团尽管满心疑虑，却仍不肯放弃权力——由于戈尔巴乔夫的缘故，他们的继续存在取决于他们在共和国议会和地方议会中赢得选举的能力。当乌克兰最高苏维埃选举56岁的沃里尼亚人列昂尼德·克拉夫丘克[1]为其新主席时，这名新领导人来自西乌克兰的事实看上去仍无足轻重。然而时代正在发生变化。戈尔巴乔夫的改革让议会在政府体系中的重要性远远超过其他分支。到了1990年年底，老谋深算的克拉夫丘克已经成为乌克兰权力最大也最受欢迎的领导人。他是唯一能与正在兴起的、主要植根于

---

1 Leonid Kravchuk（1934年生），乌克兰首任总统（1991—1994年在任）。

西部地区的反对运动对话的乌克兰官员,在共产党上层集团中也有相当多的支持者——这些人谋求乌克兰的政治和经济自治,被称为"持主权立场的共产党人"。

在接下来的一年中,克拉夫丘克展现出真正的政治才能。他在各个议员群体中游刃有余,操纵议会向取得主权并最终取得独立的方向前进。克拉夫丘克遭遇的第一次能力考验发生在1990年秋天。由于受到立陶宛在当年3月宣布独立的警示,也由于其他加盟共和国中日渐兴起的独立运动,戈尔巴乔夫屈服于来自其政府中强硬派的压力,默许了对民主自由化的反击。在乌克兰,占议会多数的共产党通过了一条法律,禁止人们在议会大厦附近示威,并批准逮捕了议会中人民会议的一名成员。然而事态的演变让共产党强硬派们大吃一惊。1990年10月2日,数十名来自基辅、利维夫和第聂伯罗彼得罗夫斯克的学生冲进了基辅城中的十月革命广场(后来的独立广场,又被称为"玛伊当"[1])开始绝食抗议。他们提出了一系列要求,其中包括乌克兰政府总理辞职以及乌克兰退出新的联盟条约谈判——那是戈尔巴乔夫为挽救苏联而提出的方案,将赋予各加盟共和国更大的自治权。

面对学生的绝食,当局内部出现了不同的反应。政府出动了警察以驱散抗议者,基辅市议会却允许抗议继续。在接下来的几天里,绝食抗议者增加到150人。当政府组织其支持者驱赶学生时,近5万名基辅人来到广场上保护绝食的学生。很快,基辅的所有大学都开始罢课。抗议者们向议会进发,占领了议会大厦前的广场。一方面受到街

---

[1] Maidan,基辅独立广场的简称,为乌克兰语"广场"(Майдан)一词的拉丁字母转写。

头抗议的压力，一方面被克拉夫丘克和议会温和派劝说做出让步，议会中占多数的共产党最终决定让步。他们允许学生在电视上提出自己的诉求，还解除了参与新联盟谈判的政府首脑的职务。这是乌克兰学生和整个乌克兰社会取得的一次重大胜利。1990年10月在基辅市中心发生的事件在后来被称为"第一次玛伊当"。第二次玛伊当将会出现在2004年，第三次则会在2013年和2014年发生。

1991年8月1日，美国总统乔治·H. W. 布什从基辅飞往莫斯科以促成乌克兰留在苏联内部。此时乌克兰的政治团体因目标不同已分为两派。持民族民主主义立场的少数派希望完全独立——乌克兰国内的独立呼声在1990年3月立陶宛宣布独立之后日益高涨。议会中占多数的共产党人想要的则是在一个改革后的联盟中拥有更大的自治权——这也是戈尔巴乔夫的目标。戈尔巴乔夫尝试用武力阻止立陶宛、拉脱维亚和爱沙尼亚等波罗的海共和国的独立行动，却在1991年年初遭到失败。随后他呼吁用全民公投来决定联盟是否应该继续存在。公投于1991年3月举行，投票者中有70%支持成立一个经过改革的新联盟。戈尔巴乔夫也重启了与各加盟共和国领导人的谈判——谈判对象包括俄罗斯的鲍里斯·叶利钦和哈萨克斯坦的努尔苏丹·纳扎尔巴耶夫——试图说服他们组成更松散的联盟。他与这些人于1991年7月下旬达成协议，然而乌克兰却不打算签字。列昂尼德·克拉夫丘克和他的代表团主张的是另一种解决方案，即由俄罗斯和其他共和国组成一个邦联，而乌克兰的加入需要满足它自己提出的条件。

在对乌克兰议会发表的演讲中，布什选择站在戈尔巴乔夫一边。他的讲话被美国媒体称为"软弱的基辅讲话"，因为这位美国总统竟然不愿支持乌克兰民族民主主义派代表们对独立的追求。布什倾向于让波罗的海诸国独立，但仍将乌克兰与其他加盟共和国结为一体。他不愿在世界舞台上失去一个可靠的伙伴——戈尔巴乔夫和他所代表的苏联。此外，苏联出现不受控制的解体的可能性也让布什和他的顾问们感到担忧，因为这可能导致各个拥有核武器的共和国之间的战争——除了俄罗斯之外，乌克兰、白俄罗斯和哈萨克斯坦领土上都有核武器部署。布什在对乌克兰议会的演讲中呼吁他的听众放弃"自杀式的民族主义"，并避免将自由与独立混为一谈。占多数的共产党人对布什的演讲表示热烈欢迎，而占少数的民主派则感到失望：华盛顿、莫斯科和乌克兰议会中的共产党代表结成的联盟对乌克兰的独立构成了巨大障碍。谁也不会想到，就在这个月结束之前，乌克兰议会竟以几乎一致通过的方式选择了独立。到了 11 月底，原先担心这个后苏联国家（post-Soviet state）出现混乱和核战争的白宫也对这次投票表示了支持。

促使乌克兰议会中的保守派代表改变想法，乃至在后来让整个世界改变想法的，是 1991 年 8 月 19 日强硬派在莫斯科发动的反对米哈伊尔·戈尔巴乔夫的政变。这次政变事实上在前一天开始于乌克兰，更准确地说，是在克里米亚——当时戈尔巴乔夫正在此地避暑。8 月 18 日傍晚，政变者出现在位于福罗斯[1]附近的戈尔巴乔夫的海滨别墅门口，要求他实行军事戒严。戈尔巴乔夫拒绝签字，迫使他们自己采取行动。第二天，政变者们在克格勃首脑、国防部长和内政部长的领导

---

[1] Foros，克里米亚半岛南岸城镇。

下，宣布全苏联进入紧急状态。以克拉夫丘克为首的乌克兰领导层拒绝在乌克兰实行紧急状态措施，然而与俄罗斯总统鲍里斯·叶利钦截然不同，他们没有对政变提出反对。当克拉夫丘克呼吁乌克兰人民保持冷静时，叶利钦却带领他的支持者走上街头，并在军队与抗议者之间的第一场流血冲突发生后迫使军队撤出了莫斯科。政变一方的犹豫导致了他们的失败。这场政变开始之后不到72小时就结束了，政变者们也遭到逮捕。莫斯科人走上街头，庆祝自由战胜了独裁，也庆祝俄罗斯战胜了苏联中央政府。

戈尔巴乔夫回到了莫斯科，却无法夺回他的权力。事实上他已成了另一场政变的牺牲品。这一次的政变领导者是叶利钦，他利用中央的衰弱，开始了俄罗斯接管联盟的过程。叶利钦迫使戈尔巴乔夫撤回将自己的亲信任命为军队、警察和安全部队首脑的命令，并中止了苏联共产党的活动，这让戈尔巴乔夫别无选择，只能辞去苏共中央总书记的职务。俄罗斯正在成为联盟的实际控制者。这一意外的转折让1991年8月之前仍希望成为联盟一部分的各共和国对联盟失去了兴趣。此时乌克兰成了脱离联盟的领导力量。

1991年8月24日，也就是叶利钦接管联盟政府之后一天，乌克兰议会就独立问题举行了投票。"鉴于1991年8月19日的政变为乌克兰带来的致命威胁，也鉴于乌克兰千年以来的国家建构传统，"由列夫科·卢基扬年科（古拉格系统中服刑最长的囚犯，此时的乌克兰议会成员）起草的《独立宣言》这样写道，"乌克兰苏维埃社会主义共和国最高苏维埃庄重宣布乌克兰从此独立。"投票结果出乎包括卢基扬年科在内的所有人意料：346名代表赞成独立，5人弃权，只有2人反对。

1990年春天议会第一次会议以来一直反对独立的共产党多数派似乎消失了。克拉夫丘克和他的"持主权立场的共产党人"团体由于没有反对政变而遭到反对派的抨击,选择了向民族民主主义者靠拢,还将强硬派也一并带了过来——后者感到自己被莫斯科背叛,而且受到叶利钦对党发动的攻击的威胁。当投票结果出现在屏幕上,会场爆发出热烈的掌声。议会大厦外聚集的人群也陷入了狂喜:乌克兰终于独立了!

卢基扬年科的宣言在提到乌克兰国家的千年历史时,指的是由基辅罗斯所开创的传统。事实上,他的宣言是 20 世纪以来乌克兰人的第 4 次宣布独立的尝试:第一次于 1918 年发生在基辅及随后的利维夫;第二次是在 1939 年的外喀尔巴阡;第三次是在 1941 年的利维夫。以上的独立尝试都发生在战争时期,最后都以悲剧收场。这一次的结果会有不同吗?答案将在接下来的 3 个月中揭晓。全民公投定于 1991 年 12 月 1 日举行,与之前确定的第一届乌克兰总统选举在同一天。这次公投将会确认或推翻议会选择独立的投票结果。公投方案的重要性体现在不止一个方面。在 8 月 24 日,这个方案让占议会多数的共产党人中那些对独立心存疑虑的人选择了投下赞成票,因为他们的投票毕竟还不是最终决定,仍有可能在将来被推翻。此外,公投还为乌克兰提供了一个脱离联盟同时又不与中央发生公开冲突的机会。在戈尔巴乔夫于 1991 年 3 月举行的前一次公投中,约 70% 乌克兰人选择留在一个经过改革的联盟内,然而这一次公投将让乌克兰彻底独立出来。

戈尔巴乔夫相信支持独立的乌克兰人绝不会超过 70%,叶利钦却没有这样的信心。1991 年 8 月底,也就是乌克兰议会投票选择独立之后不久,叶利钦就吩咐他的新闻秘书发出一份声明:如果乌克兰和其他加盟共和国宣布独立，俄罗斯将有权对这些共和国与俄罗斯之间的边界提出质疑。叶利钦的新闻秘书暗示克里米亚和包括顿巴斯产煤区在内的乌克兰东部将成为可能的争议地区，如果乌克兰坚持独立，它将面临被分割的威胁。随后叶利钦又派出了以他的副总统亚历山大·鲁兹科伊[1]将军为首的高级代表团，以迫使乌克兰扭转立场。然而乌克兰人守住了自己的阵地，让鲁兹科伊两手空空地回到莫斯科。恐吓没能奏效，而叶利钦既没有足够的政治意愿，也没有足够的政治资源来兑现他的威胁。

1991年9月，乌克兰进入了一个政治新纪元。6名候选人参选总统，而且这6人在竞选中都支持独立。克拉夫丘克说服克里米亚当局暂时搁置将克里米亚半岛从乌克兰独立出来的计划，留待另一次公投来决定。民意调查显示：在所有民族团体和所有地区，独立的支持率都在上升。俄罗斯人和犹太人是乌克兰最大的两个少数民族群体，分别有超过1 100万人和近500万人，而这两个团体也都表达了对乌克兰独立想法的支持——在1991年11月，有58%的乌克兰俄罗斯人和60%的乌克兰犹太人支持独立。少数民族也开始拥护乌克兰的国家路线。他们对莫斯科比对共和国的首都表现出了更多的担忧和疑虑，这是1918年不曾出现的现象。

1991年12月1日，各种族群背景的乌克兰人都走进投票站决定他们的命运。面对投票结果，哪怕是最乐观的独立派也感到难以置

---

[1] Aleksandr Rutskoi（1947年生），俄罗斯政治家、军人，曾任俄罗斯历史上唯一联邦副总统（1991—1993年在任）。他在1993年的莫斯科十月事件中被捕，后于1994年获得大赦。

信——投票率高达84%，其中支持独立的选民超过90%。西乌克兰地区走在了前面：加利西亚的捷尔诺波尔州有99%的投票者选择独立。然而中部、南部乃至东部也并未落后太多。中部的文尼察州、南部的敖德萨州和东部的顿涅茨克州的独立支持率分别高达95%、85%和83%。哪怕是克里米亚，支持独立的选民也超过了半数：塞瓦斯托波尔有57%的人选择独立，整个克里米亚半岛的独立支持率也有54%。（当时克里米亚人口中俄罗斯人占66%，乌克兰人占25%，而不久前刚刚开始返回故乡的克里米亚鞑靼人只占1.5%。）在中部和东部，许多人既投票选择独立，也支持克拉夫丘克竞选总统。克拉夫丘克在普选中赢得了61%的选票，在除加利西亚之外的所有地区取得多数。加利西亚地区的胜利则归于利维夫地区政府首脑、在古拉格系统中被囚禁多年的维亚切斯拉夫·乔尔诺维尔[1]。乌克兰选择了独立，将其未来托付给一名被许多人认为既能在乌克兰众多宗教派别和民族之间取得平衡，也能在这个共和国的共产主义历史和独立未来之间取得平衡的候选人。

乌克兰的独立投票宣告了苏联的终结。公投的参与者们不仅改变了自身的命运，也改变了世界历史。那些尚依附于莫斯科的苏维埃加盟共和国也因乌克兰而获得解放。1991年12月8日，叶利钦在白俄罗斯贝拉维察森林[2]的一座狩猎屋里与克拉夫丘克会面，最后一次尝试说服克拉夫丘克签署一份新的联盟条约。克拉夫丘克拒绝了，并将包

---

1 Viacheslav Chornovil（1937—1999），乌克兰政治家，苏联时期著名的持不同政见者、当代乌克兰独立运动的领袖之一。
2 Belavezha Forest，亦作比亚沃韦扎森林（波兰语作 Białowieża），横跨波兰和白俄罗斯两国，是欧洲现存唯一的原始森林。1991年12月8日，俄罗斯总统叶利钦、乌克兰总统克拉夫丘克和白俄罗斯总统舒什克维奇在此签署协议，宣布解散苏联，成立独立国家联合体。

括克里米亚和东部地区在内的乌克兰各州的公投结果告知叶利钦。叶利钦只得退却，他告诉新当选的乌克兰总统：如果乌克兰不打算签字，那么俄罗斯也不会签。叶利钦曾不止一次向美国总统解释说：如果联盟中缺少了乌克兰，俄罗斯就会在数量和选票上被各个以穆斯林为主的加盟共和国压倒。乌克兰和俄罗斯拥有丰富的能源资源。一个联盟如果既没有乌克兰也没有俄罗斯，则无论在政治上还是经济上都对别的加盟共和国没有吸引力。于是，三位以斯拉夫人为主的加盟共和国的领导人——叶利钦、克拉夫丘克和白俄罗斯的舒什克维奇——在贝拉维察创建了一个新的国际性政治体，即独立国家联合体（简称独联体）。中亚各共和国于12月21日加入独联体。苏联从此不复存在。

1991年12月25日，圣诞节，戈尔巴乔夫在国家电视台发表了他的辞职讲话。苏联的红旗从克里姆林宫元老院[1]的旗杆上降下，被俄罗斯的红蓝白三色旗代替。基辅选择的国旗则为蓝黄两色，其中不再有对莫斯科与基辅之间关系的象征。不同的乌克兰政治力量曾在各种情势下进行过4次失败的独立尝试，而今却不仅结成一体，还获得了独立，从此走上自主道路。几个月前还看似不可能的事情变成了现实：帝国已烟消云散，一个新的国家已经诞生。从前的共产党上层与年轻而雄心勃勃的民族民主主义领袖们携手创造了历史，让乌克兰成为欧洲最后一个帝国的掘墓人。现在，他们还需要找到办法，创造一个未来。

---

1 Senate building，位于莫斯科克里姆林宫内的一座建筑，修建于1776年至1787年，最初是俄罗斯帝国的立法机构所在地，现为俄罗斯总统府的办公地点。

第 26 章
独立广场

米哈伊尔·戈尔巴乔夫的辞职讲话标志着苏联的正式终结，然而它的解体过程在那一天才刚刚开始。苏联的遗产不仅是凋敝的经济，还有一套社会经济基础结构，还有军队、思想方法，以及被共同的历史和政治文化绑在一起的政治精英和社会精英。无论取代这个失落帝国的是一个由真正独立国家组成的联合体，还是一个新版本的以俄罗斯为主导的政治体，其结果都不会是理所当然。戈尔巴乔夫辞职之后，新当选的乌克兰总统列昂尼德·克拉夫丘克和他的助手们面临的第一个挑战就包括说服他们的俄罗斯同侪不要让独联体变成苏联的化身。这并非易事。

1991年12月12日，在俄罗斯议会批准独联体协议之际，鲍里斯·叶利钦对议会发表讲话说："鉴于当今的局势，唯有一个独立国家联合体才能让那个在许多个世纪中建立起来、如今却几近丧失的政治、法律和经济空间得以存续。"2014年3月，在俄罗斯吞并克里米亚时，叶利钦的继承者弗拉基米尔·普京对他的前上司的这番话做出了响应："在独联体诞生之初，俄罗斯、乌克兰和其他共和国都有许多人希望它能成为一个新的主权联盟。"然而，就算当时乌克兰有一部分人这样想，他们也没有进入乌克兰议会，因为乌克兰议会在1991年12月20日发表了一篇立场相反的声明："因其法律地位，乌克兰是一个独立国家，受国际法之约束。乌克兰反对将独联体变成一个拥有自身管辖机关和行政机关的国家结构的做法。"

无论叶利钦的意图为何，乌克兰在独立问题上的立场是坚定的，并打算利用独联体建立的协商机制来讨论"分手"的条件，而不是"复婚"的条件。俄罗斯将独联体视为一个重新整合后苏联时代空间的工具，乌克兰则坚持从莫斯科完全独立出来。1993年1月，乌克兰拒绝签署《独联体宪章》（Statute of the Commonwealth），因而没有成为这个它在两年前参与创建的组织的正式成员，这让两国之间的紧张关系浮出了水面。乌克兰将在经济方面积极参与独联体的统筹和行动，但在军事方面则不会如此。《独联体宪章》从未得到乌克兰的签署。在整个90年代期间，基辅方面还多次拒绝与其他独联体成员国签署各种共同安保协议。在苏联武装力量的将来、核武器库控制权以及苏联黑海舰队处置方案等问题上，基辅都与莫斯科有着严重的分歧。

乌克兰领导层在早些时候已经决定以驻扎在乌克兰境内的苏联陆军和海军部队为基础，建立自己的武装力量和海军。波罗的海诸国要求苏军离开，并从零开始创建自己的军队，而乌克兰人却不能这样做：驻扎在乌克兰的部队规模庞大，拥有超过80万名官兵，并不打算自愿离开。他们无处可去，因为俄罗斯当时已经被数以十万计从中东欧地区回归的部队人员的安置问题搞得焦头烂额——为获取完全的主权，那些中东欧国家正在脱离莫斯科的影响范围,并一去不返。

乌克兰领导层把转化苏联军事力量为乌克兰部队的任务交给了时年47岁的科斯坦丁·莫洛佐夫[1]将军。他当时是驻扎在乌克兰的一支空军部队的司令,在1991年秋天成为乌克兰首任国防部长。莫洛佐夫出生于东乌克兰的顿巴斯地区,有一半俄罗斯血统,但他在1991年12月6日(贝拉维察会议和独联体成立之前不久)宣誓忠于乌克兰,将自己的命运与乌克兰独立的前景联结在一起。1992年1月3日,第一批苏联军官向独立的乌克兰宣誓效忠。乌克兰对80多万人苏联陆上武装力量的接收在1992年春天全部完成。军官们可以自由选择效忠乌克兰并留在军中服役或迁往俄罗斯或其他苏联地区。驻乌苏军部队中总计有7.5万俄罗斯人。大约1万名军官拒绝宣誓,选择了退役或调往他国。苏军中的普通士兵和士官各自返回家乡——无论他们来自何处。新兵则都从乌克兰招募。

1992年1月,苏联黑海舰队各部也开始宣誓效忠乌克兰。然而黑海舰队司令伊戈尔·卡萨托诺夫[2]上将命令所有人员登船,并离港出海,给乌克兰对黑海舰队的接收造成了一个大问题。这在1992年5月导致了俄乌关系上的第一次主要危机。当年9月,两国总统克拉夫丘克和叶利钦达成协议,决定对黑海舰队进行分割,从而避免了两国之间的直接冲突。然而分割也是一个漫长的过程。这支拥有超过800艘舰艇和近10万人军人的舰队一度完全处于莫斯科的控制之下。俄罗斯在

---

[1] Kostiantyn Morozov(1944年生),乌克兰首任国防部长(1991—1993年在任)。
[2] Igor Kasatonov,苏联及俄罗斯海军将领,退役时为俄罗斯海军第一副司令。

1995年将舰队中18%的舰艇交给乌克兰，却拒绝离开塞瓦斯托波尔。1997年，两国签订了一系列协议，为俄国舰队（包括300多艘舰艇和2.5万名军人）2017年之前继续在塞瓦斯托波尔驻扎提供了法律支持。尽管乌克兰在对黑海舰队的争夺中落败，协议却为签署保障乌克兰领土完整的俄乌友好条约奠定了基础。双方在1997年签署条约，然而俄罗斯议会却花了两年时间才将之批准。随着这一过程的结束，乌克兰与其俄罗斯邻居和前帝国主宰的"和平分手"似乎终于得以完成。

到20世纪90年代末，乌克兰已经解决了它与俄罗斯之间的边界和领土问题，创建了自己的陆军、海军和空军，并在外交和法律上奠定了加入欧洲政治、经济和安全组织的基础。长久以来，让乌克兰成为欧洲民族和文化大家庭的成员一直是乌克兰知识分子们心中的梦想——从19世纪的政治思想家米哈伊洛·德拉霍玛诺夫到20世纪20年代的民族共产主义领袖米科拉·赫维列沃依都是如此。1976年，乌克兰赫尔辛基小组的第一份正式宣言中就体现了这样的欧洲观点。"我们乌克兰人生活在欧洲。"赫尔辛基小组宣言的开篇就发出了这样的声音。乌克兰是联合国的正式创始成员，却未能受邀参加赫尔辛基欧洲安全与合作会议。然而，乌克兰的持不同政见者们仍旧相信苏联在赫尔辛基承诺的人权义务同样适用于乌克兰。因为坚持这样的看法，他们被投入监狱，在古拉格系统中或国内流放中度过了漫长的岁月。

乌克兰在1991年作为一个独立国家的出现，让那些持不同政见者的梦想变成了现实。就机制上而言，独立意味着乌克兰可以加入欧盟，与其苏维埃历史分道扬镳，也可以对其经济和社会进行改革，并抵消莫斯科对其前属地依旧拥有的巨大政治、经济和文化影响力。乌克兰主权的完全实现与其加入欧洲国家大家庭的追求紧密地联结了起来。在这一系列彼此相关的任务中,乌克兰精英阶层的政治技巧、乌克兰各地区的统一以及关于乌克兰与其最大和渊源最深的邻国俄罗斯之间兄弟关系的苏联时代话语都将受到考验。

1994年1月,在美国的调解下,乌克兰与西方签署了一项协议,成为乌克兰与西方的政治关系正式开启的标志。根据协议,乌克兰放弃了它从苏联继承的核武器——就其潜力而论,那是世界上第三大的核武器库。同年12月,美国、俄罗斯和英国在布达佩斯签署了一份备忘录,向作为无核国家加入了《核不扩散条约》(Nuclear Non-proliferation Treaty)的乌克兰提供安全保证。尽管基辅有许多人认为放弃核武器不够审慎[2014年,曾在《布达佩斯备忘录》(Budapest Memorandum)中承诺保证乌克兰的主权和领土完整的俄罗斯却试图分裂乌克兰,佐证了这些怀疑者的看法],但这一做法在当时仍可以带来重大利益:曾经拒绝加入《核不扩散条约》的乌克兰终结了其在国际上的事实孤立状态,并成为接受美国外援第三多的国家,仅次于以色列和埃及。

1994年6月,乌克兰政府与欧盟签署了一项合作协议。这是欧盟与后苏联国家之间达成的第一个此类协议。同年,乌克兰成为独联体正式成员和参与成员中第一个与北大西洋公约组织(North Atlantic Treaty Organization,简称NATO,北约)达成和平伙伴关系[1]协议的国

---

1 Partnership for Peace,1994年1月,北约在布鲁塞尔举行的首脑会议上通过了与中欧、东欧国家和俄罗斯建立和平伙伴关系的方案。

家。北约是西方国家在1949年冷战开始之际为保护西欧不受苏联威胁而建立的军事同盟，如今却开始改造自身。它开始在机制上与从前的东欧敌手（包括俄罗斯在内——在乌克兰与北约签署和平伙伴关系协议之后一个月，俄罗斯也签署了同样的协议）建立沟通桥梁。1997年乌克兰与北约又签署了特殊伙伴关系纲领，进一步加深了与北约的合作，并在基辅创建了一座北约情报中心。1998年，乌克兰与欧盟在四年前签署的合作协议生效。情况看起来令人乐观。然而，乌克兰知识分子关于让乌克兰成为欧洲国家一员的理想仍面临着巨大障碍。这些障碍大多来自乌克兰自身。

与许多后苏联国家一样，在其获得独立之后的头五年，乌克兰遭遇了因经济衰退和社会混乱导致的巨大政治危机，并一直忙于解决总统府与议会这两个诞生于苏联最后岁月的政治动荡中的机构之间的关系问题。俄罗斯在1993年9月解决了这一矛盾：当时叶利钦总统命令坦克向俄罗斯议会大厦开炮，俄罗斯副总统和议长也被控煽动反对总统的政变，遭到当局逮捕。叶利钦的顾问们改写了宪法，对议会的权力进行限制，将其变得更像是俄罗斯政治舞台上的一个橡皮图章，而非一个积极的参与者。乌克兰则以妥协的方式解决了总统与议会之间暴露出来的矛盾。克拉夫丘克总统同意提前举行总统大选，并在选举中失利。1994年夏天，他与他的继任者前总理列昂尼德·库奇马实现了权力的和平交接。后者曾是一名火箭设计师，并担任过欧洲最大的导弹工厂的领导。

在20世纪90年代的动荡中，乌克兰不仅成功做到了第一次让两名总统职位的竞争者交接权力，还保留了竞争性政治制度，并在法律上为一种可行的民主制度奠定了基础。1996年，库奇马总统修改了苏联时期的宪法，但他是在与议会的合作中完成这一任务的，而议会也仍在乌克兰政治进程中保有其重要地位。乌克兰在民主政治上取得成功的原因之一在于其地区多样性。这种多样性是乌克兰的早期和晚近历史共同留下的遗产。它体现为政治、经济和文化上的种种差异，在议会中得以表达，在政治角力场中以协商的方式得到解决。工业化的东部地区成为复兴的共产党的根据地，而持民族民主主义立场、由前古拉格系统囚犯维亚切斯拉夫·乔尔诺维尔领导的"人民改革运动"中则有大量来自从前属于奥地利和波兰的西乌克兰地区的议会代表。然而，无论谁在议会中获得多数，其多数地位都是某种联合协议的结果，并必须与难以满足、不愿合作的反对派打交道。没有哪一个政治团体能强大到将另一个团体摧毁或迫使其出局的程度。那段时期的乌克兰民主往往被称为"当然的民主"（democracy by default），并被证明是一件好事。在后苏联地区，完全出自政治设计的民主难以维持很长时间。

前殖民地官员往往会有一种强烈的自卑情结。基辅的精英阶层在面对其俄罗斯同侪时也是如此。一开始他们会以俄罗斯的方式来面对自己的政治、社会和文化挑战。直到一段时间之后，他们才意识到俄罗斯模式在乌克兰行不通——乌克兰与俄罗斯是不同的。这一点在乌克兰的宗教问题上体现得最为明显。乌克兰东正教会曾负责苏联地区60%的东正教社区，然而到了1992年它已经分裂为四个派别：脱离地下状态的希腊天主教徒、仍处于莫斯科管辖下的东正教徒、从属于独立的乌克兰东正教基辅牧首区的教徒，最后还有乌克兰自主东正教会——它起源于20世纪20年代，同样不承认莫斯科的权威。克拉夫丘克总统尝试仿照俄罗斯对莫斯科牧首区的做法，将基辅牧首区转为事实上的国教会，却没能取得成功。库奇马总统的选择则是莫斯科牧首区下属的乌克兰东正教会，而他的努力同样遭到失败。

在21世纪来临之际，乌克兰的政治舞台仍如其刚刚宣布独立之后那样呈现出多样性。如果说有什么变化，那也只能是它的差异化程度比从前更甚。最终，各股政治势力不得不接受现实：俄罗斯式的政治解决方案大部分时候都不适用于乌克兰。库奇马总统在2004年他第二个任期将近结束之际出版的一本书中对此做出了解释。这本书的书名本身就说明了一切——《乌克兰不是俄罗斯》(Ukraine Is Not Russia)。

乌克兰政治进程的民主性质所面临的主要挑战是其宣布独立后陷入的灾难性经济衰退。民主也往往因此受到指责。跟这种衰退比起来，列昂尼德·勃列日涅夫时期乃至米哈伊尔·戈尔巴乔夫的改革时期看上去都像是失去的天堂。从1991年到1997年的6年间，乌克兰的工业产量下降了48%，国内生产总值（GDP）则惊人地缩水60%。最严重的衰退发生于1994年（这一年的GDP较上一年减少了23%），正是乌克兰举行总统选举和与欧盟签署第一份协议的那一年。这样的数据堪与美国在大萧条时期遭遇的衰退相比（大萧条时期美国的工业产量下降了45%，GDP则下降了30%），而在严重性上则更有过之。

20世纪90年代的乌克兰遭遇了巨大困难。这10年接近尾声之际，近半数乌克兰人表示自己的钱几乎不够买吃的，而生活水平相对舒适的人只占总人口的2%到3%。这种状况导致了更高的死亡率和更低的出生率。乌克兰的死亡率在1991年首次超过出生率。10年后，乌克兰政府进行了独立后首次人口普查，得到的人口数据为4 840万，比1989年最后一次苏联人口普查所得的人口数5 140万少了300万。

乌克兰再一次成为人口对外迁移的源头。为了赚得在国内无法挣到的收入，许多人长年累月在国外工作。他们的主要目的地包括富有石油和天然气财富的俄罗斯、中东欧国家和欧盟地区。另一些人则一去不返，乌克兰犹太人是这些人中的先行者。他们中的许多人在80年代被禁止离开苏联，成为所谓"不准离境者"（refuseniks）。当局拒绝向这些人发放离境签证，将他们从大学开除，不允许他们进入政府工作，让他们成为二等公民。现在他们终于可以离开了，而离开的人数也达到了惊人的程度。从1989年到2006年，超过150万名苏联犹太人离开了他们所在的国家，其中很大一部分是乌克兰犹太人。从1989年到2001年，乌克兰的总人口下降了约5%，而乌克兰犹太人的数量则令人震惊地减少了78%，从48.73万人下降到10.55万人。Paypal（贝宝）公司的共同创始人马克斯·列夫琴[1]一家和WhatsApp（瓦次普）公司共同创始人扬·库姆[2]都在这一时期离开了乌克兰。然而犹太人并非唯一希望离开的族群。许多乌克兰人、俄罗斯人和其他族群的成员同样向外迁移。此外，乌克兰还是来自独联体其他地区和阿富汗、巴基斯坦等国的非法移民的中转站。

造成这种急剧经济衰退的原因不胜枚举。苏联经济的崩溃不仅破

---

[1] Max Levchin（1975年生），乌克兰出生的IT企业家，网络支付公司Paypal（贝宝）的创始人之一。
[2] Jan Koum（1976年生），乌克兰出生的IT企业家，通信软件公司WhatsApp（瓦次普）的创始人之一。

坏了连接各个加盟共和国的经济纽带,也宣告了苏联军方采购的终结。由于拥有高度发达的军事工业体系,乌克兰在这方面遭到的损失尤为惨重。与俄罗斯不同,乌克兰没有石油和天然气收入来缓和这种打击。此外,挺过了苏联经济崩溃并成为乌克兰政府预算主要资金来源的乌克兰冶金工业体系完全依赖俄罗斯的天然气供应,不得不接受这种宝贵商品不断走高的价格。然而,导致乌克兰经济衰退的最重要原因在于:乌克兰亟须一场经济改革,政府却裹足不前,并继续通过释放信用和发行更多货币的方式对亏损的国有企业进行补贴。通货膨胀不可遏抑,在1992年达到了惊人的2 500%,最终将经济送上了急速下滑的轨道。

独立之后的最初几年,乌克兰政府不愿放弃对苏联时期的工农业企业的所有权和控制权,而这些企业对国家补贴的需求越来越高。当政府最终决定放弃它们时,在议会中却遭到反对。反对者大多是被称为"红色主管"的大型企业管理者。1995年,议会让6 300个国有企业免于私有化,此时已实现私有化的工业企业数量尚不足总数的三分之一。私有化第一阶段以向全民发行票券的方式实行。"红色主管"们从这种方式中获益甚多。他们拥有了资产,却几乎没有可用于投资的资源,而缺少投资和重组的私有化无法振兴乌克兰的经济。到了1999年,近85%的乌克兰企业已转为私有,而它们的产值却不足全国工业总产量的65%。全国工业企业中有半数处于亏损状态。企业不论大小,最终都落入苏联时代的管理者和在政府中有关系的人手中。这些人维护垄断,限制竞争,让经济危机变得愈发严重。

乌克兰需要新的资产所有者和一个新的管理阶层来让经济走出泥

潭。一个年轻、富于野心、冷酷无情的商人群体应运而生，满足了这两种需求。这些人与苏联时期的旧式计划经济没有瓜葛，而是在"改革"时期的经济乱局和20世纪90年代的黑帮斗争中出人头地。与俄罗斯的情况一样，这些人在乌克兰被称为"寡头"。寡头们成了私有化第二阶段的主要受益者——这一阶段国有资产的出售价格仅为其实际价值的一小部分。寡头们的财富不仅来自创新和冒险，也来自逢迎、贿赂和跻身于"红色主管"阶层的努力。由于乌克兰的军工体系急剧衰退，冶金工业成为90年代和21世纪初乌克兰最为有利可图的领域。在这段时间，全国超过半数的工业产值都来自东部的四个州——第聂伯罗彼得罗夫斯克、扎波罗热、顿涅茨克和卢甘斯克。这些地区拥有丰富的铁矿和煤矿，是乌克兰最主要的出口商品钢材的产地。

顿涅茨克集团的首脑里纳特·阿赫梅托夫[1]是新一代"钢铁大亨"群体之一。他在20世纪90年代初取得了一家名为Lux的公司的领导权，而在当局眼中，这家公司兴起于犯罪活动，并与犯罪组织仍有关系。第聂伯罗彼得罗夫斯克地区的大部分冶金工业资产则被两名本地商人瓜分：一为与库奇马总统家庭联姻的维克多·平楚克[2]，一为乌克兰首家大型私有银行的创立者伊戈尔·科洛莫伊斯基[3]。其他人同样参与到这场后苏联时代的乌克兰私有化盛宴当中。尽管私有化进程有着腐败甚至往往是犯罪的色彩，但这场乌克兰经济的"寡头化"正好与经济衰退的结束同时发生。新千年伊始，乌克兰也进入了快速的经济

---

[1] Rinat Akhmetov（1966年生），乌克兰商人、寡头、乌克兰SCM控股集团创始人和主席。
[2] Victor Pinchuk（1960年生），乌克兰商人、慈善家、乌克兰前总统库奇马的女婿。
[3] Igor Kolomoisky（1963年生），乌克兰犹太商业寡头，第聂伯罗彼得罗夫斯克州前州长。

复苏。不论是好是坏，寡头们都成为这个新的成功故事中的重要角色。

乌克兰工业私有化的大部分进程发生于列昂尼德·库奇马总统（1994—2004年在任）的任期中。库奇马本人就曾是"红色主管"中的一员。作为这场最终让寡头们受益的私有化进程的主持者，他也从寡头们那里得到经济和政治支持。1999年，库奇马将自己包装成唯一能击败共产党人的总统候选人，赢得了他的第二个任期——此时共产党人正利用经济衰退和困境来谋求重新崛起，并试图对民族民主主义派别进行分化。库奇马的主要"右翼"对手、人民重建运动领袖维亚切斯拉夫·乔尔诺维尔则在离大选仅有数月时死于一场可疑的车祸。在他始于1999年的第二个任期中，库奇马成为新兴寡头群体的经济关系和政治关系的最高仲裁者。他还尝试强化自己的个人权力，并让议会边缘化，然而没能取得想要的效果：乌克兰毕竟不是俄罗斯。

2000年秋，反对派领袖、乌克兰社会党首脑亚历山大·莫罗兹[1]公开了库奇马的一名卫士在其办公室取得的秘密录音，让库奇马走上了下坡路。这份录音记录了库奇马与涉及私有化密谋的地方官员之间的交易、他的受贿行为和他压制反对派媒体的企图。录音中提到了31岁的记者格奥尔基·贡加泽[2]——网络报纸《乌克兰真理报》（*Ukraïns'ka Pravda*）的创办人。库奇马希望将他抓起来送往俄军与叛军作战的车

---

[1] Oleksandr Moroz（1944年生），乌克兰政治家、乌克兰社会党创始人之一，曾两度担任乌克兰议长（1994—1998、2006—2007年在任）。

[2] Heorhii Gongadze（1969—2000），格鲁吉亚裔乌克兰记者。他于2000年9月16日被绑架失踪，同年11月，警方在基辅州的一座森林中发现疑似他的无头尸体，是为"贡加泽案"。时任总统库奇马涉嫌因录音丑闻而指使这起事件。

臣地区。2000年11月[1]，贡加泽的无头尸体在基辅附近的一座森林中被发现。法庭一直未能证实库奇马参与了这起谋杀，但听过那份被公开的录音的人坚信总统曾命令内政部长对这名记者实施威胁和绑架。

这起在乌克兰被称为"库奇马门"的丑闻成为乌克兰政局的转折点。它终结了总统府中正在出现的威权主义倾向，并暴露出总统政策中的腐败一面——在其第一个任期，库奇马曾因解决黑海舰队争端、保住克里米亚、说服俄罗斯承认乌克兰国界、让乌克兰转向西方以及实施被拖延已久的私有化等成绩而受到赞誉。此时这位总统却被证明还是一名骗子，甚至可能是杀人犯。包括前民族民主主义者、社会主义者乃至共产党人在内的反对派以"乌克兰不要库奇马"为口号，发起了一场政治运动。公民们对这场号召取缔政治和经济腐败的运动做出了积极响应。此时苏联时期的受教育阶层已被经济崩溃消灭殆尽，取而代之的是新生的中产阶级。这些人已经厌倦了官员的腐败、对政治活动的镇压和对言论自由的限制。乌克兰需要改变。

库奇马挺过了录音丑闻的直接打击，但已无力阻止各种政治活动的兴起。领导库奇马政府反对者的新生力量不是像苏联时期那样来自政治体制之外，而是来自内部。那些希望终结政府腐败、改善乌克兰与西方之间因"库奇马门"而受损的关系并启动加入欧盟计划的人将维克多·尤先科[2]奉为他们的领袖。尤先科时年47岁，相貌英俊，曾担任政府总理。他来自东北部农业地区，与乌克兰东部那些政治和经

---

1 原文中作9月，有误。
2 Viktor Yushchenko（1954年生），乌克兰前总理（1999—2001年在任）、前总统（2005—2010年在任）、2004年至2005年年初乌克兰"橙色革命"领袖。

济集团之间没有瓜葛。

维克多·尤先科曾在经济复苏之初主持过经济工作。在其1999年12月至2001年5月的短暂总理任期内,尤先科与他的副总理尤利娅·季莫申科[1]堵住了让寡头们得以逃税的漏洞。他降低了中小企业的税负,让乌克兰经济中很大一部分走出了阴影,并让国家财政收入得以增长。这反过来又让尤先科政府有能力支付拖欠的工资和退休金。在尤先科的监管下,乌克兰的GDP停止了下滑,在2000年实现了6%的强劲增长,而同期的工业产值也增加了12%。在接下来10年中的大部分时间里,这种增长态势还将继续。尤先科在"库奇马门"事件期间被解职,随即成为"我们的乌克兰"党的领袖。在2002年的议会选举中,"我们的乌克兰"党赢得了将近四分之一的民众选票。

当年9月初,在选举中领先的尤先科突患重病。由于诊断结果不明确,尤先科的生命处于危险之中,于是他的助手们将他送往维也纳的一家诊所。维也纳的医生们得出了一个令人震惊的结论:这位"我们的乌克兰"党候选人的病情系被人下毒所致。这种毒药十分特别,是一种只有几个国家生产的二噁英[2]。正确的诊断挽救了尤先科的生命。尽管面容被毒药破坏,还需要依赖大量服用药物来减轻剧痛,尤先科仍然回到了竞选的道路上,并获得了更多支持。

2004年10月底,乌克兰公民们走向投票站,从24名总统候选人

---

[1] Yulia Tymoshenko(1960年生),乌克兰女政治家、商人、前总理(2005、2007—2010年在任)。她是乌克兰"橙色革命"的领袖之一。

[2] Dioxin,一类有机化合物的简称。尤先科体内验出的二噁英为四氯双苯环二噁英(TCDD)。

中选择自己的总统。尤先科的得票数处于领先，亚努科维奇则紧随其后。两人都赢得了近40%的选票，并进入了第二轮投票。那些未能进入第二轮的候选人的支持者们大多都选择支持尤先科。11月21日，第二轮投票结束后，独立的出口民调显示尤先科占据明显优势，赢得了53%的民众选票，而亚努科维奇的得票率只有44%。然而，当受政府控制的选举委员会公布官方计票结果时，大多数乌克兰选民都瞠目结舌：根据官方结果，亚努科维奇的得票率为49.5%，超过尤先科的46.9%。这是官方舞弊造成的结果。根据从亚努科维奇竞选团队成员之间的电话讨论中截获的信息，他们对选举委员会的服务器动了手脚，篡改了发往基辅的选举结果数据。

尤先科的支持者们被激怒了。约20万基辅人来到玛伊当（基辅的独立广场），对选举舞弊提出抗议。这成为"橙色革命"的开端——其名得自尤先科竞选阵营官方所使用的代表色。在接下来的几周时间里，抗议者不断从乌克兰其他地区赶来，让抗议集会的参加人数膨胀到50万。电视台的摄像机将独立广场上的抗议画面传遍了全世界，让欧洲的观众自己发现了乌克兰，让他们第一次不是仅仅将乌克兰视为一个地图上的遥远角落。这些画面清楚地证明：乌克兰民众想要自由和公正。欧洲和整个世界不能袖手旁观。在选民的支持下，欧洲政治家们介入了乌克兰危机，在其解决过程中扮演了重要角色。最关键的人物是波兰总统亚历山大·克瓦希涅夫斯基[1]。他说服库奇马总统支持宪法法院的决定——官方的选举结果因舞弊而无效。

---

[1] Aleksander Kwaśniewski（1954年生），波兰政治家、前总统（1995—2005年在任）。

2004年12月26日，乌克兰人在两个月内第三次走向投票站选举他们的新总统。不出预料，尤先科赢得了52%的选票，超过亚努科维奇的44%。这个结果也接近第二轮选举中的独立出口民调数据。"橙色革命"如愿以偿。然而这位总统是否能兑现革命的承诺，打败裙带资本主义，将这个国家从腐败中解放出来，让它跟欧洲走得更近呢？尤先科相信自己有这个能力。他的乌克兰变革之路要借助欧盟来实现。

尤先科总统将外交政策置于优先地位，并曾向他的一名助手透露说：加入欧盟是值得一生努力的目标。乌克兰的外交官们竭力将"橙色革命"为乌克兰在西方带来的正面形象转化为资本，打算赶上欧盟扩大化这趟列车，这是因为2004年欧盟吸纳了10个新成员国，其中有7个是苏联的卫星国或加盟共和国。然而乌克兰太迟了，列车已经离站。尽管欧洲议会在2005年1月投票批准与乌克兰建立更紧密的联系，并将考虑在未来将其吸纳为成员，在扩大化问题上拥有决定权的欧盟委员会却更加谨慎。欧盟委员会没有对乌克兰开启入盟谈判，而是向它提供了一份加强合作的方案。

历史的火车头没有将刚刚经历"橙色革命"的乌克兰像其一些西面邻居一样带进欧盟，这有几个原因，而其中一些超出了基辅所能控制的范围。德国和欧盟其他主要利益攸关者对已经发生的扩大化将带来的经济和政治后果怀有疑虑。雪上加霜的是，他们还对乌克兰的"欧洲国家"地位提出了质疑。然而，乌克兰未能加入欧洲民主国家俱乐部的最主要原因来自乌克兰自身。后"橙色革命"时代的乌克兰国内矛盾重重，政府的政策既有重大成功，也有惊人的失败。

新政府结束了对政治反对派的迫害，并赋予公民和媒体言论自由。在经济方面，乌克兰的表现比可能的预期还要好。从 2000 年到 2008 年，尽管乌克兰经济受到全球衰退的冲击，其 GDP 仍然增长了一倍，达到 4 000 亿美元，并超过了 1990 年（苏联的最后一个完整年份）的水平。然而，就生活和经商环境而言，尤先科政府没能把乌克兰变成一个更加公平的地方，对猖獗的腐败现象几乎无能为力。首先，尤先科阵营在 2004 年同意的宪法修改虽然取消了舞弊的大选结果，却让这个国家变得更加难以管理。根据亚努科维奇支持者们所要求并为尤先科所接受的宪法修正案，总理不再由总统任命，而是由议会选举产生。从此总理成为乌克兰政治舞台上的一个独立角色。无论总统还是总理都没有足够的权力来独自推行改革，而尤先科在与他曾经的革命盟友、此时的总理尤利娅·季莫申科取得共识的问题上也举步维艰。

在尤先科任期结束的 2010 年年初，乌克兰已经弥漫着对他的执政的失望情绪。他与季莫申科之间的对立让乌克兰政坛变成了一出无休无止的肥皂剧，也损害了乌克兰的改革和加入欧盟的事业。总统努力普及 1932—1933 年乌克兰大饥荒的历史记忆，并大力颂扬与苏联政权做斗争的乌克兰反抗军战士，希望以此建立一种强大的乌克兰国家认同，却未能将这些努力转化为选举中的普遍支持。这种历史记忆的政治实际上让乌克兰社会陷入了分裂。尤先科向 20 世纪 30 年代和 40 年代乌克兰激进民族主义领袖斯捷潘·班德拉追授"乌克兰英雄"称号的行为尤其引起争议。"班德拉事件"不仅在乌克兰东部和南部，也在基辅和利维夫的自由派知识阶层中引发了强烈的负面反应，并在乌克兰和它的欧洲友人之间造成了隔阂。当时的观察员们认为尤先科的确打算将乌克兰带入欧洲,然而他心目中的那个欧洲仍滞留在19世纪和20世纪之交,而非21世纪初。

不光是乌克兰,整个后苏联地区都没能跟上时代的节奏。它们仍在努力实现从帝国臣仆到独立国家的转变,而中欧国家早在近一个世纪前就解决了这个问题。很快,乌克兰就陷入了一场危机。这场危机将让我们回想起19世纪的许多问题,会引发外国的干预、战争、领土兼并,乃至将世界划分为不同势力范围的想法。它会考验乌克兰保持独立的决心,也会对乌克兰国家认同的基本元素提出挑战。

第 27 章

自由的代价

2014 年 2 月 20 日清晨，博赫丹·索尔察尼克（Bohdan Solchanyk）搭乘火车从利维夫来到基辅。他是一名 28 岁的历史学家、社会学家和新锐诗人，在利维夫的乌克兰天主教大学任教，并正在华沙大学的一名导师指导下写作一篇关于选举实践的博士论文。索尔察尼克在 2 月的这个寒冷冬日踏上了基辅火车站的地面，但他旅行的目的并不是为了学术研究。此时基辅没有举行选举，却有一场革命正在进行。在 2008 年写下诗歌《我的革命在何方？》（"Where Is My Revolution?"）时，索尔察尼克就梦想着这一天的到来。他在诗中吐露了他这一代人对"橙色革命"在 2004 年许下却从未兑现的承诺的失望情绪。

此时的乌克兰已经发生了一场新的革命。2013 年 11 月下旬，数十万人再次涌上基辅街头，要求改革，要求终止政府腐败，并与欧盟建立更紧密的联系。索尔察尼克感到他应该与基辅的抗议者们站在一起。2 月 20 日是他第四次投身到这场革命当中，也会成为他的最后一次。抵达基辅仅仅几个小时之后，索尔察尼克和其他数十人丧生于狙击手枪口之下。索尔察尼克的死亡将让他成为"神圣百人"中的一员——事实上在2014年1月到2月被杀害的抗议者超过了100人。这场屠杀抹去了22年来乌克兰政治大体上的非暴力色彩，并在乌克兰历史上翻开了戏剧性的新一页。乌克兰人在苏联解体时以和平方式赢得了民主，在1991年12月以选票赢得了独立，然而此时它们都陷入了不仅需要言语和游行还需要武器来保卫的境地。

导致独立广场上的抗议者遭到大规模屠杀的诸多事件发端于2010年2月维克多·亚努科维奇——2004年独立广场抗议行动的主要目标——在总统选举中的胜利。这位新总统上台伊始就着手改变政治游戏规则。他的理想是建立一种强有力的威权政府，因此他竭力将尽可能多的权力集中到自己和自己的家族成员手中。他强迫议会取消了2004年修正案，将更多权力赋予总统府，由此修改了宪法。随后，在2011年夏天，他主导了一场审判，将他的主要政治对手、前总理尤利娅·季莫申科投入了监狱——罪名是她与俄罗斯签署了一份有害于乌克兰经济的天然气协议。在将权力集中于己并让政治反对派陷入沉默或退缩之后，亚努科维奇与他任命的官员开始专注于让统治集团变得更加富有。短短时间内，亚努科维奇、他的家族成员和他的党羽手中就积聚起巨额的财富，将多至700亿美元的资金汇入国外账户，由此威胁到乌克兰的经济和金融稳定。到了2013年秋，乌克兰已经处于债务违约的边缘。

随着反对派遭到镇压或收编，乌克兰社会再度将希望系于欧洲。在维克多·尤先科总统执政期间，乌克兰已经与欧盟就签署一份联系国协议（association agreement）展开了谈判，协议内容包括创建一个自由经济区以及放宽对乌克兰公民的签证政策。乌克兰人的希望在于：协议一旦签署，就能挽救和加强乌克兰的民主机制，对反对派的权利提供保护，并将欧洲的商业标准引入乌克兰，以制约发源于国家权力金字塔最顶端的猖獗腐败现象。一些寡头对总统及其团伙日益增长的权力感到恐惧，希望通过建立透明的政治和经济规则来保护自己的资产，因此对与欧盟的联系国协议表示支持。大型企业也希望能进入欧洲市场，而且它们还担心一旦乌克兰加入俄罗斯主导的欧亚关税同盟，自己就会被俄罗斯竞争者吞噬。

一切已经准备就绪，协议定于2013年11月28日在维尔纽斯举行的欧盟峰会上签署。然而，就在峰会召开前一个星期，乌克兰政府突然改变了方向，提出推迟签署联系国协议。亚努科维奇来到了维尔纽斯，但拒绝签署任何文件。如果说欧洲领导人们对此感到失望的话，那么许多乌克兰人感受到的则是愤怒。政府违背了其一年来许下的承诺，让乌克兰加入欧洲的美好愿望受到挫折。那些在玛伊当扎营抗议的男男女女所感受到的正是这种情绪。他们大多是年轻人，在政府宣布拒绝签署协议后于11月21日傍晚来到这座广场。亚努科维奇的助手们试图尽快结束抗议，以免引发一场新的"橙色革命"。11月30日夜间，防暴警察对在玛伊当扎营的学生发动了野蛮的攻击。乌克兰社会无法容忍这样的行径。第二天，超过50万基辅人——其中包括被警察殴打的学生的父母和亲友——涌入基辅市中心，将玛伊当及周边地区变成了一个不受腐败政府及其警察力量控制的自由王国。

这场运动一开始只是加入欧洲的呼吁，如今却演变为一场"尊严革命"。它将各种彼此歧异的政治力量——从主流政党中的自由派到激进派，乃至民族主义者——联合起来。2014 年 1 月中旬，在为时数周的和平抗议之后，流血冲突开始爆发。冲突一方是警察和政府雇用的暴徒，另一方是抗议者。暴力于 2 月 18 日达到高峰，在 3 天内造成 77 人死亡，其中有 9 名警察，68 名抗议者。屠杀在乌克兰和整个国际社会都引发了巨大震动。招致国际制裁的可能性迫使乌克兰议员们把对总统报复的恐惧抛在一边（许多议员担心制裁同样会损及自己的利益），通过了禁止政府使用武力的决议。议会站在了亚努科维奇的对立面，防暴警察也撤出了基辅市中心，这迫使亚努科维奇于 2 月 21 日夜间逃离了革命的基辅。玛伊当上一片欢腾：暴君已经逃跑，革命已经胜利！乌克兰议会投票罢免了亚努科维奇的职务，任命了代总统，并组建了一个由反对派领袖们领导的新临时政府。

基辅发生的抗议是由外交政策问题引发的大规模群众动员，这并不寻常，也让政治观察员们感到震惊。抗议者们希望与欧洲建立更紧密的联系，并反对乌克兰加入俄罗斯主导的关税同盟。

俄罗斯主导乌克兰的想法是独立广场上发生抗议的一个重要因素。俄罗斯总统弗拉基米尔·普京——他从 2000 年就开始领导俄罗斯政府，先是作为总统，然后作为总理，接着再次成为总统——曾在公开谈话中将苏联的解体定性为 20 世纪最大的地缘政治灾难。在他于 2012 年重返总统办公室之前，普京曾宣称重新整合后苏联空间是他最主要的任务之一。与 1991 年时一样，这个空间缺少了乌克兰就将是不完整的。普京在 2004 年和 2010 年的乌克兰总统选举中都支持亚努科维奇。他希望后者能加入俄罗斯主导的关税同盟——那是未来更全面的后苏联国家经济和政治联盟的基础。亚努科维奇对俄罗斯做出了妥协，将俄罗斯在塞瓦斯托波尔海军基地的租期延长了25年，但他并不急于加入任何由俄罗斯主导的联盟。相反，为了抵消俄罗斯不断增长的影响和野心，亚努科维奇慢慢地倒向与欧盟的联合，并准备签署协议，然而他的尝试没有成功。

俄罗斯在2013年夏天做出回应，对乌克兰发动了一场贸易战争，并将本国市场对部分乌克兰商品关闭。俄罗斯在阻止乌克兰倒向西方的努力中使用了"胡萝卜加大棒"的手段。胡萝卜包括承诺向乌克兰提供150亿美元的贷款，以使资金匮乏、腐败丛生的乌克兰政府免于迫在眉睫的债务违约。第一笔钱在亚努科维奇拒绝签署欧盟联系国协议之后汇入乌克兰，然而独立广场（玛伊当）上的抗议让克里姆林宫改变了计划。乌克兰安全部门在后来进行的一次调查称，那些在独立广场上开枪的狙击手打死了对立双方的数十名人员，并最终导致了总统亚努科维奇的倒台。

2014年2月26日夜，一群身着无标识军装的人夺取了克里米亚议会的控制权。据说，在他们的保护和俄罗斯情报机构的作用下，一位亲俄党派的领袖成为克里米亚的新总理——该党在前一次议会选举中仅获得4%的选票。随后俄军与行动之前至少一周就从俄罗斯联邦遣入克里米亚的雇佣兵和哥萨克部队一道，在当地招募的民兵配合下将乌克兰军队封锁在他们的基地内。当乌克兰新政府正忙于控制此前忠于亚努科维奇的警察和安全部队之际，克里米亚的新政府仓促组织了一次决定克里米亚命运的公投。新政府切断了乌克兰电视频道的信号，阻止乌克兰报纸向订户投递，并对克里米亚脱离乌克兰进行大肆宣传。公投的反对者——其中有许多是少数民族克里米亚鞑靼人——遭到恐吓或绑架。

2014年3月中旬，克里米亚公民被要求前往投票站决定是否与俄罗斯重新统一。这场公投的结果让人想起勃列日涅夫时代的投票——那个时代公布出来的投票率高达99%，而支持官方候选人的票数差不多也是这个数字。组织者声称这一次有97%的选民支持克里米亚并入俄罗斯。在塞瓦斯托波尔，当地官员上报的亲俄选票数量甚至高达注册选民人数的123%。克里米亚新政府公布的投票率为83%，但根据俄罗斯总统府下辖的人权委员会的说法，只有不足40%的注册选民参加了投票。3月18日，也就是公投之后两天，普京号召俄罗斯议员们将克里米亚并入俄罗斯以实现历史的正义——此举可以部分弥补苏联解体为俄罗斯带来的损失。

基辅的乌克兰政府并不承认这次公投，却对之无能为力。由于国家仍处于"尊严革命"的政治混乱所造成的分裂之中，乌克兰政府不愿冒战争的风险，遂下令让其军队从半岛撤离。俄罗斯联邦的军队训练有素，装备精良，曾在车臣长期作战，并在2008年执行了俄国对格鲁吉亚的战争，而乌军多年来一直资金不足，也没有战争经验，无法与前者抗衡。此外，基辅还忙于阻止莫斯科在乌克兰国内其他地区制造的动荡。克里姆林宫要求实现乌克兰的"联邦化"，其内容包括每个地区都拥有对中央政府签署国际协议的否决权。俄罗斯想要的不仅是克里米亚，它还对乌克兰东部和南部从上到下各个社会阶层进行操纵，力图阻止乌克兰向欧洲靠拢。

顿巴斯是乌克兰经济和社会问题最多的地区之一，作为从前属于苏联、现今属于乌克兰的铁锈地带[1]的一部分，顿巴斯依赖中央的大量补贴才能维持其日薄西山的煤矿产业。该地区的主要中心顿涅茨克是唯一一座俄罗斯人口占相对多数的乌克兰大城市——其俄罗斯族人口占比达48%。许多顿巴斯居民仍对苏联理念和符号怀有感情，还保留着象征当地苏联身份认同的列宁纪念碑（"尊严革命"期间，乌克兰中部的列宁纪念碑大部分被夷为平地）。正是通过对其掌控的乌克兰东部选区的动员，通过对东部与中部（更不用说西部）之间的语言、文化和历史差异的强调，亚努科维奇总统的政府才得以上台并维持权力。亚努科维奇政府声称东部占统治地位的俄语正受到来自基辅的威胁，而当地关于伟大卫国战争的历史记忆也同样如此——据称它因西乌克兰那些乌克兰反抗军的赞扬者而处于危险之中。语言上的分裂和历史上的对立的确在乌克兰东部和西部之间造成了芥蒂，然而政客们为了赢得选举，将这一分歧夸大，使之远远超出了其实际上的重要性。这种政治上的机会主义为俄罗斯对乌克兰的干预创造了良好的土壤。

2014年4月，许多准军事部队出现在顿巴斯地区。到了5月，这些部队已经控制了当地大部分中心城镇。被罢免的总统亚努科维奇利用其残存的政治关系和丰富的财政资源在自己的家乡制造动荡。这位流亡总统雇用的团伙对支持基辅新政府的人发动攻击，而腐败的警察则向这些团伙提供潜在受害者的名字和住址。当地上层也参与进来，为首的是乌克兰的巨富寡头里纳特·阿赫梅托夫，被罢免的亚努科维奇是他的生意伙伴。他们的目的在于以所谓顿涅茨克人民共和国和卢

---

[1] Rust belt，指曾经工业繁盛后来陷入衰落的地区。

甘斯克人民共和国（分别对应顿巴斯工业地区的两个州）为名，将顿巴斯变成自己的领地，以保护他们不受来自基辅的革命性变革的打击。然而他们失算了。到了5月底，他们对当地的控制权已经落入俄罗斯民族主义者和当地激进分子之手，而这些人发起了一场反对寡头的革命。与基辅的情况一样，顿涅茨克人同样受够了腐败。然而不同的是，许多顿巴斯人将希望寄托在俄罗斯而不是欧洲身上。他们想要的不是市场经济，而是一种苏联时代的国家计划经济和社会保障。如果说基辅独立广场上的抗议者们将自己的国家视为欧洲文明的一部分，那么东部的亲俄暴动者则以一个更广大的"俄罗斯世界"的成员自居，并将他们的斗争视为对受到堕落的西方欧洲威胁的东正教价值的保护。

乌克兰失去了对克里米亚的控制，顿巴斯陷入了混乱，而俄国人还在哈尔基夫和敖德萨施加影响。这让乌克兰社会再次动员起来。包括许多曾参与过独立广场抗议的人在内，成千上万的乌克兰人加入了军队和新组建的志愿部队，向俄罗斯主导的东部叛军开战。由于政府只能为士兵们提供武器，乌克兰全国各地出现了许多志愿者组织。他们四处募捐，购买给养并送往前线。乌克兰社会负担起了乌克兰国家无法履行的责任。根据基辅社会学国际研究所的数据，从2014年1月到3月，乌克兰成年人口中支持独立的比例从84%上升到90%。希望乌克兰加入俄罗斯的人口比例则从2014年1月的10%下降到同年9月的5%。即便是在顿巴斯地区，被调查者中大部分人也认为他们的家乡是乌克兰国家的一部分。从2014年4月到9月，顿巴斯地区被调查者中支持顿巴斯独立或加入俄罗斯的"分离主义者"的比例从不足 30% 上升到超过 40%，但从未达到多数。这种状况让大部分亲欧乌克兰人怀有保住这些领土的希望，但也表明建立一种共同的国家认同将会多么困难。

乌克兰选民们在 2014 年 5 月的总统选举中展示出了他们的政治团结，在第一轮投票中就将彼得罗·波罗申科[1]选为总统。49 岁的波罗申科是乌克兰最显赫的商人之一，曾经积极参与独立广场上的抗议活动。随着推翻亚努科维奇造成的合法性危机的结束，乌克兰终于可以开始应对公开的和潜藏的侵略活动。7 月初，乌克兰军队取得了第一次大胜，解放了斯拉维扬斯克[2]——这座城市曾被著名的俄国指挥官、前军事情报机构中校伊戈尔·吉尔金（斯特列尔科夫）[3]作为自己的总部所在地。为了阻止乌军的前进，俄罗斯人铤而走险，开始向反政府军提供包括防空导弹在内的新装备。

8 月中旬，分裂主义者建立的顿涅茨克人民共和国和卢甘斯克人民共和国处于溃败边缘之际，莫斯科加强了进攻力度，将正规军与雇佣军一道派上了战场。克里姆林宫让这两个自立的共和国免于崩溃，却没能实现原先那个建立"新俄罗斯"的计划——计划中的"新俄罗斯"是一个东至顿涅茨克、西至敖德萨、由俄罗斯控制的政治体，将能为俄罗斯提供一条通往克里米亚的陆上通道。此外，俄罗斯也没能

1　Petro Poroshenko（1965 年生），乌克兰企业家、总统（2014 年至今在任）。
2　Sloviansk，乌克兰东部顿涅茨克州城市。
3　Igor Girkin（1970 年生），常被称为斯特列尔科夫（Igor Strelkov，意为"射手伊戈尔"），俄罗斯格鲁乌（GRU，俄军总参谋部情报总局）退役中校。他是 2014 年乌克兰东部反政府军的主要领导人之一和顿巴斯人民军指挥官。

阻止乌克兰加强与西方的政治经济联系。乌克兰拒绝放弃任何领土,也拒绝放弃其在政治、经济和文化上融入西方的目标;俄罗斯则拒绝任由乌克兰脱离其势力范围;而西方虽然关注国际边界受到的威胁,却在何为遏制俄国人的最佳策略问题上陷入了分歧。这一切让乌克兰东部的战争变成了一场结局遥遥无期的漫长冲突。

截至2015年春末,顿巴斯地区的战事已经夺去了近7 000人的生命,并造成超过1.5万人受伤。逃离家园的人数则多达近200万。此外,随着那些不被国际承认的顿巴斯地区共和国逐渐进入"封冻冲突"[1]的政治、经济和社会困境,约400万人被困在这片无主之地上。为了融入欧洲的前景,这样的代价是否过于高昂了?也许是的。然而,在当下的这场冲突中,受到威胁的是乌克兰及其大部分民众与欧盟所共享的价值观——民主、人权和法治,而不仅仅是可能的欧盟成员国地位。除此之外,乌克兰的国家独立和乌克兰民众自由选择其国内和外交政策的权利也面临危机。许多个世纪以来,世界各地的人民一直在这样的价值观和理念激励下追求自己的和民族的自由。

乌克兰面临着一项艰巨的任务:它在保卫自己的统一和主权的同时还需要对自身的经济、政治和法律体制进行改革。然而它在这项任务上取得成功的希望也在不断增加。乌克兰人民的创造性和决心是这种希望的最大前提。2015年夏,乌克兰经济发展部发布了一个面向国际投资者的乌克兰宣传片。这个国家的传统优势——农业——在宣传

---

[1] Frozen conflict,指活跃的武装冲突已经平息,却尚未达成和约或政治解决框架的局势。

片中得到了强调。乌克兰拥有的肥沃黑土占全球总量的33%，还是世界第二大粮食出口国。然而，乌克兰的智力资源更令人印象深刻：乌克兰全国的识字率当前已达到惊人的99.7%，可能是全球教育水平第四高的国家。每一年，乌克兰的高等院校都培养出64万名毕业生，其中13万人主修工程学，1.6万人主修信息技术，5 000人主修航空航天技术，这令乌克兰成为中东欧地区的软件工程中心。

对乌克兰而言，它作为一个统一国家的继续存在、作为一个民族的独立，以及它的政治体制的民主基础，都因俄乌冲突而蒙上了巨大的阴影。因这场冲突而同样陷入疑问的还有乌克兰的民族建构道路的性质——其中包括历史、族群、语言和文化等因素在乌克兰政治民族形成过程中的地位问题。这个国家的公民来自不同族群，说不同的语言（尽管往往可以自由切换），属于不同的教会，居住在各个迥然不同的历史地区。这样一个国家不仅要抵抗一个军事上强大得多的宗主帝国的进攻，还要抵抗后者对所有说俄语或信仰东正教的人提出的忠诚要求。它是否有成功的可能？

俄罗斯想要以语言、地区和族群边界来影响乌克兰。尽管这种策略在部分地区起了作用，但乌克兰社会主体仍旧团结在这样的理念周围：乌克兰人是一个行政和政治上统一的多语言、多文化国家。这一理念从乌克兰遍布荆棘，甚至往往是悲剧性的内部分裂历史的教训中得来，其基础则是乌克兰的不同语言、不同文化和不同宗教许多个世纪以来的共存传统。

结　语

历史的意义

2014年3月18日是弗拉基米尔·普京的胜利日，此时正是这位61岁的俄罗斯总统的第三个任期。当天他发表了一篇演说，地点是克里姆林宫中建于沙皇时代的圣乔治大厅——用来会见外国代表团和举行最隆重的国家仪式的地方。这位总统在演说中请求聚集于此的俄罗斯联邦议会成员通过一条关于将克里米亚纳入联邦的法律。他的听众们不止一次对演说报以热烈的掌声。这样的反应意味着这条法律无疑会在第一时间通过。三天之后，联邦议会即宣布克里米亚成为俄罗斯的一部分。

俄乌之间各条约和1994年的《布达佩斯备忘录》[1]曾对乌克兰的主权给予了保证。在乌克兰看来，俄罗斯对克里米亚的吞并是对乌克兰主权的侵犯行动。然而在演说中，弗拉基米尔·普京将这次吞并视为历史正义的胜利。普京的论证在本质上也的确是历史的和文化的。他将苏联的解体称为对俄罗斯的剥夺，不止一次将克里米亚称为俄罗

1　见本书第26章。

斯国土,将塞瓦斯托波尔称为俄罗斯城市。他指责乌克兰当局漠视克里米亚人民的利益,并曾在近期试图侵犯克里米亚人的语言和文化权利。普京声称:正如乌克兰有权脱离苏联,克里米亚也同样有权脱离乌克兰。

在乌克兰危机中,历史不止一次成为借口,也不止一次遭到滥用。它不仅被用来对危机参与者进行宣传和鼓动,也被用来为对国际法、人权乃至生命权本身的侵犯行为辩护。尽管俄乌冲突的爆发出乎意料,让许多被波及的人猝不及防,但它有着深刻的历史根源和丰富的历史指涉。姑且不论对历史证据的宣传式利用,至少有三种植根于过去的过程如今正在乌克兰同时上演:其一是俄罗斯在17世纪中叶以来莫斯科所取得的帝国范围内重建政治、经济和军事控制的努力;其二是现代民族认同的建构——俄罗斯人和乌克兰人都涉及其中(后者往往被地区边界所分割);其三则是基于历史和文化断层的争夺——这些断层使得冲突参与各方将这场冲突想象为东方与西方的竞争,想象为欧洲与俄罗斯世界的竞争。

乌克兰危机让世界想起18世纪晚期俄国对克里米亚的并吞以及俄国在南乌克兰所创建的那个没有存在多久的帝国省份"新俄罗斯"。让关于俄罗斯在这一地区的帝国扩张的记忆浮出水面的,不是那些尝试将当下俄罗斯的行为描述为帝国主义行为的外界观察者,而是俄罗斯在乌克兰进行的混合战背后那些理论家——"新俄罗斯"方案的提出者。他们所寻求的,是以帝国征服和在克里米亚鞑靼人、诺盖鞑靼人和扎波罗热哥萨克人的故乡建立俄罗斯统治为基础,发展自己的历史意识形态。在将塞瓦斯托波尔视为俄罗斯光荣之城的修辞中，这种努力表现得尤为明显：这种修辞是一个植根于1853—1856年间克里米亚战争（那场战争对俄罗斯帝国而言是一场灾难）的历史神话，它将族群多样的帝国军队在保卫塞瓦斯托波尔时所表现出的英雄主义归于俄罗斯一族。

顿涅茨克和卢甘斯克这两个"人民共和国"的创建以及创立敖德萨共和国和哈尔基夫共和国（这两座城市也同为设想中的"新俄罗斯"的组成部分）的尝试同样有其历史根源，可以上溯到苏俄与德国签署《布列斯特-立陶夫斯克条约》（1918年3月）。当时布尔什维克们在这些地区创建了多个国家，其中包括克里米亚共和国和顿涅茨克-克里维伊里赫苏维埃共和国——这些共和国自称独立于莫斯科，因此不在条约限制范围之内。新的顿涅茨克共和国的创建者们借用了1918年的顿涅茨克-克里维伊里赫共和国的部分符号——与从前那个共和国一样，如果没有莫斯科的资助和支持，他们的这个新"国家"就没有机会兴起或者维持下去。

对俄罗斯帝国历史和革命历史的引用已经成为为俄罗斯对其周边保持扩张心态提供辩护的史学话语的一部分，然而这次冲突背后的历史动因却来自更晚近的时期。俄罗斯总统弗拉基米尔·普京在其关于"收回"克里米亚的演说中曾回忆起苏联迅速而出人意料的解体过程。这场解体才是乌克兰危机最为直接的历史背景。当下的俄罗斯政府一直声称乌克兰是一个人为创造的国家，而乌克兰的东部领土是苏俄赠送给乌克兰的礼物——与第二次世界大战后的克里米亚一样。根据这种历史叙事，唯一血统纯正因而拥有历史合法性的政治体就是帝国——早先的俄罗斯帝国和后来的苏联。俄罗斯政府努力反击和打压任何贬低帝国合法性的历史传统和记忆，比如对1932—1933年间乌克兰大饥荒或1944年苏联迁移克里米亚鞑靼人等事件的纪念活动。2014年5月，俄罗斯当局在克里米亚宣布禁止公开纪念克里米亚鞑靼人被迁移70周年，正是出于这样的原因。

今天的俄罗斯似乎走上了部分帝国前身的老路：哪怕在失去帝国很久之后，它们仍对之依恋不舍。苏联的崩溃让俄罗斯精英阶层对帝国和超级大国地位的丧失切齿痛心，并将这场崩溃想象为一次由西方的恶意或米哈伊尔·戈尔巴乔夫和鲍里斯·叶利钦等愚蠢竞逐权力的政客所导致的偶然事件。对苏联解体的这种看法让他们难以抵挡重写历史的诱惑。

俄乌纷争还让另一个植根于历史并在历史中分叉的问题进入了人们的视野，那就是现代俄罗斯民族和现代乌克兰民族尚未完成的民族建构进程。俄罗斯对克里米亚的吞并以及为"援助"顿巴斯地区独立势力所做的辩护宣传，是在保护俄裔居民和整个俄语群体的旗帜下进行的。这种将俄语与俄罗斯文化乃至俄罗斯民族性画等号的观念，是许多前往顿巴斯的俄罗斯志愿者世界观中的一个重要方面。然而对俄罗斯民族性的这种解读存在一个问题：尽管俄裔居民的确在克里米亚人口中占据多数，也是部分顿巴斯地区重要的少数族群，但在他们设想中的"新俄罗斯"地区，占人口多数的仍是乌克兰裔。尽管俄罗斯及分离主义者的宣传对许多乌克兰人有某种吸引力，这些乌克兰人中的大多数仍然拒绝将自己归于俄罗斯或归为俄罗斯族——哪怕他们还在继续使用俄语。这是"新俄罗斯"方案失败的主要原因之一,而这一方案的始作俑者却对它的失败感到十分意外。

将乌克兰人视为俄罗斯民族之一部分的观点可以上溯至近代俄罗斯民族孕育并诞生于"俄罗斯(而非罗斯)万城之母"基辅的起源神话。1674年首次出版的《略要》(那部由寻求莫斯科沙皇庇护的修士们编撰的俄罗斯历史"教科书")[1]第一次在俄罗斯提出了这一神话,并加以传播。在帝国时代的大部分时间里,乌克兰人都被视为"小俄罗斯人"。这种视角容忍乌克兰民间文化和口头方言的存在,却不允许它成为高级文化或近代文学。1917年革命之后,乌克兰人开始被承认为一个文化意义上(而非政治意义上)的独特民族,这对"小俄罗斯人"视角形成了挑战。然而,2014年发生的危机却基于"俄罗斯世界"理念。对乌克兰人而言,这与苏联时代的做法相比也是一种倒退。对未来"新俄罗斯"民族建构的设想,没有在更广泛的俄罗斯民族内部为一个独立的乌克兰族群留出空间。这很难说是一种漠视或一种因战争热度导致的偏颇。就在吞并克里米亚之前不到一年,弗拉基米尔·普京本人曾在一次有记录的谈话中声称俄罗斯人和乌克兰人属于同一个民族。2015年3月18日,他在纪念吞并克里米亚一周年的演说中又重复了这种看法。

苏联解体以来,俄罗斯民族建构道路的重心发生了转移,转向这样一种观念:创造一个单一而非分散的俄罗斯族,并以俄语及俄罗斯文化为基础联合各东斯拉夫民族。乌克兰则成为这种模式在俄罗斯联

---

[1] 见本书第12章。

邦以外的第一个试验场。

这种新的俄罗斯身份认同模式强调俄罗斯民族的不可分割性，与俄语和俄罗斯文化紧密相关，由此对乌克兰的民族建构事业构成了重大挑战。从19世纪诞生之初开始，乌克兰民族建构事业就将乌克兰语和乌克兰文化视为自己的核心，但它也从一开始就允许其他语言和其他文化的使用。被许多人视为乌克兰民族精神之父的塔拉斯·舍甫琴科的俄语作品即可作为这一点的例证。双语主义和多元文化主义早已成为后苏联时代乌克兰的准则，将来自不同族群和宗教背景的人纳入乌克兰民族的范畴。这对俄乌纷争的过程产生了直接的影响：与克里姆林宫所期待的不同，俄罗斯的举动未能得到俄军直接控制地区（指克里米亚和顿巴斯部分地区）之外俄罗斯族居民的支持。

根据声誉卓著的基辅社会学国际研究所提供的数据，俄罗斯族占乌克兰总人口的17%，而调查对象中仅有5%的人认为自己只是俄罗斯人，其余则认为自己既是俄罗斯人，也是乌克兰人。此外，那些仅将自己视为俄罗斯人的调查对象往往也反对俄罗斯对乌克兰事务的干涉，拒绝将自己与普京政府的立场捆绑在一起。"乌克兰是我的祖国。俄语是我的母语。我希望来拯救我的人是普希金，希望普希金而不是普京来让我摆脱这悲伤和动荡。"基辅的一名俄罗斯居民在其脸书（Facebook）上写道。莫斯科和受俄罗斯支持的叛军大力宣传那种将俄罗斯民族主义和俄罗斯东正教结合起来的"俄罗斯世界"理念，将之视为独立广场抗议者们所提出的亲欧选择之外的一个选择。这反而令1991年以来乌克兰人和犹太人组成的亲欧联盟变得更加牢固。"我早就说过，乌克兰人与犹太人的联合是我们的共同未来的保障。"一名独立广场运动的积极支持者在自己的脸书上如是说。

乌克兰在历史中成为一个统一的国家,却又因过去的文化边界和政治边界所造成的诸多地区分界线而陷入分裂。乌克兰中部稀树草原和南部干草原之间的分界线成了北方农业地区与南方蕴含丰富矿藏的草原上各中心城市之间的一条多孔边界。东西方基督教世界的分界线在17—18世纪间推至第聂伯河,随后又后撤到加利西亚,令人回忆起第一次世界大战前哈布斯堡帝国和俄罗斯帝国之间的国界。在从前属于哈布斯堡帝国的地区中,加利西亚有别于曾大部受匈牙利人统治的外喀尔巴阡和前摩尔达维亚公国省份布科维纳。在从前俄罗斯帝国的地盘上,两次世界大战之间归于波兰的沃里尼亚与20世纪大部分时间里都属于苏联的波多里亚不同。此外,曾由波兰统治的第聂伯河右岸地区与曾属于哥萨克国的左岸地区之间存在差别,而哥萨克人地区与18—19世纪间俄罗斯帝国在集权化过程中所殖民的地区也有所不同。这些地区上的各种边界又共同构成日常生活中更喜欢说乌克兰语和更喜欢说俄语的人群之间的分界线。

实际上,乌克兰的地方主义比上文中的描述更为复杂。前哥萨克国占据的传统哥萨克地区和斯洛博达乌克兰之间存在着差异,而南乌克兰省份米科拉伊夫在族群构成、语言使用和投票行为等方面与克里米亚更是迥然不同。然而,尽管存在以上各种差异,乌克兰各地区彼此之间仍然紧密相连。这是因为上述诸多边界尽管在历史上曾十分清晰,却几乎不可能在今天重新建立起来。今天人们看到的是一张由各种语言、文化、经济和政治交会地区连成的网络。它将各个不同地区连缀在一起,让这个国家保持统一。在现实中很难找到一条将克里米亚同与之相邻的南乌克兰各地区分隔开来的清晰文化边界，而顿巴斯与其他东部地区之间的关系也是如此。这些历史地区中没有一个表现出脱离乌克兰的强烈意愿，而这些地区的精英阶层也没能将当地民众动员起来支持脱离。克里米亚和顿巴斯的确出现了这种动员，但那只是俄罗斯干涉带来的后果。

在"尊严革命"发生的同时，乌克兰出现了一场推倒剩下的列宁纪念碑的运动——短短几个星期内，就有500多座列宁纪念碑被摧毁。这是一次与苏联时代历史的象征性决裂。在顿巴斯的反基辅叛军中仍有许多人维护从前的苏联价值观，但俄罗斯的雇佣军和志愿军带来的则是另一种支配性理念。与著名的俄国指挥官伊戈尔·吉尔金一样，这些人来到顿巴斯是为了保卫"俄罗斯世界"价值不受西方打击。在这样的语境下，他们将乌克兰视为腐朽西方价值——如民主、个人自由、人权，还有（尤为不可接受的）少数性取向团体权利等——与传统俄罗斯价值之间的战场。按照这种逻辑，乌克兰人的头脑只是被西方的宣传蒙蔽了，而俄罗斯人有责任为他们带来光明。

对俄乌冲突的这种理解深深植根于俄罗斯文化和俄罗斯知识传统当中。尽管我们很难设想一个将俄罗斯对欧洲文化的参与排除在外的近代俄罗斯历史，但同样真实的是：许多世纪以来，俄罗斯要么与西方隔绝，要么与中欧和西欧国家发生冲突。哪一套历史经验最能够定义俄罗斯与西方之间爱恨交织的关系呢？俄罗斯知识界中西化派和亲斯拉夫派之间的争论旷日持久，始于19世纪。这场争论将两种观点对立起来：一种将俄罗斯视为欧洲的一部分；另一种则视俄罗斯为一种负有世界责任的独特文明。当下，亲斯拉夫派和反西方派的继承者们在这场争论中占了上风。

对乌克兰而言，其独立主张则从来都有一种亲西方的色彩，这是乌克兰历史经验的产物：作为一个国家，乌克兰正位于东西方分界线上。这是东正教与天主教的分界线，是中欧帝国和亚欧大陆帝国的分界线，也是这些帝国的不同政治实践和社会实践之间的分界线。这种地处几大文化空间交界地带的状况让乌克兰成为一个接触区，在这里持不同信念的乌克兰人可以学会共存。这种状况也催生了各种地区分界，使之为当下冲突的参与各方所利用。乌克兰向来以其社会的文化混合性（hybridity）著称，近来更是因为这种混合性而备受推崇。然而，在面临一场"混合战"之际，一个民族在保持统一的前提下到底能承受多大程度的混合性？这是当下的俄乌冲突将要回答的一个重要问题。

乌克兰的亲欧革命发生于冷战结束四分之一个世纪之后，却借鉴了冷战时期波兰、捷克斯洛伐克及该地区其他国家持不同政见者共有的对欧洲西方的想象，在某些时候甚至将这种想象变成了一种新的民族宗教。"尊严革命"与这场战争在乌克兰社会中引发了一场地缘政治意义上的重新定位。2014年1月到同年9月，乌克兰人中对俄罗斯持正面态度的比例从80%下降到不足50%。同年11月，民意调查中支持乌克兰加入欧盟者的比例已达64%（在2013年11月，这一比例仅为39%）。2014年4月，只有三分之一的乌克兰人希望乌克兰加入北约，而到了当年11月，这一比例已超过50%。我们几乎可以肯定：战争的体验不仅将大多数乌克兰人团结起来，还让这个国家在感情上更倾向于西方。

在历史上，战争的冲击、失败的耻辱以及国土沦陷的伤痛都曾被当作增强民族团结和塑造强烈民族认同的工具。18世纪下半叶波兰被瓜分使得这个国家从欧洲地图上消失，却成为近代波兰民族主义形成的开端。19世纪初拿破仑对德意志的入侵导致了泛日耳曼理念的兴起，并促进了近代德国民族主义的发展。激发法国人、波兰人、塞尔维亚人和捷克人的民族想象的，正是对战败和国土丧失的记忆。被羞辱、战伤累累的乌克兰似乎正遵循着这样的普遍模式。

克里米亚并入俄罗斯，在顿巴斯引发战争，并在乌克兰其他地区引发动荡。这不仅在乌克兰，也在整个欧洲造成了一种危险的新局面。无论当下乌克兰危机将走向何方，乌克兰的未来、东欧－西欧（俄罗斯－欧盟）关系的未来，进而至于整个欧洲的未来都将有赖于危机的解决。

致　谢

我要感谢吉尔·尼瑞姆为我的手稿找到了一个优秀出版社，感谢拉拉·海默特热情而勇敢地接受了本书的编辑和出版挑战，也要感谢她的基本图书出版社团队——尤其是罗杰·拉布里，是他们让本书的出版成为可能。我要感谢米洛斯拉夫·尤尔科维奇为手稿编辑了不同版本，感谢我的妻子奥莱娜对本书的批评和最终的支持，感谢弗拉基米尔·库里克和罗曼·普罗齐克纠正书中那些不应出现的错误，感谢我的研究生梅根·邓肯·史密斯在我的课程"欧洲的边境——1500年后的乌克兰"中的出色助教工作——我正是在这一课程中对本书提出的一些观点进行了检验。我要感谢在2014年秋季学期中选修这门课程的哈佛大学研究生和本科生：他们的课堂问题、邮件以及在课程网站上的提问和评论都让他们对本书有所贡献。最后，我还要感谢在我漫长的历史学家和教师生涯中帮助我弄明白本书应该和不应该讨论哪些问题的每一个人。本书的任何瑕疵无疑都不是他们的责任。

附录 A
大事年表

世界史：约公元前 45000 年，人类到达欧洲南部。

约 45000—43000 BC　　狩猎猛犸的尼安德特人在乌克兰修建他们的居所。

约 42000—40000 BC　　多瑙河与第聂伯河之间地区的人类驯化了马匹。

约 4500—3000 BC　　掌握了泥塑和彩陶技术的库库特尼-特里波里新石器文化诸部落在多瑙河与第聂伯河之间地区定居。

世界史：约公元前 3500 年，苏美尔人迁移到美索不达米亚。

1300—750 BC　　小说中"蛮王柯南"的故国辛梅里安王国在乌克兰南部黑海大草原上建立统治。

750—250 BC　　斯基泰骑兵将辛梅里安人赶出这片地区。

750—500 BC　　希腊人在黑海北岸建立起贸易殖民地。在希腊人的想象中，诸如亚马逊女战士之类的神话人物生活在北方的乌克兰草原上。

世界史：公元前 753 年，传说中的罗马城建立时期。

512 BC　　波斯的大流士大帝穿过黑海大草原，试图击败斯基泰人的军队，没有成功。

约 485—425 BC	希罗多德生活的时代。希罗多德认为斯基泰部落和斯基泰人分属不同的阶层，其中包括斯基泰王族和农业斯基泰人。后者是林草混交的边境地区的定居部族。
250 BC—250 AD	萨尔马提亚人从斯基泰人手中夺取了这片草原。
1—100 AD	罗马人在希腊殖民地建立统治。斯特拉波将顿河视为欧洲的东部边界，将今天的乌克兰地区划入欧亚分界线的欧洲一侧。

世界史：约公元 30 年，耶稣进入耶路撒冷。

250—375	哥特人击败萨尔马提亚人，在乌克兰地区建立统治。
375—650	迁徙时期：匈人、阿瓦尔人和保加尔人穿过黑海大草原。
约 551	历史学家约达尼斯将斯科拉文人和安特人这两个斯拉夫人部落的活动地区确定为多瑙河与第聂伯河之间。同一世纪早些时候，安特人因攻击罗马帝国而见诸史册。
650—900	哈扎尔汗国从乌克兰地区的斯拉夫人部落中收取贡赋。

世界史：800 年，查理大帝被加冕为罗马皇帝。

838	西方文献中首次提到罗斯维京人。
860	罗斯人首次从黑海北岸进攻君士坦丁堡。
950	拜占庭皇帝君士坦丁七世波菲洛吉尼都斯记述了与罗斯人的贸易以及既被用于贸易也被用于战争的第聂伯河 – 黑海通道。
971	拜占庭皇帝约翰·齐米斯基斯在多瑙河上会见基辅大公斯维亚托斯拉夫，协商拜占庭与罗斯之间的停战问题。

989	基辅大公弗拉基米尔围困克里米亚的拜占庭要塞克松尼索斯，迎娶拜占庭皇帝巴西尔二世的妹妹安娜，并宣布其个人和国家都皈依基督教。
1037	基辅大公"智者"雅罗斯拉夫完成圣索菲亚大教堂的建造。这座教堂是罗斯都主教座堂，也是罗斯第一座图书馆所在地。

世界史：1054 年，基督教会在罗马与君士坦丁堡之间分裂。

1054	基辅大公"智者"雅罗斯拉夫去世。他被历史学家们称为"欧洲的岳父"，因为他将自己的女儿分别嫁给了许多欧洲王室成员。他的去世标志着基辅罗斯解体的开端。
1113—1125	王公弗拉基米尔·莫诺马赫暂时恢复了基辅罗斯的统一。他推动了中世纪乌克兰历史的主要记载来源《古编年史》的写作。
1187—1189	一名基辅编年史作者首次使用"乌克兰"一词描述东至佩列亚斯拉夫、西至加利西亚的草原边境地区。

世界史：1215 年，英格兰国王约翰颁布《大宪章》。

1238—1264	曾被教皇加冕的加利西亚-沃里尼亚王公丹尼洛通过挑拨东方的金帐汗国与西方的波兰和匈牙利等王国对立，取得对乌克兰大部分地区的控制权。他是利维夫城的建立者。
1240	蒙古军队攻陷基辅。乌克兰进入金帐汗国的势力范围。
1241—1261	匈牙利国王夺取外喀尔巴阡地区。
1299—1325	罗斯都主教将其驻地从被蒙古人摧毁的基辅迁往克利亚济马河河畔的弗拉基米尔，随后又迁往莫斯科。加利西亚则成立了一个独立的都主教区。

| 1340—1392 | 强盛一时的加利西亚－沃里尼亚公国分裂。加利西亚归于波兰，而沃里尼亚和第聂伯河地区归于立陶宛大公。 |

世界史：1347 年，黑死病肆虐欧洲。

| 1359 | 立陶宛和罗斯的军队在锡尼沃迪河之战中挑战金帐汗国对乌克兰草原的统治。乌克兰大部分地区成为立陶宛大公国的一部分。 |

| 1386 | 立陶宛大公约盖拉迎娶波兰女王雅德维加。这是立陶宛社会上层改宗天主教的开端，也是波兰王国和立陶宛大公国逐步实现统一的开端。 |

| 1430—1478 | 立陶宛大公国的罗斯（乌克兰及白俄罗斯）精英阶层反抗大公国的天主教统治者的歧视政策。 |

| 1492 | 乌克兰哥萨克人首次见于历史记载。 |

| 1514 | 立陶宛大公国和莫斯科大公国争夺前基辅罗斯地区期间，康斯坦蒂·奥斯特罗斯基王公在奥尔沙之战中击败莫斯科军队。 |

世界史：1517 年，马丁·路德发表《九十五条论纲》。

| 1569 | 波兰王国与立陶宛大公国之间通过卢布林联合创建波兰－立陶宛联邦。通过联合，波兰建立起对乌克兰的统治，而立陶宛则保有白俄罗斯。两个东斯拉夫人地区之间出现了第一条行政边界。 |

| 1581 | 第一部教会斯拉夫语《圣经》全译本在奥斯特里赫出版。 |

| 1590—1638 | 哥萨克人在哥萨克叛乱时期成为一支强大的军事力量和一个独特的社会阶层。 |

1596	通过布列斯特联合，东正教基辅都主教区的一部分归于罗马教廷。这使联合教会（后来的希腊礼天主教会）从东正教会分裂出来，直至今日。
1632—1646	基辅都主教彼得·莫希拉创建基辅学院（后来的基辅莫希拉学院），按照天主教皇教改革的原则改革自己的教会，并主持起草了第一部东正教《正教信条》。
1639	法国工程师和制图家纪尧姆·勒瓦瑟·德·博普朗绘制出他的第一份乌克兰地图。这份地图反映了当时乌克兰草原边境地区的垦殖状况。

世界史：1648 年，《威斯特伐利亚和约》的签署建立了新的国际秩序。

1648	哥萨克军官博赫丹·赫梅尔尼茨基发动反抗波兰－立陶宛联邦的起义。起义导致波兰地主被驱逐，犹太人被屠杀，并创造了一个被称为酋长国的哥萨克国家。
1654	哥萨克军官们承认莫斯科沙皇的宗主权，引发莫斯科与华沙对乌克兰控制权的漫长争夺。
1667	安德鲁索沃停战协议将乌克兰沿第聂伯河一分为二，分别归于莫斯科沙皇国和波兰。这引发了由统领彼得罗·多罗申科率领、反抗两大强国的哥萨克起义。
1672—1699	奥斯曼人统治右岸乌克兰。
1674	基辅洞穴修道院的修士们出版了《略要》。这部历史文献将基辅置于罗斯君权和罗斯民族的中心位置，呼吁东斯拉夫人在宗教、王朝和民族上统一起来，以应对来自波兰和奥斯曼帝国的威胁。
1685	基辅都主教区脱离君士坦丁堡牧首的管辖，归于莫斯科牧首管辖区。

1708	因俄罗斯人对哥萨克权利的侵害，哥萨克统领伊凡·马泽帕起兵反抗彼得一世，与率军来袭的瑞典国王卡尔十二世结盟。
1709	俄军在波尔塔瓦战役中获胜，导致哥萨克统领一职的废除以及哥萨克国自治权的削减。

世界史：1721 年，《尼斯塔德条约》[1] 的签署让俄国成为欧洲强国。

1727—1734	哥萨克统领一职暂时恢复。丹尼洛·阿波斯托尔担任统领。
1740 年代	犹太拉比以色列·本·埃利泽（更常见的称谓是巴尔·谢姆·托夫）在波多里亚城镇梅德日比日聚集学生和追随者，教授哈西迪教义。
1764—1780	作为俄罗斯女皇叶卡捷琳娜二世的中央集权改革的一部分，哥萨克国被废除。
1768	波兰贵族的巴尔同盟及"海达马基"[2] 农民起义在右岸乌克兰地区引发对联合教会信徒和犹太人的屠杀。
1775	俄国在 1768—1774 年的俄土战争中取胜，随后废除了第聂伯河下游的扎波罗热哥萨克军。
1783	俄国吞并克里米亚。

世界史：1789 年，法国大革命爆发。

1772—1795	波兰被瓜分。加利西亚归于哈布斯堡帝国，右岸乌克兰和沃里尼亚归于俄罗斯帝国。

---

1 Peace of Nystad，俄国与瑞典于 1721 年 9 月 10 日在芬兰西南部的尼斯塔德签署的和约。
2 Haidamaky，指 18 世纪中右岸乌克兰地区反对波兰统治的农民叛军。

1791	叶卡捷琳娜二世创建犹太人"定居范围",禁止从前居住在波兰和立陶宛的犹太人迁入俄国腹地。乌克兰成为"定居范围"的一部分。
1792	俄罗斯帝国再次赢得对奥斯曼人的战争,巩固了对乌克兰南部的控制。
1798	波尔塔瓦贵族伊凡·科特利亚列夫斯基出版作品《埃内伊达》。这是第一部用近代乌克兰语创作的诗歌,催生了近代乌克兰文学。
1812	乌克兰哥萨克人加入俄罗斯帝国军队,对拿破仑作战。
1818	第一部乌克兰语语法著作出版。
1819	迅速兴起的城市敖德萨成为自由港,吸引来新的商业和新的定居者。
1830	波兰人的起义导致波兰地主阶层与俄国政府对乌克兰农民忠诚的争夺。
1834	沙皇尼古拉一世创建基辅大学,从此俄国开始着手将基辅改造为俄罗斯帝国认同的堡垒。
1840	艺术家及诗人塔拉斯·舍甫琴科出版诗集《科布扎尔》。他被许多人视为乌克兰民族之父。
1847	米科拉·科斯托马罗夫起草了初生的乌克兰民族运动的第一份政治宣言《乌克兰人民的起源之书》。在宣言中他呼吁创建一个以乌克兰为中心的斯拉夫联邦。

世界史：1848 年革命。

1848	"民族之春"[1] 动摇了哈布斯堡帝国。波兰和乌克兰的民族解放运动得以兴起。乌克兰人以罗塞尼亚最高议会为核心团结起来。帝国当局决定解放农奴。
19 世纪 50 年代	加利西亚出现石油开采工业，将德罗霍贝奇地区变成世界上产量最大的油田之一。
1854	英国、法国和奥斯曼帝国联军登陆克里米亚，围困了塞瓦斯托波尔，并在巴拉克拉瓦和塞瓦斯托波尔之间修建了乌克兰国土上第一条铁路。俄国在克里米亚战争中失败，失去了其黑海舰队。

世界史：1861 年，美国内战爆发。

1861	俄罗斯帝国对农奴的解放和亚历山大二世的开明改革改变了乌克兰的经济、社会和文化局面。
1863	受到新一轮波兰起义和"全俄罗斯民族"出现分裂风险的警醒，俄罗斯帝国内政大臣彼得·瓦鲁耶夫发布了对乌克兰语出版物的禁令。
1870	威尔士实业家约翰·詹姆斯·休斯抵达南乌克兰，在此建立起冶金工厂。这成为顿涅茨河工业盆地兴起和俄罗斯劳工移民流入乌克兰的开端。
1876	俄国沙皇亚历山大二世签署《埃姆斯上谕》，对乌克兰语的使用实行进一步限制。基辅大学的年轻历史学教授米哈伊洛·德拉霍玛诺夫移居瑞士，在那里为乌克兰自由主义和社会主义运动奠定了意识形态基础。

1　Spring of Nations，1848 年革命的别称。

19世纪90年代	对土地的渴求加快了奥属乌克兰地区农民向美国和加拿大的移民速度，也导致越来越多的俄属乌克兰地区农民向北高加索和俄罗斯远东地区迁移。
1900	哈尔基夫的律师米科拉·米可诺夫斯基阐述了乌克兰政治独立的理念。加利西亚也出现了类似思潮。
1905	俄罗斯帝国发生的革命终结了对使用乌克兰语的禁令，并使政党的创建成为可能。革命浪潮导致俄罗斯国家主义和反犹迫害的兴起。肖洛姆·阿莱汉姆离开基辅前往纽约。

世界史：1914年，第一次世界大战爆发。

1914	第一次世界大战的爆发让乌克兰成为俄罗斯帝国、奥匈帝国和德国之间的战场。
1917	俄国君主制的崩溃让乌克兰国家的创建成为可能。建国的领导群体是乌克兰革命议会"中央拉达"中的社会主义者。
1918—1920	俄属和奥属乌克兰地区的乌克兰政府宣布独立，但在与布尔什维克俄国和新成立的波兰共和国这两个更强大的邻国的战争中失败。
20世纪20年代	苏维埃乌克兰的民族共产主义时代。
1921—1923	苏俄、波兰、罗马尼亚和捷克斯洛伐克瓜分了乌克兰地区。
1927—1929	布尔什维克当局实施大规模的工业化、集体化和文化革命。这些政策旨在对经济和社会进行共产主义改造。

世界史：1929年，"黑色星期五"引发美国大萧条。

1932—1933	由于人为原因导致的饥荒，近400万乌克兰人被饿死。这场饥荒在今天被称为"霍洛多摩尔"。

附录A 大事年表

1934	乌克兰民族主义组织成员刺杀了波兰内政部长布洛尼斯拉夫·皮尔拉基。这成为乌克兰社会对波兰统治越来越强烈的不满以及激进民族主义势力兴起的征兆。
1937	斯大林主义的"大清洗"达到顶峰。在"大清洗"中，数十万人被处死，上百万人被送进古拉格系统劳改营。

世界史：1939 年，第二次世界大战爆发。

1939	《莫洛托夫－里宾特洛甫条约》的签署导致苏联对此前属于波兰的沃里尼亚和加利西亚、属于罗马尼亚的布科维纳的占领。此前属于捷克斯洛伐克的外喀尔巴阡地区的乌克兰活动家们宣布了一次短命的独立，随后这一地区归于匈牙利。
1941	纳粹德国入侵苏联，导致乌克兰被德国和罗马尼亚占领，并成为大屠杀的主要发生地之一。数百万不同族群背景的乌克兰人丧生。
1943	苏维埃重归乌克兰，重建了共产主义统治，并在西乌克兰地区开启了苏联安全部队与乌克兰民族主义游击武装之间的漫长战争。
1944	克里米亚鞑靼人被控与德国人合作，从克里米亚被驱逐到中亚地区。
1945	雅尔塔会议为新的波兰－乌克兰边界赋予了国际合法性，使利维夫归于乌克兰，并让乌克兰得以成为联合国成员。同年晚些时候，莫斯科迫使布拉格政府同意将外喀尔巴阡地区划归苏维埃乌克兰。
1946	乌克兰希腊礼天主教会被废除。其领袖们被控遵循梵蒂冈的反共政策，并与民族主义者地下组织保持联系。

世界史：1948 年，冷战揭幕。

1953	斯大林的去世终结了正在兴起的反犹主义运动，也终结了对被控犯有民族主义错误的乌克兰文化人物的迫害。
1954	在尼基塔·赫鲁晓夫的主导下，克里米亚从俄罗斯被划归乌克兰，以促进这一半岛地区的经济复苏。这是因为克里米亚的复苏有赖于乌克兰大陆地区提供资源。
1956	去斯大林化运动开启。乌克兰共产党领导阶层成为俄罗斯领导集团统治苏联的助力。
1964	尼基塔·赫鲁晓夫被推翻，终结了当局在意识形态和文化领域的让步。斯大林时代晚期的政治原则得以部分恢复。
20 世纪 70 年代	苏联进入停滞时期。其特征为经济增长放缓，社会问题增加。
1975—1981	受到《赫尔辛基决议》鼓舞，乌克兰的持不同政见者为保卫人权而组织起来。赫尔辛基小组的许多成员被克格勃逮捕，并被投入监狱。
1985	米哈伊尔·戈尔巴乔夫上台，启动旨在改善苏联政治和经济体制的改革。
1986	切尔诺贝利核事故让人们开始追问中央政府在这场环境灾难中的责任，并导致苏维埃乌克兰第一个大众政党绿党的形成。
1990	第一次竞争性的乌克兰议会选举产生了一个议会反对派。该议会在同年宣布乌克兰是苏联内部的一个主权国家。

世界史：1991 年，苏联解体。

1991	在莫斯科的一次失败政变之后，乌克兰 12 月 1 日的独立公投对苏联造成了致命一击。其他加盟共和国也效仿乌克兰脱离了苏联。
1994	在乌克兰将从苏联继承的核武器移交给俄罗斯之后，俄罗斯、美国和英国共同承诺保障乌克兰的主权和领土完整。
1996	新宪法保障民主化自由，在总统府和议会之间实行分权，使议会成为乌克兰政治舞台上的重要角色。
1997	俄罗斯与乌克兰签署边界协议，承认乌克兰对克里米亚的主权。乌克兰则将塞瓦斯托波尔海军基地租借给俄罗斯。
2004	对政府腐败和俄罗斯干涉乌克兰选举进程的广泛抗议引发了民主化的"橙色革命"。以总统维克多·尤先科为首的持改革立场的亲西方政府得以上台。
2008—2009	乌克兰表达了加入欧盟的意愿，申请参加北约成员行动计划，并成为欧盟东方伙伴关系计划的成员。
2013	俄罗斯发动对乌克兰的贸易战争，迫使乌克兰总统维克多·亚努科维奇的政府放弃与欧盟签署联系国协议，在乌克兰引发了大规模的抗议活动。这些抗议后来被称为"欧洲独立广场运动"（EuroMaidan）和"尊严革命"。
2014	基辅街头的抗议变得暴力化。乌克兰议会罢免了总统亚努科维奇。俄罗斯则控制了克里米亚半岛，将军队和给养送入顿巴斯地区，由此发动对乌克兰的混合战。
2015	俄乌冲突造成了冷战结束以来最严重的东西方关系危机。

附录 B
乌克兰主要历史人物表

1054 年前的基辅大公

赫尔吉（奥列格、奥列赫）（？—约 912 年在位）
英格瓦（伊赫尔、伊戈尔）（？—约 945 年在位）
奥丽哈（奥丽加、赫尔加）（约 945—962 年在位）
斯维亚托斯拉夫（962—972 年在位）
亚罗波尔克（972—980 年在位）
弗拉基米尔大帝（980—1015 年在位）
"恶棍"斯维亚托波尔克（1015—1019 年在位）
"智者"雅罗斯拉夫（1019—1054 年在位）

加利西亚 – 沃里尼亚公国诸统治者（1199—1340）

罗曼大帝（1199—1205 年在位）
哈利奇的丹尼洛（1205—1264 年在位）
列夫一世（1264—1301 年在位）
尤里一世（1301—1308 年在位）
安德里和列夫二世（1308—1325 年在位）
博莱斯瓦夫 – 尤里二世（1325—1340 年在位）

宗教和文化领袖（1580—1648）

伊凡·费多罗夫（约 1525—1583），1581 年奥斯特里赫版《圣经》的出版者。

康斯坦蒂（·瓦西里）·奥斯特罗斯基王公（1526—1608），沃里尼亚大贵族，东正教改革的推动者。

伊帕季·珀提（1541—1613），联合教会的创立者和都主教。

梅列季·斯莫特里茨基（约 1577—1633），宗教论辩家、第一部教会斯拉夫语语法著作者。

彼得罗·科那舍维奇-萨海达奇内（约 1582—1622），哥萨克统领、东正教会的支持者。

彼得·莫希拉（1596—1646），东正教改革家、基辅都主教（1632—1646 年在任）。

哥萨克诸统领（1648—1764）

博赫丹·赫梅尔尼茨基（1648—1657 年在位）

伊凡·维霍夫斯基（1657—1659 年在位）

尤里·赫梅尔尼茨基（1659—1663 年在位）

帕夫洛·捷捷里亚（1663—1665 年在位）

伊凡·布柳霍维茨基（1663—1668 年在位）

彼得罗·多罗申科（1665—1676 年在位）

德米安·姆诺霍赫里什尼（1668—1672 年在位）

伊凡·萨莫伊洛维奇（1672—1687 年在位）

伊凡·马泽帕（1687—1709 年在位）

伊凡·斯科罗帕德斯基（1708—1721 年在位）

丹尼洛·阿波斯托尔（1727—1734 年在位）

基里洛·罗苏莫夫斯基（西里尔·拉苏莫夫斯基）（1750—1764 年在位）

艺术和文学人物（1648—1795）

因诺肯季·吉泽尔（约 1600—1683），基辅洞穴修道院掌院（1656—1683）、《略要》（1674）的出版者。
内森·汉诺威（？—1663），犹太教法学者、卡巴拉主义者、《绝望的深渊》（*Abyss of Despair*，1653）一书的作者。
萨米洛·维利奇科（1670—1728），哥萨克官员和历史学家。
特奥凡·普罗科波维奇（1681—1736），基辅学院院长、俄国沙皇彼得一世的顾问。
犹太拉比巴尔·谢姆·托夫（？—1760），犹太教哈西迪派创始人。
赫利霍里·斯科沃洛达（1722—1794），哲学家、诗人、作曲家。
亚历山大·别兹博罗德科（1747—1799），哥萨克军官、俄罗斯帝国大臣、哥萨克国历史学家。

民族"启蒙者"（1798—1849）

伊凡·科特利亚列夫斯基（1769—1838），《埃内伊达》（《埃涅阿斯纪》的仿作）作者。
亚历山大·杜赫诺维奇（1803—1865），外喀尔巴阡地区牧师、诗人和教育家。
塔德乌什·查茨基（1765—1813），克列梅涅茨学院的创办者（1805）。
马尔基安·沙什科维奇（1811—1843），诗人、年鉴《德涅斯特河的水泽仙女》（1836）的出版者之一。
米科拉·霍霍里（尼古拉·果戈理）（1809—1852），小说家、乌克兰历史和文化的推动者。
塔拉斯·舍甫琴科（1814—1861），艺术家、诗人、作家，常被视为乌克兰民族之父。
雅基夫·霍洛瓦茨基（1814—1888），历史学家、民族志学者、年鉴《德涅斯特河的水泽仙女》的出版者之一、亲俄运动领袖。
米科拉·科斯托马罗夫（1817—1885），历史学家、政治活动家、乌克兰民族运动第一份政治章程的起草者。

官员和实业家(1800—1900)

黎塞留公爵阿尔芒·埃马纽埃尔(1766—1822),法国保王党人、敖德萨总督(1803—1814年在任),通常被视为敖德萨城的建立者。

尼古拉·列普宁-沃尔孔斯基(1778—1845),俄国军事指挥官。他在担任小俄罗斯总督(1816—1834年在任)期间推动改善农奴的生存状况,并反对削减哥萨克人权利。

弗朗茨·施塔迪翁(1806—1853),奥地利政治家。他在担任加利西亚总督(1847—1848)期间解放了农奴,并促进了乌克兰人的政治动员。

约翰·詹姆斯·休斯(1814—1889),威尔士实业家、尤兹夫卡城(今顿涅茨克)的建立者、顿涅茨河盆地工业地区兴起的开创者。

普拉东·谢梅连科(1821—1863),实业家。他资助出版了塔拉斯·舍甫琴科作品《科布扎尔》的一个版本。

拉扎尔·布罗茨基(1848—1904),实业家、慈善家。他资助建立了基辅最大的犹太教会堂。

斯坦尼斯拉夫·斯捷潘诺夫斯基(1846—1900),企业家、政治家,《加利西亚的悲惨状况》(1888)的作者。他在加利西亚引入了蒸汽钻探法,推动了加利西亚石油工业的发展。

政治和文化活动家(1849—1917)

米哈伊尔·尤瑟佛维奇(米哈伊洛·尤瑟佛维奇)(1802—1889),教育家,乌克兰爱国者运动的早期支持者。他推动了1876年《埃姆斯上谕》的出台。

米哈伊洛·德拉霍玛诺夫(1841—1895),历史学家、政治活动家、思想家,乌克兰社会主义运动的开创者。

伊斯梅尔·伽斯普林斯基(伊斯梅尔·伽斯皮拉里)(1851—1914),教育家、政治活动家,克里米亚鞑靼人民族复兴的领袖。

伊凡·弗兰科(1856—1916),诗人、作家、时评家,加利西亚社会主义运动的开创者之一。

米科拉·米可诺夫斯基（1873—1924），律师、政治活动家，乌克兰独立理念的早期宣传者。

作家和艺术家（1849—1917）

尤里·费德科维奇（1834—1888），诗人、民俗学研究者，以其关于布科维纳生活的故事而著名。

利奥波德·里特尔·冯·扎赫尔-马索克（1836—1895）[1]，记者、作家。他创作了许多关于加利西亚的浪漫故事。

米科拉·李森科（1842—1912），作曲家，乌克兰国家音乐学院的创始人。

伊利亚·列宾（1844—1930），现实主义画家，以其史诗画作《扎波罗热哥萨克人的回答》(Reply of the Zaporozhian Cossacks，1891）知名。

肖洛姆·阿莱汉姆（所罗门·拉比诺维奇）（1859—1916），杰出的意第绪语作家。其最著名的作品为《卖牛奶的台维》，后被改编为音乐剧《屋顶上的提琴手》。

赫奥尔希·纳尔布特（1886—1920），平面艺术家、乌克兰美术学院的创立者之一、1918年乌克兰国徽的设计者。

1917—1921年乌克兰革命人物

叶乌亨·彼得鲁舍维奇（1863—1940），律师、政治活动家，西乌克兰人民共和国（1918—1919）首脑。

米哈伊洛·赫鲁舍夫斯基（1866—1934），杰出的历史学家，乌克兰革命议会（1917—1918）"中央拉达"主席。

帕夫洛·斯科罗帕德斯基（1873—1945），一个显赫哥萨克家族的后裔，俄罗斯

---

1 本书第15章中利维夫治安长官利奥波德·冯·扎赫尔之子。

帝国军人，1918 年任乌克兰统领。

西蒙·彼得留拉（1879—1926），记者、政治活动家，"中央拉达"军事事务总书记、乌克兰人民共和国指挥部首脑。

弗拉基米尔·维尼琴科（1880—1951），畅销作家，在 1917 年至 1919 年间任乌克兰政府首脑。

涅斯托尔·马赫诺（1888—1934），无政府主义革命家，乌克兰南部一支农民武装的司令（1918—1921 年在任）。

伊萨克·巴别尔（1894—1940），记者、作家，《红色骑兵军》（1926）作者。

尤里·科茨乌宾斯基（1896—1937），乌克兰作家米哈伊洛·科茨乌宾斯基之子，布尔什维克，1918 年进入乌克兰的红军部队的指挥官。

文化复兴人物（1921—1933）

米科拉·斯克里普尼克（1872—1933），共产党官员、乌克兰化运动的推动者，在大饥荒后自杀。

帕夫洛·狄青那（1891—1967），从象征派转向社会主义现实派的杰出诗人。

亚历山大·多夫任科（1894—1956），编剧、导演、苏联电影蒙太奇理论的先驱。

济加·韦尔托夫（戴维·考夫曼）（1896—1954），纪录片制作先驱，其最著名的作品——包括《持摄像机的人》（*The Man with a Movie Camera*，1929）在内——摄制于乌克兰。

第二次世界大战中的英雄和反面人物（1939—1945）

安德烈·舍普提茨基都主教（罗曼·亚历山大·玛利亚·舍普提茨基）（1865—1944），乌克兰希腊礼天主教会首脑（1901—1944）、加利西亚社会领袖。

西迪尔·科夫帕克（1887—1967），苏联游击队指挥官。

米哈伊洛·基尔波诺斯（1892—1941），红军将领、1941 年基辅保卫战的指挥官。

埃里希·科赫（1896—1986），东普鲁士纳粹党总管（1928—1945）、乌克兰总督

（1941—1943）。

尼古拉·瓦图京（1901—1944），苏联将领、红军第一乌克兰方面军指挥官。

奥托·冯·瓦赫特（1901—1949），纳粹德国的加利西亚地区总督。

罗曼·舒赫维奇（1907—1950），乌克兰民族主义组织领袖之一、乌克兰反抗军总指挥（1943—1950）。

斯捷潘·班德拉（1909—1959），乌克兰民族主义组织及其西欧和北美地区分会的领袖。

乌克兰共产党领导人（1938—1990）

尼基塔·赫鲁晓夫（1938—1949）

拉扎尔·卡冈诺维奇（1925—1928，1947）

列昂尼德·梅尔尼科夫（1949—1953）

阿列克谢·基里琴科（1953—1957）

米科拉·皮德霍尼（1957—1963）

彼得罗·谢列斯特（1963—1972）

弗拉基米尔·谢尔比茨基（1972—1989）

弗拉基米尔·伊瓦什科（1989—1990）

乌克兰异议运动领袖（20世纪60—80年代）

列夫科·卢基扬年科（1927年生），律师、政治活动家。他是《乌克兰独立宣言》的起草者，一生中超过25年时间在狱中和国内流放中度过。

格奥尔基·文斯（1928—1998），浸信会牧师、宗教活动家。他曾两次被捕并被苏联法庭宣判有罪，最终于1979年被逐出苏联。

维亚切斯拉夫·乔尔诺维尔（1937—1999），记者、60年代乌克兰异议运动的记录者，曾被关押在苏联监狱和集中营中。

穆斯塔法·杰米列夫（1943年生），克里米亚鞑靼人民族运动领袖，曾6次被捕，在苏联劳改营和国内流放中度过多年。

塞门·格鲁兹曼（1946年生），精神病学家、人权活动家。

乌克兰总统（1991—2015）

列昂尼德·克拉夫丘克（1991—1994年在任）
列昂尼德·库奇马（1994—2005年在任）
维克多·尤先科（2005—2010年在任）
维克多·亚努科维奇（2010—2014年在任）
彼得罗·波罗申科（2014年至今在任）

术语表

中央拉达（Central Rada）——中央会议，1917—1918 年间的乌克兰革命议会

海鸥（chaiky）——哥萨克人使用的长船

指挥部（Directory）——1919—1920 年间的乌克兰革命政府

杜马（dumas）——一种用于演唱的乌克兰史诗

古别尔尼亚（Gubernia）——俄罗斯帝国对省份的称呼

海达马基（Haidamaky）——匪帮，是对 18 世纪右岸乌克兰地区平民起义参加者的称呼

统领（hetman）——哥萨克指挥官（源自德语中的 Hauptmann）

酋长国（Hetmanate）——存在于 1649 年至 1764 年间及 1918 年的哥萨克国家

库尔巴尼（kurbany）——墓葬堆

库尔库勒 [Kurkul'，俄语作"库拉克"（kulak）]——一个含义宽泛的用词，是苏维埃政权在 20 世纪 20 年代和 30 年代对富裕农民的称呼

玛伊当（Maidan）——意为"广场"，是对基辅市中心独立广场以及 2004 年、2013 年和 2014 年发生在那里的革命事件的简称

州（Oblast）——苏联时代和后苏联时代乌克兰省份的称呼

俄塔曼（otaman）——哥萨克官员

拉斯科尔尼奇（Raskol'niki）——旧信徒（Old Belief）教会的成员

萨姆维达夫（Samvydav）——苏维埃乌克兰时期自行出版的异议文学

沃伊沃达（voevoda）——罗斯时代和莫斯科大公国 / 沙皇国时代的军事指挥官

雅尔力克（yarlyk）——蒙古可汗向各公国授予的有条件统治许可

扎波罗热（Zaporozhians）——16 世纪时在第聂伯河险滩下游建立自己基地的哥萨克人

延伸阅读

导　言　关于乌克兰历史的综述

Dmytro Doroshenko, *A Survey of Ukrainian History*, with introduction by O. Gerus, upd. ed. (Winnipeg, 1975); Mykhailo Hrushevsky, *A History of the Ukraine* (New Haven, CT, 1940; Hamden, CT, 1970); idem, *History of Ukraine-Rus'*, vols. 1, 6–10 (Edmonton and Toronto, 1997–2014); Ivan Katchanovski et al., *Historical Dictionary of Ukraine*, 2nd ed. (Lanham, MD, 2013);Paul Kubicek, *The History of Ukraine* (Westport, CT, 2008); Paul Robert Magocsi, *A History of Ukraine*, 2nd ed. (Toronto, 2010); idem, *Ukraine: An Illustrated History* (Toronto, 2007); Anna Reid, *Borderland: A Journey Through the History of Ukraine* (London, 1997); Orest Subtelny, *Ukraine: A History*, 4th ed. (Toronto, 2009); Roman Szporluk, *Ukraine: A Brief History*, 2nd ed. (Detroit, MI, 1982); Andrew Wilson, *The Ukrainians: Unexpected Nation*, 3rd ed. (New Haven, CT, 2009); Serhy Yekelchyk, *Ukraine: Birth of a Modern Nation* (New York, 2007).

第一卷　黑海边境

Paul M. Barford, *The Early Slavs: Culture and Society in Early Medieval Eastern Europe* (Ithaca, NY, 2001); David Braund, ed., *Scythians and Greeks: Cultural Interactions in Scythia, Athens and the Early Roman Empire* (Exeter, UK, 2005); Martin Dimnik, *Mikhail, Prince of Chernigov and Grand Prince of Kiev, 1224–1246* (Toronto,

1981); idem, *The Dynasty of Chernigov, 1146–1246* (Cambridge, 2003); Simon Franklin and Jonathan Shepard, *The Emergence of Rus', 750–1200* (London, 1996); Edward L. Keenan, *Josef Dobrovský and the Origins of the Igor' Tale* (Cambridge, MA, 2003); Jukka Korpela, *Prince, Saint and Apostle: Prince Vladimir Svjatoslavic of Kiev* (Wiesbaden, 2001); Omeljan Pritsak, *The Origin of Rus'*, vol. 1 (Cambridge, MA, 1981); Christian Raffensperger, *Reimagining Europe: Kievan Rus' in the Medieval World* (Cambridge, MA, 2012); Renate Rolle, *The World of the Scythians* (London, 1989).

第二卷 东方与西方的相遇

Ludmilla Charipova, *Latin Books and the Eastern Orthodox Clerical Elite in Kiev, 1632–1780* (Manchester, UK, 2006); Brian L. Davies, *Warfare, State and Society on the Black Sea Steppe, 1500–1700* (London and New York, 2007); Linda Gordon, *Cossack Rebellions: Social Turmoil in the Sixteenth-Century Ukraine* (Albany, NY, 1983); Borys A. Gudziak, *Crisis and Reform: The Kyivan Metropolitanate, the Patriarch of Constantinople, and the Genesis of the Union of Brest* (Cambridge, MA, 1998); David A. Frick, *Meletij Smotryc'kyj* (Cambridge, MA,1995); Iaroslav Isaievych, *Voluntary Brotherhood: Confraternities of Laymen in Early Modern Ukraine* (Edmonton and Toronto, 2006); *The Kiev Mohyla Academy*. Special issue of *Harvard Ukrainian Studies*, 8, no. 1–2 (June 1984); Paulina Lewin, *Ukrainian Drama and Theater in the Seventeenth and Eighteenth Centuries* (Edmonton, 2008); Jaroslaw Pelenski, *The Contest for the Legacy of Kievan Rus'* (Boulder, CO, and New York, 1998); Serhii Plokhy, *The Cossacks and Religion in Early Modern Ukraine* (Oxford, 2001); idem, *The Origins of the Slavic Nations: Premodern Identities in Russia, Ukraine and Belarus* (Cambridge, UK, 2006); Ihor Ševčenko, *Ukraine Between East and West: Essays on Cultural History to the Early Eighteenth Century*, 2nd ed. (Edmonton and Toronto, 2009); Frank E. Sysyn, *Between Poland and the Ukraine: The Dilemma of Adam Kysil, 1600–1653* (Cambridge, MA, 1985).

第三卷 帝国之间

Daniel Beauvois, *The Noble, the Serf, and the Revizor: The Polish Nobility Between Tsarist Imperialism and the Ukrainian Masses, 1831–1863* (New York,1992); Serhiy Bilenky, *Romantic Nationalism in Eastern Europe: Russian, Polish,and Ukrainian Political Imaginations* (Stanford, CA, 2012); idem, ed., *Fashioning Modern Ukraine: Selected Writings of Mykola Kostomarov, Volodymyr Antonovych,and Mykhailo Drahomanov* (Edmonton and Toronto, 2014); Martha Bohachevsky-Chomiak, *Feminists Despite Themselves: Women in Ukrainian Community Life, 1894–1939* (Edmonton, 1988); Alan W. Fisher, *The Russian Annexation of the Crimea, 1772–1783* (Cambridge, UK, 1970); Alison Frank, *Oil Empire: Visions of Prosperity in Austrian Galicia* (Cambridge, MA, 2005); Leonard G. Friesen, *Rural Revolutions in Southern Ukraine: Peasants, Nobles, and Colonists, 1774–1905* (Cambridge, MA, 2008); George G. Grabowicz, *The Poet as Mythmaker: A Study of Symbolic Meaning in Taras Ševčenko* (Cambridge, MA, 1982); Patricia Herlihy, *Odesa: A History, 1794–1914* (Cambridge, MA, 1986); Faith Hillis, *Children of Rus': Right-Bank Ukraine and the Invention of a Russian Nation* (Ithaca, NY, and London, 2013); John-Paul Himka, *Socialism in Galicia:The Emergence of Polish Social Democracy and Ukrainian Radicalism, 1860–1890* (Cambridge, MA, 1983); idem, *Galician Villagers and the Ukrainian National Movement in the Nineteenth Century* (New York, 1988); idem, *Religion and Nationality in Western Ukraine: The Greek Catholic Church and the Ruthenian National Movement in Galicia, 1867–1900* (Montreal and Kingston, ON, 1999); Zenon E. Kohut, *Russian Centralism and Ukrainian Autonomy: Imperial Absorption of the Hetmanate, 1760s–1830s* (Cambridge, MA, 1988); Natan M.Meir, *Kiev, Jewish Metropolis: A History, 1859–1914* (Bloomington, IN, 2010); Alexei Miller, *The Ukrainian Question: Russian Nationalism in the Nineteenth Century* (Budapest and New York, 2003); Serhii Plokhy, *Tsars and Cossacks: A Study in Historiography* (Cambridge, MA, 2003); idem, *The Cossack Myth: History and Nationhood in the Age of Empires* (Cambridge, 2012); idem, ed., *Poltava 1709: The Battle and the Myth* (Cambridge, MA, 2013); Thomas Prymak, *Mykola Kostomarov: A Biography* (Toronto, 1996); Ivan L. Rudnytsky, *Essays* in *Modern Ukrainian History* (Edmonton, 1987); David Saunders, *The Ukrainian Impact on Russian Culture, 1750–1850* (Edmonton, 1985); Orest Subtelny, *The Mazepists: Ukrainian Separatism in the Early Eighteenth Century* (Boulder, CO, and New York, 1981); Willard Sunderland, *Taming the Wild Field: Colonization and Empire on the Russian Steppe* (Ithaca, NY, and London, 2004); Stephen Velychenko, *National History as Cultural Process: A Survey of the Interpretations of Ukraine's Past in Polish, Russian, and Ukrainian Historical Writing from the Earliest Times to 1914* (Edmonton, 1992); Larry Wolff, *The Idea of Galicia: History and Fantasy in Habsburg Political Culture* (Stanford, CA, 2010); Charters Wynn, *Workers, Strikes, and Pogroms: The Donbass-Dnepr Bend in Late Imperial Russia, 1870–1905* (Princeton, NJ, 1992); Andriy Zayarnyuk, *Framing the Ukrainian Peasantry in Habsburg Galicia, 1846–1914* (Edmonton, 2013); Sergei I. Zhuk, *Russia's Lost Reformation: Peasants, Millennialism, and Radical Sects in Southern Russia and Ukraine, 1830–1917* (Washington, DC, Baltimore, and London, 2004); Steven J. Zipperstein, *The Jews of Odessa: A Cultural History, 1794–1881* (Stanford, CA, 1985).

第四卷 世界大战

Henry Abramson, *A Prayer for the Government: Ukrainians and Jews in Revolutionary Times, 1917–1920* (Cambridge, MA, 1999); John A. Armstrong, *Ukrainian Nationalism*, 3rd ed. (Englewood, CO, 1990); Karel C. Berkhoff, *Harvest of Despair: Life and Death in Ukraine Under Nazi Rule* (Cambridge, MA, 2004); Bohdan Bociurkiw, *The Ukrainian Greek Catholic Church and the Soviet State, 1939–1950* (Edmonton, 1996); Kate Brown, *A Biography of No Place: From Ethnic Borderland to Soviet Heartland* (Cambridge, MA, and London, 2004); Robert Conquest, *The Harvest of Sorrow: Soviet Collectivization and the Terror-Famine* (New York, 1987); Theodore H. Friedgut, *Yuzovka and Revolution: Life and Work: Politics and Revolution in Russia's Donbass, 1869–1924*, 2 vols. (Princeton, NJ, 1989–1994); Andrea Graziosi, *The Great Soviet Peasant War: Bolsheviks and Peasants, 1917–1933* (Cambridge,

MA, 1996); Jan T. Gross, *Revolution from Abroad: The Soviet Conquest of Poland's Western Ukraine and Western Belorussia*, exp. ed. (Princeton, NJ, 2002); Mark von Hagen, *Warin a European Borderland: Occupations and Occupation Plans in Galicia and Ukraine, 1914–1918* (Seattle, WA, 2007); Halyna Hryn, ed., *Hunger by Design: The Great Ukrainian Famine and Its Soviet Context* (Cambridge, MA, 2008); Bohdan Klid and Alexander J. Motyl, eds., *The Holodomor Reader: A Sourcebook on the Famine of 1932–1933 in Ukraine* (Edmonton, 2012); Bohdan Krawchenko, *Social Change and National Consciousness in Twentieth-Century Ukraine* (London, 1985); Andrii Krawchuk, *Christian Social Ethics in Ukraine: The Legacy of Andrei Sheptytsky* (Edmonton, 1997); Hiroaki Kuromiya, *Freedom and Terror in the Donbas: A Ukrainian-Russian Borderland, 1870s–1990s* (Cambridge, 1998); idem, *Conscience on Trial: The Fate of Fourteen Pacifists in Stalin's Ukraine, 1952–1953* (Toronto, 2012); George Liber, *Alexander Dovzhenko: ALife in Soviet Film* (London, 2002); Wendy Lower, *Nazi Empire-Building and the Holocaust in Ukraine* (Chapel Hill, NC, 2005); James E. Mace, *Communism and the Dilemmas of National Liberation: National Communism in Soviet Ukraine, 1918–1933* (Cambridge, MA, 1983); Paul Robert Magocsi, *The Shaping of a National Identity: Subcarpathian Rus', 1848–1948* (Cambridge, MA, 1978); Terry Martin, *The Affirmative Action Empire: Nations and Nationalism in the Soviet Union, 1923–1939* (Ithaca, NY, and London, 2001); Alexander J. Motyl, *The Turn to the Right: The Ideological Origins and Development of Ukrainian Nationalism, 1919–1929* (Boulder, CO, and New York, 1980); Yohanan Petrovsky-Shtern, *The Anti-Imperial Choice: The Making of the Ukrainian Jew* (New Haven, CT, 2009); idem, *The Golden Age Shtetl: A New History of Jewish Life in East Europe* (Princeton, NJ, 2014); Serhii Plokhy, *Unmaking Imperial Russia: Mykhailo Hrushevsky and the Writing of Ukrainian History* (Toronto, 2005); idem, *Yalta: The Price of Peace* (New York, 2010); Anna Procyk, *Russian Nationalism and Ukraine: The Nationality Policy of the Volunteer Army During the Civil War* (Edmonton, 1995); Thomas Prymak, *Mykhailo Hrushevsky: The Politics of National Culture* (Toronto, 1987); George Y. Shevelov, *The Ukrainian Language in the First Half of the Twentieth Century, 1900–1941: Its State and Status* (Cambridge, MA, 1989); Timothy Snyder, *The Reconstruction of Nations:*

Poland, Ukraine, Lithuania, Belarus, 1569–1999 (New Haven, CT, 2003); idem, *Bloodlands: Europe Between Hitler and Stalin* (New York, 2010); Stephen Velychenko, *State Building in Revolutionary Ukraine: A Comparative Study of Governments and Bureaucrats, 1917–1922* (Toronto, 2011); Serhy Yekelchyk, *Stalin's Empire of Memory: Russian-Ukrainian Relations in the Soviet Historical Imagination* (Toronto, 2004); idem, *Stalin's Citizens: Everyday Politics in the Wake of Total War* (New York, 2014).

第五卷　独立之路

Anne Applebaum, *Between East and West: Across the Borderlands of Europe* (New York, 1994); Omer Bartov, *Erased: Vanishing Traces of Jewish Galicia in Present-Day Ukraine* (Princeton, NJ, 2007); Yaroslav Bilinsky, *The Second Soviet Republic: The Ukraine After World War II* (New Brunswick, NJ, 1964); Marta Dyczok, *The Grand Alliance and Ukrainian Refugees* (New York, 2000); idem, *Ukraine: Movement Without Change, Change Without Movement* (New York, 2000); Andrea Graziosi, Lubomyr A. Hajda, and Halyna Hryn, eds., *After the Holodomor: The Enduring Impact of the Great Famine on Ukraine* (Cambridge, MA, 2013); Bohdan Harasymiw, *Post-Communist Ukraine* (Edmonton and Toronto, 2002); Askold Krushelnycky, *An Orange Revolution: A Personal Journey Through Ukrainian History* (London, 2006); Taras Kuzio, *Ukraine: State and Nation Building* (London and New York, 1998); Borys Lewytzkyj, *Politics and Society in Soviet Ukraine, 1953–1980* (Edmonton, 1984); Paul Robert Magocsi, *This Blessed Land: Crimea and the Crimean Tatars* (Toronto, 2014); David Marples, *The Social Impact of the Chernobyl Disaster* (New York, 1988); idem, *Ukraine Under Perestroika* (Edmonton, 1991); idem, *Stalinism in Ukraine in the 1940s* (Edmonton, 1992); idem, *Heroes and Villains: Creating National History in Contemporary Ukraine* (Budapest, 2007); Kostiantyn P. Morozov, *Above and Beyond: From Soviet General to Ukrainian State Builder* (Cambridge, MA, 2001); Alexander J. Motyl, *Dilemmas of Independence: Ukraine After Totalitarianism* (New York, 1993); Olga Onuch, *Mapping Mass Mobilization: Understanding Revolutionary Moments in*

Argentina and Ukraine (New York, 2014); Serhii Plokhy, *The Last Empire: The Final Days of the Soviet Union* (New York, 2014); William J. Risch, *The Ukrainian West: Culture and the Fate of Empire in Soviet Lviv* (Cambridge, MA, 2011); Gwendolyn Sasse, *The Crimea Question: Identity, Transition, and Conflict* (Cambridge, MA, 2014); Roman Szporluk, *Russia, Ukraine, and the Breakup of the Soviet Union* (Stanford, CA, 2000); Catherine Wanner, *Burden of Dreams: History and Identity in Post-Soviet Ukraine* (University Park, PA, 1998); idem, *Communities of the Converted: Ukrainians and Global Evangelism* (Ithaca, NY, and London, 2007); Amir Weiner, *Making Sense of War: The Second World War and the Fate of the Bolshevik Revolution* (Princeton, NJ, 2001); Andrew Wilson, *Ukrainian Nationalism in the 1990s: A Minority Faith* (Cambridge, 1997); idem, *Ukraine's Orange Revolution* (New Haven, CT, and London, 2005); Kataryna Wolczuk, *The Moulding of Ukraine: The Constitutional Politics of State Formation* (Budapest, 2001); Sergei Zhuk, *Rock and Roll in the Rocket City: The West, Identity, and Ideology in Soviet Dniepropetrovsk, 1960–1985* (Washington, DC, Baltimore, and London, 2010).

结　语　历史的意义

John-Paul Himka, " The History Behind the Regional Conflict in Ukraine," *Kritika* 16, no. 1 (2015): 129–136; Volodymyr Kulyk, "Ukrainian Nationalism Since the Outbreak of EuroMaidan," *Ab Imperio*, no. 3 (2014): 94–122; EdwardLucas, *The New Cold War: Putin's Russia and the Threat to the West* (New York, 2014); Alexander J. Motyl, *Imperial Ends: The Decay, Collapse, and Revival of Empires* (New York, 2001); Richard Sakwa, *Frontline Ukraine: Crisis in the Borderlands* (London, 2014); Andrew Wilson, *Ukraine Crisis: What It Means for the West* (New Haven, CT, and London, 2014).